21 世纪高职高专教材 · 财经管理系列

物流法律法规概论与案例

（第 3 版）

主　编　张冬云

副主编　王继东　张　君

清 华 大 学 出 版 社

北京交通大学出版社

· 北京 ·

内 容 简 介

本教材本着以学生为主体、以能力培养为本位的宗旨，对物流活动各环节涉及的相关法律、法规进行了阐述。全书共有 12 章，包括物流法律基础知识，物流企业相关法律制度，合同法律制度，担保法律制度，采购法律制度，货物运输法律制度，仓储与配送法律制度，货物包装、流通加工法律制度，保险法律、法规，对外贸易法，海商法，物流争议解决。全书采取理论与实际相结合的方式，每章在理论知识后，安排了 3 个精选的实际案例，通过对案例进行剖析加深学生对知识的理解，同时配合案例实训，提高学生对知识的运用能力。每章前设置导读，章后设置小结和思考练习题，具有很强的实用性和可操作性。

本教材可作为高职高专院校相关专业的教学用书，也可作为物流行业及其他相关企业从业人员的参考用书或专题培训用书。

图书在版编目（CIP）数据

物流法律法规概论与案例/张冬云主编. —3 版 . —北京：北京交通大学出版社：清华大学出版社，2023.1

ISBN 978-7-5121-4874-1

Ⅰ.① 物…　Ⅱ.① 张…　Ⅲ.① 物流-物资管理-法规-中国　Ⅳ.① D922.29

中国版本图书馆 CIP 数据核字（2022）第 257282 号

物流法律法规概论与案例

WULIU FALÜ FAGUI GAILUN YU ANLI

责任编辑：刘　蕊

出版发行：清 华 大 学 出 版 社　　邮编：100084　　电话：010-62776969

　　　　　北京交通大学出版社　　邮编：100044　　电话：010-51686414

印 刷 者：北京鑫海金澳胶印有限公司

经　　销：全国新华书店

开　　本：185 mm×260 mm　　印张：18　　字数：449 千字

版 印 次：2010 年 11 月第 1 版　　2023 年 1 月第 3 版　　2023 年 1 月第 1 次印刷

印　　数：1~2 000 册　　定价：46.00 元

本书如有质量问题，请向北京交通大学出版社质监组反映。对您的意见和批评，我们表示欢迎和感谢。

投诉电话：010-51686043，51686008；传真：010-62225406；E-mail：press@bjtu.edu.cn。

前言 PREFACE ■

本教材自 2010 年首次出版以来，得到许多高职高专院校师生的认可，这也是编者 3 次再版修订的动力。随着《中华人民共和国民法典》的颁布实施，教材中相关内容也应与时俱进。在保留原有知识框架的基础上，编者对内容进行了全面更新。

我国目前还没有系统、专门的物流方面的法律，与物流环节相关的法律、法规或散见于其他法律、法规中，缺乏针对性和可操作性，难以对物流主体行为进行引导和制约；或立法层次较低，难以适应市场经济环境，难以满足我国加入 WTO 后物流国际化发展的需要。鉴于此，编者编写了本教材，在研究物流实务的基础上探讨与物流相关的法律问题。

本教材的特点如下。

（1）法律、法规的选取具有针对性。本教材选择的 12 章内容均为在物流活动过程中贯穿其始终的法律，具有很强的针对性。

（2）注重理论深度与学生能力的培养，在重视高职高专实践性的同时，没有忽视高职高专的理论基础和案例的深度问题。所选取的案例既有简单案例，又有带一定理论分析高度的实训性指导案例，而且在各章练习中安排了选择题、判断题和问答题，帮助学生掌握重点内容，方便学生更好更深入地学习。本教材充分体现了高职高专教学"理论够用为度"的特点，也体现了"高"和"职"的巧妙结合。

本教材编写人员既有在一线教学且在社会兼职律师的双师型教师，也有具有丰富经济管理经验且致力于高等教育理论研究的专家型教师，还有企业高级法务人员、律师界的专职律师。全书由张冬云担任主编，王继东、张君担任副主编。第 1、10 章由孙建春老师编写；第 2、3、5、6、11 章由张冬云老师编写；第 4 章由杨兰波老师编写；第 7、8 章由王继东老师编写；第 9 章由王亚南老师编写；第 12 章由张君律师编写。全书由张冬云负责总纂和定稿。

为了方便教师教学，本书配有教学课件及课后习题答案，可从北京交通大学出版社网站（http：//www. bjtup. com. cn）下载，或发邮件至 133350925@qq.com 索取。

编者在本教材的编写过程中，参阅了许多专家学者的文献资料，在此表示衷心的感谢！由于编者的水平有限，书中难免存在疏漏和不妥之处，敬请广大读者批评指正。

编　者

2022 年 10 月

目 录 | CONTENTS ■

第1章

物流法律基础知识

本章导读

　　本章重点介绍物流法律制度的基础知识，阐述物权与所有权的基本理论，重点讲解代理及物流代理的基本知识。1.1 节法律基础知识，是学习整本书的基础；1.2 节物流法律制度的概念、特征和调整对象；1.3 节物流法律关系；1.4 节物权和所有权，是学习物流法律知识的基础；1.5 节代理，本节内容联系与物流相关的代理，使代理的法律理论能够应用到物流代理中去，同时也为学习以后章节奠定了基础。

◎ 案例分析

◎ 案例实训

◎ 本章小结

◎ 思考练习题

1.1　法律基础知识

1.1.1　法的来源与概念

法不是天生就有的，它是伴随着人类社会发展到一定阶段的必然产物。法的产生与发展同私有制、阶级和国家的出现有着直接的关系。法随着私有制、阶级和国家的产生而产生，随着生产力和生产关系的发展而不断发展。法是生产力和生产关系发展的产物。

在漫长的原始社会，由于当时的生产工具极其简陋，生产力水平十分低下，人们需要互相依存才能生活，生产资料归集体所有，劳动产品也由全体劳动成员平均分配。由此可见，原始社会的生产资料公有制是与当时生产力发展水平相适应的。由于没有剩余产品，因而也就排除了人们占有剩余价值的可能。因此，没有私有制、阶级的区分，也就不会产生为统治阶级利益服务的法。

随着生产力水平的不断提高，剩余产品逐渐丰富，进而产生了私有制，由此导致社会两大阶级的产生，即奴隶和奴隶主阶级。社会发展到奴隶社会后，奴隶主阶级为了维护自己的阶级利益，进而要建立国家的暴力机构，制定相应的规范来维护自己的统治、镇压奴隶阶级的反抗。这种体现统治阶级意志和利益的社会规范就是法。

法自产生后，随着社会形态的变迁，经历了不断的更替以适应不同的社会制度，形成了4种不同社会形态的法：奴隶制法、封建制法、资本主义法和社会主义法。

1.1.2　法的本质与特征

1. 法的本质

法是统治阶级意志的体现。具体地说，它是指国家按照统治阶级的利益制定或认可，并以国家强制力保证其实施的行为规范的总和。

2. 法的特征

（1）法是被提升为国家意志的统治阶级意志的体现。

（2）法是由国家制定或认可的行为规范。

（3）法是由国家强制力保证实施的。

（4）法具有普遍约束力。法一般在其制定范围内具有普遍约束力。

1.1.3　法的形式与法律规范

1. 法的形式

法的形式也称法律渊源，是指国家制定或认可的法的各种具体表现形式。我国法的形式主要有以下几种。

1）宪法

作为法的形式，宪法是国家最高权力机关经由特殊程序制定和修改的，规定国家、社会和公民生活的根本问题，是制定其他法律的基础，具有最高法律效力。

2）法律

此处法律的含义专指全国人民代表大会及其常务委员会制定和修改的法律，如与物流相关的有《中华人民共和国对外贸易法》《中华人民共和国保险法》《中华人民共和国民法典》《中华人民共和国海商法》《中华人民共和国民用航空法》《中华人民共和国铁路法》《中华人民共和国公路法》《中华人民共和国港口法》等法律，法律的效力仅次于宪法。其他规范性文件要在宪法和法律的基础上制定。

3）行政法规

行政法规是由国务院依据宪法和法律制定的规范性法律文件，是国家行政机关体系中效力最高的规范性文件。行政法规以条例、决定、决议、命令、指示等形式发布。涉及物流的行政法规有《铁路货物运输规程》《国际海运条例》《中国民用航空货物国内运输规则》《航道管理条例》等。

4）地方性法规

省、自治区、直辖市的人民代表大会及其常务委员会，在不与宪法、法律和行政法规相抵触的前提下，根据实际需要而制定并颁布的地方性规范文件。

5）规章

规章属于行政法律规范，包括两种：一种是国务院各部委、中国人民银行、审计署和具有行政管理职能的国务院直属机构，依据法律和国务院的行政法规，在本部门的权限范围内制定的规章，称作部门规章，它与地方性法规基本上属于同一等级的规范性法律文件；另一种是省级和较大的市级人民政府根据法律、行政法规和本省或本市的地方性法规制定的规章，称作地方规章，其效力等级低于地方性法规。我国现有的与物流相关的部门规章有《外商投资国际货物运输代理企业管理办法》《商品代理配送制行业管理若干规定》《关于开展试点设立外商投资物流企业工作有关问题的通知》《关于加快我国现代物流发展的若干意见》《关于促进运输企业发展综合物流服务的若干意见》等。

6）国际条约

国际条约是指两个或两个以上作为国际法主体的国家或国际组织订立的在政治、经济、贸易、文化、法律、军事等方面规定其相互间权利和义务的各种协议的统称。条约有双边和多边之分，由两个国际法主体订立的协议为双边条约，多个国际法主体订立的协议为多边条约。凡是我国参加签订的或宣布承认的国际条约，在我国同样适用，因此也属我国法的渊源。与物流相关的国际条约有《1978 年联合国海上货物运输公约》（即《汉堡规则》），国际商会制定的《跟单信用证统一惯例》，《班轮公会行动守则公约》《修改统一提单的若干法律规则的国际公约的议定书》（即《维斯比规则》）等。

7）国际惯例

国际惯例是指在有关国际关系中，因对同一性质的问题所采取的类似行为，经过长期反复实践逐渐形成的，为大多数国家所接受的，具有法律约束力的不成文的行为规则。

8）技术标准

技术标准可分为国家标准和国际标准。国家标准由国家质量监督管理部门制定、批准、发布，其中有些属于国家强制性技术法规。国际标准由国际组织制定，本身没有强制力，可选择适用。

物流法的形式如表 1-1 所示。

表1-1　物流法的形式

物流法的形式	制定主体	地位及效力	表现形式
法律	全国人民代表大会及其常务委员会	仅次于宪法	中华人民共和国××法
行政法规	国家最高行政机关国务院	仅次于宪法和法律	××条例、××实施细则
规章	国务院及其所属机构	不得与宪法、法律和行政法规相抵触	××规章、××办法等
地方性法规	省/自治区/直辖市人民代表大会及其常务委员会	仅次于宪法、法律及行政法规	××地方××条例、暂行办法等
国际条约、协定	国际组织、协定参加国	以不与本国法律冲突为原则	公约、换文、协定
技术标准	受委托机构、行业协会等	源于法律授权/可成为法律技术规范	国家标准、行业标准、企业标准

2. 法律规范

法律规范是指通过国家的立法机关制定或认可的，用以指导、约束人们行为的一种行为规范。法律规范由假定、处理和制裁3个部分组成。

（1）假定。每一个法律规范都是在一定条件出现的情况下才能适用，而适用这一法律规范的这种条件就称为假定。

（2）处理。处理是指行为规范本身的基本要求。它规定人们应当做什么、禁止做什么、允许做什么。这是法律规范的中心部分，是规范的主要内容。

（3）制裁。规定的是违反法律规范将导致的法律后果。

1.1.4　法律部门与法律体系

1. 法律部门

法律部门又称为部门法，是运用特殊调整方法调整一定种类社会关系的法律规范的总和。在现行法律规范中，根据调整的社会关系及其调整方法的不同，可分为不同的法律部门，凡调整同一类社会关系的法律规范的总和，就构成了一个独立的法律部门。我国的法律部门大体上分为宪法、政法与行政诉讼法、刑法、民法、刑事诉讼法、民事诉讼法、商法、经济法、知识产权法这九大法律部门。我国物流业发展起步较晚，目前还没有形成单独的物流法律部门，有关物流的法律、法规一般散见于各种法律、法规、规章、条约等文件。随着我国物流行业的飞速发展，成立单独的物流法律部门以解决现实中存在的物流纠纷是十分必要的。

2. 法律体系

法律体系是指由一国现行的全部法律规范按照不同的法律部门分类组合而形成的一个呈体系化的有机联系的统一整体。

法律体系的特征如下。

（1）法律体系是由一国国内法构成的体系，包括被本国承认的国际法。

（2）法律体系是由现行法构成的体系。

（3）构成法律体系的单位是法律部门，法律部门是由若干相关的法律规范构成的，因此法律规范是法律体系构成的最基本单位。

1.2 物流法律制度的概念、特征和调整对象

1.2.1 物流法律制度的概念

法律均调整一定的社会关系，不同的法律部门调整不同的社会关系。物流的范畴决定了物流法的含义和基本范围。物流一般被定义为：经济活动中涉及实体流动的物质资料从供应地向接收地的实体流动过程。根据实际需要，将运输、储存、装卸、搬运、包装、流通加工、配送、信息处理等基本功能实行有机结合。

物流法即指调整物流活动产生的，以及与物流活动有关的社会关系的法律规范的总称。物流业涉及诸多领域，其中涉及最多的是运输、仓储和电子商务。在这三者之中，运输又是物流的关键。因此，物流法律制度首先是运输法律制度，然后是电子商务立法及与其相关的配套立法。物流法律制度是指国家制定的调整与物流活动相关的社会关系的法律制度的总称。总体来说，物流法调整的领域涉及生产、流通和物品流动等环节。目前，我国调整各类物流活动的规范主要散见于各种法律、法规中：① 有关物流的民事法律规范；② 有关物流的行政法律规范；③ 有关物流的技术规范，主要是国家的技术标准和行业标准。

1）我国物流法律制度的构成

（1）运输法律制度。运输法律制度是物流法律制度最重要的组成部分。我国运输法律制度是按照不同运输方式进行立法的，包括铁路和航空。

（2）与信息相关的法律制度。信息在物品流通过程中起着至关重要的作用。目前，我国针对信息技术主要有《中华人民共和国计算机信息系统安全保护条例》《中华人民共和国计算机信息网络国际联网管理暂行规定》《计算机信息网络国际联网安全保护管理办法》等。

（3）保险法律制度。保险在物流的过程中，起着为物流保驾护航的重要作用。我国目前保险的相关立法相对比较完善，对物流行业的发展起到了重要作用。

（4）合同相关法律制度。合同是联系物流各个过程的重要法律行为，包括运输、仓储、包装、保管、搬运等环节。我国《民法典》对运输合同、保管合同、仓储合同都有原则性的规定，而对于包装、搬运等行为则没有相应的规定。

（5）物流组织管理法律制度。政府可以通过法律手段加强对物流组织的管理，提高物流的效率。

2）我国的物流法体系

我国目前的物流法律制度需要不断完善，物流法体系应以物流法为基础，以物流主体和行为法律规范为主体的各种法律规范按照一定规律形成有机联系的统一整体。我国物流法体系应包括以下几个方面。

（1）物流主体法。即确立物流主体资格，明确物流主体的权利、义务，以及物流产业进入和退出机制的法律规范。物流法律关系的主体是指参加物流法律关系，依法享有权利和承担义务的当事人。

（2）物流行为法。即调整物流主体从事物流活动行为的法律规范，它是各种物流交易行为、惯例法律化的产物。物流活动涉及采购、仓储、运输、流通加工、包装、配送、装

卸、搬运、信息处理等方面。

（3）物流市场治理法。即调整国家与物流主体之间，以及物流主体之间市场关系的法律规范。通过法律手段加强对物流的组织治理，制造公平、公正的市场竞争环境。

（4）物流标准法。即确定物流行业相关技术性标准的法律规范。

当前的物流发展状况要求完善物流法律制度，建立符合我国社会主义市场经济特征要求的物流法体系，是促进我国物流业健康发展的必然要求。

1.2.2　物流法律制度的特征

1. 技术性

由于物流业涉及范围广泛，相应的物流法也与不同的物流业务紧密联系。物流活动涉及运输、包装、仓储和装卸等技术性较强的多个物流环节，尤其整个物流活动过程都需要运用现代信息技术及电子商务，因此，物流业务自始至终都体现各种技术的应用。相应地，物流法也不可避免地涉及从事物流活动的专业用语、技术标准、设备标准，以及设备操作规程等。例如，电子商务中的信息技术，运输中涉及货物的配载、积载、保管和照料，包装中涉及包装材料、方法的标准化，装卸搬运中涉及装卸机械、堆垛/拆垛作业、堆装/拆装作业等，因此物流法体现着不同的技术在物流产业中的应用。

2. 广泛性

由于物流涉及范围广泛，如仓储、保管、运输、电子商务等，因此物流法也体现了广泛性的特点，主要表现在以下 3 个方面。

（1）内容多样性。物流活动涵盖了物品从原材料形态经过生产环节的半成品、产成品形态，最后通过流通环节到达消费者手上的全过程。同时，还包括物品的回收和废弃物的处理过程，涉及运输、装卸、包装、加工、配送、信息处理等诸多环节。物流法应当对所有这些环节中产生的关系进行调整。

（2）表现形式多样化。物流法内容的综合性决定了物流法不可能仅限于某一效力层次，或者某一表现形式。它包括国家立法机关颁布的法律，政府发布的法规，各主管部门发布的规章、办法，缔约国参与签订的国际有关的技术标准或技术法规。

（3）物流活动参与者众多。物流活动的参与者涉及不同行业、不同部门，如仓储经营者、包装服务商、各种运输方式下的承运人、装卸业者、承揽加工业者、配送商、信息服务供应商、公共网络经营人等。他们的活动既要受到社会经济活动的一般准则制约，又要受到物流行业法规和惯例的制约。

3. 复杂性

第一，复杂性表现在物流法律规范由民事法律规范、行政法律规范、国际条约和技术规范组成。第二，即使在民事物流法律规范中，也涉及多个方面，如运输、仓储、装卸、加工等环节，各环节因运行方式又各不相同，不同的行为亦应适用不同的法律规范。第三，由于物流活动参与者众多，这也造成了物流法律关系的复杂性。而且，很多物流法律关系经常处于双重甚至多重法律关系中。第四，随着国际物流的发展，跨国公司的物流供应链涉及多个国家，由于各个国家对物流法律的规范不尽相同，在物流活动中必然涉及法律冲突的问题，这就要涉及物流的国际立法和各国国内立法的协调问题，因此具有很大的复杂性。

4. 国际性

现代物流是经济全球化、一体化发展的产物。国际物流的出现和发展，致使物流超越了一国和区域的界限，而走向国际化。与国际物流相适应，物流法亦呈现出国际化的趋势，表现在一些领域内出现了全世界通用的国际标准，包括托盘、货架、装卸机具、车辆、集装箱的尺寸规格、条形码、自动扫描等技术标准，以及物流技术标准和工作标准等。

5. 分散性

由于我国物流法律制度还不能成为独立的法律部门，都是散见于各种类型的法律文件，因此目前只是分散性的规定，没有形成综合的物流法律，还不能成为独立的物流法部门。

1.2.3 物流法律制度的调整对象

物流法的调整对象是物流法规范所作用的社会关系，即由物流活动产生及与物流活动有关的社会关系。由于物流法律关系涉及物流企业、客户、政府等主体，因此物流法律制度的调整对象包括以下两类。

（1）物流活动平等当事人之间的关系。物流活动当事人是指自然人、法人或其他经济组织。他们处于平等的法律地位，可以自愿协商就某一物流活动形成法律关系。双方可以约定相互的权利与义务，如若不履行义务，需要承担何种法律责任，如物流关系中的运输合同关系。承运人与托运人应当签订运输合同，约定合同双方当事人的权利与义务及其违约责任等条款。这种平等主体之间的物流法律关系属于民法的范畴。

（2）国家行政机关与物流活动当事人之间的关系。国家行政机关在职权范围内对相应的物流法律主体实施监督、管理，行政机关与物流活动当事人之间的关系属于行政法范畴，如国家行政机关对货物进出口贸易的许可证、配额的管理。

1.3 物流法律关系

法律关系是法律在规范人们的行为过程中形成的一种特殊的社会关系，也就是双方当事人具有什么样的权利与义务。物流法律关系是指物流法律规范在调整物流活动过程中所形成的当事人的权利与义务关系。法律关系由主体、客体和内容 3 个要素构成。

1.3.1 物流法律关系的主体

物流法律关系的主体主要有 3 类：物流企业（服务供应商）、客户、政府。

按调整的法律关系不同，物流法律关系的主体分为民事法律关系的主体和行政法律关系的主体。

1. 物流法律关系中民事法律关系的主体

物流法律关系中民事法律关系的主体即物流民事法律关系的参与人，分为权利主体和义务主体。物流企业与客户的关系就是合同关系，物流企业的客户包括上位客户和下位客户，即货物供应商与需求商，物流企业起着承上启下的作用。

2. 物流法律关系中行政法律关系的主体

物流法律关系中行政法律关系的主体即在行政法律关系中依法享有权利和承担义务的人或组织。

（1）国家有关行政机关。政府作为管理主体，要对物流市场进行监管。物流行政法律关系表现为国家行政机关与物流企事业单位、其他组织之间监督与被监督、管理与被管理的关系，国家行政机关是物流行政法律关系的必要主体。

（2）物流企业、事业单位。这包括各种物流公司、航运公司、货运代理公司、理货公司、商品检验检疫局、海关等。

（3）其他组织。在物流行政法律关系中，其他组织从事物流活动时，也要接受行政机关的监督、管理，成为物流行政法律关系主体。

1.3.2 物流法律关系的客体

物流法律关系的客体就是物流企业提供的服务，包括运输行为、包装行为、仓储行为、装卸行为、加工行为等。

根据调整的物流法律关系的不同，把物流法律关系的客体分为以下两类。

（1）物流法律关系中民事法律关系的客体通常为物、智力成果或行为。

（2）物流法律关系中行政法律关系的客体主要表现为"行为"，即物流行政法律关系主体的活动，包括主体的作为和不作为。例如，国家对外贸易主管部门对进出口货物的配额管理。

1.3.3 物流法律关系的内容

物流法律关系的内容就是主体在进行物流法律行为时享有的权利及应当承担的义务。根据不同的服务，明确不同的权利与义务。

（1）物流法律关系中民事法律关系的内容是指物流民事法律关系主体在物流活动中享有的民事权利和承担的民事义务。例如，签订定期租船合同，合同双方当事人享有租船合同中的权利与义务。

（2）物流法律关系中行政法律关系的内容主要是指物流行政法上的权利与义务。行政机关要依职权行使行政权利，不可自由处分其权利。行政权利与义务是相对的。物流行政法律关系的双方都享有权利，但又负有义务，他们的权利与义务是统一的、相对的。

1.4 物权和所有权

1.4.1 物权

1. 物权的概念和特征

1）物权的概念

物权是指权利人依法对特定的物享有直接支配和排他的权利，包括所有权、用益物权和担保物权。2020年5月28日，第十三届全国人民代表大会第三次会议通过了《中华人民共和国民法典》，该法自2021年1月1日起施行。物权是《民法典》第二编的内容。

2）物权的法律特征

（1）物权是绝对权。物权是绝对权，是以不特定的任何人为义务主体的民事权利。物权的本质在于直接支配其标的物，物权人可以依自己的意志直接在标的物上行使其权利，无需他人的意思或义务人的行为的介入。这是物权在实现方式方面的特征。这一点与债权不同，债权是相对权，其义务主体是特定的债务人，债权人债权的实现必须依赖债务人的行为。

（2）物权是对世权。物权为权利人支配标的物的权利，在对外关系上可排除他人意思或行为的介入，即物权人享有排斥他人干涉的权利，所以物权属于排他性的财产权。这是物权在效力方面的特征。物权的排他性主要表现在两个方面：① 内容相同的物权之间具有相互排斥的性质，即一物之上不能有两个或两个以上互不相容的物权；② 物权具有直接排斥不法妨碍的性能，即物权人行使权利遇有不法妨碍时，凭借物权能够直接请求妨碍人排除妨碍或消除可能发生妨碍的因素。

（3）物权是支配权。物权的权利人享有对物进行直接支配的权利，即物权是对物的支配权。此乃物权在作用方面的特征。直接支配是指权利人无须借助他人的行为就能行使自己的权利。

（4）物权的客体是特定的物。物权是权利主体对物进行直接支配的权利，因而物权的客体是特定的物，其他如行为、精神财富等不能作为物权的客体，这是物权与债权、知识产权、人身权相区别的一个特征。物权的客体是特定的，因为物权是对物的支配权，其中客体如果不特定就无从支配。此外，物只有独立出来才能对其完全行使直接支配的权利，因而在物权上的请求权中，返还原物和恢复原状等物权保护方法也是物权所特有的。

2. 物权的分类

1）动产物权与不动产物权

动产物权是以能够移动的财产为客体的物权，不动产物权是以土地、房屋等不能移动的财产为客体的物权。

《民法典》第二百零八条规定，不动产物权的设立、变更、转让和消灭，应当依照法律规定登记。动产物权的设立和转让，应当依照法律规定交付。

2）主物权与从物权

主物权是指不以主体享有其他民事权利为前提，能够独立存在、不从属于其他权利的物权，如所有权、土地使用权等。从物权是指不具有独立性、从属于其他权利而存在、并为其他所从属的权利服务的物权，如船舶抵押权、质权、留置权等。

3）自物权与他物权

根据物权的权利主体是否为财产的所有人，可以把物权分为自物权与他物权。自物权是指权利人依法对自己的所有物享有的占有、使用、收益、处分的权利。所有权是唯一的自物权。他物权是指非所有人根据法律或合同的规定，对他人财产享有的物权，也称限制物权。所有权以外的其他物权就是他物权。

4）用益物权与担保物权

根据设立的目的不同，物权分为用益物权和担保物权。用益物权是以物的使用收益为目的而设立的物权；担保物权是以保证债务的履行、债权的实现为目的而设立的物权。

3. 物权的变动

物权的变动是物权的产生、变更和消灭的总称。

1）物权的产生

物权的产生即物权人取得了物权，它在特定的权利主体与不特定的义务主体之间形成了物权法律关系，并使特定的物与物权人相结合。物权的取得有原始取得与继受取得之分，前者是指不以他人的权利及意思为依据，而是依据法律直接取得物权；后者则是指以他人的权利及意思为依据取得物权。

2）物权的变更

物权的变更是指物权的主体、内容或客体的变更。物权内容的变更是指不影响物权整体内容的物权在范围、方式等方面的变化。物权客体的变更则是指物权标的物所发生的变化。

3）物权的消灭

从权利人方面观察，即物权的丧失，可以分为绝对的消灭与相对的消灭。绝对的消灭是指物权本身不存在了，即物权的标的物与其主体相分离。相对的消灭则是指原主体权利的丧失和新主体权利的取得。

4）物权变动的原则

（1）公示原则。所谓公示，是指物权在变动时，必须将物权变动的事实通过一定的公示方法向社会公开，从而使第三人知道物权变动的情况，以避免第三人遭受损害并保护交易安全。物权的变动之所以要公示也是由物权的性质所决定的，因为物权具有排他的、优先适用的效力。如果物权的变动不采用一定的公示方法，假如张某享有手机的所有权，善意第三人李某取得该物而并不知情，而张某要向李某主张优先权时，必然会使李某遭受损害。物权公示制度的建立极大地减少了产权变动中的纠纷，从而维护了交易的安全和秩序。

登记作为不动产物权的公示方法，是将物权变动的事项，登载于特定国家机关的簿册上。根据我国《民法典》的规定，我国不动产物权的变动，采取登记要件主义，即以登记作为物权变动的要件。不动产物权的变动除了当事人之间的合意外，还要进行登记。非经登记，不仅不能对抗第三人，而且在当事人间也不发生效力。

（2）公信原则。这是指一旦当事人变更物权时，依据法律的规定进行了公示，则即使依公示方法表现出来的物权不存在或存在瑕疵，但对于信赖该物权的存在并已从事了物权交易的人，法律仍然承认其具有与真实的物权存在相同的法律效果，以保护交易安全。公示与公信是密切联系在一起的。公信原则最早适用于动产物权，以后逐渐扩展到不动产物权。

公示与公信是密切联系在一起的，公信原则是公示原则的必然逻辑结果。

4. 物权的保护

物权的保护是指通过法律规定的方法和程序保障物权人在法律许可的范围内对其财产行使占有、使用、收益、处分的权利。

保护物权实质是保护被侵犯的权利，物权保护制度就是对被侵犯的物权适用的法律规定。《民法典》第二百三十三条规定，物权受到侵害的，权利人可以通过和解、调解、仲裁、诉讼等途径解决。物权的民法保护按是否通过民事诉讼程序可以分为两种：① 物权的自我保护，传统民法上称之为自力救济；② 通过民事诉讼程序对物权的保护，传统民法上称之为公力救济。具体方法有：请求确认物权，返还原物，排除妨害或消除危险，依法请求修理、重做、更换或者恢复原状，赔偿损失等。

1.4.2 所有权

1. 所有权的权能

财产所有权也称所有权，是指所有人依法对自己的财产享有占有、使用、收益和处分的权利。

1）占有权能

占有权是指对物实际控制的权利，它是从所有权中分离出来的一项权能。除了所有人之外，占有权也可以为非所有人独立享有，即非所有人可以依法律规定直接取得对所有人财产的占有权，或者依合同而取得所有人移转的占有权。

2）使用权能

使用权是指权利主体按照财产的性能和用途进行实际利用的权利。使用权是直接行使于物上的权利，是以占有为前提的。因此，它与占有权能一样，也可以与所有权分离而由非所有人享有。非所有人可以依照法律规定或合同约定使用他人的财产，如承租人使用承租物。

3）收益权能

收益权是指权利主体收取财产所产生某种权益的权利。所谓收益，也就是孳息。权利主体取得孳息，一般是使用财产的结果。因此，收益权通常由所有人通过自己的财产来行使。

4）处分权能

处分权是指所有人对财产依法进行处置的权利，是所有权中最基本和最重要的权能。处分分为事实上的处分和法律上的处分，两者都能引起所有权的绝对消灭和相对消灭，所以处分权决定了财产的归属，因此是所有权全部内容的核心，也是所有权区别于他物权的一个重要特征。

处分权作为所有权的核心，在大部分情况下应当由财产所有人来行使。但其在特定情况下，也是可以与所有权分离的。例如，股份公司的股东对公司享有股权，对所投入资本享有所有权，但股东对其股份只享有收益权，而不享有对公司财产的处分权。

2. 所有权的分类

1）动产所有权与不动产所有权

按照所有权客体进行划分，可分为动产所有权与不动产所有权。以可移动的物为客体的所有权为动产所有权；以不可移动的物为客体的所有权为不动产所有权。

2）国家所有权、集体所有权、私人所有权

按照所有权的主体划分，我国财产所有权的类型主要分为国家所有权、集体所有权、私人所有权。国家所有权是指中华人民共和国对于全民所有制财产享有的占有、使用、收益和处分的权利，是全民所有制在法律上的体现。《民法典》规定，国家所有的财产受法律保护，禁止任何组织或者个人侵占、哄抢、私分、截留、破坏。集体所有权是指劳动群众集体组织在法律规定的范围内对自己的财产享有占有、使用、收益和处分的权利。《民法典》规定，集体所有的财产受法律保护，禁止任何组织或者个人侵占、哄抢、私分、破坏。私人所有权是指私人依法对其私人所有的财产享有占有、使用、收益和处分的权利。《民法典》规定，私人的合法财产受法律保护，禁止任何组织或者个人侵占、哄抢、破坏。

3）单独所有权和共有所有权

按照所有权主体的数量，所有权分为单独所有权和共有所有权。单独所有权是指所有人为单一的所有权，这是所有权的常态；共有所有权是指所有权人为两人以上的所有权。共同关系中，不仅涉及所有权人与其他人的关系，而且也涉及共同所有人的内部关系。

3. 所有权的取得

1）原始取得

原始取得是指所有权首次产生或不依赖于原所有人的意志而取得物的所有权。

根据法律的规定，原始取得的方式主要有以下 7 种。

（1）生产。

（2）先占。这是指民事主体以所有的意思占有无主动产而取得其所有权的法律事实。先占应具备以下构成要件：标的须为无主物；标的须为动产；行为人须以所有的意思占有无主物。

（3）添附。添附是指不同所有人的物结合在一起而形成不可分离的物或具有新物性质的物，如果要恢复原状在事实上不可能或在经济上不合理，在此情况下，确认该新财产的归属问题。添附包括 3 种情形：混合，即指不同所有人的动产因相互掺杂或融合而难以分开而形成新的财产；附合，即指不同所有人的财产密切结合在一起而形成新的财产；加工，即指一方使用他人的财产加工改造为具有更高价值的财产。

（4）善意取得。善意取得又称即时取得，是指不法占有他人动产的人将其无权处分的动产转让给第三人时，如果该受让人取得财产是出于善意，则可取得该财产的所有权。善意取得的构成要件包括：① 须让与人无权处分该动产；② 受让人须通过有偿交换取得该动产；③ 受让人取得财产时必须出于善意。此处转让的财产须是依法可以流通的动产。

（5）拾得遗失物。这是指发现他人不慎丧失占有的动产而予以占有的法律事实。《民法典》第三百一十四条规定，拾得遗失物，应当返还权利人。拾得人应及时通知权利人领取，或者送交公安等有关部门。另外，根据《民法典》规定，拾得人在返还拾得物时，可以要求支付必要费用，但不得要求支付报酬。遗失人发出悬赏广告，愿意支付一定报酬的，不得反悔。遗失物自发布招领公告之日起 1 年内无人认领的，归国家所有。拾得人拒不返还遗失物，按侵权行为处理。拾得人不得要求支付必要费用，也无权请求权利人按照承诺履行义务。

（6）拾得漂流物、埋藏物或者隐藏物。埋藏物或者隐藏物是指埋藏或隐藏于他物之中，其所有权归属不明的动产。根据我国《民法典》的规定，拾得漂流物、埋藏物或者隐藏物的，参照适用拾得遗失物的有关规定。法律另有规定的，依照其规定。

（7）国有化和没收。国家根据法律、法规的强行性规定，采取强制措施将一定的财产收归国有的法律事实。

2）继受取得

继受取得又称传来取得，是指通过一定的法律行为或基于法定的事实从原所有人处取得所有权。根据法律的规定，所有权继受取得的原因主要包括因一定的法律行为而取得所有权，法律行为具体包括买卖合同、赠与、互易等；因法律行为以外的事实而取得所有权，如继承遗产、接受他人遗赠等。

1.5 代　理

1.5.1 代理的概念

代理是指代理人在代理权限内，以被代理人的名义实施民事法律行为，由此产生的民事权利、民事义务由被代理人享有和承担。代为他人实施民事法律行为的人，称为代理人；由他人以自己的名义代为实施民事法律行为，并承受法律后果的人，称为被代理人。

1.5.2 代理的特征

(1) 代理人必须在代理权限范围内实施代理行为。

(2) 代理人以被代理人的名义实施代理行为。

(3) 代理人在代理活动中独立地表现自己的意志。

(4) 被代理人对代理行为承担民事责任。

1.5.3 代理的种类

1. 委托代理

委托代理是指基于被代理人的委托授权而发生的代理。被代理人的授权是委托代理的前提条件,因此,委托代理又称"意定代理"。委托授权行为是指被代理人授权于代理人的行为。一般认为,授权行为是一种单方法律行为,即只要被代理人作出向代理人授权的意思表示,代理人就享有代理权。

委托代理权的范围依据被代理人的意思表示而定,可以是一次委托代理、多次委托代理、专项委托代理,也可以是总括委托代理,即授予代理人实施与某一特定事务有关的各种民事法律行为的代理权限。代理权的范围应当明确,对于授权不明的代理行为,被代理人应当向第三人承担民事责任,代理人负连带责任。

2. 法定代理

法定代理是指非依本人的意思而是依照法律规定直接产生的代理,无民事行为能力人、限制行为能力人的监护人是其法定代理人。

法定代理的产生和存续,不以代理人和被代理人的意志为转移。

3. 指定代理

指定代理是指代理人的代理权根据人民法院或其他机关的指定而产生。人民法院及村民委员会等有权为未成年人或精神病人指定监护人,也就是指定法定代理人。由于指定代理人的机关及代理权限都是由法律直接规定的,因此,指定代理是法定代理的一种特殊类型。

4. 无权代理

无权代理是非基于代理权而以本人名义实施的旨在将效果归属于本人的代理。委托代理以本人授予代理权为要件,无权代理与有权代理的区别就是欠缺代理权。没有代理权、超越代理权或代理权终止后的行为,只有经过被代理人的追认,被代理人才承担民事责任。未经追认的行为,由行为人承担民事责任。本人知道他人以本人名义实施民事行为而不作否认表示的,视为同意。

5. 表见代理

表见代理是指虽无代理权但表面上有足以使人信为有代理权而须由本人负授权之责的代理。表见代理的代理权有欠缺,本属于无权代理,因本人行为造成表面上使他人相信有代理权存在,在善意相对人的信赖利益和本人利益之间,信赖利益涉及交易安全,因此应保护善意相对人的信赖利益。所以,表见代理发生有权代理的效果,即由本人而非行为人承担代理行为的后果。

1.5.4 代理权的终止

1. 代理权终止的共同原因

（1）代理人死亡或法人消灭。

（2）代理人丧失民事行为能力。代理人以完全民事行为能力为条件，丧失民事行为能力肯定无法担当任何职责，代理权也终止。

（3）本人死亡或法人消灭。代理权是本人与代理人之间的关系，两者之中任何一方人格消灭，代理权理应终止。但自然人死亡或法人消灭是个事件，代理人有可能不知，或者终止代理对本人不利。为保护本人之利益，《民法典》第一百七十四条规定了 4 种例外，被代理人死亡后，有下列情形之一的，委托代理人实施的代理行为有效：① 代理人不知道且不应当知道被代理人死亡的；② 被代理人的继承人予以承认的；③ 授权中明确代理权在代理事务完成时终止的；④ 被代理人死亡前已经实施，为了被代理人的继承人的利益继续代理的。

2. 委托代理终止的特别原因

（1）代理事务完成，代理已无存在的必要。

（2）授权行为附有终期的，期限届满，代理权终止。

（3）代理权撤回。代理权撤回是本人直接终止代理权的意思表示。

（4）代理人辞去代理。辞去代理是代理人放弃代理权的意思表示。例如，外贸代理方辞去代理导致违反与本人的委托合同，辞去行为仍有效，但本人可追究代理人的合同责任。

3. 法定代理终止的特别原因

（1）本人取得或恢复民事行为能力，这里应解释为本人取得完全行为能力。

（2）指定代理的人民法院或指定单位取消指定。

（3）由其他原因引起的被代理人和代理人之间的监护关系消灭。

✅ 案例分析

🔍 案例 1-1

一、基本案情

原告：方某

被告：武汉某物流公司

据原告方先生称，2021 年 1 月 15 日，他委托武汉某物流公司将自己的衣物和一些保健品运到江苏常州。物流公司工作人员提货后，开具了托运单，双方约定运费为 15 元，大约一周后送到。

一星期后，方先生在江苏常州没有等到包裹。又等了几天，还是没有来。方先生打电话去物流公司询问，才得知货物已经丢失。方先生找到物流公司，要求对方赔偿，但遭到拒绝。2021 年 10 月，方先生向武汉市洪山区法院提起诉讼，要求物流公司赔偿丢失的物品共8 000 余元。

在法庭上，物流公司出示双方当初填写的托运单，其中有这样的约定：托运物品应办理货物运输保险，如在运输过程中丢失、损坏的按保价赔偿，没有保价的最高赔偿不高于运费的 5 倍。物流公司称，方先生没有申请保价，只能按运费的 5 倍赔偿，也就是只赔 75 元。

方先生则认为，是否选择保价运输，他有选择权。而且这种规定是物流公司的单方要求，是"霸王条款"，不符合国家法律的规定。

记者随后走访了多家物流公司，发现每家物流公司出示的托运单上都有"未保价物品如若丢失，赔偿不超过托运费的 5 倍（最多 10 倍）"的格式条款。记者询问"保价"与不保价的区别时，一位吴姓经理说，保价了，损失最终由保险公司赔偿，一般额度是灭失货值的 80%。

二、案件审理

法官：从事实来看，物流公司把包裹弄丢，肯定存在过错。顾客丢失托运的东西，也确实蒙受损失。但从法律角度看，顾客如果没有很好地保留证据，胜诉往往有困难。法官提醒：顾客注意保留证据。

三、案例评析

按照《民法典》规定，除承运人证明货物的毁损、灭失是因不可抗力、货物本身的自然性质或者合理损耗以及托运人、收货人的过错造成的外，应该按照实际损失全部赔偿。至于"保价"不保价没什么实际影响。事实上，很多货运公司收了托运人的保价费后，并没有再向保险公司投保。

为了避免纠纷，一定要找有资质、信誉好的物流公司。并且，在托运物品时最好选择"保价"，并让物流公司查验包裹内的物品，并附上物品清单。

案例 1-2

一、基本案情

原告：浙江源通国际货运有限公司（以下简称源通公司）

被告：庄某

被告：宁波市保税区申达国际贸易有限公司（以下简称申达公司）

2012 年 3 月 2—11 日，申达公司委托庄某办理两票货物的出口货运事项。庄某受托后，以天津远洋货运公司上海分公司宁波办事处的名义，委托源通公司办理该两票货物的出口货运代理事项。托运单载明：托运人为申达公司，运费预付等。源通公司依约办妥出口货运事项，并向承运人垫付海运费 39 200 美元。同年 3 月 23 日，源通公司开具该两票货物海运费发票交给庄某并向其催要运费。此后，申达公司依庄某指令将运费支付给与本案无关的宁波保税区亿豪国际贸易有限公司。催款未果，源通公司遂向宁波海事法院起诉庄某、申达公司，要求判令支付其垫付运费。

原告源通公司诉称：原告接受庄某以天津远洋货运公司上海分公司宁波办事处名义的委托，依约办妥两票货物的出口货运事项，并垫付海运费 39 200 美元。庄某未支付运费，申达公司接受错误指令支付运费，均应承担责任。请求判令两被告连带支付原告垫付的海运费 39 200 美元，折合人民币 350 260 元。

被告庄某辩称：其行为非个人行为。申达公司支付的运费系付给亿豪国际贸易有限公司，非由其个人占有，请求判令驳回对其本人的起诉。

被告申达公司辩称：申达公司与天津远洋货运公司上海分公司宁波办事处存在委托关

系，但与原告没有直接委托关系，故其不是本案适格被告。且申达公司已支付运费，请求判令驳回对申达公司的起诉。

二、案件审理

宁波海事法院经审理认为：被告申达公司与原告没有直接的委托关系，且申达公司已按照其受托人的指令履行了运费支付义务，申达公司按指令付费的行为并无不当，故不应再对原告承担支付垫付费用的责任。被告庄某在操作本案货代业务时，其身份为天津远洋货运公司上海分公司宁波办事处负责人，故庄某的行为不应认定为个人行为。其行为的法律后果也不应由其个人承担。该院依照《中华人民共和国民事诉讼法》第六十四条第一款的规定，于 2014 年 3 月 22 日作出如下判决：驳回原告源通公司对被告庄某、申达公司的诉讼请求。

一审宣判后原告不服，向浙江省高级人民法院提出上诉称：原判认定庄某的行为系职务行为，证据不足。申达公司不顾财务制度和上诉人的合法权益，将应付给上诉人的运费支付给第三人，应当赔偿上诉人的运费损失。请求撤销原判，依法改判支持其诉讼请求。

两被上诉人答辩称：原判认定事实清楚，适用法律正确，请求驳回上诉，维持原判。

二审期间，根据各方当事人对新证据的质证、认证情况，二审法院确认如下事实：涉案两票业务，庄某从未向天津远洋货运公司上海分公司汇报过。庄某在办理涉案两票业务时，系亿豪国际贸易有限公司海运部经理。

二审法院经审理认为：个人在从事交易行为时，具备多种身份是常见的现象，其以何种身份从事交易行为，应由其举证证实。本案中，没有证据证实庄某的行为系职务行为，如有单位委托授权书，或者与交易对象签订的合同上盖有单位公章等，故其行为系个人行为，民事责任应由其个人承担。庄某委托源通公司办理涉案两票货物的出口货运代理事项时，将载有"托运人"为申达公司的托运单等材料交与源通公司，故可认定源通公司知道申达公司与庄某之间委托代理关系的存在，源通公司与庄某之间的委托合同直接约束源通公司和申达公司；源通公司垫付货物运费，应由委托人申达公司偿还并支付利息。况且，申达公司履行不当，系因其选任受托人不当所致，由此产生的民事责任理应自负；至于源通公司关于判令庄某和申达公司连带支付运费的请求，既无事实基础，亦无法律依据，不予支持。为此，二审法院依照《中华人民共和国民事诉讼法》第一百五十三条第一款第（二）、（三）项，《中华人民共和国合同法》第一百二十一条、第三百九十八条、第四百零二条的规定，于 2014 年 7 月 3 日作出终审判决：撤销一审判决；由申达公司支付源通公司垫付海运费 39 200 美元及利息 3 000 美元，折合人民币 350 260 元，于判决送达之日内付清；驳回源通公司对庄某的诉讼请求。

三、案例评析

源通公司垫付了海运费，其基于委托关系的请求能否得到支持，取决于对以下 3 个要害问题的熟悉，对此，一、二审法院的看法截然相反，现分述如下。

对于庄某行为的性质，在从事民事交易行为时，个人有多种身份是常见的现象，当其主张系职务行为时，应由其举证证实，如未能举证，则应负举证不能之法律后果。本案中，庄某未能举证，故其行为系个人行为。事实上，在本案中还有其他证据证实庄某行为的性质：庄某以天津远洋货运公司上海分公司宁波办事处名义委托源通公司时，该办事处尚未成立，庄某也不可能是负责人；申达公司接受的是庄某个人指令；运费付至庄某任海运部经理的亿豪国际贸易有限公司；其主管单位从未授权亦不知道庄某曾从事涉案两票业务等。

案例1-3

一、基本案情

个体户张某、王某二人于 2021 年 10 月 1 日从汽车交易中心购得一辆"东风"牌二手卡车，共同从事长途货物运输业务。两人各出资人民币 3 万元。同年 12 月，张某驾驶这辆汽车外出联系业务时，遇到李某，李某表示愿意出资人民币 8 万元购买此车，张某随即把车卖给了李某，并办理了过户手续，事后，张某把卖车一事告知王某，王某要求分得一半款项。

李某买到此车后，于同年年底又将这辆卡车以人民币 9 万元卖给赵某。二人约定，买卖合同签订时，卡车即归赵某所有，赵某租车给李某使用，租期为 1 年，租金人民币 1 万元，二人签订协议后，到有关部门办理了登记过户手续。

赵某把车租赁给李某使用期间，由于运输缺乏货源，于是李某准备自己备货，因缺乏资金遂向银行贷款人民币 5 万元，李某把那辆卡车作为抵押物，设定了抵押，双方签订了抵押协议，但没有进行抵押登记。

2022 年 11 月赵某把该车以人民币 10 万元的价格卖给了钱某。12 月赵某以租期届满为由，要求李某归还卡车，李某得知赵某把车卖给钱某，遂不愿归还卡车，主张以人民币 9 万元买回此车，赵某不允，遂生纠纷。

二、问题思考

1. 问题

（1）张某、王某对卡车是什么财产关系？

（2）张某、李某的汽车买卖合同是否有效？为什么？

（3）李某、赵某约定买卖合同签订时，卡车即归赵某所有，该约定是否有效？为什么？

（4）李某与银行的抵押合同能否生效？为什么？

（5）李某主张买回卡车的主张能否得到支持？为什么？

（6）截至纠纷发生时，该卡车所有权归谁享有？为什么？

2. 回答

（1）张某、王某对卡车是按份共有关系。

（2）有效。因为张某擅自处分共有财产，构成无权处分，买方李某受让时为善意，并且已经办理过户手续，该买卖合同为有效合同。

（3）有效。合同当事人可以自由约定买卖合同标的物所有权转移的时间。

（4）不能生效。因为李某无权以他人所有之物设立抵押。

（5）不能。因为承租人行使优先购买权应以同等价格为条件。

（6）归赵某所有。因为赵某尚未将卡车交付给钱某，卡车所有权并未转移。

三、案例评析

问题（1）、（2），张某、王某按份投资购买卡车，共同从事运输业务，依法成立按份共有关系。

根据《民法典》第三百零一条规定，处分共有的不动产或者动产以及对共有的不动产或者动产作重大修缮、变更性质或者用途的，应当经占份额三分之二以上的按份共有人或者全体共同共有人同意，但是共有人之间另有约定的除外。本案中张某、王某各出资 3 万元购买卡车，属于按份共有关系。张某卖汽车应该取得王某的同意，但他擅自将车卖给了李某，构成无权处分。根据《民法典》第三百一十一条规定，无处分权人将不动产或者动产转让给受让人的，所有权人有权追回；除法律另有规定外，符合下列情形的，受让人取得该不动产或者动产的所有权：（一）受让人受让该不动产或者动产时是善意；（二）以合理的价格转让；（三）转让的不动产或者动产依照法律规定应当登记的已经登记，不需要登记的已经交付给受让人。本案中张某与李某签订的买卖合同是有效合同，李某取得了卡车的所有权。

问题（3），民事活动遵循当事人自愿原则，当事人对财产所有权转移进行了约定的，只要不违背法律、行政法规的强制性规定和公序良俗，应按照当事人的约定确定财产所有权转移时间。本案中张某、赵某约定合同签订时，卡车归赵某所有，是双方对于所有权转移时间的特别约定，属于双方意思自治，不违反法律的规定，所以具有法律效力。

问题（4），根据《民法典》第三百九十五条第一款第（六）项及第四百零三条规定，以动产抵押的，抵押权自抵押合同生效时设立；未经登记，不得对抗善意第三人。

问题（5），承租人享有优先购买权，是以在同等条件下为前提的，适用于房屋租赁场合。本案是卡车租赁，不能类推适用承租人的优先购买权。

问题（6），根据《民法典》第二百二十四条规定，动产物权的设立和转让，自交付时发生效力，但是法律另有规定的除外。本案纠纷发生时，标的物尚在承租人李某手中，因而赵某并未将卡车交付给钱某，故钱某并未取得所有权，此时卡车所有权仍归赵某所有。

☑ 案例实训

一、基本案情

2022年2月1日，某物流企业出于业务需要，分别向A、B两家计算机销售公司发函："我公司因业务需要，欲订购10台某牌某型号笔记本计算机，贵公司如有充足货源，望能及时回电洽商。"A、B两家公司分别于2月2日、2月13日回电："本公司有充足货源，愿与贵方订立合同"，并将价目表一并传真给了该物流企业，且均表示可送货上门。B公司在回复的次日派本公司职工将10台某牌某型号笔记本计算机送往该物流企业。该物流企业在收到这两家公司的回复之后，比较了两个公司的价格，认为A公司的价格更优惠、合理，遂于14日复电："接受贵公司提出的条件，请速派人前来送货。"A公司即于14日组织送货。

二、问题思考

该物流企业与A公司之间是否成立物流法律关系之合同关系？与B公司呢？

◣ 本章小结

物流法即指调整物流活动产生的，以及与物流活动有关的社会关系的法律规范的总称。物流法律制度是指国家制定的调整与物流活动相关的社会关系的法律制度的总称。总体来说，物流法调整的领域涉及生产、流通和物品流动等环节。物流法律关系是指物流法律规范在调整物流活动过程中所形成的当事人的权利与义务关系。

物权是指权利人依法对特定的物享有直接支配和排他的权利，包括所有权、用益物权和担保物权。所有权是指所有人依法对自己的财产享有占有、使用、收益和处分的权利。物权和所有权的基本理论是学习物流法律、法规的基础。

代理是指代理人在代理权限内，以被代理人的名义实施民事法律行为，由此产生的民事权利、民事义务由被代理人享有和承担。物流代理是随着物流产业的飞速发展，物流代理商为了更好地适应整个市场应运而生的。物流代理包括广义的代理和狭义的代理。代理制度与物流行业的发展密不可分，很多的物流业务都涉及代理的相关法律问题。

本章的重点是物流法律制度的相关理论，物权、所有权和代理的基本知识。

本章的难点是物权与所有权的基本理论。

思考练习题

一、选择题

1. 物流法律关系的三要素是（　　　）。

　　A. 物流法律关系的主体　　B. 内容　　　　　C. 客体　　　　　D. 对象

2. 以下说法不正确的是（　　　）。

　　A. 受托人应当按照委托人指示处理委托事务

　　B. 委托人应当亲自处理委托事务

　　C. 受托人应当按照委托人的要求，报告委托事务的处理情况

　　D. 受托人以自己的名义，在委托人授权范围内与第三人订立的合同，只要第三人在订立合同时知道受托人与委托人之间的代理关系，则该合同直接约束委托人和第三人

3. 物流法律关系中的参加者包括（　　　）。

　　A. 订立物流合同的本人　　　　　　　　B. 参与物流合同履行的实际履行人

　　C. 本人的代理人　　　　　　　　　　　D. 履行辅助人

4. 我国现行物流法存在的问题有（　　　）。

　　A. 缺乏系统和专门的法律、法规　　　　B. 法律、法规层次较低，效力不强

　　C. 物流立法相对落后　　　　　　　　　D. 基本处于无法可依的状态

5. 物流法律关系的客体是（　　　）。

　　A. 物流服务　　　　　　B. 物　　　　　　C. 智力成果　　　D. 火车

二、判断题

1. 法律是指由拥有立法权的国家机关（在我国为全国人民代表大会及其常务委员会）按照立法程序制定和颁布的规范性文件。（　　　）

2. 物流法是指调整与物流活动有关的社会关系的法律规范的总称。（　　　）

3. 《中华人民共和国公路安全保护条例》《中华人民共和国国际海运条例》《中华人民共和国航道管理条例》等属于涉及物流的行政法规。（　　　）

4. 所有权是权能最大的一种物权。（　　　）

5. 代理人应以被代理人的名义为代理行为，可以自己根据实际情况作出适当的变通。（　　　）

三、问答题

1. 论述物流法律制度的概念。

2. 什么是法的形式？物流法律的形式包括哪些？

3. 法律部门和法律体系有何区别和联系？

4. 物流法律制度的调整对象是什么？

5. 什么是物流法律关系？包括什么？

6. 解释物权的概念。物权具有哪些特征？

7. 我国物权有哪几大类？请简要解释。

8. 什么是所有权？其具有什么特点？

9. 什么是代理权？表见代理和无权代理有何区别？

10. 简要解释物流代理。

第 2 章

物流企业相关法律制度

本章导读

　　本章介绍物流企业的几种企业模式。2.1 节个人独资企业法；2.2 节合伙企业法；2.3 节公司法。个人独资企业、合伙企业和公司是比较常见的企业模式。

◎ 案例分析

◎ 案例实训

◎ 本章小结

◎ 思考练习题

2.1 个人独资企业法

2.1.1 个人独资企业法概述

1. 个人独资企业的概念和特点

1）个人独资企业的概念

个人独资企业是指依照《中华人民共和国个人独资企业法》（以下简称《个人独资企业法》）在中国境内设立，由一个自然人投资，财产为投资人个人所有，投资人以其个人财产对企业债务承担无限责任的经营实体。

2）个人独资企业的特点

（1）个人独资企业是由一个自然人投资的企业。

（2）个人独资企业的投资人对企业的债务承担无限责任。

（3）个人独资企业的内部机构设置简单，经营管理方式灵活。

（4）个人独资企业是非法人企业。个人独资企业由一个自然人出资，投资人对企业的债务承担无限责任，在权利与义务上，企业和个人是融为一体的，企业的责任即是投资人个人的责任，企业的财产即是投资人的财产。因此，个人独资企业不具有法人资格，也无独立承担民事责任的能力。个人独资企业虽然不具有法人资格，但却是独立的民事主体，可以自己的名义从事民事活动。

2. 个人独资企业法的概念和基本原则

1）个人独资企业法的概念

个人独资企业法有广义和狭义之分，广义的个人独资企业法是指国家关于个人独资企业的各种法律规范的总称；狭义的个人独资企业法是指1999年8月30日第九届全国人大常委会第十一次会议通过的《个人独资企业法》，该法共6章48条。

2）个人独资企业法的基本原则

（1）依法保护个人独资企业的财产和其他合法权益。

（2）个人独资企业从事经营活动必须遵守法律、行政法规，遵守诚实信用原则，不得损害社会公共利益。

（3）个人独资企业应当依法履行纳税义务。

（4）个人独资企业应当依法招用职工。

（5）个人独资企业职工的合法权益受法律保护。

2.1.2 个人独资企业的设立

1. 个人独资企业的设立条件

（1）投资人为一个自然人，且只能是中国公民。

（2）有合法的企业名称。名称是企业的标志，企业必须有相应的名称，并应符合法律、法规的要求。个人独资企业的名称应当符合国家关于企业名称登记管理的有关规定，企业名称应与其责任形式及从事的营业相符合，个人独资企业的名称中不得使用"有限"、"有限责任"或"公司"字样，个人独资企业的名称可以叫厂、店、部、中心、工作室等。

（3）有投资人申报的出资。《个人独资企业法》对设立个人独资企业的出资数额未作限制。投资人申报的出资额应当与企业的生产经营规模相适应。投资人可以个人财产出资，也可以家庭共有财产作为个人出资。以家庭共有财产作为个人出资的，投资人应当在设立（变更）登记申请书上予以注明。

（4）有固定的生产经营场所和必要的生产经营条件。生产经营场所包括企业的住所和与生产经营相适应的处所。住所是企业的主要办事机构所在地，是企业的法定地址。

（5）有必要的从业人员。即要有与其生产经营范围、规模相适应的从业人员。

2. 个人独资企业的设立程序

（1）提出申请。申请设立个人独资企业，应当由投资人或其委托的代理人向个人独资企业所在地的登记机关提出设立申请。

（2）工商登记。登记机关应当在收到设立申请文件之日起 15 日内，对符合个人独资企业法规定条件的予以登记，发给营业执照；对不符合个人独资企业法规定条件的不予登记，并发给企业登记驳回通知书。个人独资企业的营业执照的签发日期，为个人独资企业成立日期，在领取个人独资企业营业执照前，投资人不得以个人独资企业名义从事经营活动。

（3）分支机构登记。个人独资企业设立分支机构，应当由投资人或其委托的代理人向分支机构所在地的登记机关申请设立登记。

登记机关应当在收到按规定提交的全部文件之日起 15 日内，作出核准登记或不予登记的决定。核准登记的，发给营业执照；不予登记的，发给登记驳回通知书。个人独资企业分支机构申请变更登记、注销登记，比照《个人独资企业法》关于个人独资企业申请变更登记、注销登记的有关规定办理。

2.1.3　个人独资企业的投资人及事务管理

1. 个人独资企业的投资人

个人独资企业的投资人为一个具有中国国籍的自然人，但法律、行政法规禁止从事营利性活动的人，不得作为投资人申请设立个人独资企业。

个人独资企业投资人对本企业的财产依法享有所有权，其有关权利可以依法进行转让或继承。企业的财产无论是投资人的原始投入，还是经营所得，均归投资人所有。

个人独资企业投资人在申请企业设立登记时，明确以其家庭共有财产作为个人出资的，应当依法以家庭共有财产对企业债务承担无限责任。

2. 个人独资企业的事务管理

个人独资企业投资人可以自行管理企业事务，也可以委托或聘用其他具有民事行为能力的人负责企业的事务管理。投资人委托或聘用他人管理个人独资企业事务，应当与受托人或被聘用的人签订书面合同。

投资人对受托人或被聘用的人员职权的限制，不得对抗善意第三人。

2.1.4　个人独资企业的权利和工商管理

1. 个人独资企业的权利

（1）依法申请贷款。

（2）依法取得土地使用权。

（3）拒绝摊派权。

（4）法律、行政法规规定的其他权利。

2. 个人独资企业的工商管理

个人独资企业存续期间登记事项发生变更的，应当办理变更登记。个人独资企业存续期间登记事项发生变更的，应当在作出变更决定之日起的 15 日内依法向登记机关申请办理变更登记。个人独资企业变更企业名称、企业住所、经营范围及方式，应当在作出变更决定之日起 15 日内向原登记机关申请变更登记。个人独资企业变更投资人姓名和居所、出资额和出资方式，应当在变更事由发生之日起 15 日内向原登记机关申请变更登记。登记机关应当在收到按规定提交的全部文件之日起 15 日内，作出核准登记或不予登记的决定。予以核准的，换发营业执照或发给变更登记通知书；不予核准的，发给企业登记驳回通知书。

2.1.5 个人独资企业的解散和清算

1. 个人独资企业的解散

个人独资企业的解散是指个人独资企业终止活动使其民事主体资格消灭的行为，个人独资企业有下列情形之一时，应当解散。

（1）投资人决定解散。

（2）投资人死亡或被宣告死亡，无继承人或继承人决定放弃继承。

（3）被依法吊销营业执照。

（4）法律、行政法规规定的其他情形。

2. 个人独资企业的清算

个人独资企业解散时，应当进行清算。《个人独资企业法》对个人独资企业清算作了如下规定。

（1）通知和公告债权人。个人独资企业解散，由投资人自行清算或由债权人申请人民法院指定清算人进行清算。投资人自行清算的，应当在清算前 15 日内书面通知债权人，无法通知的，应当予以公告。债权人应当在接到通知之日起 30 日内，未接到通知的应当在公告之日起 60 日内，向投资人申报其债权。

（2）财产清偿顺序。个人独资企业解散的，财产应当按照下列顺序清偿：① 所欠职工工资和社会保险费用；② 所欠税款；③ 其他债务。个人独资企业财产不足以清偿债务的，投资人应当以其个人的其他财产予以清偿。

（3）清算期间对投资人的要求。清算期间，个人独资企业不得开展与清算目的无关的经营活动。在按前述财产清偿顺序清偿债务前，投资人不得转移、隐匿财产。

（4）投资人的持续偿债责任。个人独资企业解散后，原投资人对个人独资企业存续期间的债务仍应承担偿还责任，但债权人在 5 年内未向债务人提出偿债请求的，该责任消灭。

（5）注销登记。个人独资企业清算结束后，投资人或人民法院指定的清算人应当编制清算报告，并于清算结束之日起 15 日内向原登记机关申请注销登记。登记机关应当在收到按规定提交的全部文件之日起 15 日内，作出核准登记或不予登记的决定。予以核准的，发给核准通知书；不予核准的，发给企业登记驳回通知书。经登记机关注销登记，个人独资企业终止。个人独资企业办理注销登记时，应当交回营业执照。

2.2　合伙企业法

2.2.1　合伙企业与合伙企业法概述

1. 合伙企业的概念和合伙企业的成立

1）合伙企业的概念

合伙企业是指自然人、法人和其他组织依照《中华人民共和国合伙企业法》（以下简称《合伙企业法》）在中国境内设立的普通合伙企业和有限合伙企业。

普通合伙企业是指由普通合伙人组成，合伙人对合伙企业债务承担无限连带责任的一种合伙企业。《合伙企业法》对普通合伙人承担责任的形式有特别规定的，从其规定。该特殊规定即是指以专业知识和专门技能为客户提供有偿服务的专业服务机构，可以设立为特殊的普通合伙企业。特殊的普通合伙企业是指一个合伙人或数个合伙人在执业活动中因故意或重大过失造成合伙企业债务的，应当承担无限责任或无限连带责任，其他合伙人以其在合伙企业中的财产份额为限承担责任的普通合伙企业。

有限合伙企业是指由普通合伙人和有限合伙人组成，普通合伙人对合伙企业债务承担无限连带责任，有限合伙人以其认缴的出资额为限对合伙企业债务承担责任的一种合伙企业。

2）合伙企业的成立

申请合伙企业设立登记，应当向登记机关提交登记申请书、合伙协议书、合伙人身份证明等文件。合伙企业的经营范围中有属于法律、行政法规规定在登记前须经批准的项目的，该项经营业务应当依法经过批准，并在登记时提交批准文件。

申请人提交的登记申请材料齐全、符合法定形式，企业登记机关能够当场登记的，应予当场登记，发给营业执照。除上述规定情形外，企业登记机关应当自受理申请之日起 20 日内，作出是否登记的决定。予以登记的，发给营业执照；不予登记的，应当给予书面答复，并说明理由。合伙企业的营业执照签发日期，为合伙企业成立日期。合伙企业领取营业执照前，合伙人不得以合伙企业名义从事合伙业务。

合伙企业设立分支机构，应当向分支机构所在地的企业登记机关申请登记，领取营业执照。合伙企业登记事项发生变更的，执行合伙事务的合伙人应当自作出变更决定或发生变更事由之日起 15 日内，向企业登记机关申请办理变更登记。

2. 合伙企业法概述

1997 年 2 月 23 日，第八届全国人大常委会通过了《合伙企业法》，该法自 1997 年 8 月 1 日起施行。2006 年 8 月 27 日，第十届全国人大常委会对该法进行了修订，修订后的《合伙企业法》自 2007 年 6 月 1 日起施行。

2.2.2　普通合伙企业

1. 普通合伙企业的设立条件

为保证合伙企业的依法经营，维护合伙各方和债权人的合法权益，设立合伙企业应当具备下列条件。

（1）有 2 个以上合伙人。

（2）有书面合伙协议。

（3）有合伙人认缴或实际缴付的出资。

（4）有合伙企业的名称。合伙人在成立合伙企业时，必须确定其合伙企业的名称。合伙企业在其名称中应当标明"普通合伙"字样。

（5）有经营场所和从事合伙经营的必要条件。

2. 合伙企业的财产

合伙人的出资、以合伙企业名义取得的收益和依法取得的其他财产，均为合伙企业的财产。

合伙人在处分其在合伙企业中的财产份额时须符合以下规定。

（1）合伙人之间转让在合伙企业中的全部或部分财产份额时，应当通知其他合伙人。

（2）除合伙协议另有约定外，合伙人向合伙人以外的人转让其在合伙企业中的全部或部分财产份额时，须经其他合伙人一致同意。

（3）合伙人向合伙人以外的人转让其在合伙企业中的财产份额的，在同等条件下，其他合伙人有优先购买权；但是，合伙协议另有约定的除外。

（4）合伙人以其在合伙企业中的财产份额出质的，须经其他合伙人一致同意；未经其他合伙人一致同意，其行为无效，由此给善意第三人造成损失的，由行为人依法承担赔偿责任。

3. 合伙企业的事务执行

（1）合伙企业的事务执行的方式。合伙企业可以由全体合伙人共同执行合伙事务；按照合伙协议的约定或经全体合伙人决定，也可以委托一个或数个合伙人对外代表合伙企业，执行合伙事务，其他合伙人不再执行合伙事务。

（2）合伙人的权利和义务。合伙人对执行合伙事务享有同等的权利。由一个或数个合伙人执行合伙事务的，执行事务合伙人应当定期向其他合伙人报告事务执行情况，以及合伙企业的经营和财务状况，其执行合伙事务所产生的收益归合伙企业，所产生的费用和亏损由合伙企业承担，不执行合伙事务的合伙人有权监督执行事务合伙人执行合伙事务的情况。合伙人分别执行合伙事务的，执行事务合伙人可以对其他合伙人执行的事务提出异议。提出异议时，应当暂停该项事务的执行。如果发生争议，按照合伙协议约定的表决办法办理。合伙协议未约定或约定不明确的，实行合伙人一人一票并经全体合伙人过半数通过的表决办法。

（3）合伙企业的事务表决。合伙人对合伙企业有关事项作出决议，除合伙协议另有约定外，合伙企业的下列事项应当经全体合伙人一致同意。① 改变合伙企业的名称。② 改变合伙企业的经营范围、主要经营场所的地点。③ 处分合伙企业的不动产。④ 转让或处分合伙企业的知识产权和其他财产权利。⑤ 以合伙企业名义为他人提供担保。⑥ 聘任合伙人以外的人担任合伙企业的经营管理人员。被聘任的合伙企业的经营管理人员应当在合伙企业授权范围内履行职务。

（4）合伙企业的损益分配。合伙企业的利润分配、亏损分担，按照合伙协议的约定办理；合伙协议未约定或约定不明确的，由合伙人协商决定；协商不成的，由合伙人按照实缴出资比例分配、分担；无法确定出资比例的，由合伙人平均分配、分担。合伙协议不得约定将全部利润分配给部分合伙人或由部分合伙人承担全部亏损。

4. 合伙企业与第三人的关系

（1）合伙企业的债务与第三人的关系。合伙企业对合伙人执行合伙事务，以及对外代表合伙企业权利的限制，不得对抗善意第三人。合伙企业对其债务，应先以其全部财产进行清偿。合伙企业不能清偿到期债务的，合伙人承担无限连带责任。各合伙人应当用其在合伙企业出资以外的财产对外承担无限连带清偿责任。

（2）合伙人的债务与合伙企业的关系。合伙人发生与合伙企业无关的债务，相关债权人不得以其债权抵销其对合伙企业的债务；也不得代位行使合伙人在合伙企业中的权利。合伙人的自有财产不足清偿其与合伙企业无关的债务的，该合伙人可以以其从合伙企业中分取的收益用于清偿；债权人也可以依法请求人民法院强制执行该合伙人在合伙企业中的财产份额用于清偿。人民法院强制执行合伙人的财产份额时，应当通知全体合伙人，其他合伙人有优先购买权；其他合伙人未购买，又不同意将该财产份额转让给他人的，依照《合伙企业法》的规定，为该合伙人办理退伙结算，或者办理削减该合伙人相应财产份额的结算。

5. 合伙企业的入伙和退伙

（1）入伙。新合伙人入伙，除合伙协议另有约定外，应当经全体合伙人一致同意，并依法订立书面入伙协议。订立入伙协议时，原合伙人应当向新合伙人如实告知原合伙企业的经营状况和财务状况。入伙的新合伙人与原合伙人享有同等权利，承担同等责任。入伙协议另有约定的，从其约定。新合伙人对入伙前合伙企业的债务承担无限连带责任。

（2）退伙。合伙人退伙包括自愿退伙和法定退伙两种情况。自愿退伙又包括协议退伙和通知退伙；法定退伙又包括当然退伙和除名两种情况。

① 协议退伙和通知退伙。合伙协议约定合伙期限的，在合伙企业存续期间，有下列情形之一的，合伙人可以退伙：一是合伙协议约定的退伙事由出现；二是经全体合伙人一致同意；三是发生合伙人难以继续参加合伙的事由；四是其他合伙人严重违反合伙协议约定的义务。合伙协议未约定合伙期限的，合伙人在不给合伙企业事务执行造成不利影响的情况下，可以退伙，但应当提前30日通知其他合伙人。合伙人违反协议退伙、通知退伙规定退伙的，应当赔偿由此给合伙企业造成的损失。

② 当然退伙。合伙人有下列情形之一的，当然退伙，退伙事由实际发生之日为退伙生效日：一是作为合伙人的自然人死亡或被依法宣告死亡；二是个人丧失偿债能力；三是作为合伙人的法人或其他组织依法被吊销营业执照、责令关闭撤销，或者被宣告破产；四是法律规定或合伙协议约定合伙人必须具有相关资格而丧失该资格；五是合伙人在合伙企业中的全部财产份额被人民法院强制执行。合伙人被依法认定为无民事行为能力人或限制民事行为能力人的，经其他合伙人一致同意，可以依法转为有限合伙人，普通合伙企业依法转为有限合伙企业。其他合伙人未能一致同意的，该无民事行为能力或限制民事行为能力的合伙人退伙。合伙人死亡或被依法宣告死亡的，对该合伙人在合伙企业中的财产份额享有合法继承权的继承人，按照合伙协议的约定或经全体合伙人一致同意，从继承开始之日起，取得该合伙企业的合伙人资格。有下列情形之一的，合伙企业应当向合伙人的继承人退还被继承合伙人的财产份额：一是继承人不愿意成为合伙人；二是法律规定或合伙协议约定合伙人必须具有相关资格，而该继承人未取得该资格；三是合伙协议约定不能成为合伙人的其他情形。合伙人的继承人为无民事行为能力人或限制民事行为能力人的，经全体合伙人一致同意，可以依

法成为有限合伙人，普通合伙企业依法转为有限合伙企业。全体合伙人未能一致同意的，合伙企业应当将被继承合伙人的财产份额退还该继承人。

③ 除名退伙。合伙人有下列情形之一的，经其他合伙人一致同意，可以决议将其除名：一是未履行出资义务；二是因故意或重大过失给合伙企业造成损失；三是执行合伙事务时有不正当行为；四是发生合伙协议约定的事由。对合伙人的除名决议应当书面通知被除名人。被除名人接到除名通知之日，除名生效，被除名人退伙。被除名人对除名决议有异议的，可以自接到除名通知之日起 30 日内，向人民法院起诉。

④ 退伙结算。合伙人退伙，其他合伙人应当与该退伙人按照退伙时的合伙企业财产状况进行结算，退还退伙人的财产份额。退伙人对给合伙企业造成的损失负有赔偿责任的，相应扣减其应当赔偿的数额。退伙时有未了结的合伙企业事务的，待该事务了结后进行结算。退伙人在合伙企业中财产份额的退还办法，由合伙协议约定或由全体合伙人决定，可以退还货币，也可以退还实物。退伙人对基于其退伙前的原因发生的合伙企业债务，承担无限连带责任。合伙人退伙时，合伙企业财产少于合伙企业债务的，退伙人应当按照合伙协议的约定办理；合伙协议未约定或约定不明确的，由合伙人协商决定；协商不成的，由合伙人按照实缴出资比例分担；无法确定出资比例的，由合伙人平均分担。

6. 特殊的普通合伙企业

以专业知识和专门技能为客户提供有偿服务的专业服务机构，可以设立为特殊的普通合伙企业。非企业专业服务机构依据有关法律采取合伙制的，其合伙人承担责任的形式可以适用《合伙企业法》关于特殊的普通合伙企业合伙人承担责任的规定。特殊的普通合伙企业名称中应当标明"特殊普通合伙"字样。特殊的普通合伙企业中，一个合伙人或数个合伙人在执业活动中因故意或重大过失造成合伙企业债务的，应当承担无限责任或无限连带责任，其他合伙人以其在合伙企业中的财产份额为限承担责任。合伙人执业活动中因故意或重大过失造成的合伙企业债务，以合伙企业财产对外承担责任后，该合伙人应当按照合伙协议的约定对给合伙企业造成的损失承担赔偿责任。

合伙人在执业活动中非因故意或重大过失造成的合伙企业债务，以及合伙企业的其他债务，由全体合伙人承担无限连带责任。

特殊的普通合伙企业应当建立执业风险基金、办理职业保险。执业风险基金用于偿付合伙人执业活动造成的债务。执业风险基金应当单独立户管理。具体管理办法由国务院规定。特殊的普通合伙企业的其他规定，适用《合伙企业法》对普通合伙企业的规定。

2.2.3 有限合伙企业

1. 有限合伙企业的设立

（1）有限合伙企业由 2 个以上 50 个以下合伙人设立；但是，法律另有规定的除外。有限合伙企业至少应当有一个普通合伙人。

（2）有书面合伙协议。合伙协议应当载明下列事项：合伙企业的名称和主要经营场所的地点；合伙目的和合伙经营范围；合伙人的姓名，或者名称、住所；合伙人的出资方式、数额和缴付期限；利润分配、亏损分担方式；合伙事务的执行；入伙与退伙；争议解决办法；合伙企业的解散与清算；违约责任。

（3）有合伙人认缴或实际缴付的出资。有限合伙人可以用货币、实物、知识产权、土地使用权，或者其他财产权利作价出资。有限合伙人不得以劳务出资。

（4）有合伙企业的名称和生产经营场所。有限合伙企业名称中应当标明"有限合伙"字样。

（5）法律、行政法规规定的其他条件。

2. 有限合伙企业的事务执行

有限合伙企业由普通合伙人执行合伙事务。执行事务合伙人可以要求在合伙协议中确定执行事务的报酬及报酬提取方式。有限合伙人不执行合伙事务，不得对外代表有限合伙企业。

3. 有限合伙人的权利和义务

有限合伙人可以同本有限合伙企业进行交易；但是，合伙协议另有约定的除外。有限合伙人可以自营或同他人合作经营与本有限合伙企业相竞争的业务；但是，合伙协议另有约定的除外。

有限合伙人可以将其在有限合伙企业中的财产份额出质；但是，合伙协议另有约定的除外。

有限合伙人可以按照合伙协议的约定向合伙人以外的人转让其在有限合伙企业中的财产份额，但应当提前 30 日通知其他合伙人。

有限合伙企业不得将全部利润分配给部分合伙人；但是，合伙协议另有约定的除外。

4. 有限合伙企业中合伙人身份的转化及责任承担

除合伙协议另有约定外，普通合伙人转变为有限合伙人，或者有限合伙人转变为普通合伙人，应当经全体合伙人一致同意。

有限合伙人转变为普通合伙人的，对其作为有限合伙人期间有限合伙企业发生的债务承担无限连带责任。

普通合伙人转变为有限合伙人的，对其作为普通合伙人期间合伙企业发生的债务承担无限连带责任。

2.2.4 合伙企业的解散和清算

1. 合伙企业的解散

合伙企业有下列情形之一的，应当解散。

（1）合伙期限届满，合伙人决定不再经营。

（2）合伙协议约定的解散事由出现。

（3）全体合伙人决定解散。

（4）合伙人已不具备法定人数满 30 天。

（5）合伙协议约定的合伙目的已经实现或无法实现。

（6）依法被吊销营业执照、责令关闭或被撤销。

（7）法律、行政法规规定的其他原因。

2. 合伙企业的清算

合伙企业解散，应当由清算人进行清算。清算人由全体合伙人担任；经全体合伙人过半数同意，可以自合伙企业解散事由出现后 15 日内指定一个或数个合伙人，或者委托第三人，担任清算人。自合伙企业解散事由出现之日起 15 日内未确定清算人的，合伙人或其他利害关系人可以申请人民法院指定清算人。

清算人自被确定之日起 10 日内将合伙企业解散事项通知债权人，并于 60 日内在报纸上公告。债权人应当自接到通知书之日起 30 日内，未接到通知书的自公告之日起 45 日内，向清算人申报债权。债权人申报债权，应当说明债权的有关事项，并提供证明材料。清算人应当对债权进行登记。

清算期间，合伙企业存续，但不得开展与清算无关的经营活动。

合伙企业财产在支付清算费用和职工工资、社会保险费用、法定补偿金，以及交纳所欠税款、清偿债务后的剩余财产，按照合伙协议的约定办理；合伙协议未约定或约定不明确的，由合伙人协商决定；协商不成的，由合伙人按照实缴出资比例分配；无法确定出资比例的，由合伙人平均分配。

清算结束，清算人应当编制清算报告，经全体合伙人签名、盖章后，在 15 日内向企业登记机关报送清算报告，申请办理合伙企业注销登记。

2.3 公 司 法

2.3.1 公司的概念和特征

1. 公司的概念

所谓公司，一般是指依照法定条件和程序设立的、以营利为目的的企业法人。

2. 公司的特征

（1）公司必须从事经营活动。

（2）公司必须以营利为目的。

（3）公司具有法人资格。

（4）公司标准的法定性。

3. 公司的种类

1）无限责任公司、有限责任公司、两合公司、股份有限公司与股份两合公司

以公司股东的责任范围为标准，可以将公司分为无限责任公司、有限责任公司、两合公司、股份有限公司与股份两合公司。

无限责任公司简称无限公司，是指全体股东不分出资额的多少，均对公司的债务承担无限连带责任的公司。

有限责任公司简称有限公司，是指由一定人数的股东所组成的，股东以其出资额为限对公司承担责任，公司以其全部资产对公司债务承担责任的公司。

两合公司是指根据公司股东之间的约定，一部分股东承担有限责任，另一部分股东承担无限责任的公司。前者仅以出资额为限对公司的债务承担责任，而后者对公司的所有债务承担无限连带责任。

股份有限公司简称股份公司，是指由一定人数以上的股东发起成立的，公司全部资本分为等额股份，股东以其所持有的股份对公司承担责任，公司以其全部资产对公司的债务承担责任的公司。

股份两合公司是指由部分对公司债务承担无限连带责任的股东和部分仅以其所持股份为

限对公司债务承担责任的股东共同组成的公司。

2）一人公司与多人公司

按公司股东的人数为标准，可将公司分为一人公司和多人公司。一人公司是指只有一个股东的公司；多人公司是指有两个或两个以上股东所组成的公司。

3）上市公司与非上市公司

以股票是否上市流通为标准，可将公司分为上市公司和非上市公司。上市公司是指所发行的股票在证券交易所上市交易的股份有限公司。非上市公司是指除上市公司之外的所有股份有限公司和有限责任公司。

4）母公司与子公司

以公司之间的控制依附关系为标准，可将公司分为母公司与子公司。母公司是指拥有其他公司一定数额的股份或根据协议，能够实际控制其他公司的公司。子公司是一定数额的股份被另一公司所持有，或者根据协议被另一公司所控制或支配的公司。需要注意的是，虽然子公司受其他公司控制，但其仍然具有独立的法人资格，是一个独立的企业法人，对外独立开展活动和承担责任。

5）总公司与分公司

以公司之间的隶属关系为标准，可将公司分为总公司与分公司。总公司又称本公司，是指在组织和业务上管辖其他公司、具有法人资格的公司。分公司是指在组织和业务上受其他公司管辖的公司。在总公司与分公司的关系中，分公司是总公司的分支机构，是总公司的组成部分，在法律上不具有独立的主体地位和法人资格，不能独立地对外承担法律责任，分公司的全部债务由总公司承担。

6）本国公司与外国公司

以公司的国籍为标准，可以把公司分为本国公司和外国公司。本国公司是指依照本国法律登记成立而具有本国国籍的公司；外国公司是指根据外国法律在本国境外成立的公司。根据《中华人民共和国公司法》的规定，我国允许外国公司在中国境内设立分支机构，从事生产经营活动，但该分支机构不具有中国的法人资格，其应承担的民事责任，由其所属的外国公司承担。

7）封闭式公司与开放式公司

以股份是否公开发行和转让为标准，可将公司分为封闭式公司与开放式公司。封闭式公司是指公司股份全部由设立公司的股东拥有，并且其股份不能在证券市场上自由转让的公司；开放式公司又称上市公司，是指可以公开向社会募集股份，且其股份可以在证券市场公开自由转让的公司。

8）人合公司、资合公司与人合兼资合公司

以公司的信用基础为标准，可以把公司分为人合公司、资合公司和人合兼资合公司。

人合公司是指公司的设立与运营以股东个人信用为基础的公司，其对外活动的信用主要取决于股东个人的信用状况，而非公司的资本或资产状况。资合公司是指公司的设立与运营主要以公司的资本和资产状况而非股东个人信用为基础的公司。人合兼资合公司是指公司的设立和运营同时依赖股东个人信用和公司资本或资产状况的公司。

9）一般法上的公司与特别法上的公司

以公司是否受公司法之外的其他特别法调整为标准，可将公司分为一般法上的公司与特别法上的公司。一般法上的公司，是指仅受《中华人民共和国公司法》调整的公司，公司法中所讲的公司，主要是指此类公司。特别法上的公司，是指除受《中华人民共和国公司法》调整之外，还须受其他特别法的调整，如商业银行、保险公司和证券公司，除了受《中华人民共和国公司法》调整外，还分别须受《中华人民共和国商业银行法》《中华人民共和国保险法》和《中华人民共和国证券法》的调整。

2.3.2 有限责任公司

1. 有限责任公司的概念和特征

有限责任公司是指股东以其认缴的出资额为限对公司承担责任，公司以其全部资产对其债务承担责任的企业法人。有限责任公司具有以下特征。

（1）股东人数设置上限。

（2）股东承担有限责任。

（3）设立手续和公司机构相对简易。

（4）具有封闭性。

2. 有限责任公司的设立条件

1）股东的人数和资格

我国公司法规定，有限责任公司的股东，最多不能超过50人，最少为1人，此种情况下为一人有限责任公司。除国有独资公司外，有限责任公司的股东可以是自然人，也可以是法人。

2）有符合公司章程规定的全体股东认缴的出资额

（1）出资方式。股东可以用货币出资，也可以用实物、知识产权、土地使用权等可以用货币估价并可以依法转让的非货币财产作价出资；但是，法律、行政法规规定不得作为出资的财产除外。对作为出资的非货币财产应当评估作价，核实财产，不得高估或者低估作价。法律、行政法规对评估作价有规定的，从其规定。

（2）出资期限。股东应当按期足额交纳公司章程中规定的各自所认缴的出资额。股东以货币出资的，应当将货币出资足额存入有限责任公司在银行开设的账户；以非货币财产出资的，应当依法办理其财产权的转移手续。股东不按照前款规定交纳出资的，除应当向公司足额交纳外，还应当向已按期足额交纳出资的股东承担违约责任。

3）股东共同制定公司章程

有限责任公司的章程由股东共同制定，股东应当在公司章程上签名、盖章。公司章程对公司、股东、董事、监事、高级管理人员具有约束力。高级管理人员是指公司的经理、副经理、财务负责人、上市公司董事会秘书和公司章程规定的其他人员。

4）公司的组织机构

股东、资本、组织机构是设立有限责任公司的核心要求。此外，有限公司的设立，还必须具备符合规定的公司名称、公司章程、住所，以及必要的生产经营条件等。

5）有公司住所

任何公司都必须有其固定的住所，不允许设立无住所的公司。公司以其主要办事机构所在地为住所。公司的住所只能有一个。

3. 有限责任公司的组织机构

1）股东会

（1）股东会的性质和组成。股东会是有限责任公司的权力机关。除公司法有特别规定外，有限责任公司必须设立股东会。但股东会并不常设，只有召开股东会会议时，才作为公司机关存在。股东会由全体股东组成。

（2）股东会的职权。作为公司权力机关，股东会行使下列职权：决定公司的经营方针和投资计划；选举和更换非由职工代表担任的董事、监事，决定有关董事报酬的事项；审议批准董事会报告；审议批准监事会或监事的报告；审议批准公司的年度财务预算、决算方案；审议批准公司的利润分配方案和弥补亏损方案；对公司增加或减少注册资本作出决议；对发行公司债券作出决议；对公司合并、分立、解散、清算或变更公司形式作出决议；修改公司章程及公司章程规定的其他职权。

（3）股东会会议的召开。股东会会议分为定期和临时两种。定期会议召开时间由公司章程确定，一般每年一次；临时会议则需要代表 1/10 以上表决权的股东，或者 1/3 以上的董事或监事会，或者不设监事会的公司的监事提议，方可召开。

（4）股东会决议。有限责任公司股东会会议作出决议，采取"资本多数制"原则，股东按照出资比例行使表决权。但公司法或公司章程对表决方式另有规定的，从其规定。例如，股东对外转让出资，就需要其他股东人数的过半数同意，而不是所代表资本的过半数。

下列事项必须经代表 2/3 以上表决权的股东通过：修改公司章程；公司增加或减少注册资本；公司分立、合并、解散或变更公司形式。

2）董事会

（1）董事会的性质和组成。董事会是有限责任公司的业务执行机关，负责日常经营的决策和具体业务的执行。董事会是常设机关。

有限责任公司董事会的成员为 3～13 人，设董事长 1 人，可以设副董事长，董事长和副董事长的产生办法由公司章程决定。规模较小的有限责任公司可以不设立董事会，只设 1 名执行董事。一般情况下，董事长或执行董事是公司的法定代表人。

董事的任期由公司章程规定，但每届不得超过 3 年，任期届满连选可以连任。董事任职期间，股东会不得无故解除其职务。

（2）董事会的职权。有限责任公司的董事会（执行董事）行使下列职权：召集股东会会议，并向股东会报告工作；执行股东会的决议，决定公司的经营计划和投资方案；制订公司的年度财务预算方案、决算方案；制订公司的利润分配方案和弥补亏损方案；制订公司增加或减少注册资本，以及发行公司债券的方案；制订公司合并、分立、解散或变更公司形式的方案；决定公司内部管理机构的设置；决定聘任或解聘公司经理及其报酬事项，并根据经理的提名决定聘任或解聘公司副经理、财务负责人及其报酬事项；制定公司的基本管理制度；公司章程规定的其他职权。

（3）董事会的召开和决议。董事会会议由董事长召集和主持；董事长不能履行职务或不履行职务的，由副董事长召集和主持；副董事长不能履行职务或不履行职务的，由半数以上董事共同推举一名董事召集和主持。该规则同样适用于股份有限公司。

董事会决议的表决，实行一人一票制。董事会应当对所议事项的决定作成会议记录，出席会议的董事应当在会议记录上签名。

3）监事会

（1）监事会的性质和组成。监事会是有限责任公司的监督机关，专司监督职能。监事会对股东会负责，并向其报告工作。监事会是常设机关。

监事会的成员不得少于 3 人，应当包括股东代表和不少于 1/3 的公司职工代表，具体比例由公司章程规定。监事会设主席一人，负责召集和主持监事会会议。规模较小的公司也可以不设监事会，只设 1 ～ 2 名监事。

监事的任期是法定的，每届 3 年，连选可以连任。公司的董事、高级管理人员不得兼任监事。

（2）监事会的职权。有限责任公司的监事会（监事）行使下列职权：检查公司财务；对董事、高级管理人员执行公司职务的行为进行监督，对违反法律、行政法规、公司章程或股东会决议的董事、高级管理人员提出罢免的建议；当董事、高级管理人员的行为损害公司的利益时，要求董事、高级管理人员予以纠正；提议召开临时股东会会议，在董事会不履行公司法规定的召集和主持股东会会议职责时，召集和主持股东会会议；向股东会会议提出提案；依照《中华人民共和国公司法》第一百五十二条的规定，对董事、高级管理人员提起诉讼；公司章程规定的其他职权。

4）经理

有限责任公司可以设经理。经理是负责公司日常经营管理工作的高级管理人员，由董事会聘任或解聘，对董事会负责。新公司法规定，经理可以担任公司的法定代表人。

经理行使以下职权：① 主持公司的生产经营管理工作，组织实施董事会决议；② 组织实施公司年度经营计划和投资方案；③ 拟订公司内部管理机构设置方案；④ 拟定公司的基本管理制度；⑤ 制定公司的具体规章；⑥ 提请聘任或解聘公司副经理、财务负责人；⑦ 决定聘任或解聘除应由董事会决定聘任或解聘以外的负责管理人员；⑧ 董事会授予的其他职权。公司章程对经理职权另有规定的，从其规定。

4. 有限责任公司的股权转让

1）股权转让的一般规则和手续

（1）股东之间的股权转让。有限责任公司的股东之间可以相互转让其全部或部分股权。

（2）向股东以外的人转让股权。股东向股东以外的人转让股权，应当经其他股东过半数同意。股东应就其股权转让事项书面通知其他股东征求同意，其他股东自接到书面通知之日起满 30 日未答复的，视为同意转让。其他股东半数以上不同意转让的，不同意的股东应当购买该转让的股权；不购买，视为同意转让。

经股东同意转让的股权，在同等条件下，其他股东有优先购买权。两个以上股东主张行使优先购买权的，协商确定各自的购买比例；协商不成的，按照转让时各自的出资比例行使优先购买权。公司章程对股权转让另有规定的，从其规定。

（3）人民法院强制执行股权转让。人民法院依照法律规定的强制执行程序转让股东的股权时，应当通知公司及全体股东，其他股东在同等条件下有优先购买权。其他股东自人民法院通知之日起满 20 日不行使优先购买权的，视为放弃优先购买权。

（4）股权转让后应当履行的手续。转让股权后，公司应当注销原股东的出资证明书，向新股东签发出资证明书，并相应修改公司章程和股东名册中有关股东及其出资额的记载。对公司章程的该项修改无须再由股东会表决。

2）异议股东的股权回购请求权

有下列情形之一的，对股东会该项决议投反对票的股东可以请求公司按照合理的价格收购其股权。

（1）公司连续5年不向股东分配利润，而公司该5年连续盈利，并且符合公司法规定的分配利润条件的。

（2）公司合并、分立、转让主要财产的。

（3）公司章程规定的营业期限届满，或者章程规定的其他解散事由出现，股东会会议通过决议修改章程使公司存续的。

自股东会会议决议通过之日起60日内，股东与公司不能达成股权收购协议的，股东可以自股东会会议决议通过之日起90日内向人民法院提起诉讼。

3）自然人股东资格的继承

自然人股东死亡后，其合法继承人可以继承股东资格；但是，公司章程另有规定的除外。

5. 特殊的有限责任公司

1）一人有限责任公司的概念和特征

一人有限责任公司是指只有一个自然人股东或一个法人股东的有限责任公司，简称一人公司。

一人有限责任公司具有以下特征：股东为一人；股东对公司债务承担有限责任；组织机构简化。显然，这是组织机构最简单的公司形式。

2）对一人有限责任公司的规制

为了防止一人公司可能产生的种种弊端，公司法在允许设立一人公司的同时，确实设计了一系列限定性条件。

（1）再投资的限制。这一限制体现在两个方面：① 一个自然人只能投资设立一个一人公司；② 由一个自然人设立的一人公司不能作为股东再去投资设立新的一人公司。但需注意，如果是法人设立的一人公司，则不受上述两条限制。

（2）财务会计制度方面的要求。一人公司应当在每一会计年度终了时编制财务会计报告，并经会计师事务所审计。

（3）人格混同时的股东连带责任。一人公司的股东不能证明公司财产独立于股东自己财产的，即发生公司财产与股东个人财产的混同，进而发生公司人格与股东个人人格的混同，此时股东必须对公司债务承担连带责任，公司债权人可以将公司和公司股东作为共同债务人进行追索。

6. 国有独资公司

1）国有独资公司的概念和特征

国有独资公司是指国家单独出资、由国务院或地方人民政府授权本级人民政府国有资产监督管理机构履行出资人职责的有限责任公司。国有独资公司的特征如下。

（1）国有独资公司为有限责任公司。适用有限责任公司的一般原则。

（2）国有独资公司只有一个股东。从本质上，国有独资公司也属于一人公司。

（3）国有独资公司股东的法定性。其唯一的股东只能是国家，并由国有资产监督管理机构代行股东权利。

2）国有独资公司的组织机构

国有独资公司不设股东会。国有资产监督管理机构委托董事会行使股东会的部分职权，决定公司的重大事项。但是，有关公司的合并、分立、解散、增减资本和发行公司债券，必须由国有资产监督管理机构批准。

国有独资公司设董事会，董事会行使公司股东的部分权利，同时是公司的执行机关。董事会人选来自两个方面：① 由国有资产监督管理机构委派；② 公司职工代表，由职工代表大会民主选举产生。董事会每届任期为 3 年。

国有独资公司的监事会是公司的监督机关，主要由国务院或国务院授权的机构、部门委派的人员组成，并有职工代表参加。监事会成员不得少于 5 人，其中职工代表比例不得少于 1/3。监事列席董事会会议。董事、高级管理人员及财务负责人不得担任监事。

国有独资公司设经理，由董事会聘任或解聘。经国有资产监督管理机构同意，董事会成员可以兼任经理。经理的职权与有限责任公司的经理基本相同。

国有独资公司的董事长、副董事长、董事、高级管理人员，未经国有资产监督管理机构同意，不得在其他有限责任公司、股份有限公司或其他经济组织兼职。

2.3.3　股份有限公司

1. 股份有限公司概述

1）股份有限公司的概念

股份有限公司是指其全部资本分为等额股份，股东以其认购的股份为限对公司承担责任，公司以其全部资产对公司债务承担责任的公司。

2）股份有限公司的特征

（1）股份公司资本股份化、证券化。

（2）股份发行和转让的公开性、自由性。

（3）股份公司经营状况具有公开性。

（4）公司信用基础的资合性。

（5）股份公司的设立条件比较严格、程序比较复杂。

2. 股份有限公司的设立

1）设立条件

（1）发起人符合法定人数。设立股份有限公司，应当由 2 人以上 200 人以下为发起人，其中须有半数以上的发起人在中国境内有住所。

（2）有符合公司章程规定的全体发起人认购的股本总额或者募集的实收股本总额达到法定资本最低限额。股份有限公司采取发起设立方式设立的，注册资本为在公司登记机关登记的全体发起人认购的股本总额。在发起人认购的股份缴足前，不得向他人募集股份。

股份有限公司采取募集方式设立的，注册资本为在公司登记机关登记的实收股本总额。法律、行政法规以及国务院决定对股份有限公司注册资本实缴、注册资本最低限额另有规定的，从其规定。

（3）股份发行、筹办事项符合法律规定。

（4）发起人制定公司章程，采用募集方式设立的经创立大会通过。

（5）有公司名称，建立符合股份有限公司要求的组织机构。

（6）有公司住所。

2）设立程序

股份有限公司的设立，包括发起设立和募集设立两种方式。发起设立是指由发起人认购公司应发行的全部股份而设立公司。募集设立是指由发起人认购公司应发行股份的一部分，其余部分向社会公开募集而设立公司。一般情况下，设立股份有限公司可采取任何一种方式，但是国有企业改建为股份公司，发起人少于5人的，应当采取募集设立方式。

（1）发起设立。发起人订立公司章程。公司章程是关于股份有限公司的组织及其运作的基本规范，是规定股份有限公司的性质、宗旨、经营范围、组织机构、内部权利与义务分配等内容的基本文件。章程应当载明下列事项：公司名称和住所；公司经营范围；公司设立方式；公司股份总数，每股金额和注册资本；发起人的姓名或名称，认购的股份数；股东的权利和义务；董事会的组成、职权、任期和议事规则；公司利润分配办法；公司的解散事由与清算办法；公司的通知和公告办法；股东大会认为需要规定的其他事项。

发起人认足公司章程规定发行的股份。以发起设立方式设立股份有限公司的，发起人应当书面认足公司章程规定其认购的股份，并按照公司章程规定交纳出资。以非货币财产出资的，应当依法办理其财产权的转移手续。

发起人交纳股款。

发起人选任公司董事会及监事会。发起人认足公司章程规定的出资后，应当选举董事会和监事会，由董事会向公司登记机关报送公司章程以及法律、行政法规规定的其他文件，申请设立登记。

公司设立登记。董事会向公司登记机关报送有关主管部门的设立公司批准文件、公司章程、验资证明等文件。经核准登记，取得登记机关核发的营业执照，公司即正式成立。营业执照签发日期为公司成立日期，进行公告。

（2）募集设立。募集设立时，股份有限公司的股本总额分别由发起人认缴和向社会公开募集，因此其程序较发起设立更为复杂和严格。具体包括以下步骤。

① 发起人订立公司章程（如前述）。

② 发起人认购股份。全体发起人认购的股份不得少于公司股份总数的35%。

③ 发起人起草招股说明书。发起人向社会公开募集股份，必须公告招股说明书，并制作认股书。认股书应当载明：由认股人填写认购股数、金额、住所，并签名、盖章。认股人按照所认购股数交纳股款。

④ 签订股票承销协议。发起人向社会公开募集股份，应当由依法设立的证券公司承销，签订承销协议。

⑤ 签订代收股款协议。发起人向社会公开募集股份，应当同银行签订代收股款协议。代收股款的银行应当按照协议代收和保存股款，向交纳股款的认股人出具收款单据，并负有向有关部门出具收款证明的义务。

⑥ 向国务院证券管理部门申请募股。

⑦ 公告招股说明书，制作认股书。

⑧ 社会公众认股缴款，法定验资机构验资。

⑨ 召开成立大会。发行股份的股款缴足后，必须经依法设立的验资机构验资并出具证明。发起人应当自股款缴足之日起30日内主持召开公司创立大会。创立大会由发起人、认

股人组成。发行的股份超过招股说明书规定的截止期限尚未募足的，或者发行股份的股款缴足后，发起人在 30 日内未召开创立大会的，认股人可以按照所缴股款并加算银行同期存款利息，要求发起人返还。

⑩ 申请设立登记，核准登记并发照，公告并报告募股情况。

3）发起人的设立责任

（1）资本充实责任。贯彻资本充实原则，由公司发起人共同承担保证公司成立时的实有资本与公司章程记载一致的责任。这主要包括：交纳担保责任；差额填补责任。

（2）发起人对公司的损害赔偿责任。在公司设立过程中，由于发起人的过失致使公司利益受到损害的，应当对公司承担赔偿责任。

（3）出资违约责任。发起人不依照前款规定缴纳出资的，应当按照发起人协议承担违约责任。

（4）公司不能成立时发起人的民事责任。股份有限公司的发起人应当承担下列责任：公司不能成立时，对设立行为所产生的债务和费用负连带责任；对认股人已交纳的股款，负返还股款并加算银行同期存款利息的连带责任。

3. 股份有限公司的组织机构

1）股东大会

（1）股东大会的性质和地位。股份有限公司的股东大会由全体股东组成。股东大会是公司的权力机构，依照公司法行使职权。

（2）股东大会的职权。有限责任公司股东会职权的规定，适用于股份有限公司股东大会。

（3）股东大会的召集。股东大会应当每年召开一次年会。有下列情形之一的，应当在两个月内召开临时股东大会：① 董事人数不足公司法规定人数或公司章程所定人数的 2/3 时；② 公司未弥补的亏损达实收股本总额 1/3 时；③ 单独或合计持有公司 10% 以上股份的股东请求时；④ 董事会认为必要时；⑤ 监事会提议召开时；⑥ 公司章程规定的其他情形。

（4）股东大会的召集和主持。股东大会会议由董事会召集，董事长主持；董事长不能履行职务或不履行职务的，由副董事长主持；副董事长不能履行职务或不履行职务的，由半数以上董事共同推举一名董事主持。

董事会不能履行或不履行召集股东大会会议职责的，监事会应当及时召集和主持；监事会不召集和主持的，连续 90 日以上单独或合计持有公司 10% 以上股份的股东可以自行召集和主持。

召开股东大会会议，应当将会议召开的时间、地点和审议的事项于会议召开 20 日前通知各股东；临时股东大会应当于会议召开 15 日前通知各股东；发行无记名股票的，应当于会议召开 30 日前公告会议召开的时间、地点和审议事项。

单独或合计持有公司 3% 以上股份的股东，可以在股东大会召开 10 日前提出临时提案并书面提交董事会；董事会应当在收到提案后 2 日内通知其他股东，并将该临时提案提交股东大会审议。临时提案的内容应当属于股东大会职权范围，并有明确议题和具体决议事项。

股东大会不得对前两款通知中未列明的事项作出决议。

无记名股票持有人出席股东大会会议的，应当于会议召开 5 日前至股东大会闭会时将股票交存于公司。

（5）股东大会的决议。

① 股东投票原则和方式。直接投票制是指股东只能将其持有的股份决定的表决票数一次性直接投在这项决议上。公司法和公司章程规定公司转让、受让重大资产，或者对外提供担保等事项必须经股东大会作出决议的，董事会应当及时召集股东大会会议，由股东大会就上述事项进行表决。累计投票制是指表决权可以集中使用。股东大会选举董事或监事时，每一股份拥有与应选董事或监事人数相同的表决权，股东拥有的表决权可以集中使用。股东大会选举董事、监事，可以依照公司章程的规定或股东大会的决议，实行累积投票制。

② 股东大会的决议原则。股东出席股东大会会议，所持每一股份有一表决权。但是，公司持有的本公司股份没有表决权。股东大会作出决议，必须经出席会议的股东所持表决权过半数通过。但是，股东大会作出修改公司章程、增加或减少注册资本的决议，以及公司合并、分立、解散或变更公司形式的决议，必须经出席会议的股东所持表决权的 2/3 以上通过。

（6）决议无效与撤销。公司股东会或股东大会、董事会的决议内容违反法律、行政法规的无效。股东会或股东大会、董事会的会议召集程序、表决方式违反法律、行政法规或公司章程，或者决议内容违反公司章程的，股东可以自决议作出之日起 60 日内，请求人民法院撤销。股东依照前款规定提起诉讼的，人民法院可以应公司的请求，要求股东提供相应担保。公司根据股东会或股东大会、董事会决议已办理变更登记的，人民法院宣告该决议无效或撤销该决议后，公司应当向公司登记机关申请撤销变更登记。

2）董事会

（1）董事会的法律地位。董事会对股东大会负责，是公司业务执行机构、日常经营决策机构，对外代表公司。

（2）董事会的职权。有限责任公司关于董事任期、董事会职权的规定，适用于股份有限公司。

（3）董事的种类。内部董事（执行董事）——同时担任公司其他职务的董事为内部董事。外部董事（非执行董事）——不再同时担任公司其他职务的董事为外部董事。董事又可分为独立董事和灰色董事。独立董事是指除供职于董事会外，与公司管理层不存在其他联系的外部董事。灰色董事是指除供职于董事会而与管理层相联系外，还与管理层有着个人的和经济利益上的联系的外部董事，灰色董事有损董事会监督职能的可能性。上市公司设立独立董事，具体办法由国务院规定。

（4）董事的任免。股份有限公司设董事会，其成员为 5～19 人。董事会成员中可以有公司职工代表。董事会中的职工代表由公司职工通过职工代表大会、职工大会或其他形式民主选举产生。有限责任公司关于董事任期的规定，适用于股份有限公司董事。

（5）董事长的地位和职权。董事会设董事长一人，可以设副董事长。董事长和副董事长由董事会以全体董事的过半数选举产生。

董事长召集和主持董事会会议，检查董事会决议的实施情况。副董事长协助董事长工作，董事长不能履行职务或不履行职务的，由副董事长履行职务；副董事长不能履行职务或不履行职务的，由半数以上董事共同推举一名董事履行职务。公司法定代表人依照公司章程的规定，由董事长、执行董事或经理担任，并依法登记。公司法定代表人变更，应当办理变更登记。

（6）董事会会议。董事会会议可分为普通会议和临时会议。董事会每年度至少召开两次会议，每次会议应当于会议召开 10 日前通知全体董事和监事。代表 1/10 以上表决权的股东、1/3 以上董事或监事，可以提议召开董事会临时会议。董事长应当自接到提议后 10 日内，召集和主持董事会会议。董事会召开临时会议，可以另定召集董事会的通知方式和通知时限。董事会会议应有过半数的董事出席方可举行。董事会作出决议，必须经全体董事的过半数通过。董事会决议的表决，实行一人一票。董事会会议应由董事本人出席，董事因故不能出席，可以书面委托其他董事代为出席，委托书中应载明授权范围。董事会应当对会议所议事项的决定作成会议记录，出席会议的董事应当在会议记录上签名。董事应当对董事会的决议承担责任。董事会的决议违反法律、行政法规，或者公司章程、股东大会决议，致使公司遭受严重损失的，参与决议的董事对公司负赔偿责任。但经证明在表决时曾表明异议并记载于会议记录的，该董事可以免除责任。

3）监事会

监事会是依法产生、对董事和经理的经营管理行为及公司财务进行监督的常设机构。监事会每 6 个月至少召开一次会议。监事可以提议召开临时监事会会议。

监事会的议事方式和表决程序，除公司法有规定的外，由公司章程规定。监事会决议应当经半数以上监事通过。

监事会应当对所议事项的决定作成会议记录，出席会议的监事应当在会议记录上签名。股份有限公司设监事会，其成员不得少于 3 人。

监事会应当包括股东代表和适当比例的公司职工代表，其中职工代表的比例不得低于 1/3，具体比例由公司章程规定。监事会中的职工代表由公司职工通过职工代表大会、职工大会或其他形式民主选举产生。

监事会设主席一人，可以设副主席。监事会主席和副主席由全体监事过半数选举产生。监事会主席召集和主持监事会会议；监事会主席不能履行职务或不履行职务的，由监事会副主席召集和主持监事会会议；监事会副主席不能履行职务或不履行职务的，由半数以上监事共同推举一名监事召集和主持监事会会议。董事、高级管理人员不得兼任监事。有限责任公司关于监事任期、监事会职权的规定，适用于股份有限公司监事。监事会行使职权所必需的费用由公司承担。

4）经理

股份有限公司设经理，由董事会决定聘任或解聘。有限责任公司关于经理职权的规定，适用于股份有限公司经理。

4. 股份发行与转让

1）股份的概念与特征

（1）股份的概念。股份是股东对股份有限公司的出资所形成的公司资本经等比例分割后所形成的均等份额。股份是公司资本的基本组成单位，也是划分股东权利与义务的基本构成单位。

（2）股份的特征。股份的特征主要有平等性、转让性和不可分性。

2）股份的表现形式

公司的股份采取股票的形式。股份是股票的实质内容，股票是股份的外在表现形式。股票的性质如下：

（1）股票是有价证券。有价证券是财产价值和财产权利的统一表现形式。持有有价证券一方面表示拥有一定价值量的财产；另一方面也表明有价证券持有人可以行使该证券所代表的权利。

（2）股票是一种要式证券。股票应记载一定的事项，其内容应全面真实，这些事项往往通过法律形式加以规定。

（3）股票是一种证权证券。证券可以分为设权证券和证权证券。设权证券是指证券所代表的权利本来不存在，而是随着证券的制作而产生，即权利的发生是以证券的制作和存在为条件的。而证权证券是指证券是权利的一种物化的外在形式，它是权利的载体，权利是已经存在的。

（4）股票是一种资本证券。股份公司发行股票是一种吸引认购者投资以筹措公司自有资本的手段，对于认购股票的人来说，购买股票就是一种投资行为。因此，股票是投入股份公司的资本份额的证券化，属于资本证券。

（5）股票是一种综合权利证券。股票不属于物权证券，也不属于债权证券。物权证券是指证券持有者对公司的财产有直接支配处理权的证券。债权证券是指证券持有者为公司债权人的证券。

3）股份的分类

（1）普通股和特别股。根据股份有限公司的股东权性质的不同，可将股份分为普通股和特别股。普通股是指股东拥有的权利与义务相等，待遇无差别的股份。特别股是指股份所代表的权利与义务不同于普通股而有特别内容的股份。特别股可分为优先股和劣后股。以普通股为基准，凡在分配收益及分配剩余资产等方面比普通股股东享有优先权的股份，即为优先股；而在分配收益及分配剩余资产等方面逊后于普通股的股份，即为劣后股。我国没有对发行特别股作出规定。

（2）记名股和不记名股。以股票票面是否记载股东的姓名为标准划分为记名股和不记名股。

（3）额面股和无额面股。以股票票面是否记载金额为标准划分为额面股和无额面股。

（4）国家股、法人股、社会公众股、外资股。按照投资主体的不同将股份划分为国家股、法人股、社会公众股、外资股；依投资主体和产权管理的不同分为国家股和国有法人股。

国家股是指有权代表国家投资的机构或部门向股份有限公司出资形成或依法定程序取得的股份。在股份公司股权登记上记名为该机构或部门持有的股份。

国有法人股是指具有法人资格的国有企业、事业及其他单位以其依法占用的法人资产向独立于自己的股份公司出资形成或依法定程序取得的股份。在股份登记上登记为该国有企业事业及其他单位持有的股份。

法人股是指一般的法人企业或具有法人资格的事业单位和社会团体以其依法可支配的资产向股份有限公司出资形成或依法定程序取得的股份。

社会公众股是指单个自然人以其合法财产向股份有限公司投资形成或依法定程序取得的股份。在我国的股份制试点过程中，个人股又分为社会个人股和企业内部职工股。

外资股是指由外国和我国港澳台地区的投资者向公司投资形成或依法定程序取得的股份。

（5）A股、B股、H股、N股和S股。按照是否以人民币认购和交易股份为标准划分为A股、B股、H股、N股和S股。A股是指专供我国的法人和公民（不含港澳台地区的投资者）以人民币认购和交易的股份。B股是以人民币标明面值，以美元和港元认购和交易，在境内证券交易所上市交易的人民币特种股。H股是以人民币标明面值，以港元认购和交易，在香港联合交易所上市交易的人民币特种股。N股是以人民币标明面值，以美元认购和交易，在纽约证券交易所上市交易的人民币特种股。S股是以人民币标明面值，以新加坡元认购和交易，在新加坡交易所上市交易的人民币特种股。

注意：ST股是指特别处理股，不是单独的一种分类。其中期财务报表须外部审计，执行5%跌停板，另板公布，时间至少一年。ST股的其他权利和义务都与其他股票一致。

4）股份的发行

（1）股份发行的原则。股份的发行，实行公平、公正的原则，同种类的每一股份应当具有同等权利。同次发行的同种类股票，每股的发行条件和价格应当相同；任何单位或个人所认购的股份，每股应当支付相同价额。

（2）股份发行的条件。股份的设立发行必须满足以下条件：① 符合股份有限公司设立的条件；② 募集设立公司发行人认购的股份不得少于公司股份总数的35%；③ 股份发行价格的确定还应遵守公司法的规定，即不得折价发行、同股同价。

根据国务院发布的《股票发行与交易管理暂行条例》第八条的规定，设立股份发行应符合下列条件：① 其生产经营符合国家产业政策；② 其发行的普通股限于一种，同股同权；③ 发起人认购的股本数额不少于公司拟发行的股本总额的35%；④ 在公司拟发行的股本总额中，发起人认购的部分不少于人民币3 000万元，但国家另有规定的除外；⑤ 向社会公众发行的股份不少于公司拟发行的股本总额的25%，其中公司职工认购的股本数额不得超过拟向社会公众发行股本总额的10%；公司拟发行的股本总额超过人民币4亿元的，证监会按照规定可以酌情降低向社会公众发行部分的比例，但是最低不少于公司拟发行股本总额的10%；⑥ 发起人在近3年内没有重大违法行为；⑦ 证券委规定的其他条件。

（3）新股发行的条件。① 具备健全且运行良好的组织机构；② 具有持续盈利能力，财务状况良好；③ 最近3年财务会计文件无虚假记载，无其他重大违法行为；④ 其他条件。

5）股份转让

（1）股份转让的概念。股份转让是指股份有限公司的股份所有人，依法自愿地将自己的股份让渡给其他人，而受让人依法取得该股份所有权的法律行为。

（2）股份转让的方式。记名股票由股东以背书方式或法律、行政法规规定的其他方式转让；转让后由公司将受让人的姓名或名称及住所记载于股东名册。无记名股票的转让，由股东将该股票交付给受让人后即发生转让的效力。

（3）股份转让的限制。① 对股份转让场所的限制。股东转让其股份，应当在依法设立的证券交易场所进行，或者按照国务院规定的其他方式进行。② 对发起人所持股份的转让限制。发起人持有的本公司股份，自公司成立之日起1年内不得转让。公司公开发行股份前已发行的股份，自公司股票在证券交易所上市交易之日起1年内不得转让。③ 对公司董事、监事、高级管理人员持有本公司股份的转让限制。公司董事、监事、高级管理人员应当向公司申报所持有的本公司的股份及其变动情况，在任职期间每年转让的股份不得超过其所持有本公司股份总数的 25%；所持本公司股份自公司股票上市交易之日起 1 年内不得转让。上述人员离职后半年内，不得转让其所持有的本公司股份。公司章程可以对公司董事、监事、高级管理人员转让其所持有的本公司股份作出其他限制性规定。④ 对公司收购本公司股份的限制。公司不得收购本公司股份。但是，有下列情形之一的除外：减少公司注册资本；与持有本公司股份的其他公司合并；将股份奖励给本公司职工；股东因对股东大会作出的公司合并、分立决议持异议，要求公司收购其股份的。

5. 上市公司

1）上市公司的概念

上市公司是指其股票在证券交易所上市交易的股份有限公司。

2）上市公司的特别规定

（1）资产重大变动由股东大会决议制度。上市公司在一年内购买、出售重大资产，或者担保金额超过公司资产总额 30% 的，应当由股东大会作出决议，并经出席会议的股东所持表决权的 2/3 以上通过。

（2）独立董事制度。上市公司独立董事是指不在上市公司担任除董事外的其他职务，并与其所受聘的上市公司及其主要股东不存在可能妨碍其进行独立客观判断关系的董事。独立董事最多可同时在 5 家上市公司兼任独立董事，并确保有足够的时间和精力有效履行独立董事的职责。上市公司董事会至少包括 1/3 的独立董事，其中至少包括一名会计专业人士（有高级职称或注册会计师资格）。

（3）董事会秘书制度。上市公司设董事会秘书，负责公司股东大会和董事会会议的筹备、文件保管和公司股东资料的管理，办理信息披露事务等事宜。

（4）"关联董事"的回避制度。上市公司董事与董事会会议决议事项所涉及的企业有关联关系的，不得对该项决议行使表决权，也不得代理其他董事行使表决权。该董事会会议由过半数的无关联关系董事出席即可举行，董事会会议所作决议须经无关联关系董事过半数通过。出席董事会的无关联关系董事人数不足 3 人的，应将该事项提交上市公司股东大会审议。

2.3.4　公司董事、监事、高级管理人员的资格和义务

1. 公司高级管理人员的概念

高级管理人员是指公司经理、副经理、财务负责人、上市公司董事会秘书和公司章程规定的其他人员。

2. 董事、监事、高级管理人员的任职资格

我国公司法对于这些人员没有规定积极的任职资格，但是却规定了相应的消极资格，即规定了不得担任董事、监事、高级管理人的情形，具体包括以下内容。

（1）无民事行为能力或限制民事行为能力。

（2）因贪污、贿赂、侵占财产、挪用财产，或者破坏社会主义市场经济秩序，被判处刑罚，执行期满未逾 5 年，或者因犯罪被剥夺政治权利，执行期满未逾 5 年。

（3）担任破产清算的公司、企业的董事或厂长、经理，对该公司、企业的破产负有个人责任的，自该公司、企业破产清算完结之日起未逾 3 年。

（4）担任因违法被吊销营业执照、责令关闭的公司、企业的法定代表人，并负有个人

责任的，自该公司、企业被吊销营业执照之日起未逾 3 年。

（5）个人所负数额较大的债务到期未清偿。

3. 董事、监事、高级管理人员的义务

1）董事、监事、高级管理人员的共同义务

（1）应当遵守法律、行政法规和公司章程，对公司负有忠实义务和勤勉义务。

（2）不得利用职权收受贿赂或其他非法收入，不得侵占公司的财产。

2）董事与高级管理人员不得实施的行为

（1）挪用公司资金。

（2）将公司资金以其个人名义或以其他个人名义开立账户存储。

（3）违反公司章程的规定，未经股东会、股东大会或董事会同意，将公司资金借贷给他人或以公司财产为他人提供担保。

（4）违反公司章程的规定，或者未经股东会、股东大会同意，与本公司订立合同或进行交易。

（5）未经股东会或股东大会同意，利用职务便利为自己或他人牟取属于公司的商业机会，自营或为他人经营与所任职公司同类的业务。

（6）接受他人与公司交易的佣金归为己有。

（7）擅自披露公司秘密。

（8）违反对公司忠实义务的其他行为。

4. 董事、监事、高级管理人员对公司负有的其他责任和义务

（1）列席会议、接受质询、提供资料。

（2）股东针对董事、监事、高级管理人员的维权机制。

① 通过监事会或监事提起诉讼维权。董事、监事、高级管理人员执行公司职务时违反法律、行政法规或公司章程的规定，给公司造成损失的，有限责任公司的股东、股份有限公司连续 180 日以上单独或合计持有公司 1% 以上股份的股东，可以书面请求监事会或不设监事会的有限责任公司的监事向人民法院提起诉讼。

② 通过董事会活动时提起诉讼维权。监事执行公司职务时违反法律、行政法规或公司章程的规定，给公司造成损失的，有限责任公司的股东、股份有限公司连续 180 日以上单独或合计持有公司 1% 以上股份的股东，可以书面请求董事会或不设董事会的有限责任公司的执行董事向人民法院提起诉讼。

③ 股东直接维权。监事会、不设监事会的有限责任公司的监事，或者董事会、执行董事收到前款规定的股东书面请求后拒绝提起诉讼，或者自收到请求之日起 30 日内未提起诉讼，或者情况紧急、不立即提起诉讼将会使公司利益受到难以弥补的损害的，前款规定的股东有权为了公司的利益以自己的名义直接向人民法院提起诉讼。

他人侵犯公司合法权益，给公司造成损失的，本条前述股东可以依照前两款的规定向人民法院提起诉讼。

董事、高级管理人员违反法律、行政法规或公司章程的规定，损害股东利益的，股东可以向人民法院提起诉讼。

2.3.5　公司财务会计制度

1. 公司财务会计制度的概念

（1）公司财务会计制度是指法律、法规及公司章程中所确立的一系列公司财务会计规程。

（2）公司财务制度是指关于公司资金管理、成本费用的计算、营业收入的分配、货币的管理、公司的财务报告、公司纳税等方面的规程。

（3）公司会计制度是指会计记账、会计核算等方面的规程。它是公司生产经营过程中各种财务制度的具体反映。公司的财务制度正是通过公司的会计制度来实现的。

2. 公司财务会计报告的内容

1）会计报表

（1）资产负债表。反映公司在某一特定日期财务状况的报表。资产＝负债＋所有者权益。

（2）利润表。反映企业在一定会计期间经营成果的报表，是损益表的附属明细表。

（3）现金流量表。反映企业一定会计期间现金和现金等价物流入与流出的报表。

（4）相关附表。反映企业财务状况、经营成果和现金流量的补充报表，主要包括利润分配表，以及国家统一的会计制度规定的其他附表。

2）会计报表附注

会计报表附注是为便于会计报表使用者理解会计报表的内容而对会计报表的编制基础、编制依据、编制原则和方法及主要项目等所进行的解释。

3）财务情况说明书

财务情况说明书是对财务会计报表所反映的公司财务状况，做进一步说明和补充的文书。

3. 公司财务会计报告的审计——强制审计制度

公司应当在每一会计年度终了时编制财务会计报告，并依法经会计师事务所审计。

4. 公司利润的分配

1）弥补亏损

公司分配当年税后利润时，应当提取利润的 10% 列入公司法定公积金。公司法定公积金累计额为公司注册资本的 50% 以上的，可以不再提取。公司的法定公积金不足以弥补以前年度亏损的，在依照前款规定提取法定公积金之前，应当先用当年利润弥补亏损。公司从税后利润中提取法定公积金后，经股东会或股东大会决议，还可以从税后利润中提取任意公积金。

股东会、股东大会或董事会违反前款规定，在公司弥补亏损和提取法定公积金之前向股东分配利润的，股东必须将违反规定分配的利润退还公司。公司持有的本公司股份不得分配利润。

2）提取法定和任意公积金

（1）公积金制度。公积金制度是指依照法律、公司章程或股东大会决议而从公司营业利润或其他收入中提取的一种储备金。其性质与资本性质相同。公积金在资产负债表中被列入所有者权益下，导致公司将利润作为盈余而分派给股东的金额减少，其结果是公司的财产反而因此增加。

（2）公积金的类型。以是否依法律规定强制提取为标准，可把公积金分为法定公积金和任意公积金。法定公积金是指依据法律规定而必须强制提取的公积金，故又称为强制公积金。任意公积金是指公司根据公司章程或股东大会决议而于法定公积金外自由设置或提取的公积金，但任意公积金的提取不得影响或挤占法定公积金的提留。以公积金的来源为标准，可把公积金分为盈余公积金和资本公积金。盈余公积金是指公司从其税后的营业利润中提取的公积金。故其来源是唯一的，即只能是来自公司的盈余。资本公积金是指从公司非营业活动中所产生的收益中提取的公积金。

公司分配当年税后利润时，应当提取利润的 10% 列入公司法定公积金。公司法定公积金累计额为公司注册资本的 50% 以上的，可以不再提取。公司从税后利润中提取法定公积金后，经股东会或股东大会决议，还可以从税后利润中提取任意公积金。

3）支付股利

（1）股利的含义。股利是股息和红利的简称。股息是指股东可定期从公司取得固定比率的投资回报，红利是指股息分配后仍有盈余而按一定比率分配的利益。

（2）分配的原则。非有盈余不得分配的原则；按法定顺序分配的原则；同股同权、同股同利的原则。

公司弥补亏损和提取公积金后所余税后利润，才可以分配股利。

2.3.6 公司的解散和清算

1. 公司的解散

1）公司解散的概念

公司解散是指公司因发生章程规定或法律规定的解散事由而停止业务活动，并进行清算的状态和过程。

2）公司解散的原因

（1）公司章程规定的营业期限届满或公司章程规定的其他解散事由出现。

（2）股东会或股东大会决议解散。

（3）因公司合并或分立需要解散。

（4）依法被吊销营业执照、责令关闭或被撤销。

（5）公司经营管理发生严重困难，继续存续会使股东利益受到重大损失，通过其他途径不能解决的，持有公司全部股东表决权 10% 以上的股东，可以请求人民法院解散公司。

3）公司解散的法律后果

（1）解散登记。解散登记是指公司解散时，除了因破产和合并而解散外，应在法定期间内向公司所在地登记机关办理解散登记，经核准登记后，登记机关把公司解散的信息进行公告的程序。

（2）解散效力。解散效力是指公司解散并不因公司解散而消灭，只有公司清算完毕，由注册登记机关办理注销登记后，公司法人资格才消灭。其主要包括：① 直接导致公司清算；② 公司权利能力受到限制，除了清算的必要，公司不得进行任何经营活动；③ 公司机关的能力受到限制，清算组将主持全面工作。

2. 公司的清算

1）公司清算的概念

公司清算是指公司解散或被宣告破产后，依照一定程序了结公司事务，收回债权，清偿并分配财产，最终使公司法人资格终止消灭的程序。公司清算是公司消灭的必经程序。

2）公司清算制度的意义

（1）确保清算工作有序进行。

（2）确保债权人的利益。

（3）确保其他利害相关者的合法利益。

3）清算组

清算组是指公司出现清算的原因后依法成立的处理公司债权、债务的组织，是执行清算事务及代表公司的法定机关。

（1）清算组的法律地位。清算组是为进行清算而依法成立的对内执行清算事务、对外代表清算中的公司法人表示意思的专门机构。其类似于公司经营过程中的董事会的地位。

（2）清算组的产生。公司自愿解散并能依法在15日内组成清算组的，有限责任公司由股东组成，股份有限公司的清算组由董事会或股东大会确定其人选。公司自愿解散但不能依法在15日内组成清算组的，债权人可申请人民法院指定有关人员组成清算组，进行清算。因违法被依法责令关闭而导致强制解散的，由主管机关组织股东、有关机关及有关专业人员成立清算组，进行清算。

（3）清算组的职权。① 清算公司财产，分别编制资产负债表和财产清单；② 通知或公告债权人；③ 处理与清算有关的公司未了结的业务；④ 清缴所欠税款；⑤ 清理债权与债务；⑥ 处理公司清偿债务后剩余财产；⑦ 代表公司参与民事活动。

（4）清算组的义务。① 清算工作义务，如通知、公告义务等；② 诚实信用的义务，清算组应该谨慎、勤勉地处理清算义务；③ 忠于职守、依法履行清算义务；④ 清算组不按照公司法规定履行义务的，由公司登记机关责令改正；⑤ 清算组成员利用职权违法的应承担法律责任。

（5）公司清算的程序。① 在法定时限内成立清算组；② 通知、公告债权人申报债权；③ 清理公司财产、编制资产负债表和财产清单，制订清算方案，并报股东会议或有关主管机关确认；④ 特殊情况下，向人民法院申请宣告破产；⑤ 制订清算方案，并经相关部门、组织确定；⑥ 依法定顺序清偿公司债务，清算费用、职工工资福利、交纳所欠税款、清偿公司债务，向股东分派剩余财产，有限责任公司按股东出资比例分配，股份有限公司按所持股票比例分配；⑦ 制作清算报告；⑧ 有关主管机关确认；⑨ 注销登记和公告。

案例分析

案例 2-1

一、基本案情

原告（被反诉人）杨某

被告（反诉人）王某

原告（被反诉人）诉称，白水县西固镇东兴煤业有限责任公司由原告与被告共同出资。2009年3月2日，为了确认双方所占股份和出资额，经西固镇器休村党金锁说和，签订了一份《协议书》。该协议对双方所占的出资额和股份比例进行了确认，即被告占股份80%的比例，出资额240万元；原告占股份20%的比例，出资额为60万元。同时约定，该煤矿自

2009 年 4 月 1 日—2012 年 4 月 1 日由被告承包经营，在每吨煤价不低于 70 元，不高于 150 元的情况下，每年按 10 个月计算，由被告每月 20 日前付原告 5.5 万元。如不按时给付，支付违约金 1 万元，该协议还约定了其他事项。协议签订后，在最初两个月，被告按期支付了原告 11 万元。此后被告以资金紧张为由一直未付。截至 2011 年 3 月底，欠下原告 18 个月的承包费 99 万元，原告多次催要未果。原告曾于 2011 年元月向白水县人民法院提出诉讼，但因原告身患疾病不能出庭而撤诉。现原告身体已恢复，而被告仍不付款而诉至法院，要求被告付清截至 2011 年 3 月底之前的承包费 99 万元，并承担违约金 16 万元。

二、案件审理

经审理法院作出判决，依据《中华人民共和国民法通则》《中华人民共和国合同法》的相关规定，判决如下。

（1）驳回杨某的诉讼请求。

（2）解除杨某与王某于 2009 年 3 月 2 日签订的协议书。

（3）杨某返还王某已付的 11 万元红利款。

三、案例评析

本案的协议书是一份股权转让协议还是合伙协议，是审理本案的焦点。而审理此协议为股权转让协议，主要是审理王某将 20% 的公司股权转让于杨某。对于因股权转让人或股权受让人的股东资格发生的争议，应坚持以股东变更登记为基本标准，尊重股权实际转让事实的原则。

（1）公司对股权转让有审核是否合乎公司法及公司章程规定的权利，而公司办理变更登记可视为公司对股权转让和受让人股东资格的确认，对公司及其股东均有约束力。

（2）若受让人已事实上承受了转让方的出资额，实际上已参与公司的经营管理，行使股东的权利并承担相应义务，但公司未办理股东变更登记手续，应该尊重事实，尊重实际已存在的法律关系，认定受让人具有股东资格，并责令公司将受让人记载于股东名册。

（3）办理工商变更登记手续，属于行政管理行为，仅是对当事人已经发生的股权转让事实加以确认，是否进行工商变更登记不影响受让人股东资格的取得。关于股东的资格问题，仅有《中华人民共和国公司法》第二十三条规定，股东共同制定公司章程；第二十五条规定，公司章程应载明股东的姓名、名称，股东的出资方式，出资额及出资时间，股东应在公司章程上签名、盖章；第三十三条规定，公司应当置备股东名册，记载股东的姓名，股东的出资额，出资证明书编号，记载于股东名册的股东，可以依股东名册主张行使权利。这些均是对股东资格作出的法律明确规定，对于隐名股东，这一提法在法律条文中并没有体现出来，不是法律意义的股东，其不具备股东的法定形式特征。法律规定的股东形式特征是应在工商部门登记、公司章程、股东名册的记载，而实质特征是签署公司章程、实际出资，取得出资证明与实际享有股东权利。而在本案仅有协议书一份，杨没有出资，股权也没有在工商部门变更登记。故不能认定此协议是一份股权转让协议。

该协议书内容实质是一份合伙协议，即杨某投资 60 万元入伙后又获得 20% 的股权，并对合伙后的经营情况双方进行了约定。本案双方虽然约定红利分配方案，但未约定风险共担的条款。《中华人民共和国企业合伙法》第三十三条规定，禁止合伙协议不得约定将全部的红利分配给部分合伙人或由部分合伙人承担全部的亏损。本协议从内容上看，杨某享受分红的权利，没有承担亏损的义务，也是与法相悖的，违背了法律对"合伙"法律关系的共同出资、共担风险、盈亏与共的法律特点。同时，在该协议届满前杨某未出资，从根本上也丧失了履行该协议的依据，其请求分红的权利，法院对其予以驳回是正确的。

案例 2-2

一、基本案情

原告：刘华伟

被告：北京龙翔达信息技术有限公司

2011 年 2 月 1 日龙翔达信息技术有限公司（以下简称龙翔达公司）章程载明，公司股东姓名、出资方式及出资额如下：……刘华伟，货币，15 万元……公司成立后，应向股东签发出资证明书。2011 年 1 月 31 日，龙翔达公司与刘华伟签订借款协议书，约定龙翔达公司董事长叶翔燕代表董事会与龙翔达公司职工刘华伟就借款事项达成协议，龙翔达公司同意将 15 万元借予刘华伟，此款必须用于购买龙翔达公司股份，在刘华伟工作岗位不发生变化的情况下，此款可以用于刘华伟在龙翔达公司服务年限折算还款，还款比例为服务满一年后，折此款的 10%；服务满两年后……中国农业银行北京市分行交存入资资金凭证显示，2011 年 2 月 7 日，刘华伟入资 15 万元。原告刘华伟诉称，其于 2011 年出资 15 万元成为龙翔达公司股东，共同制定了公司章程，龙翔达注册资本为 1 500 万元。但龙翔达公司一直未向刘华伟签发股东出资证明。刘华伟多次向龙翔达公司索取均被无理拒绝，故诉至法院，请求判令龙翔达公司依法签发股东出资证明。被告龙翔达公司辩称，刘华伟曾经成为公司股东，但并非其实际出资，而是公司出于激励员工，由公司向其借款出资，当时确实没有向刘华伟出具出资证明，而现在刘华伟的股东身份存在争议，公司已经收回了刘华伟的股东身份和出资，如今刘华伟已经不是公司股东，公司也没有必要再向其签发出资证明。

二、案件审理

经法院审理认为，依据相关法律规定及龙翔达公司章程，有限责任公司成立后，应当向股东签发出资证明书，股东出资证明应当列明股东的姓名、交纳的出资额和出资日期等事项。刘华伟在 2011 年成为龙翔达公司股东，而龙翔达公司并未向其签发出资证明，现龙翔达公司应当补发出资证明。龙翔达公司所述，刘华伟的出资系其向公司的借款，但出资来源非本人钱款并不能否定刘华伟对公司出资的事实，龙翔达公司该项辩称，法院不予采信。龙翔达公司认为，刘华伟现在股东身份存在争议，如其已经不具有股东身份，没有必要再向其签发股东出资证明。对此，法院认为，龙翔达公司向刘华伟补发股东出资证明系依据刘华伟 2011 年的出资行为，仅能证明刘华伟在 2011 年对龙翔达公司出资、成为股东，对刘华伟现在是否具有股东身份不具有证明作用，而刘华伟现在是否仍为公司股东也不影响其在 2011 年的已经发生的出资行为，龙翔达公司应对刘华伟 2011 年的出资行为予以确认，根据公司法的相关规定补发股东出资证明书。综上所述，法院依照《中华人民共和国公司法》第三十二条的规定，判决被告北京龙翔达信息技术有限公司于本判决生效之日起 10 日内向原告刘华伟补发股东出资证明。

三、案例评析

本案是股东出资纠纷案，争议的焦点问题为被告北京龙翔达信息技术有限公司是否需要向原告刘华伟补发股东出资证明，而原告刘华伟是否实际出资又是本焦点的关键。被告龙翔达公司在答辩中声称：刘华伟曾经成为公司股东，但并非其实际出资，而是公司出于激励员工，由公司向其借款出资，当时确实没有向刘华伟出具出资证明。但是根据案件的相关事实，刘华伟是实际出资了的，因为不管出资的金额是属于其自己的还是向被告借贷的，只要是依照法律的规定实际出资了，就应成为公司的股东。据此，被告的这一答辩明显理由不充分，法院不予采信是正确的。另外，被告龙翔达公司声称：刘华伟现在股东身份存在争议，如今其已经不具有股东身份，没有必要再向其签发股东出资证明。被告的这一答辩也存在问题，因为刘华伟主张的要求被告补发出资证明是针对2011 年其实际出资 15 万元，无论其现在是否是公司的股东，只要其 2011 年实际出资了15 万元，就应为其签发出资证明书。这也很容易理解，很多股东在公司的运营过程中会增股与退股，入资证明书是证明股东一时的出资，而不是为了证明股东是否长期在公司入股。因此，被告的这一辩称理由也并不充分。综合来看，被告北京龙翔达信息技术有限公司应当向原告刘华伟补发股东出资证明。

🔍 案例 2-3

一、基本案情

原告：彭某

被告：牟某、王某

2021 年 11 月 28 日，被告牟某、王某夫妇向原告彭某借现金 82 000 元，并出具借条。同日，牟某、王某夫妇还向彭某出具借款保证书一份，担保人为某砖瓦厂。2021 年 12 月 18日，上述砖瓦厂的合伙组织执行人黄某根据彭某要求，再向其出具承诺书一份。借款到期后，彭某向牟某、王某夫妇催要借款本金及利息未果。案发后查明，担保人砖瓦厂为合伙型企业。根据工商登记，该企业原合伙人为本案被告牟某、王某夫妇，自 2021 年 11 月起合伙人变更为黄某、陈某二人，黄某为企业执行人。案发后，并无证据表明陈某同意彭某以企业名义为牟某夫妇借款提供担保。2022 年 5 月，彭某一纸诉状将主债务人牟某、王某夫妇及砖瓦厂、黄某、陈某一并告上法庭。

二、案件审理

法院审理后认为，原告彭某与被告牟某、王某间的借贷关系合法、有效。根据我国合伙企业法的规定，砖瓦厂合伙组织执行人黄某在未经全体合伙人同意的情况下，为二原告借款提供担保，该行为尽管不符合法律规定，有损其他合伙人的利益，但不影响担保行为对善意第三人的效力。合伙人对法律规定必须经全体合伙人同意才能执行的事项，擅自处理，给合伙企业或其他合伙人造成损失的，应另行承担赔偿责任。因而，本案不仅被告黄某以个人名义提供的担保合法有效，而且黄某以企业名义提供的担保亦有效。被告黄某、砖瓦厂应直接承担担保责任，被告陈某则应对砖瓦厂财产不足清偿部分承担无限连带清偿责任。被告黄某、砖瓦厂、陈某承担担保责任后，有权向牟某追偿。被告砖瓦厂、陈某对其损失，亦可向被告黄某寻求赔偿。遂依照《中华人民共和国民法典》和《中华人民共和国合伙企业法》的有关规定，作出了前述判决。一审判决后，各被告未上诉。

三、案例评析

合伙组织执行人在全体合伙人未取得一致意见的情况下，擅作主张提供的担保是否对内、对外都无效，《中华人民共和国合伙企业法》第三十八条规定，合伙企业对合伙人执行合伙企业事务，以及对外代表合伙企业权利的限制，不得对抗不知情的善意第三人。该法第六十九条同时规定，合伙人对本法规定或者合伙协议约定必须经全体合伙人同意始得执行的事务，擅自处理，给合伙企业或者其他合伙人造成损失的，依法承担赔偿责任。这两项法律条文，实质上明确规定了合伙执行人擅自以企业名义对外担保的内、外效力区别。只要第三人主观上是善意的，执行人的擅自担保行为对外仍然有效，其他合伙人亦应为此对外承担法律责任。但该担保行为在合伙人内部并不产生法律效力，应认定无效，合伙企业及其他合伙人对外承担责任后，有权要求执行人予以赔偿。

既然不对抗善意第三人，其他合伙人就应按一定程序对担保债权人承担法律责任。《中华人民共和国合伙企业法》第三十九条同时规定，合伙企业对其债务，应先以其全部财产清偿。合伙企业财产不足以清偿到期债务的，各合伙人应当承担无限连带责任。因此，与以个人身份直接提供担保不同，合伙人只在企业财产不足清偿时，承担补充责任。

本案中，原告彭某在出借资金时要求提供担保符合正常的社会心态。砖瓦厂出具的担保手续齐全，表面上并无瑕疵，彭某作为第三人（实体）接受该担保，主观上是善意的，应认定担保行为对外合法有效。尽管被告陈某对被告黄某擅自以企业名义作出的担保行为并不知情，其仍应在企业财产不足时部分承担无限连带责任。在承担责任后，陈某既可向主债务人牟某、王某（被告）追偿，亦可要求黄某赔偿。

☑ 案例实训

一、基本案情

原告：沛县东光铸造有限责任公司（以下简称东光公司）

被告：徐州宏达水泵厂

被告：李传营

被告徐州水泵厂系个人独资企业，在 2010—2012 年间多次向原告购买配件。2012 年 6 月，双方结欠货款 57 259 元，在支付 2 万元后，被告投资人李传营以水泵厂名义和原告于 2012 年 8 月达成还款计划，约定余款于 2013 年 5 月前还清。2012 年 11 月 8 日，李传营（甲方）与王某（乙方）达成转让协议，甲方决定将徐州水泵厂转让给乙方，协议约定：① 至转让之后所发生的债权、债务由乙方承担；② 乙方自签字之日方能有自由经营权；③ 本协议自签字之日起生效。协议签订的当日，徐州水泵厂即在工商部门办理了企业投资人变更登记。后原告依还款计划要求被告徐州水泵厂偿还到期债务，但被告以投资人变更为由拒绝偿还。原告诉至沛县人民法院，要求徐州水泵厂承担到期债务的清偿责任，在审理期间，又依原告申请追加李某为被告。被告徐州水泵厂辩称，徐州水泵厂为个人独资企业，原厂负责人是李传营，2012 年 11 月 6 日变更为王传沛，并办理了工商变更登记，依据协议的约定，转让前的债务应由李传营承担，请求驳回原告对徐州水泵厂的诉讼请求。被告李传营辩称徐州水泵厂负责人的变更不能影响债务的承担方式，故应由企业承担清偿责任。江苏省沛县人民法院经审理认为，原告东光公司与被告徐州宏达水泵厂买卖合同成立并合法有效，本案的争议焦点为二被告应由谁履行还款义务。徐州宏达水泵厂工商登记为个人独资企业。而个人独资企业因其有自己的名称，且必须以企业的名义活动的特性，使个人独资企业在法律人格上具有相对独立性，因此对企业债务的承担亦应具有相对独立性。即应先以其独立的自身财产承担责任，而不是既可由企业承担，亦可由投资人承担。本案中徐州宏达水泵厂所负债务应首先以企业财产偿还，在其财产不足偿还的情况下原告有权请求现在的投资人以个人所有的其他财产偿还，若由此而致现投资人利益受损，现投资人可依其与李传营签订的企业转让协议向李传营追偿。原告不能依投资人应对个人独资企业的债务承担无限责任的特性向徐州宏达水泵厂的原投资人李传营追偿。

综上所述，依照《中华人民共和国合同法》第六十条第一款、第一百六十一条的规定，江苏省沛县人民法院于 2013 年 12 月 18 日作出判决：① 被告徐州宏达水泵厂在本判决生效后 10 日内向原告支付货款 18 629.50 元；② 驳回原告对李传营的诉讼请求。判决作出后，原、被告均未提出上诉。

二、问题思考

请根据本章所学知识，分析法院判决是否正确。

本章小结

本章介绍了个人独资企业设立的条件和程序，投资人及其事务的管理，个人独资企业的解散和清算；合伙企业的概念和种类，设立普通合伙企业和有限合伙企业应该具备的条件，合伙企业设立的程序，合伙企业事务的执行，盈亏的分配方式，合伙企业与第三人的关系，特殊的普通合伙企业适用的情形，合伙企业入伙与退伙的规定，不同合伙企业入伙与退伙责任的承担，合伙企业的解散和清算等主要内容。

本章的重点是公司的种类，有限责任公司设立的条件，公司的组织机构，各组织机构的产生、职权、议事规则，公司股权的转让，公司的董事、监事、经理的任职资格，公司的财务会计制度，公司的合并、分立、解散。

本章的难点是股份有限公司的法律规定。

思考练习题

一、选择题

1. 下列关于个人独资企业的表述中，正确的是（   ）。
   A. 个人独资企业的投资人可以是自然人、法人或其他组织
   B. 个人独资企业的投资人对企业债务承担无限责任
   C. 个人独资企业不能以自己的名义从事民事活动
   D. 个人独资企业具有法人资格

2. 甲、乙、丙 3 人设立一普通合伙企业，合伙协议中的下列约定不符合法律规定的是（   ）。
   A. 由甲执行合伙事务，乙、丙不再执行合伙事务
   B. 合伙企业的利润 3 人按照出资比例分配，但是亏损由甲一人承担
   C. 对需表决的合伙事项，3 人按照出资比例行使表决权
   D. 甲有权同合伙企业进行交易

3. 甲、乙、丙 3 人共同出资成立了一有限责任公司，其出资比例分别为 20%、20%、60%。现丙与丁达成协议，丙将自己在该公司的出资全部转让给丁。甲、乙知晓后均不同意。以下几种意见中，符合《中华人民共和国公司法》规定的是（　　）。

    A. 甲和乙都不愿购买丙欲转让的出资，丙也不得将出资转让给丁

    B. 甲和乙都不愿购买丙欲转让的出资，丙就有权将出资转让给丁

    C. 丙的表决权占全体股东表决权的 1/2 以上，他完全有权决定将出资转让给丁

    D. 丙有权自由地转让出资，无须经甲、乙同意

4. 股份有限公司的董事长不能履行职务时，根据《中华人民共和国公司法》的规定，有可能履行其职务的是（　　）。

    A. 副董事长　　　　　　　　B. 监事会主席

    C. 工会主席　　　　　　　　D. 董事会秘书

5. 甲、乙、丙、丁共同出资组建一有限公司，公司成立后，庚打算加入并拟入资 10 万元。下列几种方式符合我国公司法的是（　　）。

    A. 庚要成为新股东，必须经原股东一致同意

    B. 庚要成为新股东，必须经 2/3 以上股东同意

    C. 庚要成为新股东，必须经代表 2/3 以上表决权的股东同意

    D. 庚可以通过直接与甲协商受让甲的一部分出资而成为股东

二、判断题

1. 个人独资企业不具有法人资格，也无独立承担民事责任的能力。（　　）

2. 《中华人民共和国合伙企业法》规定的合伙企业，不仅限于以自然人为合伙人的企业，还包括企业法人之间的合伙型联营。（　　）

3. 合伙企业存续期间，合伙人的出资和所有以合伙企业名义取得的收益均为合伙企业的财产。（　　）

4. 董事会会议，应由董事本人出席；董事因故不能出席，可以书面委托其他董事或监事代为出席，委托书中应载明授权范围。（　　）

5. 监事可以列席董事会，董事会应当对会议所议事项的决定作成会议记录，出席会议的董事和监事应当在会议记录上签名。（　　）

三、简答题

1. 简述我国法律规定的合伙企业入伙条件和法律效力。

2. 简述合伙企业与个人独资企业的区别。

3. 简述合伙人对合伙企业财产的义务。

4. 有限责任公司的设立条件是什么？

5. 简述有限责任公司的设立程序。

6. 简述一人有限责任公司的概念和特征。

7. 简述股份有限公司的概念及特征。

8. 简述股份有限公司的设立条件。

9. 简述监事会的职权。

10. 根据我国法律规定，有哪些情形不得担任公司的董事、监事、高级管理人员？

第 3 章

合同法律制度

本章介绍合同的概念、种类和合同法的基本原则，并重点介绍合同的订立和效力；合同的履行、合同的变更、转让与终止，以及违约责任。3.1 节合同法概述；3.2 节合同的订立；3.3 节合同的效力；3.4 节合同的履行；3.5 节合同的变更、转让与终止；3.6 节合同的违约责任。

◎ 案例分析

◎ 案例实训

◎ 本章小结

◎ 思考练习题

3.1　合同概述

3.1.1　合同与合同法的概念与特征

1. 合同的概念和特征

《民法典》第四百六十四条规定，合同是民事主体之间设立、变更、终止民事法律关系的协议。合同具有以下法律特征。

（1）合同是两个或两个以上民事主体之间的法律行为。合同的这一特征区别于单方法律行为。单方法律行为是基于民事主体单方的意思所决定，而合同则是双方或多方民事主体的合意，且合同是合法行为。依法成立的合同对当事人具有法律约束力，得到国家法律的承认和保护。

（2）合同是以设立、变更和终止民事法律关系为目的的民事法律行为。民事主体之间订立合同是具有一定的目的和宗旨的，即订立合同的最终的目的是设立、变更、终止民事法律关系。

（3）合同是民事主体在平等自愿基础上意思表示相一致的协议。意思表示一致是合同构成的基础。

（4）合同是非身份关系的协议。《民法典》第四百六十四条第二款，婚姻、收养、监护等有关身份关系的协议，适用有关该身份关系的法律规定；没有规定的，可以根据其性质参照适用本编规定。也就是说，所有属于身份关系的协议都不是合同。身份关系也是民法的重要调整对象之一，它具有非财产性、专属性以及固有性的特性。所以，有关身份关系的协议不宜适用《合同法》的调整。但也不能一概而论，有些身份关系协议部分内容在没有相关法律规范的情况下，可以根据其性质参照适用。

2. 合同法的概念

《民法典》第四百六十三条规定，合同编调整因合同产生的民事关系。我国合同法应该界定为调整民事关系的法律规范的总称。

我国宪法规定，"国家实行社会主义市场经济"，制定统一的合同法，是我国社会主义法制建设的一件大事。第九届人民代表大会三次全体会议于 1999 年 3 月 15 日通过了《中华人民共和国合同法》（1999 年 10 月 1 日起施行）。编纂《民法典》是党的十八届四中全会确定的一项重大政治任务和立法任务，是以习近平同志为核心的党中央作出的重大法治建设部署。《中华人民共和国民法典》于 2020 年 5 月 28 日第十三届全国人民代表大会第三次会议通过，2021 年 1 月 1 日起开始实施。《民法典》施行后，《婚姻法》《继承法》《民法通则》《收养法》《担保法》《合同法》《物权法》《侵权责任法》《民法总则》这些民事单行法律已经被替代。历来《合同法》都是民事法律的重要组成部分，在《民法典》中也不例外。《民法典》的"合同编"部分在吸收我国以前《合同法》的基础上，又结合了司法实践及理论发展，从具体规则和体系两个方面对《合同法》进行了重新塑造。

3.1.2　合同的分类

1. 诺成合同与实践合同

根据合同的成立是否需要交付标的物，可将合同分为诺成合同和实践合同。

（1）诺成合同。诺成合同又称不要物合同，是指当事人双方意思表示一致就可以成立的合同。大多数的合同都属于诺成合同，如买卖合同、租赁合同、借款合同等。

（2）实践合同。实践合同又称要物合同，是指除当事人双方意思表示一致以外，尚须交付标的物才能成立的合同。如小件寄存合同，必须要寄存人将寄存的物品交给保管人，合同才能成立。在实践中，大多数的合同都属于诺成合同，少部分为实践合同。

2. 要式合同与不要式合同

根据法律对合同的形式是否有特定要求，可将合同分为要式合同与不要式合同。

（1）要式合同。要式合同是指根据法律规定必须采取特定形式的合同。例如，中外合资经营企业合同必须由审批机关批准，合同方能成立。

（2）不要式合同。不要式合同是指当事人订立的合同依法并不需要采取特定的形式，当事人可以采取口头形式，也可以采取书面形式。除法律有特别规定以外，合同均为不要式合同。根据合同自由原则，当事人有权选择合同形式，但对于法律有特别的形式要件规定的，当事人必须遵循法律规定。

3. 双务合同和单务合同

根据合同当事人是否互相负有给付义务，可将合同分为双务合同和单务合同。

（1）双务合同。双务合同是指当事人双方互负对待给付义务的合同，即双方当事人互享债权，互负债务，一方的权利正好是对方的义务，彼此形成对价关系。例如，在买卖合同中，卖方有获得价款的权利，而买方正好有支付价款的义务；反之，买方有取得货物的权利，而卖方正好有交付货物并转移货物所有权的义务。

（2）单务合同。单务合同是指合同双方当事人中仅有一方负担义务，而另一方只享有权利的合同。例如，在借用合同中，只有借用人负有按约定使用并按期归还借用物的义务。在实践中，大多数的合同都是双务合同，单务合同比较少见。

4. 有偿合同与无偿合同

根据合同当事人之间的权利与义务是否存在对价关系，可以将合同分为有偿合同与无偿合同。

（1）有偿合同。有偿合同是指当事人一方给予对方某种利益，对方要得到该利益必须为此支付相应代价的合同。在实践中，绝大多数反映交易关系的合同都是有偿的，如买卖合同、租赁合同、加工承揽合同、运输合同、仓储合同等。

（2）无偿合同。无偿合同是指一方给付对方某种利益，对方取得该利益时并不支付相应代价的合同，如赠与合同、借用合同等。在实践中，无偿合同数量比较少。

5. 主合同与从合同

根据合同相互间的主从关系，可以将合同分为主合同与从合同。

（1）主合同。主合同是指不以其他合同的存在为前提而能够独立存在的合同。

（2）从合同。从合同是指不能独立存在而以其他合同的存在为存在前提的合同。例如，甲与乙订立借款合同，丙为担保乙偿还借款而与甲签订保证合同，则甲乙之间的借款合同为主合同，甲丙之间的保证合同为从合同。

6. 有名合同与无名合同

根据法律是否明文规定了一定合同的名称，可以将合同分为有名合同与无名合同。

（1）有名合同。有名合同又称典型合同，是指由法律赋予其特定名称及具体规则的合同。例如，我国《民法典》所规定的 19 类合同，都属于有名合同。

（2）无名合同。无名合同又称非典型合同，是指法律上尚未确定一定的名称与规则的合同。根据合同自由原则，合同当事人可以自由决定合同的内容，因此即使当事人订立的合同不属于有名合同的范围，只要不违背法律的禁止性规定和社会公共利益，也仍然是有效的。由此可见，当事人可以自由订立无名合同。

3.1.3　合同法的基本原则

民法的基本原则是指具有普遍法律约束力的一般原则，它同样适用于合同法。根据《民法典》的规定，合同法遵循以下原则。

1. 平等原则

平等原则首先是指当事人的民事法律地位平等，一方不得将自己的意志强加给另一方。这也是民法首要的核心原则，反映了民事法律关系的本质特征，是区别于行政法、刑法的重要特征，也是合同法其他原则赖以存在的基础。

2. 自愿原则

自愿原则作为一项重要的基本原则，是指当事人在法律允许的范围内通过协商，自愿决定和调整相互的权利与义务关系，是民事法律关系区别于行政法律关系和刑事法律关系而特有的原则。同时也是社会主义市场经济体制的基本原则。

3. 公平原则

公平原则包含等价有偿的意思，即在民事活动中，除法律另有规定或当事人另有约定外，当事人取得他人财产利益应向他方给付相应的对价。

4. 诚实信用原则

诚实信用原则也是指合同当事人在订立、履行、变更和解除合同或合同关系终止等各个阶段，无论行使权利，还是履行义务，都应讲诚实、守信用，相互协作配合，不得损害他人利益和社会公共利益。

5. 公序良俗原则

公序良俗原则是指民事法律行为的内容及目的不得违反公共秩序和善良风俗。公序良俗原则是我国民法一项重要的基本原则。在社会主义市场经济条件下，有维护国家利益及一般道德观念的功能。

6. 绿色原则

绿色原则是民事主体从事民事活动、生产活动和消费活动的行为准则。绿色原则是《民法典》侵权责任编规定、追究环境侵权行为的民事责任的法理基础和立法根据。由于我国自然环境受到破坏，空气、水、土壤遭受污染等问题的存在，本法要求一切民事主体从事民事活动均应遵循绿色原则，具有极为重大的现实意义。

3.2　合同的订立

3.2.1　合同的内容与形式

1. 合同的内容

当事人依程序订立合同，意思表示一致，便形成合同条款，构成作为法律行为的合同内容。从合同关系的角度，合同的内容是指合同权利和合同义务。合同的形式是当事人合意的表现形式，是合同内容的外部表现，是合同内容的载体。《民法典》第四百七十条规定：合同的内容由当事人约定，一般包括以下条款。

（1）当事人的姓名或名称和住所。当事人是合同关系的主体，如果没有当事人，合同就不能成立。因此，合同必须写明当事人的姓名或名称和住所。这一条款是任何合同都必须具备的条款。

（2）标的。合同标的是合同法律关系的客体，是合同双方的权利和义务共同指向的对象。没有标的，权利与义务就失去目标，也就无法确定，当事人之间就不可能建立起合同关系。因而，没有标的的合同是不存在的，标的是任何合同不能欠缺的重要内容。

（3）数量和质量。数量和质量是确定合同标的物的具体条件，也是使合同标的物得以相互区别的具体特征。合同标的物的数量应当在合同中加以明确，当事人应当约定明确的计量单位和计量方法，并且可以规定合理的磅差或尾差。合同标的物的数量不明确，合同就无法履行。合同标的的质量也应该明确，如标的物的技术指标、质量要求、规格、型号等都要明确，以免在履行中发生争议。

（4）价款或酬金。价款或酬金是标的的价金，也是取得标的所应支付的代价。对有偿合同来说，价款或酬金一般为合同的主要条款。但对无偿合同来说，价款或酬金不仅不是合同的主要条款，而且连普通条款也不是。由此可见，合同有无价款或酬金的约定，是区别有偿合同与无偿合同的标准之一。

（5）履行的期限、地点和方式。履行期限是当事人各方依照合同规定全面完成自己合同义务的时间。履行期限不仅直接关系到合同义务完成的时间，也是确定违约与否的因素之一。合同的履行期限可以约定为即时履行，也可以约定为定时履行，还可以约定为在一定期限内履行；履行地点是当事人依照合同规定完成自己义务所处的场所。履行地点是确定验收地点、运输费用由谁负担、风险由谁承受的依据；履行方式是指当事人完成合同义务的方法。合同履行的具体方法应在合同中约定，如是一次交付还是分期分批交付，是现实交付还是简易交付等。

（6）违约责任。违约责任是当事人违反合同时所应承担的法律责任，是促使债务人履行义务，保护守约方利益的重要措施。因此，合同中对违约责任应予明确，如违约金数额、赔偿金额及其计算方法等。

（7）解决争议的方法。解决争议的方法是当事人解决合同纠纷的手段、途径，如诉讼、仲裁等。在合同中，当事人可以选择仲裁或诉讼作为解决合同纠纷的方法。如果当事人没有选择解决争议的方法，则应通过诉讼解决合同纠纷。

2. 合同的形式

合同的形式又称合同的方式，是当事人合意的表现形式，是合同内容的外部表现，是合同内容的载体。

（1）口头形式。口头形式是指当事人只用语言为意思表示订立合同，而不用文字表达协议内容的不同形式。口头形式简便易行，在日常生活中经常被采用。集市的现货交易、商店里的零售等一般都采用口头形式。合同采取口头形式，无须当事人特别指明。凡当事人无约定、法律未规定须采用特定形式的合同，均可采用口头形式。

（2）书面形式。书面形式是指以文字表现当事人所订合同的形式。合同书及任何记载当事人要约、承诺和权利与义务内容的文件，都是合同的书面形式的具体表现。《民法典》第四百六十九条第二款、第三款规定，书面形式是合同书、信件、电报、电传、传真等可以有形地表现所载内容的形式。以电子数据交换、电子邮件等方式能够有形地表现所载内容，并可以随时调取查用的数据电文，视为书面形式。

（3）推定形式。当事人未用语言、文字表达其意思表示，仅用行为向对方发出要约，对方接受该要约，以作出一定或指定的行为作承诺，合同成立。例如，商店安装自动售货机，顾客将规定的货币投入机器内，买卖合同即成立。

3.2.2　合同订立的程序

合同是双方或多方的民事法律行为，合同各方的意思表示达成一致合同才能成立。合同的订立就是合同当事人进行协商，使各方的意思表示趋于一致的过程。当事人订立合同的过程一般分为要约和承诺两个阶段。

1. 要约

1）要约的概念

要约在商业活动和对外贸易中又称报价、发价或发盘，是订立合同的当事人一方向他方发出的以订立合同为目的意思表示。发出要约的当事人称要约人，要约指向的当事人称受要约人。

2）要约的有效条件

要约的有效条件主要包括以下内容。

（1）要约必须是特定的合同当事人所为的意思表示。

（2）要约必须具有缔结合同的主观目的。要约是一种意思表示，但这种意思表示须具有与被要约人订立合同的真实意愿，其外在表现形式为要约人主动要求与被要约人订立合同。凡不具有以自己主动提出订立合同为目的的行为，尽管貌似要约，也不应视为要约。这是要约与要约邀请的主要区别。

（3）要约须是向相对人发出的意思表示。

（4）要约的内容必须确定和完整。

3）要约的生效时间

要约的生效时间是指要约从何时开始发生法律效力。我国《民法典》采用到达主义，即要约到达受要约人时生效。以对话方式作出的意思表示，相对人知道其内容时生效。以非对话方式作出的意思表示的，采用数据电文形式订立合同，收件人指定特定系统接收数据电文的，该数据电文进入该特定系统的时间，视为到达时间；未指定特定系统的，该数据电文进入收件人的任何系统的首次时间，视为到达时间。

4）要约的撤回和撤销

要约的撤回是指要约人在发出要约后，到达受要约人之前，有权宣告取消要约。根据要约的形式拘束力，任何一项要约都是可以撤回的，只要撤回的通知先于或同时与要约到达受要约人，都能产生撤回的效力。要约的撤销是指要约人在要约生效以后，将该项要约取消，从而使要约的效力归于失效。

撤销与撤回都旨在使要约作废，或者取消要约，并且都只能在承诺作出之前实施。但两者存在一定的区别，其表现在于撤回发生在要约生效之前，而撤销则发生在要约已经到达并生效，但受要约人尚未作出承诺的期限内。

允许要约人有权撤销已经生效的要约，必须有严格的条件限制。如果法律上对要约的撤销不作限制，允许要约人随意撤销要约，那么必将在事实上否定要约的法律效力，导致要约在性质上的变化，同时也会给受要约人造成不必要的损失。根据我国合同法规定，有下列情形之一的，要约不得撤销。

（1）要约人以确定承诺期限，或者以其他形式明示要约不可撤销。

（2）受要约人有理由认为要约是不可撤销的，并且已经为履行合同作了准备工作。

5）要约的失效

要约的失效是指要约丧失了法律拘束力，即不再对要约人和受要约人产生拘束。要约失效的原因主要有以下几种情况。

（1）受要约人拒绝要约。当拒绝要约的通知到达要约人，要约失效。

（2）要约有效期间经过。凡是要约规定了承诺期限的，于期限届满后失效；未定期限的，受要约人未于合理期限承诺，要约失效。

（3）要约人依法撤回或撤销要约。只要撤回或撤销符合条件，要约即归于失效。

（4）特定条件下的要约人或受要约人死亡。其条件为合同具有人身履行的性质；要约含有或推定含有在此情况下使要约失效的意思；要约的相对人知悉要约人死亡的事实。

（5）受要约人对要约的内容作出实质性变更。

2. 承诺

1）承诺的概念

承诺是受要约人同意接受要约的全部条件的缔结合同的意思表示，在商业交易中，承诺又称接受或还盘。承诺的法律效力在于承诺一经作出，并送达要约人，合同即告成立，要约人不得加以拒绝。

2）承诺的构成要件

（1）承诺必须由受要约人作出。

（2）承诺必须向要约人作出。

（3）承诺的内容须与要约的内容一致。

（4）承诺应在要约有效期内作出。有效期间经过后作出的承诺，称为迟到承诺，不能发生承诺的效力，应视为新要约。但受要约人在要约有效期间内所作承诺，依通常情形可于有效期内到达要约人而迟到者，称为未迟发而迟到的承诺。对这种承诺，要约人应负对承诺人发迟到通知的义务。要约人及时发出迟到通知后，该迟到的承诺不发生承诺效力，即不能成立合同。如要约人怠于发迟到通知，该迟到的承诺应视为未迟到的承诺，具有承诺的效力，即能成立合同。

3）承诺的方式

承诺的方式是指受要约人通过何种形式将承诺的意思送达给要约人。受要约人可以采用以下方式来表示承诺。

（1）以口头或书面的方式表示承诺，这种方式是在实践中经常采用的。一般来说，如果法律或要约中没有明确规定必须用书面形式承诺，则当事人可以用口头形式表示承诺。

（2）以默示方式表示承诺。即要约人尽管没有通过书面或口头方式明确表达其意思，但是通过实施一定的行为和其他形式作出了承诺。应当注意的是，默示不同于单纯的缄默或不行动。

4）承诺生效的时间

承诺生效的时间是指承诺什么时候产生法律效力。根据我国《民法典》的规定，承诺生效时合同成立，但法律另有规定或当事人另有约定的除外。要约以信件或电报作出的，承诺期限自信件载明的日期或电报交发之日开始计算。如果信件未载明日期，自投寄该信件的邮戳日期开始计算。要约以电话、传真、电子邮件等快速通信方式作出的，承诺期限自要约到达受要约人时开始计算。

5）承诺的撤回

承诺的撤回是承诺人阻止承诺发生法律效力的一种意思表示。由于承诺一经送达要约人即发生法律效力，合同也随之成立，所以，撤回承诺的通知必须先于或同时于承诺到达要约人，才能发生阻止承诺生效的效果。如果晚于承诺到达要约人，鉴于承诺已发生法律效力，承诺人便不得撤回其承诺。

3. 合同的成立时间和地点

1）合同成立的时间

由于我国合同法采取到达主义，因此承诺生效的时间以承诺到达要约人的时间为准。

2）合同成立的地点

承诺生效的地点为合同成立的地点，采用数据电文形式订立合同的，收件人的主营业地为合同成立的地点；没有主营业地的，其经常居住地为合同成立的地点。当事人另有约定的，按照其约定。当事人采用合同书形式订立合同的，双方当事人签字或盖章的地点为合同成立的地点。

4. 缔约过失责任

1）缔约过失责任的概念

缔约过失责任是指在订立合同过程中，一方或双方当事人违反了诚实信用原则而负有的先合同义务，导致合同不成立，或者合同虽然成立，但因不符合法定的生效条件而被确认无效或被撤销，给对方当事人造成信赖利益的损失时所应当承担的民事赔偿责任。

2）缔约过失责任的承担

当事人在订立合同过程中有下列情形之一，给对方造成损失的，应当承担损害赔偿责任。

（1）假借订立合同，恶意进行磋商。

（2）故意隐瞒与订立合同有关的重要事实或提供虚假情况。

（3）泄露或不正当使用在订立合同过程中知悉的商业秘密。

（4）其他违背诚实信用原则的行为。这类行为主要是指违反先合同义务的行为，通常有以下情形：未尽通知、协助等义务，增加了相对方的缔约成本而造成损失；未尽告知义务；未尽照顾、保护义务，造成对方当事人人身、财产的损害。

3.3 合同的效力

3.3.1 合同的成立与合同的生效

合同成立是指合同当事人订立合同的行为完成，要约与承诺的过程已经结束，或者双方已经签字盖章。而合同生效是指合同产生法律效力，合同生效后，当事人必须按照合同履行义务，否则要承担违约责任。合同生效以合同成立为前提，即有合同，合同才能生效，没有合同，合同生效、失效、有效、无效便无从谈起。但合同成立并不意味着合同生效。有时候，合同生效还需要履行批准、登记等手续，或者等待条件的成就或期限的届至。

3.3.2 合同生效的时间

（1）依法成立的合同，自成立时起生效。

（2）法律、行政法规规定应当办理批准、登记手续的，依照其规定办理批准、登记等手续后生效。例如，《中华人民共和国中外合资经营法》《中华人民共和国中外合作经营法》都规定，中外合资经营合同、中外合作经营合同必须经过有关部门的审批后，才具有法律效力。

（3）约定条件成就时生效、失效。当事人为了自己的利益，不正当地阻止条件成就，视为条件已成就；不正当地促成条件成就，视为条件不成就。

（4）期限届至时生效、届满时失效。当事人对合同的效力可以约定附期限。附生效期限的合同，自期限届至时生效；附终止期限的合同，自期限届满时失效。

3.3.3 有效合同

有效合同是指依照法律的规定成立并在当事人之间产生法律约束力的合同。根据《民法典》（总则编）的规定，民事法律行为主要应具有以下条件。

（1）行为人具有相应的民事行为能力。所谓相应的订立合同的能力，是指合同主体据以独立订立合同并独立承担合同义务的主体资格。

（2）意思表示真实。所谓意思表示，是行为人将其产生、变更和终止民事权利和民事义务的意思表示于外部的行为。

（3）不违反法律、行政法规的强制性规定，不违背公序良俗。合法是民事法律行为的本质属性，也是民事法律行为有效的当然要件。

3.3.4 无效合同

1. 无效合同

无效合同是指合同虽然已经成立，但由于其不符合法律或行政法规规定的特定条件或要求并违反了法律、法规的强制性规定而被确认为无效的合同。合同无效分为全部无效和部分无效。

2. 合同无效的原因

（1）无民事行为能力人实施的民事法律行为。

（2）行为人与相对人以虚假的意思表示实施的民事法律行为。

（3）违反法律、行政法规的强制性规定的民事法律行为。但是，该强制性规定不导致该民事法律行为无效的除外。

（4）违背公序良俗的民事法律行为。

（5）行为人与相对人恶意串通，损害他人合法权益的民事法律行为。

3. 合同中免责条款的无效

合同中的下列免责条款无效。

（1）造成对方人身伤害的。

（2）因故意或重大过失造成对方财产损失的。

4. 格式条款无效的情形

（1）提供格式条款一方不合理地免除或者减轻其责任、加重对方责任、限制对方主要权利。

（2）提供格式条款一方排除对方主要权利。

（3）《民法典》规定的其他无效情形。

3.3.5　效力待定的合同

效力待定的合同是指合同虽然已经成立，但因其不完全符合法律生效要件的规定，因此其发生效力与否尚未确定，一般须经有权人表示承认或追认后才能生效。这主要包括以下 4 种情况。

1. 限制民事行为能力人订立的合同

限制民事行为能力人订立的合同经法定代理人追认后，该合同有效，但纯获利益的合同，或者与其年龄、智力、精神健康状况相适应而订立的合同，不必经法定代理人追认。相对人可以催告法定代理人在三十日内予以追认。法定代理人未作表示的视为拒绝追认。合同被追认之前，善意相对人有撤销的权利。撤销应当以通知的方式作出。

2. 无权代理人签订的合同

代理人没有代理权、超越代理权，或者代理权终止后以被代理人名义订立的合同，未经被代理人追认，对被代理人不发生效力，由行为人承担责任。相对人可以催告被代理人在三十日内追认。被代理人未作表示的视为拒绝追认。合同被追认之前，善意相对人有撤销的权利。撤销应当以通知的方式作出。被代理人已经开始履行合同义务或者接受相对人履行的，视为对合同的追认，该合同对被代理人发生法律效力。

1）表见代理合同

表见代理人实际上没有代理权，但是相对人有理由相信其有代理权，法律为保护善意相对人的利益，规定代理行为有效，被代理人要承担责任。表见代理制度立法的目的是保护善意的无过失的相对人的利益，保护交易安全。出现表见代理的情形主要有以下几个方面。

（1）被代理人对第三人表示将代理权授予他人，而实际并未授权。

（2）被代理人将某种有代理权的证明文件（如盖有公章的空白合同书、空白介绍信、合同专用章等）交给他人，他人以该种文件使第三人相信其有代理权而与之进行法律行为。

（3）代理授权不明。

（4）代理关系终止后未采取必要的措施而使第三人仍然相信行为人有代理权，并与之进行法律行为。

2）法定代表人、负责人越权订立的合同

法人或其他组织的法定代表人、负责人超越权限订立的合同，除相对人知道或应当知道其超越权限的以外，该代表行为有效。

法定代表人是指法人组织的领导人，负责人是指非法人组织的领导人。法定代表人代表法人、负责人代表其组织行使职权是法律的规定和章程的规定，无须特别委托和授权。其在职权范围内所为的行为就是法人或组织的行为。法人或组织必须承担责任。但是对超越权限的行为的效力规定了以下两种情况。

（1）一般情况下，代表行为有效，合同有效。

（2）如果相对人知道或应当知道其越权的，代表行为无效，责任由行为人承担或行为人与相对人共同承担。法人或组织不承担责任。

3. 债务承担

债务承担是债的效力不变而由第三人承受债务的民事法律行为。由于债务承担的效果是更换债务人，而新债务人的清偿能力影响到债权人利益，故债务承担须经债权人同意始对债权人生效，在债权人同意之前，债务承担行为处于效力不确定状态。

4. 禁止自我代理和双方代理及例外

代理人不得以被代理人的名义与自己实施民事法律行为，但是被代理人同意或者追认的除外。

代理人不得以被代理人的名义与自己同时代理的其他人实施民事法律行为，但是被代理的双方同意或者追认的除外。

3.3.6 可撤销的合同

可撤销的合同是指当事人在订立合同的过程中，由于意思表示不真实，或者是基于重大误解从而作出错误的意思表示，依照法律的规定可予以撤销的合同。

1）有权申请撤销的合同

下列合同，当事人一方有权请求人民法院或仲裁机构撤销。

（1）基于重大误解实施的民事行为，行为人有请求权。

（2）一方以欺诈手段，使对方在违背真实意思的情况下实施的民事法律行为，受欺诈方有请求权。

（3）第三人实施欺诈行为，使一方在违背真实意思的情况下实施的民事法律行为，对方知道或者应当知道该欺诈行为的，受欺诈方有请求权。

（4）一方或者第三人以胁迫手段，使对方在违背真实意思的情况下实施的民事法律行为，受胁迫方有请求权。

（5）一方利用对方处于危困状态、缺乏判断能力等情形，致使民事法律行为成立时显失公平的，受损害方有请求权。

2）撤销权的消灭

有下列情形之一的，撤销权消灭。

（1）具有撤销权的当事人自知道或应当知道撤销事由之日起 1 年内没有行使撤销权。

（2）具有撤销权的当事人知道撤销事由后明确表示或以自己的行为放弃撤销权。

3.3.7　合同被确认无效和被撤销后的法律后果

合同被确认无效或撤销后将导致合同自始无效，这也就是效力溯及既往的原则。合同无效、被撤销或终止的，不影响合同中独立存在的有关解决争议方法的条款的效力。

合同无效或被撤销或者确定才发生法律效力后，因该合同取得的财产，应当予以返还；不能返还或没有必要返还的，应当折价补偿。有过错的一方应当赔偿对方因此所受到的损失，各方都有过错的，应当各自承担相应的责任。当事人恶意串通，损害国家、集体或第三人利益的，因此取得的财产收归国家所有，或者返还集体、第三人。

3.4　合同的履行

3.4.1　合同履行的概念和原则

1. 合同履行的概念

合同履行是指合同的当事人按照合同的约定，全面完成各自应承担的合同义务，使合同关系得以全部终止的整个行为过程。

2. 合同履行的原则

（1）全面履行原则。全面履行是指合同当事人应当按照合同的约定全面履行自己的义务，不能以单方面的意思改变合同义务或解除合同。全面履行原则对合同当事人的要求相当严格，因此，合同当事人各方都应当严肃、认真、完整地履行合同义务，否则即应承担相应的责任。

（2）诚实信用原则。诚实信用原则是指在合同履行过程中，合同当事人讲究信用，恪守信用，以善意的方式履行其合同义务，不得滥用权利及规避法律或合同规定的义务。

（3）协作履行原则。协作履行原则要求合同当事人在合同履行过程中相互协作，积极配合，完成合同的履行。

（4）效益履行原则。效益履行原则是指履行合同时应当讲求经济效益，尽量以最小的成本，获得最大效益，以及合同当事人为了谋求更大的效益或为了避免不必要的损失，变更或解除合同。

（5）情势变更原则。情势变更原则是指合同成立后至履行完毕前，合同存在的基础和环境，因不可归属于当事人的原因发生变更，若继续履行合同将显失公平，故允许变更合同或者解除合同。

（6）绿色原则。绿色原则是指当事人在履行合同过程中，应当避免浪费资源、污染环境和破坏生态。

3. 合同履行中的义务

（1）通知义务。通知义务是指合同当事人负有将与合同有关的事项通知给对方当事人的义务，包括有关履行标的物到达对方的时间、地点、交货方式的通知，合同提存的有关事项的通知，后履行抗辩权行使时要求对方提供充分担保的通知，情事变更的通知，不可抗力的通知等。

（2）协助义务。协助义务是指合同当事人在履行合同过程中应当相互给予对方必要的和能够的协助与帮助的义务。

（3）保密义务。保密义务是指合同当事人负有为对方的秘密进行保守不为外人知道的义务。如果因为未能为对方保守秘密，使外人知道对方的秘密，给对方造成损害的，应当对此承担责任。

3.4.2　合同履行中约定不明情况的处置

（1）合同生效后，合同的主要内容包括质量、价款或报酬、履行地点等没有约定或者约定不明确的，当事人可以通过协商确定合同的内容。不能达成补充协议的，按照合同有关条款或交易习惯确定。

（2）如果合同当事人双方不能达成一致意见，又不能按照合同的有关条款或交易习惯确定，可以适用以下规定。

① 质量要求不明确的，按照强制性国家标准履行；没有强制性国家标准的，按照推荐性国家标准履行；没有推荐性国家标准的，按照行业标准履行；没有国家标准、行业标准的，按照通常标准或符合合同目的的特定标准履行。所谓的通常标准，是指在同类交易中，产品应当达到的质量标准；符合合同目的的特定标准是指根据合同的目的、产品的性能、产品的用途等因素确定质量标准。

② 价款或报酬不明确的，按照订立合同时履行地市场价格履行；依法执行政府定价或政府指导价的，按照规定执行。此处所指的市场价格是指市场中的同类交易的平均价格。对于一些特殊的物品，由国家确定价格的，应当按照国家的定价来确定合同的价款或报酬。

③ 履行地点不明确，给付货币的，在接受货币一方所在地履行；交付不动产的，在不动产所在地履行；其他标的，在履行义务一方所在地履行。

④ 履行期限不明确的，债务人可以随时履行，债权人也可以随时要求履行，但应当给对方必要的准备时间。

⑤ 履行方式不明确的，按照有利于实现合同目的的方式履行。

⑥ 履行费用的负担不明确的，由履行义务一方负担；因债权人原因增加的履行费用，由债权人负担。

3.4.3　合同中执行政府定价或政府指导价的法律规定

在发展社会主义市场经济过程中，政府对经济活动的宏观调控和价格管理十分必要。我国《民法典》规定，执行政府定价或政府指导价的，在合同约定的交付期限内政府价格调整时，按照交付时的价格计价。逾期交付标的物的，遇价格上涨时，按照原价格执行；价格下降时，按照新价格执行。逾期提取标的物或逾期付款的，遇价格上涨时，按照新价格执行；价格下降时，按照原来的价格执行。

3.4.4　合同履行中的抗辩权

1. 同时履行抗辩权

1）同时履行抗辩权的概念

同时履行抗辩权是针对合同当事人双方的债务履行没有先后顺序的情况下的一种抗辩制度。同时，履行抗辩权即指双务合同的当事人一方在对方未为对待给付之前，有权拒绝对方请求自己履行合同的要求的权利。

2）同时履行抗辩权的构成条件

同时履行抗辩权的构成条件主要包括：① 双方当事人互负对待给付；② 双方当事人负有的对待债务没有约定履行顺序；③ 对方未履行债务或未完全履行债务；④ 双方当事人的债务已届清偿期。

2. 后履行抗辩权

1）后履行抗辩权的概念

后履行抗辩权是指按照合同约定或法律规定负有先履行债务的一方当事人，届期未履行债务或履行债务严重不符合约定条件时，相对人为保护自己的期限利益或为保证自己履行债务的条件而中止履行合同的权利。

2）后履行抗辩权的构成条件

后履行抗辩权的适用范围与同时履行抗辩权相似，只是在履行顺序上有所不同，表现在：① 由同一双务合同互负债务，互负的债务之间具有相关性；② 债务的履行有先后顺序，当事人可以约定履行顺序，也可以由合同的性质或交易习惯决定；③ 先履行一方不履行或不完全履行债务。

3. 不安抗辩权

1）不安抗辩权的概念

不安抗辩权又称保证履约抗辩权，是指按照合同约定或法律规定负有先履行债务的一方当事人，在合同订立之后，履行债务之前或履行过程中，有充分的证据证明后履行一方将不会履行债务或不能履行债务时，先履行债务方可以暂时中止履行，通知对方当事人在合理的期限内提供适当担保，如果对方当事人在合理的期限内提供担保，中止方应当恢复履行；如果对方当事人未能在合理期限内提供适当的担保，中止履行一方可以解除合同。

应当先履行债务的当事人，有确切证据证明对方有下列情形之一的，可以中止履行：①经营状况严重恶化；②转移财产、抽逃资金，以逃避债务；③丧失商业信誉；④有丧失或者可能丧失履行债务能力的其他情形。当事人没有确切证据中止履行的，应当承担违约责任。

2）不安抗辩权的适用条件

（1）由同一双务合同互负债务并具有先后履行顺序。

（2）后履行一方有不履行债务或可能丧失履行债务能力的情形。

（3）先履行一方有确切的证据。

作为享有的权利，先履行一方在主张不安抗辩时，必须有充分的证据证明对方当事人确实不履行或不能履行其债务的情形。这主要是防止先履行一方滥用不安抗辩权。如果先履行一方无法举出充分证据来证明对方丧失履行能力，则不能行使不安抗辩权，否则其拒绝履行合同义务的行为即为违约行为，应当承担违约责任。

3）不安抗辩权的效力

（1）中止履行。不安抗辩权能够适用的原因是由于可归责于对方当事人的事由，可能给先履行的一方造成不能得到对待给付的危险，先履行债务一方最可能的就是暂时不向对方履行债务。所以，中止履行是权利人首先能够采取的手段，而且，这种行为是一种正当行为，不构成违约。

（2）要求对方提供适当的担保。不安抗辩权的适用并不消灭先履行一方的债务，只是因特定的情况，暂时中止履行其债务，双方当事人的债权、债务关系并未解除。因此，先履行一方可要求对方在合理的期限内提供担保来消除可能给先履行债务一方造成损失的威胁，并以此决定是继续维持还是中止债权、债务关系。

（3）恢复履行或解除合同。中止履行只是暂时性的保护措施，并不能彻底保护先履行债务一方的利益。所以，为及早解除双方当事人之间的不确定的法律状态，有两种处理结果：如果对方在合理期限内提供担保，则中止履行一方继续履行完其债务；否则，可以解除合同关系。

3.4.5 合同的保全制度

1. 代位权

1）代位权的概念

代位权是相对于债权人而言的，它是指当债务人怠于行使其权利而危害债权人的债权时，债权人可以取代债务人的地位，行使债务人的权利。代位权的核心是以自己的名义行使债务人对第三人的债权。

2）代位权的成立条件

（1）债务人对第三人享有债权。债务人对第三人享有的债权是代位权的标的，它应当是合法有效的债权。

（2）债务人怠于行使其到期债权。怠于行使债权是指债务人在债权可能行使并且应该行使的情况下消极地不行使。债务人消极地不行使权利，就可能使债权因时效届满而丧失诉权等不利后果，则可能会给债权人的债权造成损害，所以，才有行使代位权的必要。

（3）债务人的行为对债权人造成损害。债务人怠于行使债权的行为已经构成对债权人的债权造成现实的损害，是指因为债务人不行使其债权，造成债务人应当增加的财产没有增加，导致债权人的债权到期时，会因此而不能全部清偿。

3）代位权的效力

代位权的效力包括对债权人、债务人和第三人三方的效力。

（1）债权人。债权人行使代位权胜诉时，可以代位受领债务人的债权，因而可以抵销自己对债务人的债权，让自己的债权受偿。

（2）债务人。代位权的行使结果由债务人自己承担，债权人行使代位权的费用，应当由债务人承担。

（3）第三人。对第三人来说，无论是债务人亲自行使其债权，还是债权人代位行使债务人的债权，均不影响其利益。如果由于债权人行使代位权而造成第三人履行费用增加的，第三人有权要求债务人承担增加的费用。

2. 撤销权

1）撤销权的概念

撤销权是相对于债权人而言，它是指债权人在债务人实施减少其财产而危及债权人的债权的积极行为时，请求法院予以撤销的权利。

2）撤销权的成立条件

（1）债务人实施了处分财产的法定行为。这包括放弃到期债权、放弃债权担保、无偿转让财产或者恶意延长其到期债权的履行期限；以明显不合理的低价转让财产、以明显不合理的高价受让他人财产或者为他人的债务提供担保，影响债权人的债权实现，债务人的相对人知道或者应当知道该情形。这些会对债权人的债权产生不利的影响，因此，债权人可以行使撤销权以保护自己的债权。如果债务人没有产生上述行为，对债权人的债权未造成不利影响，债权人无权行使撤销权。

（2）债务人的行为已经产生法律效力。对于没有产生法律效力的行为，因为在法律上不产生任何意义，对债权人的债权不产生现实影响，所以债权人不能对此行使撤销权。

（3）债务人的行为是法律行为，具有可撤销性。债务人的行为必须是可以撤销的，否则，如果财产的消灭是不可以回转的，债权人行使撤销权也于事无补，此时就没有必要行使撤销权。

（4）债务人的行为已经或将要严重危害到债权人的债权。只有在债务人的行为对债权人的债权的实现产生现实的危害时，债权人才能行使撤销权，以消除因债务人的行为带来的危害。

3）撤销权的法律效力

（1）债权人。债权人有权代债务人要求第三人向债务人履行或返还财产，并在符合条件的情况下，将受领的履行或财产与对债务人的债权作抵销。如果不符合抵销条件，则应当将收取的利益加入债务人的责任财产，作为全体债权的一般担保。

（2）债务人。债务人的行为被撤销后，行为将自始无效，不发生行为的效果，意图免除的债务或转移的财产仍为债务人的责任财产，应当以此清偿债权。同时，应当承担债权人行使撤销权的必要费用和向第三人返还因有偿行为获得的利益。

（3）第三人。如果第三人对债务人负有债务，则免除债务的行为不产生法律效力，第三人应当继续履行。如果第三人已经受领了债务人转让的财产，应当返还财产。原物不能返还的，应折价赔偿。但第三人有权要求债务人偿还因有偿行为而得到的利益。

4）撤销权的行使期限

我国《民法典》规定，债权人自知撤销事由之日起一年内，或者债务人的行为发生之日起五年内没有行使撤销权的，该撤销权消灭。

3.5　合同的变更、转让与终止

3.5.1　合同的变更

1. 合同变更的概念

合同变更有两层含义。广义的合同变更包括合同3个构成要素的变更：合同主体的变更、合同客体的变更和合同内容的变更。但是，考虑到合同的连贯性，合同的主体不能与合同的客体及内容同时变更，否则，变化前后的合同就没有联系的基础，就不能称之为合同的变更，而是一个旧合同的消灭与新合同的订立。

根据我国《民法典》规定，合同当事人的变化为合同的转让。因此，狭义的合同变更专指合同成立以后履行之前，或者在合同履行开始之后尚未履行完之前，当事人不变而合同的内容、客体发生变化的情形。

合同的变更通常分为协议变更和法定变更两种。协议变更又称为合意变更，是指合同双方当事人以协议的方式对合同进行变更。我国合同法中所指的合同变更即为协议变更合同。

2. 合同变更的条件

（1）当事人之间原来已经存在合同关系。合同的变更是新合同对旧合同的替代，所以必然在变更前就存在合同关系。如果没有这一作为变更基础的现存合同，就不存在合同变更，只是单纯订立新合同，发生新的债务。另外，原合同必须是有效合同，如果原合同无效或被撤销，则合同自始就没有法律效力，不发生变更问题。

（2）合同变更必须有当事人的变更协议。当事人达成的变更合同的协议也是一种民事合同，因此也应符合合同法有关合同的订立与生效的一般规定。合同变更应当是双方当事人的自愿与真实的意思表示。

3. 合同变更的效力

合同变更实际是新合同取代了旧合同，双方当事人应当按照变更后的合同履行。合同变更后具有下列效力。

（1）变更后的合同部分，原有的合同失去效力，当事人应当按照变更后的合同履行。

（2）合同的变更只对合同未履行部分有效，不对合同中已经履行部分产生效力，除了当事人约定以外，已经履行部分不因合同的变更而失去法律依据。

（3）合同的变更不影响当事人请求损害赔偿的权利。

3.5.2　合同的转让

1. 合同转让的概念

合同转让是指合同成立后，当事人依法可以将合同中的全部或部分权利（或义务）转让或转移给第三人的法律行为。

合同转让有两种基本形式：债权让与和债务承担。

2. 债权让与

1）债权让与的概念及法律特征

债权让与即合同权利转让，是指合同的债权人通过协议将其债权全部或部分转移给第三人的行为。债权的转让是合同的主体变更的一种形式，债权转让的法律特征如下。

（1）合同权利的转让是在不改变合同权利内容的基础上，由原合同的债权人将合同权利转移给第三人。

（2）合同债权的转让只能是合同权利，不应包括合同义务。

（3）合同债权的转让可以是全部转让也可以是部分转让。

（4）转让的合同债权必须是依法可以转让的债权，否则不得进行转让，转让不得进行转让的合同债权的协议无效。

2）债权让与的构成条件

（1）让与人与受让人达成协议。

（2）原债权有效存在。

（3）让与的债权具有可转让性。

（4）履行必需的程序。我国《民法典》规定，债权人转让权利的，应当通知债务人。未经通知，该转让对债务人不发生效力。债权人转让权利的通知不得撤销，但经受让人同意的除外。

3）债权让与的限制

不得进行转让的合同债权主要包括以下方面。

（1）根据合同性质不得转让的合同债权。这主要有合同的标的与当事人的人身关系相关的合同债权；不作为的合同债权，以及与第三人利益有关的合同债权。

（2）按照当事人的约定不得转让的债权。即债权人与债务人对债权的转让作出了禁止性约定，只要不违反法律的强制性规定或公共利益，这种约定都是有效的，债权人不得将债权进行转让。

（3）依照法律规定不得转让的债权。这是指法律明文规定不得让与或必须经合同债务人同意才能让与的债权。例如，我国法律规定，债务人或担保人为国家机关的不良债权，经国务院批准列入全国企业政策性关闭破产计划的国有企业债权，国防、军工等涉及国家安全和敏感信息的债权以及其他限制转让的债权等不得转让。

当事人约定非金钱债权不得转让的，不得对抗善意第三人。当事人约定金钱债权不得转让的，不得对抗第三人。

4）债权让与的效力

（1）债权让与的内部效力。我国《民法典》规定，债权人转让债权的，受让人取得与债权有关的从权利，但该从权利专属于债权人自身的除外。受让人取得从权利不因该从权利未办理转移登记手续或者未转移占有而受到影响。

（2）债权让与的外部效力。债权让与通知债务人后即对债务人产生效力，包括让与人与债务人之间，以及受让人与债务人之间的效力。对受让人与债务人来说，就债权转让部分，债务人应当承担让与人转让给受让人的债务，如果债务人不履行其债务，应当承担违约责任。

3. 债务承担

1）债务承担的概念

债务承担又称合同义务的转移，是指经债权人同意，债务人将债务转移给第三人的行为。债务的转移可分为全部转移和部分转移。全部转移是由新的债务人取代原债务人，即合同的主体发生变化，而合同内容保持不变；债务的部分转移则是指债务人将其合同义务的一部分转交给第三人，由第三人对债权人承担一部分债务，原债务人并没有退出合同关系，而是又加入了一个债务人，该债务人就其接受转让的债务部分承担履行责任。

2）债务承担的构成条件

（1）承担人与债务人订立债务承担合同。

（2）存在有效债务。

（3）拟转移的债务具有可转移性，即性质上不能进行转让，或者法律、行政法规禁止转让的债务，不得进行转让。

（4）合同债务的转移必须取得债权人的同意。

3）债务承担的效力

（1）承担人代替了原债务人承担债务，原债务人免除债务。

（2）承担人可以主张原债务人对债权人的抗辩。

（3）承担人同时负担从债务。

4. 债权、债务的概括转移

1）债权、债务的概括转移的概念

债权、债务的概括转移是指由原合同的当事人一方将其债权、债务一并转移给第三人，由第三人概括地继受这些权利和义务。

2）债权、债务的概括转移成立条件

（1）转让人与承受人达成合同转让协议。这是债权、债务的概括转移的关键。

（2）原合同必须有效。原合同无效不能产生法律效力，更不能转让。

（3）原合同为双务合同。只有双务合同才可能将债权、债务一并转移，否则只能为债权让与或是债务承担。

（4）必须经原合同对方当事人的同意。

3.5.3　合同的终止

1. 合同终止的概念和原因

1）合同终止的概念

合同终止又称合同的消灭，是指合同关系不再存在，合同当事人之间的债权、债务关系终止，当事人不再受合同关系的约束。合同的终止也就是合同效力的完全终结。

2）合同终止的原因

（1）债务已经按照约定履行。

（2）合同被解除。

（3）债务相互抵销。

（4）债务人依法将标的物提存。

（5）债权人免除债务。

（6）债权债务同归于一人。

（7）法律规定或当事人约定终止的其他情形。

合同的权利、义务终止后，当事人应当遵循诚实信用原则，根据交易习惯履行通知、协助、保密等义务。合同的权利、义务终止，不影响合同中结算与清理条款的效力。

2. 合同的解除

合同的解除是指合同的一方当事人按照法律规定或双方当事人约定的解除条件，使合同不再对双方当事人具有法律约束力的行为或合同各方当事人经协商消灭合同的行为。合同的解除是合同终止的一种不正常的方式。合同解除分为约定解除和法定解除两种方式。

1）约定解除

约定解除是双方当事人协议解除，即合同双方当事人通过达成协议，约定原有的合同不再对双方当事人产生约束力，使合同归于终止。按照达成协议的时间的不同，约定解除可以分为以下两种形式。

（1）约定解除。即在合同订立时，当事人在合同中约定合同解除的条件，在合同生效后履行完毕之前，一旦这些条件成就，当事人则享有合同解除权，从而可以以自己的意思表示通知对方而终止合同关系。

（2）协议解除。即在合同订立以后，且在合同未履行或尚未完全履行之前，合同双方当事人在原合同之外，又订立了一个以解除原合同为内容的协议，使原合同被解除。这不是单方行使解除权而是双方都同意解除合同。

2）法定解除

法定解除即在合同有效成立以后，由于产生法定事由，当事人依据法律规定行使解除权而解除合同。有下列情形之一的，当事人可以解除合同。

（1）因不可抗力致使不能实现合同目的。

（2）在履行期限届满之前，当事人一方明确表示或以自己的行为表明不履行主要债务。

（3）当事人一方迟延履行主要债务，经催告后在合理期限内仍未履行。

（4）当事人一方迟延履行债务或有其他违约行为致使不能实现合同目的。

（5）法律规定的其他情形。

3. 抵销

1）抵销的概念

抵销是指合同双方当事人互为债权人和债务人时，按照法律规定和双方的约定，各自以自己的债权充抵对方债权的清偿，而在对方的债权范围内相互消灭。抵销分为法定抵销和约定抵销。

2）法定抵销的要件

（1）双方当事人互享债权互负债务。

（2）互负的债权的种类要相同，即合同的给付在性质上及品质上是相同的。

（3）互负债权必须为到期债权。

（4）不属于不能抵销的债权。

3）约定抵销的条件

（1）双方相互负有债权、债务。

（2）双方当事人就债务抵销达成协议。

（3）不得有禁止抵销的规定。

不能抵销的债权包括：① 按照法律规定不得抵销，又分为禁止强制执行的债务，因故意侵权行为所发生的债务，约定应当向第三人为给付的债务，为第三人利益的债务；② 依合同的性质不得抵销；③ 当事人特别约定不得抵销的。

4）法定抵销的行使与效力

我国《民法典》规定，当事人主张抵销的，应当通知对方。通知自到达对方时生效。抵销不得附条件或附期限。

4. 提存

1）提存的概念

提存是指出于债权人的原因而使债务人无法向其交付合同的标的物时，债务人将该标的物提交提存机关而消灭债务的制度。

2）提存的条件

（1）提存人具有行为能力，意思表示真实。

（2）提存的债务真实、合法。

（3）存在提存的原因，包括债权人无正当理由拒绝受领；债权人下落不明；债权人死亡未确定继承人、遗产管理人，或者丧失民事行为能力未确定监护人；法律规定的其他情形。

（4）存在适宜提存的标的物。

（5）提存的物与债的标的物相符。

3）提存的方法与效力

提存人应当首先向提存机关申请提存，提存机关收到申请以后，需要按照法定条件对申请进行审查，符合条件的，提存机关应当接受提存标的物并采取必要的措施加以保管。

标的物提存后，除了债权人下落不明外，债务人应当及时通知债权人或债权人的继承人、遗产管理人、监护人、财产代管人。

无论债权人是否受领提存物，提存都将消灭债务，解除担保人的责任，债权人只能向提存机关收取提存物，不能再向债务人请求清偿。

在提存期间，发生一切提存物的毁损、灭失的风险由债权人承担。同时，提存的费用也由债权人承担。

5. 债权人免除债务

1）免除债务的概念

免除债务是指债权人以消灭债务人的债务为目的而抛弃或放弃债权的行为。

2）免除债务的条件

（1）免除人应当对免除的债权拥有处分权，并且不损害第三人的利益。

（2）免除应当由债权人向债务人作出抛弃债权的意思表示。

（3）免除应当是无偿的。

3）免除的效力

免除债务发生后，债权、债务关系消灭。免除部分债务的，部分债务消灭；免除全部债务的，全部债务消灭，与债务相对应的债权也消灭。因债务消灭的结果，债务的从债务也同时归于消灭。

6. 债权、债务混同

1）债权、债务混同的概念

债权、债务混同是指因债权、债务同归于一人而引起合同终止的法律行为。

2）债权、债务混同成立的原因

（1）概括承受。概括承受包括民事上的承受，如继承债权与继承债务同时发生则产生混同。商法上的承受，如互有债权、债务的企业进行合并时，债权、债务同归于合并后的企业所有而发生混同。

（2）特定承受。因债权让与和债务承担而使债权、债务集中于一人而发生混同。

3）混同的效力

混同是债的主体变为同一人而使合同全部终止，消灭因合同而产生的债的关系。但是，在法律另有规定，或者合同的标的涉及第三人的利益时，混同不发生债权、债务消灭的效力。

3.6 合同的违约责任

3.6.1 违约责任的概念和归责原则

1. 违约责任的概念

违约责任是指合同当事人不履行合同义务，或者履行合同义务不符合约定时，所应承担的不利的民事法律后果。

2. 违约责任的归责原则

在违约责任的归责原则问题上，我国合同法采取了严格责任原则，只有遇到不可抗力才可以免责。

3.6.2 违约责任的构成要件

违约责任的构成要件是指违约当事人应具备何种条件才应承担违约责任。其分为一般构成要件和特殊构成要件。损害赔偿责任的构成要件包括损害事实、违约行为、违约行为与损害事实之间的因果关系、过错；违约责任的构成要件是过错和违约行为。违约责任的一般构成要件主要包括以下方面。

1. 违约行为

违约行为是指合同当事人违反合同义务的行为，即"不履行合同义务或者履行合同义务不符合约定的"的行为。

2. 不存在法定和约定的免责事由

违约行为并不是违约责任的唯一构成要件，在现代合同法中常常采纳过错推定的规则原则。过错推定是指原告在证明被告构成违约以后，如果被告不能证明自己对此违约没有过错，则在法律上应推定被告具有过错，并应承担违约责任。我国法律采纳了过错推定原则。

上述两个要件是违约责任的一般构成要件。其他的如损害事实不应成为违约责任的一般构成要件。

3.6.3 承担违约责任的方式

1. 继续履行

继续履行是指当事人一方不履行合同义务或履行合同义务不符合约定时，另一方当事人可要求其在合同履行期限届满后继续按照原合同所约定的主要条件继续完成合同义务的行为。

（1）金钱债务的继续履行。我国《民法典》第五百七十九条规定：当事人一方未支付价款、报酬、租金、利息，或者不履行其他金钱债务的，对方可以请求其支付。

（2）非金钱债务的继续履行。我国《民法典》第五百八十条规定：当事人一方不履行非金钱债务或者履行非金钱债务不符合约定的，对方可以请求履行。例如，提供货物、提供劳务、完成工作等。

（3）适用继续履行的限制。这主要包括：① 法律上或事实上不能履行；② 债务标的不适于强制履行或履行费用过高；③ 债权人在合理期限内未请求履行。

2. 采取补救措施

采取补救措施这种责任形式适用于质量不符合约定时。我国《民法典》第五百八十二条规定：履行不符合约定的，应当按照当事人的约定承担违约责任。对违约责任没有约定或者约定不明确，依据本法第五百一十条的规定仍不能确定的，受损害方根据标的的性质以及损失的大小，可以合理选择请求对方承担修理、重作、更换、退货、减少价款或者报酬等违约责任。由此可见，质量不符合约定的违约责任有以下 3 种情况。

（1）如果合同中对此有约定的话，按照约定承担违约责任。

（2）如果合同中对质量违约责任没有约定或约定不明确，要先按照我国《民法典》第五百一十条的规定进行协议补缺和规则补缺，然后按照补缺的内容承担违约责任。

（3）如果不能进行补缺，则用采取补救措施的方式承担违约责任。补救措施的具体方式有修理、更换、重作、退货、减少价款或报酬等。

当事人一方不履行债务或者履行债务不符合约定，根据债务的性质不得强制履行的，对方可以请求其负担由第三人替代履行的费用。

3. 赔偿损失

赔偿损失是指违约方因不履行或不完全履行合同义务给对方造成损失时，依法或根据合同约定应赔偿对方当事人所受损失的行为。

赔偿损失这种方式以给对方造成损失为前提，如果没有给对方造成损失，则无须赔偿，而且赔偿损失并非首选的承担违约责任的方式，违约责任的首选方式是继续履行或采取补救措施，只有在履行义务或采取补救措施后，对方还有其他损失的，才承担赔偿损失的责任。

4. 支付违约金

1）违约金的概念

违约金是指当事人在合同中约定的或由法律规定的，一方违约时应向对方支付的一定数额的货币。

2）违约金的性质

① 违约金的稳定性；② 违约金的惩罚性和补偿性。

3）对违约金责任的限制

约定的违约金低于造成的损失的，当事人可以请求人民法院或仲裁机构予以增加；约定的违约金过分高于造成的损失的，当事人可以请求人民法院或仲裁机构予以适当减少。

5. 定金罚则

当事人可以约定一方向对方给付定金作为债权的担保。债务人履行债务后，定金应当抵作价款或收回。给付定金的一方不履行约定的债务的，无权要求返还定金；收受定金的一方不履行约定的债务的，应当双倍返还定金。当事人既约定违约金，又约定定金的，一方违约时，对方可以选择适用违约金或定金条款。定金的数额由当事人约定，但不得超过主合同标的额的百分之二十，超过部分不产生定金的效力。实际交付的定金数额多于或者少于约定数额的，视为变更约定的定金数额。

3.6.4 违约责任的免除

1. 免责情形

因不可抗力不能履行合同的，根据不可抗力的影响，部分或全部免除责任，但法律另有规定的除外。当事人迟延履行后发生不可抗力的，不能免除责任。本法所称不可抗力，是指不能预见、不能避免并不能克服的客观情况。

2. 免责的程序

当事人一方因不可抗力不能履行合同的，应当及时通知对方，以减轻可能给对方造成的损失，并应当在合理期限内提供证明。

✓ 案例分析

🔍 案例 3-1

一、基本案情

原告：××市××镇益乐村村民委员会（以下简称益乐村）

被告：益爱电子发展有限公司（以下简称益爱公司）

第三人：大排大快餐有限公司（以下简称大排大公司）

第三人：中国建设银行××市高新支行文西分理处（以下简称文西分理处）

第三人：新时代装饰材料市场（以下简称新时代市场）

第三人：荣达装饰材料有限公司（以下简称荣达公司）

原告益乐村和被告益爱公司于 2016 年 6 月 9 日签订了一份租赁合同，合同约定益乐村将其位于××市××镇文三路边，建筑面积共计 2 万平方米的 6 幢商业用房及空场地出租给益爱公司开设电子城，租用期自 2017 年 1 月 1 日起至 2036 年 12 月 31 日止；益乐村在 2016 年 9 月 30 日前完成 6 幢楼房的室内地砖铺设、外墙贴瓷条砖、四周铁栅围墙、场内空地混凝土平整、修通文三路至电子城的道路等项目，逾期不能交付使用，作违约处理。合同还对租金的数额、交付的时间及违约责任，合同变更、解除的条件等均作了规定。合同订立后，益乐村将上述 6 幢商业楼交付益爱公司使用。因益乐村未依约对楼房进行装饰和修通道路，益爱公司则自行出资修建。2016 年 11 月 28 日，益乐村出具授权书一份，明确将合同规定的 6 幢楼房出租权授予益爱公司，授权期自 2017 年 1 月 1 日—2036 年 12 月 31 日，期间的房屋管理及由此产生的一切法律责任由益爱公司负担。2018 年 9 月 5 日，益乐村与益爱公司签订补充协议，益爱公司同意益乐村收回原合同中的 1 号、2 号、4 号和 5 号 4 幢商业楼，所欠租金在该 4 幢大楼的装饰及其他投资款中相抵结算。同月，双方又重新签订租赁合同一份，约定益乐村将 6 幢商业用房中的 3 号、6 号楼计 6 399 平方米及空场地出租给益爱公司开设电子城，租用期从 2018 年 8 月 1 日起至 2026 年 12 月 31 日止；2018 年 12 月 31 日前的月租金为每平方米 120 元，以后每两年在原租金数额上递增 20 元，益爱公司按月支付租金，拖欠两个月以上，益乐村有权终止合同、收回房屋；本合同经双方签字、盖章后生效，原租赁合同同时终止，有关原合同所约定的租金，以双方 9 月 5 日签订的补充协议为准。上述补充协议、合同签订后，益爱公司将 1 号、2 号、4 号和 5 号楼归还了益乐村，并将其在该 4 幢楼房中的装饰、改建和修路费共计 4 617 263.30 元的清单交给益乐村。随即益乐村将上述 4 幢楼房转租给他人使用，但未对益爱公司提交的费用清单进行审核。益爱公司则就其承租的 3 号、6 号楼进行改建并增添设施（鉴定价值为 3 431 840 元）并先后与文西分理处、大排大公司、荣达公司、新时代市场分别订立了使用面积、租用期及租金不等的房屋租赁合同，并交付使用。其中，益爱公司与新时代市场后来又签订一份协议，协议约定新时代市场租用的 3 号楼第一层、第二层（部分）1 200 平方米营业房，益爱公司同意从 2019 年 7 月 1 日起退还给益乐村，再由益乐村与新时代市场另行签订租房协议。但新时代市场既未与益乐村签订协议，也未将所租用的营业房归还给益乐村。2021 年 1 月 29 日，益乐村因与益爱公司就租金支付和装饰、修路费用等发生争议，向××市基层人民法院提起诉讼，请求终止双方间的房屋租赁合同，判令益爱公司支付租金及利息 8 320 878.49 元，并承担诉讼费。

益爱公司则提出反诉，请求判令益乐村支付未按约装饰楼房和修通道路的违约金 40 万元，并负担诉讼费。

二、案件审理

××市基层人民法院在审理过程中，依法追加大排大公司、文西分理处、新时代市场和荣达公司为本案第三人。经审理，法院认为：益乐村与益爱公司 2018 年 9 月签订的补充协议及租赁合同，明确约定 2016 年 6 月的租赁合同终止。益乐村在收回 4 幢楼房后，应对益爱公司在其中的装修改建投资款委托有关部门审计，折抵益爱公司的租金。但益乐村未按约定履行，便将 4 幢楼房另行出租他人后改建，致使现在无法审计，由此而造成的损失应由益乐村承担。而益爱公司未按约定支付房租，已构成违约，益乐村据此要求终止租赁关系，由益爱公司支付拖欠租金的理由正当，予以支持。鉴于双方在合同履行过程中均存在违约行为，由各自承担相应责任。益乐村与益爱公司间的租赁关系终止后，益爱公司应归还房屋，文西分理处、大排大公司、荣达公司、新时代市场亦应随之归还。根据《中华人民共和国民法典》第五百七十七条、第五百九十二条的规定，该法院于 2022 年 2 月 2 日作出以下判决。

（1）益乐村与益爱公司 2018 年 9 月签订的租赁合同终止履行。

（2）益爱公司、新时代市场、荣达公司、大排大公司、文西分理处在判决生效后 1 个月内将其使用的位于××市××镇文三路北侧属益乐村的 3 号、6 号楼房归还给益乐村。

（3）益爱公司于判决生效后 10 日内支付益乐村房屋租金 6 394 276 元（自 2017 年 1 月 1 日起至 2022 年 1 月 31 日止，扣除已付租金）。

（4）益乐村在判决生效后 10 日内支付益爱公司 1 号、2 号、4 号、5 号楼的改建装修、道路等投资款 3 464 276.20 元。

（5）新时代市场在判决生效后 10 日内支付益乐村房屋使用费 551 000 元（自 2019 年 7 月 1 日起至 2022 年 1 月 31 日止）。

（6）驳回益乐村的其他诉讼请求。

（7）驳回益爱公司的反诉请求。

三、案例评析

本案法律关系相对复杂，存在出租和转租两个法律关系，涉及出租人、承租人、次承租人三方利益。如何理解两个租赁合同的法律效力，尤其是当出租合同被要求终止时，如何认定转租合同的效力，成为本案的关键问题。另外，本案的审理还涉及第三人的追加、附属物的认定、违约责任的处理、转租合同权利与义务的转移等诸多法律问题，现择其要进行分析，即出租合同的效力及违约责任的处理。

益乐村和益爱公司就房屋租赁先后签订有合同两份和补充协议一份，双方意思表示真实，内容合法，依法应认定有效。对此，一审、二审亦无歧见。益乐村在履行租赁合同过程中，没有按照约定对出租的楼房进行装饰和修通道路，在益爱公司自行出资修建后，又没有及时对益爱公司依补充协议交回的 4 幢楼房进行有关费用的审核，以折抵租金；而是直接将该 4 幢楼房出租给他人，导致被改建后无法审计，对本案的纠纷负有一定的责任，其行为已构成部分违约。承租人益爱公司在出租人益乐村没有及时依约修缮房屋和道路的情况下，为推动合同履行，减少损失，主动垫资修建，值得肯定。由于益爱公司和益乐村事后又重新签订补充协议与新的租赁合同，明确将原租赁合同废除，据此可以认定益爱公司对益乐村不按约修房建路的行为已达成谅解，双方的权利与义务以新的租赁合同为准。一审法院驳回益爱公司的反诉应属正当。益爱公司没有遵照新租赁合同的约定，逾期两个月以上未交租金，已构成对新合约的根本性违反，益乐村根据合同规定，要求终止履行租赁合同理由正当，一审、二审法院对此均予以支持。鉴于益乐村也有部分违约的事实，一审法院根据《中华人民共和国民法典》第五百九十二条的规定，判令双方各自承担相应责任，即益乐村承担怠于审计的风险，4 幢楼房的修缮及修路费用，主要参照益爱公司提交的"投资款清单"核定，其间损失由益乐村承受。这样处理违约责任，可谓自负其责，符合民法的公平原则。

对出租合同，一审、二审都支持了益乐村的主张，同意终止履行。但出租合同被终止后，转租合同的效力如何，是否应继续履行？两审法院意见有分歧，基层法院根据益乐村和益爱公司出租合同"拖欠两月租金终止合同、收回房屋"的规定，判令终止双方的租赁合同，除承租人益爱公司外，次承租人文西分理处、大排大公司、荣达公司、新时代市场所占用的房屋亦应一并归还。也即出租合同的效力及于转租合同，出租合同被终止，转租合同也随之终止。这样处理，单从出租合同角度考虑，并无不当，但次承租人的权利却无端受损，值得推敲。二审中院经审理，否定一审对转租合同效力的判定，改判继续履行转租合同，由益乐村取代益爱公司继受合同的权利与义务。应当说，二审的判决是有相当开创性的。

（1）出租合同被终止，转租合同的效力并不当然终止。上述情形，转租合同的效力究竟如何，法无明文规定。虽然益乐村曾将房屋的"出租权"书面授予给益爱公司，益爱公司转租房屋及第三人承租房屋并无不当，但事后益乐村和益爱公司签订的新租赁合同中又约定"拖欠两月租金收回房屋"，可见从合同的规定看，益乐村授权益爱公司转租并非无条件，一审法院也正是据此判令"收回房屋"。但问题是，转租合同依法成立并在履行之中，次承租人的合同权利亦应受到法律的平等保护。从权利的来源看，无论出租还是转租合同，其终极权利都来源于出租人对租赁物所拥有的合法的使用权、收益权，本案中益乐村将房屋出租给益爱公司，就是出租人对其房屋使用权的一种处分。在益爱公司"拖欠租金"的情况下，法院根据双方当事人的约定依法终止出租合同的效力，是对出租人租赁物使用权的一种保护。转租合同中的转租人，同时也是出租合同中的承租人。根据我国《民法典》的有关规定，承租人经出租人同意，可以将租赁物转租给第三人；承租人未经出租人同意而擅自转租的，出租人可以解除合同。由此可见，转租合同之所以成立，首先是基于出租人对承租人的授权，没有出租人的许可，转租的行为无效。从这一意义上，次承租人根据转租合同租赁房屋是出租人的意志在转租合同中的延伸，是符合出租人的利益的。即使出租合同因承租人违约而被终止，由次承租人按转租合同的约定继续使用租赁物和履行相关义务，并不会造成对出租人权益的侵犯。从平衡的角度，一方面，次承租人已经在约定的时空纬度内占有、使用租赁物，并且完全按转租合同的约定履行了其应尽的义务；另一方面，出租人对转租是明确同意的。再者，由次承租人继续承租，并不会损害出租人先前期许的利益，因此维持转租合同对次承租人的效力，符合民法的公平原则。如果转租合同随出租合同的终止而终止，那么，次承租人使用房屋的权利就会始终处于变动之中，交易的安全因此被破坏。循之，则影响市场秩序的稳定，也与当今世界租赁权"物权化"的司法潮流不符。二审法院综合两个租赁合同的约定，全面考量合同订立当时各方当事人的真实意思，依据民法诚实信用原则，从稳定市场经济秩序，保障交易安全的角度出发，判令未履行完毕的转租合同不受出租合同终止的影响，按原约定继续履行。这样判决，既依法处理了出租人与承租人之间的法律关系，同时又妥当保护转租关系中的次承租人利益，维护了市场的秩序，是对法律"活"的运用，值得赞同。

（2）直接判决由原出租人继受转租合同。在出租合同依法被终止，转租人丧失转租权的情形下，转租合同要继续履行，就必然涉及合同主体的变更。由于本案的起因主要是益爱公司拖欠房租而引起，益乐村出租房屋的初衷没变，其将收回的 1 号、2 号、4 号和 5 号楼房，随即又出租给他人使用，亦可说明。并且，转租是取得了出租人的同意的，由出租人取代转租人继受合同，于出租人并无不利之处。据此，二审法院为避免次承租人的租赁权因出租人与承租人之间的法律关系变动而被危及，从稳定社会经济秩序出发，判令转租合同由出租人和次承租人继续履行，应属合理。

案例 3-2

一、基本案情

2011 年 4 月，××市××区××乡农民甲与邻乡农民乙签订《协议书》，约定乙将北房两间、门楼一个卖与甲，房价 10 万元，双方签字立据，不得反悔。甲随后支付了房款 10 万元，乙将两间房屋及《乡政府审核批给社员建房户施工许可证》原件一并交与甲，双方未办理房屋过户登记手续及宅基地权属变更登记手续。2015 年乙病故。2021 年 8 月，乙妻向法院提起诉讼，请求法院判令甲、乙双方签订的房屋买卖合同无效，理由是乙当年在原告不知情的情况下将房屋卖与甲，原告一直认为该房屋只是借给甲使用。2020 年原告找到甲要求腾房，甲说房子是其购买的，但未向原告出示任何手续。原告认为，甲、乙双方的房屋买卖行为未办理相关手续，故请求法院判令买卖合同无效。另据查，该地区因房地产开发原因即将面临拆迁，被拆迁人可以获得数百万元的拆迁补偿款。

二、案件审理

法院审理后认为，根据《中华人民共和国土地管理法》的规定："集体所有的土地依照法律规定属于农村集体所有。""依法改变土地的所有权或者使用权的，必须办理土地权属变更登记手续，变更证书。""农村居民建住宅，使用原有的宅基地、村内空闲地和其他土地的，由乡级人民政府批准。"甲与乙买卖房屋的行为，未经有关部门批准，双方所签订的买卖房屋的协议书无效。依据《中华人民共和国民法典》第一百五十三条的规定，判决：甲与乙 2011 年 4 月签订的买卖房屋的协议书无效。

三、案例评析

（1）判定诉争合同是否有效的依据应当是《中华人民共和国合同法》，而非《中华人民共和国民法典》。

《中华人民共和国合同法》第五十二条第（五）项规定：违反法律、行政法规强制性规定的合同无效。《民法典》实施以前成立的合同，根据《最高人民法院关于适用〈中华人民共和国民法典〉时间效力的若干规定》，《民法典》施行前的法律事实引起的民事纠纷案件，适用当时的法律、司法解释的规定，但是法律、司法解释另有规定的除外。本案是 2011 年签订的协议书，应当适用《合同法》来判定诉争合同的效力。

（2）诉争合同并未违反法律、行政法规的强制性规定，应当认定有效。

因为一审法院根据《中华人民共和国土地管理法》的有关规定，认定甲与乙买卖房屋的行为未经有关部门批准，所以双方所签订的房屋买卖协议无效。笔者认为，一审法院没有正确理解"法律、行政法规强制性规定"的含义，亦未正确、全面理解《中华人民共和国土地管理法》有关规定的含义。

《中华人民共和国土地管理法》第十二条规定："依法改变土地权属和用途的，应当办理土地变更登记手续。"但该法并未规定办理变更登记手续后合同才生效。根据《〈中华人民共和国合同法〉若干问题的解释（一）》第九条规定："法律、行政法规规定合同应当办理登记手续，但未规定登记后生效的，当事人未办理登记手续不影响合同的效力。"所以法院不能依《中华人民共和国土地管理法》的上述规定认定合同无效。事实上，目前，我国农村宅基地和房屋办理登记的比例很低，更谈不上办理变更登记了。

《中华人民共和国土地管理法》规定，农村居民建住宅，使用原有的宅基地、村内空闲地和其他土地的，由乡级人民政府批准。笔者认为，该规定是明确针对农村居民新建住宅而言。法律只规定了农民建住宅要由乡政府批准，而未规定农村房屋买卖也要由政府批准，所以法院不能任意对法律规定作扩大解释，更不能依此认定买卖行为无效。而且，《中华人民共和国土地管理法》第六十二条也规定："出卖、出租住房后再申请宅基地的，不予批准。"显然，法律并未禁止农村村民出租、出售宅基地上所建住宅，也未对出售行为设置任何限制，而仅仅规定出卖人出售住房后不能再申请宅基地。迄今为止，我国还没有法律或行政法规对农村房屋的买卖作出禁止性或限制性的规定。国务院办公厅 1999 年发布的《关于加强土地转让管理严禁土地炒卖的通知》规定："农村的住宅不得向城市居民出售，也不得批准城市居民在农民集体土地建住宅，有关部门不得违法为建造和购买的住宅发放土地使用证和房产证。"这可能是唯一对农村房屋买卖进行限制的规定，但是该通知既非法律，亦非行政法规，更何况其限制的只是城市居民购买农村房屋，根本没有限制农民之间买卖房屋的行为。

其次，除了一审判决中援引的《中华人民共和国土地管理法》的有关规定外，一些人主张合同无效的主要依据就是土地管理法中"农村集体所有的土地的使用权不得出让、转让或者出租用于非农业建设"这一规定。笔者认为，该条虽未明确规定适用农村农业用地，但是，从其立法精神来看，该条旨在加强土地用途管制，限制农用地转为建设用地，保持农用地的数量，确保农民的生存之本和国家粮食安全，而宅基地本来就是建设用地，其主体变更没有改变宅基地的性质，更不会导致农用地的减少，故将该条规定适用于宅基地是不妥的。

（3）一审判决合同无效，是对诚实信用基本原则的背离，也与稳定社会秩序的法律宗旨不相符。

本案诉争的房屋买卖协议从 2011 年签订、履行至今已超过 10 年。期间，两家未对该房屋买卖行为产生过任何争议。直至 2021 年该村面临拆迁，被拆迁人可能获得数百万元的拆迁补偿款，正是在这种利益驱使下，原告才诉至法院，主张当年的买卖合同无效。

笔者认为，首先，该房屋买卖协议的签订是甲、乙双方当事人意思自治的结果，并且已经履行完毕，事隔 10 年后原告因形势的变化要求确认合同无效，显然有违诚实信用的基本原则，应属恶意抗辩；其次，尽管目前法律界对诉讼时效制度能否适用于确认合同无效之诉尚有争论，但从稳定社会秩序和尊重交易公平的原则出发，如果允许相关主体无限期地随时动摇既存的法律关系，对另一方是不公平的，这既有悖于合同无效制度的初衷和立法本意，也与稳定社会秩序的法律宗旨不相符。综上所述，一审法院的判决有失公允，有待商榷。

案例 3-3

一、基本案情

2021 年 7 月，原告张某通过熟人介绍与被告何某口头协商购买其装饰材料，双方签订书面合同，被告口头承诺，所提供给原告装饰材料价格不高于市场价格。7—8 月，被告先后供给原告装饰材料若干（详见销货清单），原告及其家人分别在被告的销货清单上签字。双方买卖装饰材料的价款为 35 748 元。后在被告催要货款时，原告提出被告的供货没有遵守双方关于供货价格应为商丘市内最低的承诺，拒绝付款，并以此为由向法院提起诉讼，请求按其委托评估的价格变更合同价款条款。

二、案件审理

法院经审理认为，原被告口头协商买卖装饰材料过程中，虽然被告口头承诺所供装饰材料的价格不高于市场价格，但在供货过程中原告及其家人所签字的销货清单，应视为双方对装饰材料种类、数量、价格的补充约定，对双方应当具有约束力。原告没有提供其存在重大误解，以及被告对其欺诈、胁迫的证据，要求变更合同价款的理由不足。依照《中华人民共和国民事诉讼法》第六十四条的规定，判决驳回原告张某的诉讼请求。

三、案例评析

原告、被告在口头协商买卖装饰材料过程中，虽然被告口头承诺所供装饰材料的价格不高于市场价格，但在供货过程中原告及其家人所签字的销货清单，应视为双方对装饰材料种类、数量、价格的补充约定，对双方应当具有约束力。因为原告没有提供其存在重大误解，以及被告对其欺诈、胁迫的证据，所以原告张某要求变更合同价款的理由不足，其诉讼请求不应得到支持。本案中，原告要求变更合同价格条款的依据并不充分。依照我国《民法典》的规定，可变更的合同只能包括以下几类：① 当事人协商一致的。② 基于重大误解实施的民事法律行为，行为人有权请求人民法院或者仲裁机构予以撤销。③ 一方以欺诈手段，使对方在违背真实意思的情况下实施的民事法律行为，受欺诈方有权请求人民法院或者仲裁机构予以撤销。④ 第三人实施欺诈行为，使一方在违背真实意思的情况下实施的民事法律行为，对方知道或者应当知道该欺诈行为的，受欺诈方有权请求人民法院或者仲裁机构予以撤销。⑤ 第三人实施欺诈行为，使一方在违背真实意思的情况下实施的民事法律行为，对方知道或者应当知道该欺诈行为的，受欺诈方有权请求人民法院或者仲裁机构予以撤销。⑥ 一方或者第三人以胁迫手段，使对方在违背真实意思的情况下实施的民事法律行为，受胁迫方有权请求人民法院或者仲裁机构予以撤销。⑦ 一方利用对方处于危困状态、缺乏判断能力等情形，致使民事法律行为成立时显失公平的，受损害方有权请求人民法院或者仲裁机构予以撤销。而原告在向法院提出变更请求时，并未向法院提供符合以上可以变更合同的法律事实的相关证据，即原告没有可以请求变更合同的法定理由；并且双方已经按照合同的约定交接了货物，原告已经支付了部分货款，即双方已经部分履行了合同，原告在给被告的供货清单上签字时亦未提出价格不符约定的异议，故法院没有支持原告的请求，依法予以驳回正确。

案例实训

一、基本案情

2020 年 10 月 2 日，原告郭某与被告某村委会签订了一份房屋租赁合同，合同约定：房屋租赁期限 5 年，形势变化随时变更；年租金 15 000 元，村里将 13 千瓦用电权借给郭某使用。2021 年 7 月初，郭某因租赁的房屋年久失修，加之遭受水灾，屋顶漏雨，间墙倒塌，村里又无力维修，故提议出卖。村委会经研究同意将租赁房屋卖给郭某，双方协商价格为 3 万元，但郭某表示征求家中意见后再定。郭某征求家中意见后，口头表示价钱太贵不买。此后，张某提出购买此房，村长托人询问郭某是否购买，否则就要卖与他人，郭某仍表示不买。村委会便与张某达成协议，将此房以 32 万元的价格（包括 17.2 千瓦用电权）卖给张某，张某预付了定金 1 万元。但因郭某租赁房屋未到期，郭某提出继续使用房屋，并不同意归还 13 千瓦的用电权。村委会经研究决定，以 28 万元的价格将此房卖给张某，用电权由原定 17.2 千瓦变为 4.2 千瓦，张某必须允许郭某租用房屋到合同期满，房屋的所有权归张某。2021 年 9 月 2 日，村委会和张某办理产权转移手续时，郭某也未提出异议。房屋产权转移后，张某维修了房屋。2021 年 9 月 21 日，张某与郭某达成协议，郭某迁出承租的房屋，张某向其支付损失费 2 万元。村委会也退给郭某预交的承租费 3 万元。事后，郭某以村委会将争议房屋租给他，却于 2021 年 8 月未经其同意而维修了房屋，并将争议房屋出卖给张某，其是承租人，应享有优先购买权为理由，向某市人民法院起诉，请求将争议房屋优先卖给他。村委会答辩称：郭某提出购买争议房屋以后，双方议定价格为 32 万元，但事后郭某表示不买，才以 32 万元的价格卖给张某。后因与郭某的合同未到期，郭某不同意迁出，村委会才以 28 万元的价格将房屋卖给张某，并允许郭某使用房屋到合同期满。在买卖成交及产权转移过程中，郭某均表示不买，且村委会多次征求过意见，郭某均表示不买。故郭某现提出房屋优先购买权没有道理，不应支持。对于本案，《民法典》第七百二十六条也规定，出租人出卖租赁房屋的，应当在出卖之前的合理期限内通知承租人，承租人享有以同等条件下优先购买的权利。原告对被告出卖的出租房屋享有优先购买权。但是，从案情看，在被告向原告两次作出卖房提议时，原告均作出了否定的意思表示。至于价格低于原先与原告商议的 30 万元，是因为张某得到的用电权较少。在被告与张某办理产权转移手续时，原告也未提出异议。由于原告还从张某处得到了补偿，从被告处取回了预付租费，因此原告的行为表明其已放弃了作为承租人而享有的优先购买权。在张某已经取得房屋所有权并对房屋进行了维修以后，原告又对其所有权提出异议，要求被告将房屋卖给他，明显违背了诚实信用原则，原告的请求不应予以支持。

二、问题思考

运用所学知识分析法院判决结果是否正确。

◤ 本章小结

本章重点介绍了合同的概念、种类和合同法的基本原则；合同的内容和形式，以及订立合同的程序、缔约过失责任；有效合同的要件，无效合同、效力待定合同、可撤销合同的种类，欠缺合同有效要件的财产后果的处理。合同履行的原则；合同履行过程中条款规定不明确时的一般规则；合同履行中的 3 种抗辩权；合同的保全方式代位权和撤销权使用的情形。合同的变更的方式和后果的处理；合同转让中的债权转让、债务承担，合同权利、义务的概括转移；合同终止的情形；违约责任的归责原则，承担违约责任的方式内容。

本章的难点是合同履行中的 3 种抗辩权、合同的保全方式代位权和撤销权。

思考练习题

一、选择题

1. 遗赠扶养协议 （   ）。
   A. 只能适用《民法典》继承编，不能适用《民法典》合同编
   B. 是身份合同
   C. 不是平等主体之间的合同
   D. 是债权合同，适用《民法典》合同编

2. 李某将房屋租给张某使用，双方约定张某应在李某儿子大学毕业分配到北京后的 10 天内腾出房屋。这一协议属于 （   ）。
   A. 附解除条件的合同   B. 附停止条件的合同
   C. 附延缓期限的合同   D. 附解除期限的合同

3. 甲、乙双方互负债务，没有先后履行顺序，一方在对方履行之前有权拒绝其履行要求，一方在对方履行债务不符合约定时有权拒绝其相应的履行要求。这在我国合同法理论上称作 （   ）。
   A. 先履行抗辩权   B. 先诉抗辩权
   C. 同时履行抗辩权   D. 不安抗辩权

4. 下列合同的分类符合一般的分类标准的是 （   ）。
   A. 双务合同与有偿合同   B. 诺成合同与实践合同
   C. 要式合同与经批准、登记的合同   D. 无效合同与撤销的合同

5. 中秋节即将到来，甲商场和乙公司签订了一份月饼供销合同，约定在农历八月初一履行合同，后因乙公司人事上有大的变动，迟迟未能履行合同。甲商场一等再等，终于在农历八月十三向乙公司提出了解除合同。以下说法中正确的是 （   ）。
   A. 甲商场无权解除合同
   B. 甲商场有权解除合同，但必须征得乙公司的同意
   C. 甲商场有权解除合同，无须征得乙公司的同意
   D. 甲商场单方解除合同，应向乙公司承担违约责任

二、判断题

1. 合同意思表示不真实就一定无效。（   ）
2. 无权代理签订的合同是可撤销合同。（   ）
3. 债务人应当全面地、适当地完成合同义务。（   ）
4. 合同的签订只能采用书面形式或口头形式。（   ）
5. 合同履行地点不明确、交付不动产的，在不动产所在地履行。（   ）

三、简答题

1. 合同法的基本原则是什么?

2. 合同成立要件包括哪几个方面?

3. 要约生效的要件是什么?

4. 承诺必须具备哪些条件才能产生法律效力?

5. 合同成立和生效的区别是什么?

6. 无效合同的种类有哪些?

7. 可撤销合同的法律特征表现在哪几个方面?

8. 撤销权的消灭条件有哪些?

9. 不安抗辩权的构成要件是什么?

10. 合同内容的变更包括哪几个方面?

第 4 章

担保法律制度

本章导读

　　本章介绍担保的概念、特征，担保的适用范围和方式，并重点介绍担保的 5 种形式。4.1 节担保概述；4.2 节保证；4.3 节抵押；4.4 节质押；4.5 节留置；4.6 节定金。

◎ 案例分析

◎ 案例实训

◎ 本章小结

◎ 思考练习题

4.1 担保概述

4.1.1 担保的概念和特征

1. 担保的概念

担保是指债权人与债务人或第三人根据法律规定，或者合同约定而采取的法律保障措施。在担保法律关系中，担保的主体即担保法律关系的当事人包括担保权人和担保义务人，担保权人也称被担保人，是担保法律关系中享有权利的人，即债权人；担保义务人也称担保人，是担保法律关系中负有义务的人，可以是债务人，也可以是债务人委托的第三人。担保法律关系的客体即当事人双方权利与义务共同指向的对象，包括动产、不动产和无形财产。

2. 担保的特征

（1）担保具有从属性。担保一般采用在主合同中约定担保条款，或者在主合同以外约定担保合同，它是一个从合同。

（2）担保具有自愿性。

（3）担保具有保障性。主债权人通过把债务的清偿延伸至第三人（保证）或支配特定的财产的交换价值（抵押、质押、留置）而达到保障债权最终实现的目的。

4.1.2 担保的适用范围和方式

1. 担保的适用范围

经济活动中的债权、债务关系，排除了担保在行政关系、身份关系、侵权行为等领域的适用。

2. 担保的方式

（1）担保物权。担保物权是与用益物权相对应的他物权，是指为了确保债权的实现而设定的，以直接取得或支配特定财产的交换价值为内容的权利。换言之，担保物权是指为了担保债的履行，在债务人或第三人的特定财产上设定的物权。

（2）债的担保。债的担保是指促使债务人履行其债务，保障债权人的债权得以实现的法律措施。

4.1.3 担保合同

1. 担保合同的性质

担保合同是从合同，以主合同的成立而成立，并随主合同的消灭而消灭，或者因主合同无效而无效。

2. 担保合同的无效

（1）国家机关和以公益为目的的事业单位、社会团体违反法律规定提供担保的，担保合同无效。因此给债权人造成损失的，应当根据《民法典》第三百八十八条第二款的规定处理。

（2）董事、高级管理人员违反《中华人民共和国公司法》第一百四十八条的规定，以公司资产为本公司的股东或其他个人债务提供担保的，担保合同无效。除债权人知道或应当知道的外，债务人、担保人应当对债权人的损失承担连带赔偿责任。

（3）以法律、法规禁止流通的财产或不可转让的财产设定担保的，担保合同无效。

以法律、法规限制流通的财产设定担保的，在实现债权时，人民法院应当按照有关法律、法规的规定对该财产进行处理。

有下列情形之一的，对外担保合同无效：① 未经国家有关主管部门批准或登记对外担保的；② 未经国家有关主管部门批准或登记，为境外机构向境内债权人提供担保的；③ 为外商投资企业注册资本、外商投资企业中的外方投资部分的对外债务提供担保的；④ 无权经营外汇担保业务的金融机构、无外汇收入的非金融性质的企业法人提供外汇担保的；⑤ 主合同变更或债权人将对外担保合同项下的权利转让，未经担保人同意和国家有关主管部门批准的，担保人不再承担担保责任。但法律、法规另有规定的除外。

（4）居民委员会、村民委员会提供担保的，担保合同无效，但是依法代行村集体经济组织职能的村民委员会，依照村民委员会组织法规定的讨论决定程序对外提供担保的除外。

3. 担保合同无效的法律后果

主合同有效而担保合同无效，债权人无过错的，担保人对债务人不能清偿的部分承担赔偿责任；债权人、担保人均有过错的，担保人承担民事责任的部分，不应超过债务人不能清偿部分的 1/2。

主合同无效而导致担保合同无效，担保人无过错的，担保人不承担民事责任；担保人有过错的，担保人承担民事责任的部分，不应超过债务人不能清偿部分的 1/3。

担保人因无效担保合同向债权人承担赔偿责任后，可以向债务人追偿，或者在承担赔偿责任的范围内，要求有过错的反担保人承担赔偿责任。

4.2 保　　证

4.2.1 保证的概念和特征

1. 保证的概念

保证是指第三人和债权人约定，当债务人不履行其债务时，该第三人按照约定履行债务或承担责任的担保方式。

2. 保证的特征

（1）附从性。这主要包括成立上的附从性；范围和强度上的附从性；变更、消灭上的附从性。

（2）独立性。

（3）补充性或连带性。一般保证的保证人在主合同纠纷未经审判或仲裁，并就债务人财产依法强制执行仍不能履行债务前，对债权人可以拒绝承担保证责任。连带责任保证的债务人在主合同规定的债务履行期届满没有履行债务的，债权人可以要求债务人履行债务，也可以要求保证人在其保证范围内承担保证责任。

4.2.2 保证的种类

1. 依据保证人在保证关系中的地位划分

依据保证人在保证关系中的地位，可以划分为一般保证和特别保证。

（1）一般保证。一般保证是指当事人在保证合同中约定，债务人不履行债务时，由保证人承担保证责任的保证。

（2）连带保证。连带保证是指当事人在保证合同中约定，由债务人和保证人对债务承担连带责任的保证。

以上两种保证的最大区别是保证人是否享有先诉抗辩权。当事人在保证合同中对保证方式没有约定或者约定不明确的，按照一般保证承担保证责任。

2. 依据保证人的人数划分

依据保证人的人数，可以划分为单独保证和共同保证。

（1）单独保证。单独保证是指只有一个保证人担保同一债权的保证。

（2）共同保证。共同保证是指数个人担保同一债权的保证。保证人必须2人以上，至于是自然人、法人，还是法律认可的其他组织，在所不问；数个保证人担保同一债权。

3. 依据保证是否有期限划分

依据保证是否有期限，可以划分为定期保证和无期保证。

（1）定期保证。定期保证是指保证合同规定有保证人承担保证责任的期限，保证人仅于此期限内承担保证责任，债权人未在此期限内向保证人主张权利的，保证人即可免其责。

（2）无期保证。无期保证是指保证合同没有约定保证期限，债权人有权自债务履行期届满之日6个月内要求保证人承担保证责任的保证。

4. 依据保证当事人是否约定有保证担保的范围划分

依据保证当事人是否约定有保证担保范围，可以划分为有限保证和无限保证。

（1）无限保证。无限保证是指当事人未特别约定保证担保的范围，而是依据法律的规定来确定该范围的保证。

（2）有限保证。有限保证是指当事人自由约定保证担保的范围的保证。

5. 依据被保证的债务是否为即存债务划分

依据被保证的债务是否为即存债务，可以划分为即存债务的保证和将来债务的保证。

（1）即存债务的保证。即存债务的保证是指已经存在的债权、债务设定的保证。

（2）将来债务的保证。将来债务的保证是指为将来存在的债权、债务设定的保证。

6. 最高额保证

1）最高额保证的概念

最高额保证是指保证人对债权人和债务人在一定期间内连续发生的若干笔债务，在最高限额内承担保证责任的保证。

2）最高额保证的特征

（1）最高额保证所担保的债务在保证设立时可能已经发生，也可能没有发生，最高额保证的生效与被保证的债务是否发生无关。

（2）最高额保证所担保的债务为一定期间内连续发生的债务。

（3）最高额保证所担保的不是数笔债务的简单累加，而是债务整体，各笔债务的清偿期仅对债务人有意义，并不影响保证人承担保证责任。

（4）最高额保证约定有保证人承担保证责任的最高限额。

4.2.3 保证的设立

1. 保证人的条件

1）保证人的代为清偿能力

具有代为清偿债务能力的法人、其他组织或公民，可以作为保证人。保证合同中约定保证人代为履行非金钱债务的，如果保证人不能实际代为履行，对债权人因此造成的损失，那么保证人应当承担赔偿责任。

2）禁止提供担保的主体

（1）国家机关不得为保证人，但经国务院批准为使用外国政府或国际经济组织贷款进行转贷的除外。

（2）以公益为目的的非营利法人、非法人组织不得为保证人。

（3）企业法人的分支机构、职能部门不得为保证人。企业法人的分支机构有法人书面授权的，可以在授权范围内提供保证。

2. 保证合同的内容

1）保证合同的概念

保证合同是指保证人和债权人约定，当主债务人不履行其债务时，保证人承担保证债务（保证责任）的协议。保证合同是单务合同、诺成性合同、附从合同和要式合同。

2）保证合同的内容

（1）被保证的主债权种类、数额。

（2）债务人履行债务的期限。

（3）保证的方式。

（4）保证担保的范围。

（5）保证的期间。

（6）双方认为需要约定的其他事项。

3）保证担保的范围

保证担保的范围包括主债权及利息、违约金、损害赔偿金和实现债权的费用。保证合同另有约定的，按照约定。

4）保证的期间

保证人与债权人未约定保证期间或约定不明的，保证期间为主债务履行期届满之日起 6 个月。一般保证的债权人未在保证期间对债务人提起诉讼或者申请仲裁的，保证人不再承担保证责任。连带责任保证的债权人未在保证期间请求保证人承担保证责任的，保证人不再承担保证责任。

3. 保证合同的形式

保证人以书面形式向债权人表示，当被保证人不履行债务时，由其代为履行或承担连带责任并为债权人接受的，保证合同成立。

4.2.4 保证的效力

1. 保证人与主债权人的关系

1）债权人的权利

债权人的权利主要是请求保证人承担保证债务。

2）保证人的权利

（1）主张债权人权利的权利。① 主债务人的抗辩权。第一，权利未发生的抗辩权；第二，权利已消灭的抗辩权；第三，拒绝履行的抗辩权。② 主债务人其他类似的权利。这主要是抵销权和撤销权。

（2）基于保证人的地位特有的抗辩权：先诉抗辩权（检索抗辩权）。① 先诉抗辩权的概念。先诉抗辩权是指保证人在未就主债务人的财产依法强制执行而未有效果时，对于债权人可拒绝清偿的权利。② 先诉抗辩权行使的限制。有下列情形之一的，保证人不得行使前款规定的权利：债务人住所变更，致使债权人要求其履行债务发生重大困难的；人民法院受理债务人破产案件，中止执行程序的；保证人以书面形式放弃前款规定的权利的。

2. 保证人与主债务人的关系——保证人的求偿权

1）求偿权的定义

求偿权是指保证人承担保证责任后，可以向主债务人请求偿还的权利。

2）构成要件

（1）必须是保证人已经对债权人承担了保证责任。

（2）必须使主债务人因保证而免责。

（3）必须是保证人没有赠与的意思。

4.2.5 无效保证的法律后果

主合同有效而担保合同无效，债权人无过错的，担保人与债务人对主合同债权人的经济损失，承担连带赔偿责任；债权人、担保人有过错的，担保人承担民事责任的部分，不应超过债务人不能清偿部分的1/2。

主合同无效而导致担保合同无效，担保人无过错的，担保人不承担民事责任；担保人有过错的，担保人承担民事责任的部分，不应超过债务人不能清偿部分的1/3。

担保人因无效担保合同向债权人承担赔偿责任后，可以向债务人追偿，或者在承担赔偿责任的范围内，要求有过错的反担保人承担赔偿责任。

4.2.6 保证人不承担保证责任的情形

（1）主合同当事人双方串通，骗取保证人提供保证的。

（2）主合同债权人采取欺诈、胁迫等手段，使保证人在违背真实意思的情况下提供保证的。

《民法典》时代明确发生以上情形时，保证人可以诉讼仲裁方式予以撤销担保行为。

4.3 抵　　押

4.3.1　抵押的概念及特征

1. 抵押的概念

抵押是为担保债务的履行，债务人或第三人以不转移财产的占有，将该财产抵押给债权人，当债务人不履行到期债务或发生当事人约定的实现抵押权的情形时，债权人有权就该财产优先受偿的担保方式。抵押权是抵押权人直接对物享有的权利，可以对抗物的所有人及第三人。其目的是担保债的履行，而不是对物的使用和收益。抵押权的标的物是债务人或第三人提供担保的动产、不动产及其他财产权益（如建设用地使用权）。抵押权的设定不要求移转抵押物的占有。

2. 抵押的特征

（1）抵押的标的物主要债务人或第三人提供担保的不动产。但是，在我国动产也可以用作抵押权。

（2）抵押不移转标的物占有。标的物仍然由抵押人占有、使用、受益。因此，抵押能实现抵押人用以融资的目的，即一方面自己占有、使用受益；另一方面又用作担保进行融资，真正做到了物尽其用，所以被作为担保之王。

（3）抵押原则上是意定担保物权。因此，需要抵押人和抵押权人订立抵押合同设立抵押权。

4.3.2　抵押权的标的

在我国，由于不动产和动产均可以进行抵押，因此，是否能够进行抵押的标准是该项财产是否可以转让，抵押权最终是要将标的物处分以其价金优先受偿，所以原则上可转让的财产均可抵押，不可转让的财产均不能进行抵押。我国物权法从正反两个方面规定了不可以抵押的财产和可以抵押的财产。

1. 不可抵押的财产

（1）土地所有权。

（2）宅基地、自留地、自留山等集体所有的土地的土地使用权，但法律规定可以抵押的除外；集体所有的土地使用权不可以抵押，但是有以下两种例外情形：① 抵押人依法承包并经发包方同意抵押的荒山、荒沟、荒丘、荒滩等荒地的土地使用权，可以抵押；② 乡（镇）、村企业的土地使用权不得单独抵押，但是以乡（镇）、村企业的厂房等建筑物抵押的，其占用范围内的土地使用权可同时抵押。

（3）学校、幼儿园、医疗机构等以公益为目的成立的非营利法人的教育设施、医疗卫生设施和其他社会公益设施。

（4）所有权、使用权不明或有争议的财产。

（5）依法被查封、扣押、监管的财产。

（6）法律、行政法规规定不得抵押的其他财产。

2. 可以抵押的财产

（1）建筑物和其他土地附着物。

（2）建设用地使用权。

（3）以招标、拍卖、公开协商等方式承包农村土地，经依法登记取得权属证书的。

（4）生产设备、原材料、半成品、产品。

（5）正在建造的建筑物、船舶、飞行器。

（6）交通运输工具。

（7）经当事人书面协议，企业、个体工商户、农业生产经营者可以将现有的，以及将有的生产设备、原材料、半成品和产品抵押。

（8）海域使用权。

（9）法律、行政法规未禁止抵押的其他财产。

4.3.3　抵押权的设立

1. 抵押合同

抵押合同必须以书面要式行为订立。所有的担保合同均要求书面要式，即除抵押合同外，质押合同、保证合同和定金合同也都是书面要式合同。

2. 流押条款

当事人在订立抵押合同时，在合同中约定在债务履行期限届满前，债务人不履行到期债务时，抵押财产归债权人所有的，只能依法就抵押财产优先受偿。质押合同中的流质条款与流押条款效力相同。

3. 登记

（1）登记作为生效要件，不登记抵押权不成立。以建筑物或土地使用权等不动产进行担保的，抵押权从登记时设立。但是需要注意的是，不登记只是抵押权不成立，不影响抵押合同的法律效力，抵押合同从成立时生效。具体包括：① 建筑物和其他土地附着物；② 建设用地使用权；③ 以招标、拍卖、公开协商等方式取得的土地承包经营权；④ 正在建造的建筑物。

（2）登记作为对抗要件。以动产进行抵押的均自抵押合同生效时设立，未登记只是不得对抗善意第三人。具体包括：① 生产设备、原材料、半成品、产品；② 正在建造的建筑物、船舶、航空器；③ 交通运输工具；④ 其他法律、行政法规未禁止抵押的动产。

（3）登记具有绝对效力，登记的内容与抵押合同的约定不一致的以登记为准。

4.3.4　抵押权担保的范围和抵押权的效力

1. 抵押权担保的范围

有约定的依照约定，没有约定的，抵押权担保的范围包括主债权及利息、违约金、损害赔偿金和实现抵押权的费用。

2. 抵押权的优先受偿效力

（1）同一财产向两个以上债权人抵押的，拍卖、变卖抵押财产所得的价款依照下列规定清偿：① 抵押权都已登记的，按照登记的先后顺序清偿；顺序相同的，按照债权比例清偿。② 抵押权已登记的先于未登记的受偿。③ 抵押权未登记的，按照债权比例清偿。

（2）建设用地使用权抵押后，该土地上新增的建筑物不属于抵押财产。需要拍卖该建设用地使用权的，可以将该土地上新增的建筑物与建设用地使用权一并拍卖，但拍卖新增建筑物所得的价款，抵押权人无权优先受偿。

（3）抵押权人应当在主债权诉讼时效期间行使抵押权；未行使的，人民法院不予保护。

（4）动产抵押担保的主债权是抵押物的价款，标的物交付后十日内办理抵押登记的，该抵押权人优先于抵押物买受人的其他担保物权人受偿，但是留置权人除外。

3. 抵押权的效力

（1）抵押权设定前为抵押物从物的，抵押权的效力范围一般及于抵押物的从物；但抵押物、从物分属不同人所有的，不及于从物。

（2）债务人不履行到期债务或发生当事人约定的实现抵押权的情形，致使抵押财产被人民法院依法扣押的，自扣押之日起抵押权人有权收取该抵押财产的天然孳息或法定孳息，但抵押权人未通知应当清偿法定孳息的义务人的除外。前款规定的孳息应当先充抵收取孳息的费用。

（3）以建筑物抵押的，该建筑物占用范围内的建设用地使用权一并抵押。以建设用地使用权抵押的，该土地上的建筑物一并抵押。抵押人未约定一并抵押的，未抵押的财产视为一并抵押。

（4）订立抵押合同前抵押财产已出租并转移占有的，原租赁关系不受该抵押权的影响。抵押权设立后抵押财产出租的，该租赁关系不得对抗已登记的抵押权。

（5）抵押期间，抵押人经抵押权人同意转让抵押财产的，应当将转让所得的价款向抵押权人提前清偿债务或提存。

转让的价款超过债权数额的部分归抵押人所有，不足部分由债务人清偿。抵押期间，抵押人可以转让抵押财产。抵押财产转让的，抵押权不受影响。

（6）抵押权不得与债权分离而单独转让或作为其他债权的担保。债权转让的，担保该债权的抵押权一并转让，但法律另有规定或当事人另有约定的除外。

（7）抵押人的行为足以使抵押财产价值减少的，抵押权人有权要求抵押人停止其行为。抵押财产价值减少的，抵押权人有权要求恢复抵押财产的价值，或者提供与减少的价值相应的担保。抵押人不恢复抵押财产的价值也不提供担保的，抵押权人有权要求债务人提前清偿债务。

（8）抵押权人可以放弃抵押权或抵押权的顺位。抵押权人与抵押人可以协议变更抵押权顺位，以及被担保的债权数额等内容，但抵押权的变更，未经其他抵押权人书面同意，不得对其他抵押权人产生不利影响。债务人以自己的财产设定抵押，抵押权人放弃该抵押权、抵押权顺位或变更抵押权的，其他担保人在抵押权人丧失优先受偿权益的范围内免除担保责任，但其他担保人承诺仍然提供担保的除外。

（9）债务人不履行到期债务或发生当事人约定的实现抵押权的情形，抵押权人可以与抵押人协议以抵押财产折价，或者以拍卖、变卖该抵押财产所得的价款优先受偿。协议损害其他债权人利益的，其他债权人可以在知道或应当知道撤销事由之日起1年内请求人民法院撤销该协议。

（10）抵押权人与抵押人未就抵押权实现方式达成协议的，抵押权人可以请求人民法院拍卖、变卖抵押财产。抵押财产折价或变卖的，应当参照市场价格。抵押财产折价或拍卖、变卖后，其价款超过债权数额的部分归抵押人所有，不足部分由债务人清偿。

（11）经当事人书面协议，企业、个体工商户、农业生产经营者可以将现有的，以及将有的生产设备、原材料、半成品、产品抵押，债务人不履行到期债务或发生当事人约定的实现抵押权的情形，债权人有权就实现抵押权时的动产优先受偿。

4.3.5 抵押权的实现

1. 抵押权实现的要件

（1）须抵押权有效存在。

（2）须债务已届清偿期。

（3）须债务人未清偿债务。

2. 抵押权的实现方法

抵押权的实现方式有 3 种，分别是折价、拍卖、变卖。若当事人就实现抵押权的方法无法达成协议的，抵押权人应当通过诉讼的方式，由人民法院将标的物进行拍卖或变卖，从而实现其抵押权。

4.4 质 押

4.4.1 质押的概念和特征

1. 质押的概念

质押是指债权人为了担保债权的实现就债务人或第三人移交占有动产或权利，当债务人不履行债务时，债权人享有的优先受偿权利的担保方式。

2. 质押的特征

（1）质押的标的是动产和可转让的权利，不动产不能设定质权。质权因此分为动产质权和权利质权。

（2）质押是移转质物的占有的担保方式，质权以占有标的物为成立要件。

4.4.2 动产质权的设立

1. 订立书面合同

动产质权的设立首先要求质权人与出质人签订具有法律效力的书面合同。

2. 交付标的物

（1）交付是质权的成立要件。不交付标的物的质权不成立，但是不影响质押合同的效力。

（2）交付包括现实交付、指示交付和简易交付，但不包括占有改定。

出质人代质权人占有质物的，质押合同不生效；质权人将质物返还于出质人后，以其质权对抗第三人的，人民法院不予支持。

（3）交付的标的物与合同约定不一致的，以交付的为准。

4.4.3 动产质权的效力

1. 担保的债权

有约定的依约定，没有约定的，质押担保的范围包括主债权及利息、违约金、损害赔偿金、质物保管费用和实现质权的费用。

2. 对标的物的效力

（1）从物的效力。质权的效力及于从物，但是从物没有交付的对从物无效。

（2）孳息。质权人有权收取孳息，以孳息清偿收取孳息的费用、利息和主债权。

3. 对质权人的效力

1）质权人的权利

（1）占有质物。质权人有权在债权受清偿前占有质物；质权人将质物返还给出质人后，即不可以用其质权对抗第三人。

（2）收取孳息。质权人有权收取质押财产的孳息，但合同另有约定的除外。收取的孳息应当先充抵收取孳息的费用。

（3）质权的保全。因不能归责于质权人的事由可能使质押财产毁损或价值明显减少，足以危害质权人权利的，质权人有权要求出质人提供相应的担保；出质人不提供的，质权人可以拍卖、变卖质押财产，并与出质人通过协议将拍卖、变卖所得的价款提前清偿债务或提存。

（4）优先受偿权。债务人不履行到期债务或发生当事人约定的实现质权的情形，质权人可以与出质人协议以质押财产折价，也可以就拍卖、变卖质押财产所得的价款优先受偿。质押财产折价或变卖的，应当参照市场价格。

（5）转质权。根据约定或经出质人同意，质权人有转质的权利。

（6）放弃质权。质权人可以放弃质权。债务人以自己的财产出质，质权人放弃该质权的，其他担保人在质权人丧失优先受偿权益的范围内免除担保责任，但其他担保人承诺仍然提供担保的除外。

2）质权人的义务

（1）质权人在质权存续期间，未经出质人同意，擅自使用、处分质押财产，给出质人造成损害的，应当承担赔偿责任。

（2）质权人负有妥善保管质押财产的义务，因保管不善致使质押财产毁损、灭失的，应当承担赔偿责任。质权人的行为可能使质押财产毁损、灭失的，出质人可以要求质权人将质押财产提存，或者要求提前清偿债务并返还质押财产。

（3）因不能归责于质权人的事由可能使质押财产毁损或价值明显减少，足以危害质权人权利的，质权人有权要求出质人提供相应的担保；出质人不提供的，质权人可以拍卖、变卖质押财产，并与出质人通过协议将拍卖、变卖所得的价款提前清偿债务或提存。

（4）质权人在质权存续期间，未经出质人同意转质，造成质押财产毁损、灭失的，应当向出质人承担赔偿责任。

4. 出质人的权利

（1）质权人负有妥善保管质押财产的义务；因保管不善致使质押财产毁损、灭失的，应当承担赔偿责任。

（2）债务人履行债务或出质人提前清偿所担保的债权的，质权人应当返还质押财产。

（3）出质人如果是债务人以外的第三人，该出质人代为清偿债权或因质权实行丧失质物的所有权时，有权向债务人追偿。

（4）债务履行期届满，出质人请求质权人及时行使质权，因质权人怠于行使权利造成损害的，由质权人承担赔偿责任。

（5）质权人的行为可能使质押财产毁损、灭失的，出质人可以要求质权人将质押财产提存，或者要求提前清偿债务并返还质押财产。

（6）质权人在质权存续期间，未经出质人同意转质，造成质押财产毁损、灭失的，应当向出质人承担赔偿责任。

（7）出质人可以请求质权人在债务履行期届满后及时行使质权；质权人不行使的，出质人可以请求人民法院拍卖、变卖质押财产。

4.4.4 权利质押

1. 可以出质的权利类型

（1）汇票、本票、支票、债券、存款单、仓单、提单。

（2）可以转让的基金份额、股权。

（3）可以转让的商标专用权、专利权、著作权中的财产权。

（4）现有的以及将有的应收账款。

（5）法律、行政法规规定可以出质的其他财产权利。

2. 权利质押的成立要件

（1）以汇票、支票、本票、债券、存款单、仓单、提单出质的，质权自权利凭证交付质权人时设立；没有权利凭证的，质权自有关部门办理出质登记时设立。

（2）以基金份额、股权出质的，质权自证券登记结算机构办理出质登记时设立；以其他股权出质的，质权自工商行政管理部门办理出质登记时设立。

（3）以注册商标专用权、专利权、著作权等知识产权中的财产权出质的，质权自有关主管部门办理出质登记时设立。

（4）以应收账款出质的，质权自信贷征信机构办理出质登记时设立。

（5）不动产收益权，如公路桥梁、公路隧道等质押的，合同生效时质权成立。

3. 权利质权的效力

（1）汇票、支票、本票、债券、存款单、仓单、提单的兑现日期或提货日期先于主债权到期的，质权人可以兑现或提货，并与出质人协议将兑现的价款或提取的货物提前清偿债务或提存。

（2）基金份额、股权出质后，不得转让，但经出质人与质权人协商同意的除外。出质人转让基金份额、股权所得的价款，应当向质权人提前清偿债务或提存。

（3）知识产权中的财产权出质后，出质人不得转让或许可他人使用，但经出质人与质权人协商同意的除外。出质人转让或许可他人使用出质的知识产权中的财产权所得的价款，应当向质权人提前清偿债务或提存。

（4）应收账款出质后，不得转让，但经出质人与质权人协商同意的除外。出质人转让应收账款所得的价款，应当向质权人提前清偿债务或提存。

4.5 留　　置

4.5.1 留置的概念和特征

1. 留置的概念

留置是指债权人按照合同约定占有债务人的动产，在债务人不履行基于该动产而发生的债务时有权留置该财产并就该财产优先受偿的担保方式。

2. 留置的特征

（1）留置权是法定担保物权，因此优先于抵押权、质权等意定担保物权而实现。

（2）留置权是动产担保物权，以债权人占有动产为要件。

（3）留置权是发生二次效力的担保物权。留置权人留置标的物后不得直接处分标的物，必须先定期催告，只有债务人预期仍不履行债务时，使得处分标的物而优先受偿。

4.5.2 留置权的成立要件

（1）债权人基于合同占有债务人的动产。

（2）债权人持有债务人的债务已经到期。

（3）债务人所负债务须与该被留置物有牵连关系。所谓牵连关系，是指债务人所负债务与对留置物的占有是基于同一法律关系而发生。例如，基于加工承揽合同而占有加工承揽物。

（4）须留置标的物不违反善良风俗和当事人的约定。

4.5.3 留置的效力

（1）留置权人负有妥善保管留置财产的义务，因保管不善致使留置财产毁损、灭失的，应当承担赔偿责任。

（2）留置权人有权收取留置财产的孳息，收取的孳息应当先充抵收取孳息的费用。此时留置权人对孳息享有的是占有权，不是所有权。

（3）留置权人与债务人应当约定留置财产后的债务履行期间；没有约定或约定不明确的，留置权人应当给债务人两个月以上履行债务的期间，但鲜活、易腐等不易保管的动产除外。债务人逾期未履行的，留置权人可以与债务人协议以留置财产折价，也可以就拍卖、变卖留置财产所得的价款优先受偿。留置财产折价或变卖的，应当参照市场价格。

（4）债务人可以请求留置权人在债务履行期间届满后行使留置权；留置权人不行使的，债务人可以请求人民法院拍卖、变卖留置财产。

（5）留置财产折价或拍卖、变卖后，其价款超过债权数额的部分归债务人所有，不足部分由债务人清偿。

（6）同一动产上已设立抵押权或质权，该动产又被留置的，留置权人优先受偿。

（7）留置权人对留置财产丧失占有，或者留置权人接受债务人另行提供担保的，留置权消灭。

4.6 定　金

4.6.1 定金的概念和特征

1. 定金的概念

定金是指当事人为了确保合同的履行，依据法律规定或当事人双方的约定，由一方当事人在订立合同时，或者订立后履行前，按合同标的额的一定比例，预先给付对方当事人的金钱或其他替代物的担保方式。

2. 定金的特征

（1）定金的所有权自约定的定金处罚条件成立时即发生转移或称为索赔条件。

（2）定金作为一种担保方式，是一种双方担保，对交付方和收受方均有拘束力。当事人交付留置金、担保金、保证金、订约金、押金或订金等，但没有约定定金性质的，当事人主张定金权利的，人民法院不予支持。

4.6.2 定金的种类

1. 违约定金

违约定金是指交付定金的当事人不履行债务，接受定金的当事人可以予以没收的定金。当事人可以约定一方向对方给付定金作为债权的担保。债务人履行债务后，定金应当抵作价款或收回。给付定金的一方不履行约定的债务的，无权要求返还定金；收受定金的一方不履行约定的债务的，应当双倍返还定金。

2. 立约定金

立约定金也称订约定金，是指为担保合同的订立而设立的定金。

当事人约定以交付定金作为订立主合同担保的，给付定金的一方拒绝订立主合同的，无权要求返还定金；收受定金的一方拒绝订立合同的，应当双倍返还定金。

3. 成约定金

成约定金是指作为合同成立或生效要件的定金。

当事人约定以交付定金作为主合同成立或生效要件的，给付定金的一方未支付定金，但主合同已经履行或已经履行主要部分的，不影响主合同的成立或生效。

4. 解约定金

解约定金是指用以作为保留合同解除权的代价的定金，即交付定金的当事人可以抛弃定金以解除合同，而接受定金的当事人也可以双倍返还定金来解除合同。定金交付后，交付定金的一方可以按照合同的约定以丧失定金为代价而解除主合同，收受定金的一方可以双倍返还定金为代价而解除主合同。对解除主合同后责任的处理，适用《民法典》的规定。

4.6.3 定金的成立

定金应当以书面形式约定。当事人在定金合同中应当约定交付定金的期限。定金合同从实际交付定金之日起生效。

定金的数额由当事人约定，但不得超过主合同标的额的20%。

4.6.4 定金的效力

因当事人一方迟延履行或其他违约行为，致使合同目的不能实现，可以适用定金罚则。但法律另有规定或当事人另有约定的除外。

当事人一方不完全履行合同的，应当按照未履行部分所占合同约定内容的比例，适用定金罚则。

因不可抗力、意外事件致使主合同不能履行的，不适用定金罚则。因合同关系以外第三人的过错，致使主合同不能履行的，适用定金罚则。受定金处罚的一方当事人，可以依法向第三人追偿。

案例分析

案例 4-1

一、基本案情

张某和甲房地产公司达成购房协议，购买房产一套。甲房地产公司为其办理按揭贷款，张某和甲房地产公司、乙银行签订了按揭贷款合同。合同约定，由乙银行为张某办理按揭贷款，甲房地产公司提供信用担保，直至办理了张某房产抵押登记时为止；甲房地产公司负有协助办理抵押的义务。甲房地产公司所售房屋中，签订的类似协议还有多份。7月20日，甲房地产公司为张某办理了房产证。8月10日，甲房地产公司交给乙银行房产证44份，乙银行工作人员出具了收到房产证44份的收条。10月8日，因张某欠他人债务，张某所购的房屋被法院查封。张某的房产始终没有办理抵押登记。甲房地产公司主张已经将张某的房产证交付乙银行，没有及时办理登记造成房屋被查封，责任在乙银行，甲房地产公司的担保义务已经免除。乙银行称，甲房地产公司没有将张某的房产证交给我方，办理抵押登记才是甲房地产公司免除担保的条件，在没有办理抵押登记的前提下，甲房地产公司担保的义务不能免除。

二、问题思考

（1）张某的房产证是否已经交付给了乙银行？
（2）乙银行是否有及时办理抵押登记的义务？

三、案例评析

关于第一个问题，关键是甲房地产公司提供的收条能否证明甲房地产公司已经交付了张某的房产证。

本案中，首先应该确定的是谁应该承担44份房产证中是否包含张某房产证的举证责任。只有在明确了举证责任的前提下，才能分析所举证据是否达到证明标准。甲房地产公司提供的收条能够证明甲房地产公司向乙银行交付的44份房产证，虽然未写明是否包含张某的房产证，但是毕竟证明了交付44份房产证的事实。在44份房产证已经交付乙银行的情况下，乙银行持有44份房产证，就应该说乙银行有条件提供44份房产证，从而说明44份房产证中是否包含了张某的房产证。如果乙银行能够提供超过44份的房产证，而且这些房产证中不包含张某的房产证，那么，乙银行就尽到了举证责任，从而举证责任再次转移到甲房地产公司，此时，可以依据是否达到的证明标准来确定事实；如果乙银行不能提供44份房产证，就应承担举证不能的法律后果。本案中，乙银行不能提供44份房产证，因而应承担举证不能的法律后果。

关于第二个问题，乙银行是否有及时办理抵押登记的义务。

乙银行没有及时办理抵押登记的义务。从三方签订的合同看，乙银行仅负有办理抵押登记的义务，而没有及时办理抵押登记的义务。合同履行的原则包括实际履行原则、全面适当履行原则、协作履行原则和经济合理原则，并不包括及时履行原则。当事人只要根据合同规定的期限履行即可。履行期限不明确的，根据我国《民法典》的规定，当事人可以协议补充，不能达成补充协议的，按照合同有关条款或交易习惯确定；如果履行期限按照合同有关条款或交易习惯仍不能确定的，则债务人可以随时履行，债权人也可以随时要求履行，但应当给对方必要的准备时间。本案中，显然已经不存在补充协议的可能，由于按照合同有关条款或交易习惯也难以确定，因此只能适用债权人也可以随时要求履行的方式。在签订合同过程中，甲房地产公司对乙银行履行办理抵押的义务未作要求，在合同签订后，甲房地产公司应该对自己的权益格外关注，及时主张乙银行履行合同规定的义务，但是甲房地产公司却对债务履行严重漠视，造成了张某房产被查封的风险，致使担保的责任不能及时被免除，应该由其承担对自己不利的法律后果。

🔍 案例 4-2

一、基本案情

2021 年 6 月 24 日，被告陈某、张某与原告李某签订书面借款合同，双方约定：被告陈某、张某向原告李某借款 10 万元，用于某市技术服务公司土地开发，3 个月内还清借款，同时被告陈某、张某将其坐落在三江县城的房地产作抵押担保，陈某又给原告李某出具借条一张，其内容为：今借到李某现金拾万元。同年 6 月 24 日，被告陈某向原告李某借款 2 万元，并出具借条一张。双方约定归还期限为 3 个月。2021 年 7 月 11 日，被告广元公司的新昌项目部给原告李某出具加盖印章（丁某经手）的担保书，为被告陈某、张某的借款提供担保，后被告陈某、张某未按约归还借款，因而成诉。为此，原告李某要求被告陈某、张某归还借款。同时认为，广元公司在成立其新昌项目部时，与丁某签订内部协议，约定新昌项目部的印章由丁某保管，期间出现任何经济问题，均由丁某承担。故要求被告广元公司及被告丁某共同承担担保责任。

二、问题思考

被告丁某是否应承担本案的民事责任？

三、案例评析

本案涉及的是保证担保合同法律关系。所谓保证，是指由第三人向债权人担保，在债务人不履行债务时，由其负责履行债的全部或一部分的一种担保方式。在本案中要确认承担责任的主体，首先，应确立当事人在担保合同中的身份。很明显，在此担保合同法律关系中李某是债权人，陈某、张某是债务人即被保证人，新昌项目部在保证书上盖章应是保证人。其次，应对此担保合同的效力进行认定。《关于适用〈中华人民共和国民法典〉有关担保制度的解释》第十一条的规定，公司的分支机构未经公司股东（大）会或者董事会决议以自己的名义对外提供担保，相对人请求公司或者其分支机构承担担保责任的，人民法院不予支持，但是相对人不知道且不应当知道分支机构对外提供担保未经公司决议程序的除外。本案中广元公司因承建工程需要，设立新昌项目部，虽然新昌项目部为原告李某与被告陈某、张某之间的借款提供担保，但其担保行为并未经过被告广元公司的书面授权，新昌项目部与原告李某签订的担保合同因违反法律的强制性规定，属无效合同。保证合同被确认无效后，债务人、担保人、债权人有过错，应当根据其过错各自承担相应的民事责任。

根据本案事实，可以认定债务人、债权人均无过错，担保人新昌项目部在明知自己无担保资格情况下而提供担保具有明显过错，应当承担赔偿责任。依照最高人民法院《关于适用〈中华人民共和国民法典〉有关担保制度的解释》第十一条第四款的规定，公司的分支机构对外提供担保，相对人非善意，请求公司承担赔偿责任的，参照本解释第十七条的有关规定处理。第十七条规定，主合同有效而第三人提供的担保合同无效，人民法院应当区分不同情形确定担保人的赔偿责任：① 债权人与担保人均有过错的，担保人承担的赔偿责任不应超过债务人不能清偿部分的二分之一；② 担保人有过错而债权人无过错的，担保人对债务人不能清偿的部分承担赔偿责任；③ 债权人有过错而担保人无过错的，担保人不承担赔偿责任。主合同无效导致第三人提供的担保合同无效，担保人无过错的，不承担赔偿责任；担保人有过错的，其承担的赔偿责任不应超过债务人不能清偿部分的三分之一。因此，本案中承担责任的主体应是新昌项目部。本案应由新昌项目部以自己管理的财产承担赔偿责任，丁某不应承担赔偿责任。

案例 4-3

一、基本案情

2014 年 10 月 8 日，泗洪县上塘镇农民吴某，男，40 岁，向同镇农民高某（男，39 岁）借款 4 500 元，约定 2015 年 1 月 18 日前还款，逾期则按照每月 3% 利息罚。期限届满后，吴某未能还款。2016 年 10 月吴某将其一套制煤球的机器送到高某处，高某将机器予以接收。此后约 20 天，吴某找来案外人朱某和刘某对机器进行估价，确认机器价值 15 000 元。估价时高某在场，对估价结论未提出异议。此后，吴某仍没有还款，高某对机器也未进行妥善保管，机器锈蚀严重。2020 年 1 月 18 日，高某将机器的主要部分作为废品出售。2021 年 5 月 17 日，吴某向法院提起诉讼，称 2016 年 10 月其将机器送给高某，系用机器抵债，要求高某退还余款 10 500 元。

泗洪法院受理此案，经审理后认为，原告将机器送到被告处，并找人作价的行为是用该机器折价还款的行为。被告应当将折抵后的余款返还给原告。故判令被告返还原告 8 336 元，并按银行同期贷款利率支付利息。

一审判决后，高某不服，向宿迁中院上诉称：被上诉人将机器送到上诉人处是质押行为；被上诉人逾期还款的利息应计算至 2020 年 1 月 18 日，计 8 100 元。

二、思考问题

一审法院判决是否合理？二审法院会如何判决？

三、法院判决

宿迁中院二审后认为，被上诉人在逾期未能还款，并且对机器价值双方尚未确认的情况下即将机器交给上诉人占有的行为具备质押特征。被上诉人主张系用机器抵债，但未能提供充分证据证明其与上诉人达成了折价抵债的合意。原审认为，上诉人对作价没有提出异议又无其他购买人，即认定对机器的作价行为是折抵还款行为，缺乏法律依据，应予纠正。上诉人另主张 4 500 元的利息应计算至 2020 年 1 月 18 日，计 8 100 元。二审认为，双方约定如债务人逾期还款则按月息 3% 罚，该逾期利息具有违约金性质。债务人提供质押后，仍负有积极还款和因迟延履行支付违约金的义务。在上诉人处分质押物前被上诉人始终未能还款，故逾期利息应当连续计算至上诉人对质押物处分之日。上诉人主张逾期利息为 8 100 元成立，予以支持。该逾期利息 8 100 元和借款 4 500 元均包括在质押担保的范围内，应以质押物的价值优先受偿。因上诉人对质押机器没有尽到妥善保管的义务，致其价值明显减少，对此上诉人应承担赔偿责任。鉴于上诉人未经出质人同意即将质押物作为废品出售，致质押物灭失，无法对其价值进行鉴定，该责任应由上诉人承担。被上诉人曾就质押物的价值找人估价 15 000 元，当时上诉人在场没有表示异议，因此可参照该估价认定质押物价值 15 000 元。

综上所述，依照有关法律规定，宿迁中院于 10 月 16 日作出终审判决：撤销一审法院有关此案民事判决；被上诉人给付上诉人高某借款 4 500 元、逾期还款利息 8 100 元，合计 12 600 元；上诉人高某赔偿被上诉人财产损失 15 000 元；上述双方相抵后上诉人高某应给付被上诉人吴某 2 400 元及其逾期利息。

✓ 案例实训

一、基本案情

2018 年 12 月 11 日，杨某买了一辆别克小轿车。2019 年 10 月，杨某将车辆无偿借给好友王某使用。2020 年 3 月 15 日，王某因建设工程欠款而将车辆"抵押"给甲公司，并向甲公司出具一份保证书：王某于 2020 年 3 月 28 日前支付甲公司 45 万元欠款，以一辆汽车作抵押。保证书签订后，王某和甲公司都没有办理汽车抵押登记手续，只是把车辆存放在甲公司。2021 年 6 月 29 日，甲公司将王某告到法院，索要 45 万元工程款及利息。法院支持了甲公司的诉讼请求，判决现已生效并进入执行程序。2020 年 10 月，杨某向王某索要车辆时，王某说车辆已"抵押"给甲公司，一直没要回。2021 年 12 月，杨某以王某和甲公司为共同被告，起诉到北京市大兴区人民法院，要求两被告返还车辆。法院受理案件后，依法行使释明权，告诉了原告在选择诉讼主体方面的必要性和重要性。原告遂变更了诉讼主体，仅将王某列为被告，将甲公司列为第三人。庭审中，王某辩称，因自己的无权处分事实，以及未办理车辆抵押登记的事实，其和甲公司间的抵押合同无效，而无效合同从订立时起就不受国家法律保护。因此，基于车辆实际由甲公司占有的事实，法院应直接将甲公司列为被告，判令甲公司向杨某返还车辆。甲公司则辩称，其与原告不存在任何直接的民事法律关系，因此，法院应驳回原告将其列为第三人的请求；甲公司和王某有关涉案车辆的纠纷与本案无关，法院不应合并审理，应另案处理。

法院审理后认为，王某借用杨某车辆后，双方形成事实上的无偿借用合同关系。第一，王某未征得杨某同意即私自处分车辆，其行为系无权处分行为。根据法律规定，对不动产的无权处分，所有权人有权向受让人请求返还。因此，王某是本案的适格被告。

第二，鉴于杨某与甲公司之间并无直接法律关系，故杨某提起诉讼时，不能将甲公司列为被告。但是，鉴于甲公司实际占有杨某车辆的事实，杨某起诉王某的诉讼结果必然牵扯到涉案车辆，故法院支持杨某将甲公司列为第三人的诉讼请求。

第三，虽然甲公司声称其与王某间的车辆抵押合同纠纷系另一法律关系，并要求另案处理。但是，一方面，鉴于法院生效判决已判令王某支付甲公司工程款，则甲公司理应承担向王某返还车辆的法定义务；另一方面，鉴于甲公司和王某之间的车辆抵押合同没有到相关部门办理登记手续的事实，可以认定抵押合同无效，而无效抵押行为的法律后果之一也是返还财产。因此，无论依据生效判决还是无效抵押合同，甲公司均须将车辆返还王某。因此，法院根据上述理由作出判决：甲公司返还王某车辆后，王某须将车辆返还杨某；为执行方便，判令甲公司直接向杨某返还车辆。一审判决后，三方当事人均未提出上诉。

二、问题思考

分析甲公司和王某之间的车辆抵押合同是否有效。

本章小结

本章重点介绍了 5 种担保方式。介绍了保证的概念、方式，保证人的条件，保证的内容、范围、期间、保证的效力；抵押的概念，可以进行抵押的财产，抵押权的设立，抵押权的效力和抵押权的实现；质权的概念、种类，质权的设立和质权的效力；留置的概念，留置权的成立要件，留置的效力；定金的概念、种类，定金的效力。

本章的难点是抵押登记的效力。

思考练习题

一、选择题

1. 以下不属于法律规定的担保方式的是（　　）。
   A. 动产质押　　　B. 不动产抵押　　　C. 权利质押　　　D. 违约金

2. 质权因下列哪种情况而消灭？（　　）
   A. 质物转让　　　B. 质物灭失　　　C. 质物部分转让　　D. 质物部分灭失

3. 甲有祖传唐代玉佩一只，寄存于乙处。乙因生意资金紧缺，于是将此玉佩质押于不知情的某工商银行，获得贷款 10 万元。如果贷款期届至，乙不能按时还款时，则（　　）。
   A. 银行可根据约定直接取得此玉佩以抵偿乙的债务
   B. 因为乙不是玉佩的所有权人，该质押关系无效
   C. 银行可以善意取得质押权，银行有权拍卖该玉佩
   D. 银行可以行使质押权，但对给甲造成的损失应当承担责任

4. 下列关于股权质押的说法不正确的是（　　）。
   A. 以依法可以转让的股票出质的，出质人和质权人应当订立书面合同
   B. 质押合同自股份记载于股东名册之日起生效
   C. 发起人持有的本公司的股份自公司成立起 3 年内不得设质
   D. 质权实现时，有限责任公司的其他股东有优先购买权

5. 同一财产的抵押权、留置权并存时，债权人受偿的顺序为（　　）。
   A. 留置权人、抵押权人
   B. 抵押权人、留置权人
   C. 留置权人、抵押权人同时受偿

二、判断题

1. 出质人与质权人可以在质押合同中约定，在债务履行期满，质权人未受清偿时，质物的所有权转移为质权人所有。（　　）

2. 留置权作为债的一种担保方式，既可以适用于合同债权的担保，也可以适用于侵权行为之债的担保。（　　）

3. 甲以其所有的房屋向乙提供抵押后，房屋因雷击而烧毁，甲应当以其他财产继续向

乙提供抵押。（　　）

4. 汇票、支票、本票，以及依法可以转让的股票均可以质押。（　　）

5. 抵押财产可以是动产也可以是不动产。（　　）

三、问答题

1. 哪些人不得作为保证人？

2. 哪些保证合同是无效的保证合同？

3. 根据《民法典》的规定，哪些财产不得抵押？

4. 简述权利质押的范围。

5. 简述抵押与质押的区别。

6. 留置的构成要件有哪些？

7. 定金罚则是怎样规定的？

第 5 章

采购法律制度

　　本章介绍采购合同的概念和我国采购法律制度的立法概况，并重点介绍有关采购的法律规定。5.1 节采购合同；5.2 节招标投标法；5.3 节政府采购法；5.4 节国际货物买卖法；5.5 节国际贸易术语。

◎ 案例分析

◎ 案例实训

◎ 本章小结

◎ 思考练习题

5.1　采购合同

5.1.1　采购合同的基本概念

采购合同是采购方与供应方经过双方谈判协商一致同意而签订的调整"供需关系"的协议。采购合同是双方解决纠纷的依据，也是法律上双方权利和义务的证据，双方当事人都应遵守和履行采购合同。

5.1.2　采购合同的订立

采购合同的订立，实际上是当事人之间通过协商使双方的意思表示达成一致的过程。《民法典》规定，当事人订立合同，采取要约和承诺方式。

1. 要约

要约是指希望和他人订立合同的意思表示。

2. 要约邀请

要约邀请又称要约引诱。《民法典》第四百七十三条规定：要约邀请是希望他人向自己发出要约的意思表示。拍卖公告、招标公告、招股说明书、债券募集办法、基金招募说明书、商业广告和宣传、寄送的价目表等为要约邀请。商业广告和宣传的内容符合要约条件的，构成要约。

3. 承诺

承诺是受要约人同意要约的意思表示。

5.1.3　采购合同的生效

采购合同有以下 4 个生效要件。

（1）行为人具有相应的民事行为能力。

（2）意思表示真实。所谓意思表示，是指行为人将其产生、变更和终止民事权利和民事义务的意思表示于外部的行为。意思表示真实是指行为人的表示行为应当真实反映其内心的效果意思。

（3）合同的形式合法。

（4）不违反法律或公共利益。

从法律上看，合同之所以能产生法律效力，就在于当事人的意思表示符合法律的规定。对合法的意思表示，法律赋予其法律上的约束力，不合法的合同显然不能受到法律保护，也不能产生当事人预期的法律效果。

5.1.4　采购合同双方当事人的义务

1. 供应方的义务

（1）交付标的物或交付提取标的物的单证并转移标的物所有权。

（2）供应方应当按照约定或交易习惯，向买受人交付提取标的物单证以外的有关单证和资料。

（3）瑕疵担保义务。它是指供应方就买卖标的的权利或物的品质瑕疵应当承担的法律责任。

2. 采购方的义务

（1）支付价款。采购方应当按约定的数额、时间、地点支付价款。

（2）接受标的物。采购方收到标的物时应当在约定的检验期间内检验，没有约定检验期间的应及时检验。发现数量或质量不符合约定的情形时，应当通知供应方；符合约定的，应当接受。

5.1.5　标的物所有权转移与风险负担

在买卖合同中，标的物转移和标的物所有权转移是截然不同的两个法律概念。从转移时间看，两者经常同时发生，但并非必然同时发生。标的物转移涉及标的物所有权转移、标的物灭失的风险转移、标的物孳息归属等，相关的法律问题较为复杂。

风险也称危险，风险负担是在买卖合同订立后，标的物发生意外毁损、灭失，由合同的哪一方当事人承担该项损失，以及相关不利后果的一项民事法律制度。法律规定风险负担的几种情形如下。

1. 买受人违约情况下标的物的风险负担

（1）因买受人的原因致使标的物未按期限交付的，买受人应当自违反约定之日起承担标的物毁损、灭失的风险。标的物尽管仍在出卖人控制之下，未交付给买受人，在上述情况下，风险仍转移给买受人。

（2）买受人迟延受领标的物的。出卖人按照约定或依照合同法的有关规定，将标的物置于交付地点，买受人违反约定没有收取的，标的物毁损、灭失的风险自违反约定之日起由买受人承担。买受人违约的时间就是风险转移的时间。

2. 出卖人违约时标的物风险的转移

（1）出卖人交付的标的物有质量瑕疵时，买受人可以拒收或解除合同。买受人有权拒绝受领标的物，风险应由出卖人承担。在出卖人作出补救之前，或者买受人在此情形下，仍然同意接受标的物以前，风险仍由出卖人承担。

（2）出卖人未按约定交付有关标的物单证和资料。一般而言，违约方应承担标的物的风险，但出卖人未按约交付单证，却不影响风险自标的物交付即转移给买受人。

3. 路货买卖中标的物的风险负担

（1）路货买卖实际上是凭单据的交易。

（2）在路货买卖合同订立时，标的物已经脱离了出卖人的实际控制，标的物在运输途中发生的毁损、灭失与出卖人并没有直接关系。

（3）出卖人将标的物交付运输时，通常会对标的物进行投保。即使标的物发生毁损、灭失买受人也可以获得保险受益。

5.1.6　采购合同的履行

采购合同的履行是指合同规定义务的执行。任何合同规定义务的执行，都是合同的履行行为。相应地，凡是不执行合同规定义务的行为，都是合同的不履行。因此，合同的履行，表现为当事人执行合同义务的行为。当合同义务执行完毕时，合同也就履行完毕。

5.2 招标投标法

5.2.1 招标投标法概述

招标投标法是国家用于规范招标投标活动、调整在招标投标过程中产生的各种关系的法律规范的总称。

5.2.2 招标

1. 招标的概念

招标是指招标人（买方）发出招标通知，说明采购的商品名称、规格、数量及其他条件，邀请投标人（卖方）在规定的时间、地点按照一定的程序进行投标的行为。

2. 招标的分类

招标分为公开招标和邀请招标。

公开招标是指招标人以招标公告的方式邀请不特定的法人或其他组织投标。

邀请招标是指招标人以投标邀请书的方式邀请特定的法人或其他组织投标。

3. 招标的程序

政府采购的一般招标程序如下。

(1)、采购人编制计划，办理项目审批或备案手续。

(2) 采购办与招标代理机构办理委托手续，确定招标方式。

(3) 进行市场调查，与采购人确认采购项目后，编制招标文件。

(4) 发布招标公告或发出招标邀请函。

(5) 出售招标文件，对潜在投标人资格预审。

(6) 接受投标人标书。

(7) 在公告或邀请函中规定的时间、地点公开开标。

(8) 由评标委员对投标文件评标。

(9) 依据评标原则及程序确定中标人。

(10) 向中标人发送中标通知书。

(11) 组织中标人与采购单位签订合同。

(12) 进行合同履行的监督管理，解决中标人与采购单位的纠纷。

5.2.3 投标

1. 投标的概念

投标是与招标相对应的概念，是指投标人应招标人的邀请或投标人满足招标人最低资质要求而主动申请，按照招标的要求和条件，在规定的时间内向招标人递价，争取中标的行为。

2. 投标的基本做法

投标人首先取得招标文件，认真分析研究后（在现场实地考察），编制投标书。投标书实质上是一项有效期至规定开标日期为止的发盘，内容必须十分明确，中标后与招标人签订合同所要包含的重要内容应全部列入，并在有效期内不得撤回标书、变更标书报价或对标书内容作实质性修改。为防止投标人在投标后撤标或在中标后拒不签订合同，招标人通常都要求投标人提供一定比例或金额的投标保证金。招标人决定中标人后，未中标的投标人已交纳的保证金即予退还。

3. 投标文件的送达

投标人必须按照招标文件规定的地点，在规定的时间内送达投标文件。投递投标书的方式最好是直接送达或委托代理人送达，以便获得招标机构已收到投标书的回执。

如果以邮寄方式送达的，投标人必须留出邮寄时间，保证投标文件能够在截止日期之前送达招标人指定的地点。在截止时间后送达的投标文件，即已经过了招标有效期的，招标人应当原封退回，不得进入开标阶段。

5.2.4 开标、评标和中标

1. 开标

招标单位在规定的时间、地点，在有投标人出席的情况下，当众公开拆开投标资料（包括投标函件），宣布投标人（或单位）的名称、投标价格，以及投标价格修改的过程。开标一般在公证员的监督下进行。近年来，我国国内开标方式有以下3种，招标企业可任选一种。

（1）在有招标单位自愿参加的情况下，公开开标，但当场不宣布中标结果。

（2）在公证员的监督下开标，确定预选中标户。

（3）在有投标单位自愿参加的情况下，公开开标，当场确定预选中标人。

2. 评标

评标是指评标委员会依据招标文件载明的评标办法对投标文件进行评审和比较、确定投标人的排名顺序、推荐中标候选人的过程。

3. 中标

中标则是已经通过评标委员会详细评审，由评标委员会依据评标办法的规定，依法推荐1～3家投标人为中标候选人，排名第一位的投标单位能够按招标文件的要求提交履约保证金，签订合同，且未接到其他投标单位的投诉时，招标人将确定其为中标人。

5.2.5 法律责任

所谓法律责任，是指行为人因违反法律规定的或合同约定的义务而应当承担的强制性的不利后果。法律责任一般包括以下构成要件：主体、过错、违法行为、损害事实和因果关系。

主体即责任主体，是指违法行为主体或承担法律责任的主体。《中华人民共和国招标投标法》（以下简称《招标投标法》）规定的法律责任主体有招标人、投标人、招标代理机构、有关行政监督部门、评标委员会成员、有关单位对招标投标活动直接负责的主管人员和其他直接责任人员，以及任何干涉招标投标活动正常进行的单位或个人。

过错是指承担责任的主观故意或过失，在《招标投标法》规定的法律责任中，有的以行为人具有过错为必要条件，有的并不以行为人具有过错为必要条件。

违法行为，是指行为人实施的损害国家利益、社会公共利益或他人合法利益的行为。在招标投标活动中，违法行为的表现形式多种多样。《招标投标法》专设法律责任一章，对招标投标活动中的违法行为及相应的法律责任作了统一规定。

损害事实，即受到的损失或伤害的事实，包括人身的、财产的、精神的损失和伤害。《招标投标法》规定的法律责任，大多不以行为人的违法行为造成了实际的损害后果为必要条件。

因果关系是指违法行为与损害事实之间的引起与被引起的关系。在不以损害后果为构成要件的法律责任形式中，在确定责任的构成时，也不存在对因果关系的认定。法律责任可分为民事责任、行政责任和刑事责任。民事责任是民事违法行为人依法所必须承担的法律后果，亦即由民法规定对民事违法行为人依法采取的一种以恢复被损害的权利为目的并与一定的民事制裁措施相联系的国家强制形式；行政责任是指行政法律关系的主体违反行政管理法规而依法应承担的行政法律后果；刑事责任是指由刑法规定的，对触犯刑法构成犯罪的人适用的并由国家强制力保障实施的刑事制裁措施。

5.3　政府采购法

5.3.1　政府采购法的概念

政府采购法是指调整各级国家机关、事业单位和团体组织，使用财政性资金依法采购货物、工程和服务的活动的法律规范的总称。

5.3.2　政府采购当事人

政府采购当事人是指在政府采购活动中享有权利和承担义务的各类主体，包括采购人、供应商和采购代理机构等。

采购人是指依法进行政府采购的国家机关、事业单位和团体组织。

供应商是指向采购人提供货物、工程或服务的法人、其他组织或自然人。

采购代理机构是指经财政部门认定资格的，依法接受采购人委托，从事政府采购货物、工程或服务的招标、竞争性谈判、询价等采购代理业务，以及政府采购咨询、培训等相关专业服务的社会中介机构。

5.3.3　政府采购方式

政府采购主要采用以下方式。

（1）公开招标。

（2）邀请招标。

（3）竞争性谈判。

（4）单一来源采购。

（5）询价。

（6）国务院政府采购监督管理部门认定的其他采购方式。

公开招标应作为政府采购的主要采购方式。

5.3.4　政府采购程序

政府采购程序包括下列主要步骤：制定并发布政府采购目录；编制政府采购预算；汇编政府采购计划；确定并执行采购方式；归集政府采购资金；订立及履行采购合同；验收和结算。

5.3.5　政府采购合同

政府采购合同是指采购人与供应商之间设立、变更、终止政府采购权利与义务关系的协议。

1. 合同订立

（1）适用《民法典》。

（2）采用书面形式。

（3）按照平等、自愿原则约定。

（4）双方当事人不得擅自变更、终止合同。

2. 合同履行

政府采购合同当事人不得擅自变更、中止或终止合同。政府采购合同继续履行将损害国家利益和社会公共利益的，双方当事人应当变更、中止或终止合同。有过错的一方应当承担赔偿责任，双方都有过错的，各自承担相应的责任。

5.3.6　政府采购疑问与争议的解决

1. 质疑范围和形式

和询问相比，政府采购质疑的范围和形式有了一定限定。有权提出质疑的供应商的必要条件为：响应了招标文件的供应商；供应商认为采购文件、采购过程和中标、成交结果使自己的权益受到损害的；供应商在知道自己的权益受到了损害且在7个工作日内提出的；提出质疑应以书面形式。

2. 质疑书内容和格式

质疑书一般包括以下主要内容：质疑的政府采购项目、质疑的主要问题和适用的主要条款、质疑人或代理人与该政府采购项目的关系，以及质疑人或代理人的联系方式、质疑的时间等。质疑书主要由以下3个部分构成。

（1）标题。标题一般直接用"质疑书"3个字标明，其目的是便于引起招标采购单位注意。

（2）主体。第一行顶格写招标采购单位的名称，然后另起行分述质疑的政府采购项目、主要问题及适用的主要条款、质疑人或代理人与该政府采购项目的关系等。

（3）落款。落款主要由质疑人或代理人的联系方式和质疑的时间组成。质疑的时间尤为重要，数字统一规定用汉字小写表述。

5.3.7　政府采购的监督管理

1. 政府采购监督检查的主要内容

（1）有关政府采购的法律、行政法规和规章的执行情况。

（2）采购范围、采购方式和采购程序的执行情况。

（3）政府采购人员的职业素质和专业技能。

2. 政府采购监督管理部门应对集中采购机构进行考核的事项

政府采购监督管理部门对集中采购机构的考核，主要是对采购价格、节约资金效果、服务质量、信誉状况、有无违法行为等进行考核，并定期如实公布考核结果。

5.3.8 法律责任

（1）采购人、采购代理机构有违反政府采购法行为的，依法分别给予警告、罚款、没收违法所得、取消采购代理机构进行相关业务的资格等行政处罚；对直接负责的主管人员和其他直接责任人员，依法给予处分；构成犯罪的，依法追究其刑事责任。

（2）供应商有违反政府采购法行为的，依法分别给予罚款、没收违法所得、吊销营业执照等行政处罚；并可列入不良行为记录名单，在 1～3 年内禁止参加政府采购活动；构成犯罪的，依法追究其刑事责任。

（3）政府采购监督管理部门的工作人员有违反政府采购法行为的，依法给予行政处分；构成犯罪的，依法追究其刑事责任。

（4）任何单位或个人阻挠和限制供应商进入本地区或本行业政府采购市场的，责令限期改正；拒不改正的，由该单位、个人的上级行政主管部门或有关机关给予单位责任人或个人处分。

5.4 国际货物买卖法

5.4.1 国际货物买卖法概述

1. 国际货物买卖法的概念

国际货物买卖法是指调整具有国际因素的货物买卖关系的法律规范的总称。调整国际货物贸易的法律规范包括各国货物买卖法、国际公约、国际惯例。

2. 国际货物买卖的特点

（1）营业地标准，即凡营业地处于不同国家的当事人之间所订立的货物买卖合同。

（2）《联合国国际货物销售合同公约》未明确规定"货物"的定义，而是采用排除法，即在第二条规定了不适用《联合国国际货物销售合同公约》的货物销售：

① 购供私人、家人或家庭使用的货物的销售，除非卖方在订立合同前任何时候或订立合同时不知道而且没有理由知道这些货物是购供任何这种使用；

② 经由拍卖的销售；

③ 根据法律执行令状或其他令状的销售；

④ 公债、股票、投资证券、流通票据或货币的销售；

⑤ 船舶、船只、气垫船或飞机的销售；

⑥ 电力的销售。

由此可见，《联合国国际货物销售合同公约》只调整国际"货物"的销售，不调整不被视为货物或有争议的货物，也不调整一般不视为动产的货物。但《联合国国际货物销售合同公约》所调整的货物既包括存在物，也包括尚在制造或生产的货物。

3. 国际货物买卖法的法律渊源

国际货物买卖的法律，主要包括以下 3 部分。

（1）国际贸易惯例。国际法协会制定的《1932 年华沙–牛津规则》，美国商业团体制定的《1941 年美国对外贸易定义修订本》，国际商会制定的《跟单信用证统一惯例》和《国际贸易术语解释通则》。

（2）各国有关国际货物买卖的国内立法及其冲突规范。

（3）国际货物买卖公约。《国际货物买卖统一法公约》（简称《海牙第一公约》）、《国际货物买卖合同成立统一法公约》《联合国国际货物销售合同公约》。

5.4.2　国际货物买卖合同的成立

1. 国际货物买卖合同的概念

国际货物买卖以签订国际货物买卖合同的方式进行，国际货物买卖合同区别于其他合同之处在于其是有形货物买卖的合同，而且此种货物要进行跨越国界的流动；其双方当事人的营业地一定在不同国家，至于当事人的国籍是否不同，在所不计。

国际货物买卖合同是国际货物买卖法律的核心，关于国际货物买卖的法律，完全是为国际货物买卖合同而存在的。

2. 国际货物买卖合同的订立

国际货物买卖合同属于涉外经济合同。订立国际货物买卖合同，必须具备两个根本条件：① 当事人就合同内容达成协议；② 以书面作成并签字。前者为实质要件，后者为形式要件。

（1）实质要件。国际货物买卖的当事人就其货物买卖达成协议，即在他们之间有了一致的意思表示，也可简称为有了合意。

（2）形式要件。《联合国国际货物销售合同公约》第十一条规定，销售合同无须以书面订立或书面证明，在形式方面也不受任何其他条件的限制。

5.4.3　国际货物买卖合同的形式和内容

1. 国际货物买卖合同的形式

《联合国国际货物销售合同公约》对国际货物买卖合同的形式，原则上不作任何限制。无论当事人采用口头方式还是书面方式来订立合同，都不影响合同的有效性，也不影响证据力。

2. 合同的内容

国际货物买卖合同内容复杂，只要不违反法律的强制性规定，当事人可以将其同意的任何条款订立在合同之中。其内容一般由合同的首部、正文和尾部 3 个部分组成。

5.4.4　买方和卖方的基本义务

1. 卖方的义务

1）卖方的交货义务

（1）交货地点。

（2）交货日期。

（3）附随义务。

（4）移交单据。

2）卖方的货物相符义务

（1）货物相符的一般义务（包括品质担保义务）。

① 货物的数量、质量、规格、包装；货物相符的一般义务；买方已知或应知。

② 货物相符与风险转移：风险转移时；风险转移后。

③ 卖方提前交货。

④ 货物检验、货物不符的异议通知和索赔权利。

（2）卖方的权利担保义务。

① 一般权利担保：所有权担保；买方已知的例外情况。卖方所交付的货物，必须是第三方不能提出任何权利或要求的货物，除非买方同意在这种权利或要求的条件下收取货物。

② 知识产权担保。卖方所交付的货物，必须是第三方不能根据工业产权或其他知识产权主张任何权利或要求的货物，但以卖方在订立合同时已知道或不可能不知道的权利或要求为限，而且这种权利或要求根据以下国家的法律规定是以工业产权或其他知识产权为基础的：如果双方当事人在订立合同时预期货物将在某一国境内转售或做其他使用，则根据货物将在其境内转售或做其他使用的国家的法律；或者在任何其他情况下，根据买方营业地所在国家的法律。

2. 买方的义务

买方的义务主要有以下两项。

1）买方支付价款的义务

（1）买方办理各种法律规定的手续和其他相关步骤。

（2）价格的确定，订立合同时的通常价格。

（3）价格与重量、净重。

（4）支付价款的地点。

（5）支付价款的时间。

2）买方收取货物的义务

（1）收货的准备工作。

（2）接受货物。

5.4.5　违反合同的补救办法

1. 卖方违反合同时适用于买方的补救办法

1）要求实际履行

根据《联合国国际货物销售合同公约》规定，要求实际履行应满足以下条件。

（1）买方不能采取与这一要求相抵触的救济方法。例如，在要求实际履行时，又提出解除合同。

（2）买方应给予卖方履行合同一定的宽限期。

（3）法院是否最终作出实际履行的判决取决于该国国内法的规定。

2）交付替代物

只有当卖方交货不符构成根本违反合同时，买方才可以要求提交替代物，而且应在发现不符时，将这一要求及时通知对方。

3）减少价金

如货物与合同不符，无论货款是否已付，买方都可以要求减低价格。如果减价不足以补偿买方的损失，还可同时请求损害赔偿。

4）宣告合同无效

（1）当卖方在完全不交付货物或不依合同规定交付货物构成根本违反合同时，买方可以宣告合同无效，即通知对方解除合同。

（2）根本违反合同是指一方当事人违反合同的结果，使另一方当事人遭受损害，实际上剥夺了受害方根据合同规定有权期待取得的东西的违约情形。

（3）根据《联合国国际货物销售合同公约》的规定，买方宣告合同无效的声明，只有在向卖方发出通知时才产生效力。

（4）买方在卖方根本违约时，可以选择采取两项补救措施：① 要求交付替代物；② 通知卖方解除合同，买方同时可请求损害赔偿。

2. 买方违反合同时适用于卖方的补救办法

1）要求实际履行

如果买方不履行其在合同中规定的任何义务，卖方可以要求其履行义务。采取此项措施的条件如下。

（1）卖方没有采取与此要求相抵触的某种补救办法。例如，通知买方解除合同。

（2）卖方需规定一段合理时限的额外时间，让买方履行义务。

（3）卖方不会因为要求实际履行而丧失要求损害赔偿的权利。

2）宣告合同无效

卖方在下列情况下可以宣告合同无效。

（1）当买方没有履行合同或公约规定的义务构成根本违反合同时。

（2）买方不在卖方规定的额外时间内（宽限期）履行支付价款的义务或收取货物。

（3）买方声明其将不在所规定的时限内履行合同。

3. 适用于买卖双方的一般规定

公约规定了适用于买卖双方的一般规则，主要有中止合同、损害赔偿、支付利息、免责、宣告合同无效的效果、货物保全等。

预期违反合同是指在合同订立后，履行期到来前，一方明示拒绝履行合同，或者通过某种行为表明其将不履行合同的违约形态。当一方出现预期违反合同的情况时，依公约的规定，另一方可以采取中止履行义务的措施。《联合国国际货物销售合同公约》关于中止履行义务包含以下内容。

（1）中止履行的适用条件。

① 被中止方当事人（预期违约方）履行合同的能力或资信存在严重缺陷。

② 被中止方当事人必须在准备履行或履行合同的行为方面表明其将不能履行合同中的大部分重要义务。如果在履行合同日期前，明显看出一方当事人将根本违反合同时，另一方当事人可以宣告合同无效。当另一方当事人的行为显然将不履行其大部分重要义务时，一方可以暂时中止合同的履行。

（2）采取"中止履行"补救办法的一方应承担以下义务。

① 通知义务。必须将中止或解除合同的决定立即通知对方。

② 当对方提供了履行合同的充分担保时，则应继续履行合同。

③ 如果没有确切证据而中止履行合同，则应负违反合同的责任。

（3）预期违反合同与宣告合同无效。依公约规定，如果在履行合同日期之前，明显看出一方当事人将根本违反合同，另一方当事人可以宣告合同无效。在时间许可的情况下，准备宣告合同无效的一方应向对方发出合理的通知，使其可以对履行义务提供充分担保。

（4）分批交付货物时的合同无效的处理。

① 在一方当事人不履行任何一批货物的义务构成对该批货物的根本违约时，只能宣告合同对该批货物无效。

② 如有充分理由断定对今后各批货物将会发生根本违反合同时，则可在一段合理时间内宣告合同今后无效。

③ 当买方宣告合同对任何一批货物的交付为无效，而各批货物又是相互依存的情况下，可宣告合同对已交付的或今后交付的各批货物均无效。

5.4.6　货物所有权和风险的转移

1. 货物所有权的转移

从移转的具体时间与方法来看，买卖货物所有权移转的实现，既可以在合同订立之时点，也可以在装运地装运完毕或目的地交接货完毕之时点，还可以在某个特定的地点当货物无需移动时，如仓库等。

2. 风险的转移

1）风险转移的含义

风险转移是指风险承担的转移，也就是对风险造成损失的承担的转移。风险转移是国际货物买卖中的一个重要问题。

2）风险转移的时间

风险转移的时间是风险转移问题的要害，即风险在什么时候从卖方转移给买方。《联合国国际货物销售合同公约》规定了合同涉及货物运输的情况下和在运输途中的，以及在卖方营业地交货的情况下风险转移的时间。此外该公约还规定了风险转移的后果。

5.5　国际贸易术语

5.5.1　国际贸易术语的含义

贸易术语是指用一个简短的概念或简短的外文缩写的字母来表明货物的单价构成和买卖双方各自承担的责任、费用与风险的划分界限。

5.5.2　有关贸易术语的国际贸易惯例

在国际贸易业务实践中，因各国法律制度、贸易惯例和习惯做法不同，因此，国际上对各种贸易术语的理解与运作互有差异，从而容易引起贸易纠纷。为了避免各国在对贸易术语解释上出现分歧和引起争议，有些国际组织和商业团体便分别就某些贸易术语作出统一的解释与规定，其中影响较大的主要有国际商会制定的《国际贸易术语解释通则》、国际法协会制定的《1932 年华沙-牛津规则》、美国商业团体制定的《1941 年美国对外贸易定义修订本》。

1. 2010 年国际贸易术语解释通则

1999 年，国际商会广泛征求世界各国从事国际贸易各方面人士和有关专家的意见，通过调查、研究和讨论，对实行 60 多年的《国际贸易术语解释通则》进行了全面的回顾与总结。为使贸易术语更进一步适应世界上无关税区的发展、交易中使用电子讯息的增多以及运输方式的变化，国际商会对《国际贸易术语解释通则》进行修订，并于 1999 年 7 月公布《2000 年国际贸易术语解通则》（《Incoterms 2000》），于 2000 年 1 月 1 日起生效。

2010 年 9 月 27 日，国际商会正式推出《2010 年国际贸易术语解释通则》（《Incoterms 2010》），与《Incoterms 2000》并用，新版本于 2011 年 1 月 1 日正式生效。

《Incoterms 2010》：

EXW——工厂交货（……指定地点）；

FCA——货交承运人（……指定地点）；

CPT——运费付至（……指定目的港）；

CIP——运费和保险费付至（……指定目的地）；

DAT——终点站交货（……指定目的港或目的地）；

DAP——目的地交货（……指定目的地）；

DDP——完税后交货（……指定目的地）；

FAS——船边交货（……指定装运港）；

FOB——船上交货（……指定装运港）；

CFR——成本加运费（……指定目的港）；

CIF——成本、保险加运费（……指定目的港）。

国际贸易术语的数量从 13 个减至 11 个，这是因为两个新的贸易术语 DAT（运输终点交货）和 DAP（目的地交货）取代了《Incoterms 2000》中的 DAF、DES、DEQ 和 DDU 规则，但这并不影响约定的运输方式的适用。

在新规则下，交货在指定目的地进行：在 DAT 术语下，买方处置运达并卸载的货物（这与以前的 DEQ 规定的相同）；在 DAP 术语下，同样是指买方处置，但需做好卸货的准备（这与以前的 DAF、DES 和 DDU 规定的相同）。

另外，FOB、CFR 和 CIF 删除了以越过船舷为交货标准而代之以将货物装运上船。

2. 1932 年华沙-牛津规则

为了对 CIF 合同双方的权利与义务作出统一的规定与解释，国际法协会特制定了《1932 年华沙-牛津规则》，为那些按 CIF 贸易术语成交的买卖双方提供了一套可在 CIF 合同中易于使用的统一规则，供买卖双方自愿采用。在买卖双方缺乏标准合同格式或共同交易条件的情况下，买卖双方可以约定采用此项规则。

3. 1941 年美国对外贸易定义修订本

《1941 年美国对外贸易定义修订本》也是国际贸易中具有一定影响的国际贸易惯例，其不仅在美国使用，而且也为加拿大和一些拉丁美洲国家所采用。该定义对 Ex Point of Origin、FAS、FOB、C&F、CIF 和 Ex Dock 6 种贸易术语作了解释。值得注意的是，该定义把 FOB 分为 6 种类型，其中只有第五种，即装运港船上交货（FOB Vessel），才同国际贸易中一般通用的 FOB 的含义大体相同，而其余 5 种 FOB 的含义则完全不同。为了具体说明买卖双方在各种贸易术语下各自承担的义务，在此修订本所列各种贸易术语之后，一般附有注释。这些注释，实际上是贸易术语定义不可分割的组成部分。

5.5.3　常用的几种国际贸易术语

《Incoterms 2010》中的贸易术语共有 11 种，分为 E、F、C、D 4 个组。主要国际贸易术语的解释如下。

1. FOB 船上交货

FOB 是 Free On Board 的缩写，中译名为船上交货，术语后跟指定装运港（named port of shipment）。FOB 又称"离岸价格"。使用这种贸易术语时，按《Incoterms 2010》的解释，卖方应按合同规定的时间在指定的装运港口，将货物装到买方所指定的船上，并及时通知买方；卖方负责办理出口清关手续，承担货物装运上船前的一切风险和费用；货物发出后，及时备单，提供有关的出口单证。买方要负责租船订舱、支付运费，并及时将船期、船名通知卖方；办理货物的投保手续、支付保险费，承担货物越过船舷以后的责任、风险和费用；办理货物进口清关的一切手续，包括取得进口许可证及其他官方证件；接受一切单据，支付货款、提取货物。

FOB 价格在具体使用时，还应该注意以下几方面问题。

1）风险界限问题

按照 FOB 的解释，卖方应"负担货物装上船前的一切费用和风险"，而买方应"负担货物装上船后的一切费用和风险"。由于国际贸易中各国对所谓"装船"的概念不统一，因此对风险的划分和装船费用的划分就有不同的界限。

2）费用负担问题

由于存在着上述对"装船"这一概念的不同理解，再加上各个国家的港口又按自己的装船习惯或港口的办法来装船，因而出现了装船的有关费用（如平舱费、理舱费等）由谁负担的问题。各国对此也有不同的解释，甚至同一国家的不同港口解释也各不相同。

为了更加明确买卖双方的责任及有关费用的负担问题，买卖双方在签订合同时，往往在FOB 术语后加列各种附加条件，这就形成了 FOB 的以下几种变形。

（1）FOB Liner Terms（班轮条件）。

（2）FOB Under Tackle（吊钩下交货）。

（3）FOBS（FOB Stowed），FOB 包括理舱费。

（4）FOBT（FOB Trimmed），FOB 包括平舱费。

（5）FOBST（FOB Stowed and Trimmed），FOB 包括平舱费、理舱费。

上述 FOB 后加各种条件，只是为了明确装货费用由谁负担，并不影响风险转移的界限。

3）租船订舱问题

租船订舱问题主要是指船货衔接问题，以及由此引起的一系列费用问题。按照 FOB 的含义，买方负责租船订舱，并在受载前一段时间内将船名、船期通知卖方，以便卖方做好装船准备；卖方要按合同规定的装运港和期限，负责将合同要求的货装上买方指定的船只，装货完毕及时通知买方。这就涉及一个船货衔接的问题。按照有关惯例，如果买方所租船只没能按期到达，或者提前到达装运港口，卖方都有权拒绝交货，由此造成的各种损失，如滞期费（demurrage）、空舱费（deadfreight）和卖方增加的仓储费等，均由买方负责，否则有关费用由卖方负责。

4）办理出口许可证的责任问题

对于办理出口许可证的责任问题，各国的法律规定和惯例解释是不一致的。按《Incoterms 2000》解释，应由卖方负责申领出口许可证。但有些国家对此规定持不同意见。

5）FOB 贸易术语在个别国家使用时的不同解释

我国对国际贸易术语的解释都是依据《Incoterms 2010》作出的。但有些国家，如美国、加拿大和一些拉丁美洲国家对 FOB 的解释与《Incoterms 2010》有很大差异，他们大多采用《1941 年美国对外贸易定义修订本》的解释。

2. CIF 成本、保险加运费

CIF 是 Cost, Insurance and Freight 的缩写，中译名为成本、保险费加运费，术语后跟指定目的港的名称（named port of destination）。CIF 价格中的 Cost 指的是 FOB 价，即出口总成本价。该贸易术语是指卖方负责租船订舱，根据合同规定将货物由约定的装运港运至目的港，并办理保险手续及负担运费和保险费。双方风险的划分同 FOB、CFR 一样，即以装运港船舷为界。根据国际惯例的一般解释，卖方的基本责任是负责租舱或订舱，按合同规定的期限和装运港将货物装上船并支付至目的港的运费；负担货物装船前的一切风险和费用；负责办理保险并支付保险费；负责办理出口手续，提供出口国政府或有关方面签发的证件；负责提供合同规定的全部货运单据等。买方的基本责任是负责货物装上船以后的一切费用和风险；接受由卖方提供的有关货运单据，并按合同规定支付货款；办理在目的港的进口手续和提取货物。

在国际贸易业务中，使用 CIF 价格成交，需要注意以下 3 个问题。

1）租船订舱问题

按 CIF 价格的含义：卖方负责租船订舱并支付运费。除买卖双方另有约定外，对于买方提出的限制载运船舶的国籍、船名，以及船级等要求，卖方均有权拒绝。但在具体贸易实践中，如买方提出上述要求，在卖方能办到又不增加额外费用和风险的情况下，可给予通融。

2）保险问题

按 CIF 条件成交，由于货价因素中包括保险费，故卖方必须负责签订保险合同，按约定的险别投保货物运输险（如买卖双方没有约定具体险别，则卖方只需取得最低限度的保险险别），并支付保险费和提交保险单。一般认为，卖方办理投保是为了买方利益，属于代办性质。因此，在运输途中货物遭受风险而受到损失，是由买方向保险公司或轮船公司提出索赔，能否得到索赔，与卖方无关。

3）卸货费用问题

大宗商品按 CIF 条件成交时，也容易在卸货费用上引起争议。为了明确责任和避免争议，买卖双方签订 CIF 合同时，也如同 CFR 合同一样，对卸货费究竟由何方负担，通过在 CIF 价格后边加列附加条件予以明确。这也导致了 CIF 价格的变形。同样，这些变形不改变交货地点和风险划分的界限。

FOB、CFR、CIF 3 种传统的贸易术语，都仅适用于海洋货物运输及相接内河运输。随着国际贸易的迅猛发展，货物运输量的不断增加，货物运输领域发生了深刻的变化，集装箱在很大程度上代替了传统的运输方式。为了适应这种形势，国际商会在通则中增加和补充修改了适合各种运输方式和多式联运的贸易术语的比重，其中 FCA、CPT、CIP 3 种被认为是未来国际贸易中最有前途、最能适应现代化运输方式的贸易术语。

3. CFR 成本加运费

CFR 是 Cost and Freight 的缩写，中译名为成本加运费，术语后跟指定目的港名称（named port of destination）。采用这种术语时，在 CFR 后一定要注明目的港的名称。这一贸易术语是卖方必须负担货物运至目的港所需的成本和运费，这里所指的成本相当于 FOB 价，故 CFR 的基本含义就是 FOB 加装运港至目的港的运费。按照《Incoterms 2010》的解释，卖方的基本义务是提供合同规定的货物，负责租船订舱和支付运费，按合同规定的时间在装运港装船，并于装船后及时通知买方；办理出口清关手续，并承担货物在装运港装运上船前的一切费用和风险；按合同规定，提供全部正式有效的提单、发票及其他有同等作用的电子凭证。买方的基本义务是承担货物在装运港越过船舷后直至抵达目的港前由于自然灾害或意外事故引起的货物灭失或损坏的风险，以及由于货物装船后发生事件所引起的额外费用；并在合同规定的目的港受领货物、办理进口清关手续和交纳进口税；同时受领卖方提供的各种单证，按合同规定支付货款。值得注意的是，按 CFR 价格成交时，由于是卖方安排运输，而由买方办理货运保险，根据国际贸易惯例的解释，卖方在货物装船后必须及时给买方发出装船通知，便于买方及时办理投保手续。如果卖方不及时发出装船通知，致使买方未能投保，则卖方必须承担货物在运输途中的风险，对此买卖双方要在合同中明确规定，以免事后发生纠纷。

大宗商品按 CFR 贸易术语成交，容易在卸货费用上引起争议。为了明确责任，避免争议，买卖双方在签订合同时，可在 CFR 术语后附加下列有关卸货费用由谁负担的具体条件。

（1）CFR 班轮条件（CFR Liner Terms）。

（2）CFR 卸到岸上（CFR Landed）。

（3）CFR 吊钩下交货（CFR EX Tackle）。

（4）CFR 舱底交货（CFR EX Ship's Hold）。

上述 CFR 术语后边的附加条件，只是为了进一步说明卸货费用由谁负担的问题，它并不改变交货地点和风险划分的界限。

4. FCA 货交承运人

FCA 是 Free Carrier 的缩写，中译名为货交承运人，术语后跟指定地点（named place）。FCA 是指卖方只要将货物在指定地点交给由买方指定的承运人，并办理了出口清关手续，即完成交货。如买方未指明确切地点，卖方可在规定的交货地或范围内选择交货地点，将货物交由承运人照管，在此以后的一切费用和风险即由卖方转移到买方。这里所说的承运人，是指实际履行运输合同的承运人，既包括在任何运输合同中，承诺通过铁路、公路、空运、海运、内河运输或上述运输的联合方式履行运输义务的承运人，也包括签订运输合同的运输代理人。FCA 贸易术语的适用范围很广，可以适用于各种运输方式，包括铁路运输、公路运输、内河运输、海上运输、航空运输、未指定运输工具及多式联运等其他任何运输方式，因此，FCA 是《1990 年国际贸易术语解释通则》的 13 种贸易术语中适用运输方式最广的一种贸易术语。通则对该术语适用不同运输方式交货的做法作出了具体规定和解释，但无论采用哪种运输方式，买卖双方各自承担的风险和费用均是以货交承运人为界进行划分。

在 FCA 条件下，卖方交货的地点可以在出口国的内陆或其他地方，如边境地区的港口或车站等。卖方应办理出口报关手续，提供有关的单据、发票、证件，以及相应的电子数据等。

5. CIP 运费和保险费付至

CIP 是 Carriage Insurance Paid to 的缩写，中译名为运费和保险费付至，术语后跟指定目的地名称（named place of destination）。CIP 术语是指卖方除具有与 CPT 术语相同的义务外，还应为买方办理货运保险、支付保险费。按 CIP 术语成交，卖方签订运输合同，把货物送交承运人，办理货运保险，并提供约定的单证，即履行合同的义务。买方在合同规定的地点受领货物，支付货款，并且负担除运费、保险费以外的货物自交货地点直至指定目的地为止的各项费用及进口税。按 CIP 术语成交，卖方的交货地点、风险划分界限都与 CPT 相同，差别是 CIP 货价中包括保险费，故卖方必须签订保险合同并支付保险费。CIP 术语与 CIF 术语有相同之处。

6. CPT 运费付至

CPT 是 Carriage Paid to 的缩写，中译名为运费付至，术语后跟指定目的地名称（named place of destination）。CPT 贸易术语是指卖方应支付货物运至指定目的地的运费而言。这种术语也适用于各种运输方式。按此术语成交，卖方应订立运输合同和支付正常的运费，承担货物交第一承运人接管前的一切费用和风险，办理出口清关手续，并提供约定的各项单证；买方则应承担货物在运输途中的灭失或损坏的风险，以及从货物交由第一承运人接管时起所产生的一切额外费用，在目的地接受合同所规定的全部单证、支付货款、提取货物。

采用 CPT 贸易术语时，双方风险的划分仍以货交承运人为界，货物自交货地点运至目的地运输途中的风险由买方承担，卖方只承担货物交给承运人控制之前的风险。需注意的是，在多式联运情况下，涉及两个以上的承运人，卖方承担的风险自货物交给第一承运人控制时即转移给买方。CPT 价格与 CFR 价格在使用中有相似之处。

5.5.4 其他 5 种贸易术语

1. EXW 工厂交货

EXW 是 EX Works 的缩写，中译名为工厂交货，术语后跟指定地点（named place）。采用 EXW 术语成交时，卖方的基本责任是在合同规定的时间、地点，将符合合同要求的货物置于买方的处置之下，即完成交货义务。卖方承担的风险也随着交货义务的完成转移至买方。买方负责将货物装上运输工具，将货物从交货地点运至最终目的地，并承担其间的全部责任、风险和费用，包括货物出境、入境的全部手续和费用。EXW 术语是卖方承担责任最小的一种。

2. FAS 船边交货

FAS 是 Free Alongside Ship 的缩写，中译名为船边交货，术语后跟指定装运港名称（named port of shipment）。FAS 术语是指卖方将货物按合同规定的期限交到指定的装运港口买方所派船只的船边，即履行了其交货义务。买卖双方所承担的风险和费用，在卖方于船边履行了交货义务后，即由卖方转移到了买方。如果买方所派船只不能靠岸，则货物由码头驳运到船边的一切费用和风险，仍由卖方负担，装船的责任和费用由买方负担。出口清关的手续和费用由卖方负担。

3. DAT 终点站交货

DAT 是 Delivered at Terminal 的缩写，中文译名为终点站交货。此规则可用于选择的各种运输方式，也适用于选择的一个以上的运输方式。

终点站交货，是指卖方在指定的目的港或目的地的指定的终点站卸货后将货物交给买方处置即完成交货。终点站包括任何地方，无论约定或者不约定，包括码头、仓库、集装箱堆场或公路、铁路或空运货站。卖方应承担将货物运至指定的目的地和卸货所产生的一切风险和费用。

当事人尽量明确地指定终点站，如果可能，指定在约定的目的港或目的地的终点站内的一个特定地点，因为货物到达这一地点的风险是由卖方承担的，卖方签订一份与这样一种选择准确契合的运输合同。

4. DAP 目的地交货

DAP 是 Delivered at Place 的缩写，中文译名目的地交货，是《2010 年国际贸易术语解释通则》新添加的术语，取代了的 DAF（边境交货）、DES（目的港船上交货）和 DDU（未完税交货）三个术语。

该规则的适用不考虑所选用的运输方式的种类，同时在选用的运输方式不止一种的情形下也能适用。

目的地交货的意思是：卖方在指定的交货地点，将仍处于交货的运输工具上尚未卸下的货物交给买方处置即完成交货。卖方须承担货物运至指定目的地的一切风险。

尽管卖方承担货物到达目的地前的风险，该规则仍建议双方将合意交货目的地指定尽量明确。建议卖方签订恰好匹配该种选择的运输合同。如果卖方按照运输合同承受了货物在目的地的卸货费用，除非双方达成一致，否则卖方无权向买方追讨该笔费用。

在需要办理海关手续时（在必要时/适当时），DAP 规则要求应由卖方办理货物的出口清关手续，但卖方没有义务办理货物的进口清关手续，支付任何进口税或者办理任何进口海关手续，如果当事人希望卖方办理货物的进口清关手续，支付任何进口税和办理任何进口海关手续，则应适用 DDP 规则。

5. DDP 完税后交货

DDP 是 Delivered Duty Paid 的缩写，中译名为完税后交货，术语后跟指定目的地名称（named place of destination）。DDP 是《Incoterms 2010》中最后一个贸易术语，也是卖方承担责任、费用、风险最大的术语。DDP 是指卖方在指定的进口国目的地，办理完进口清关手续，把货实际交给买方，即履行了其交货义务。按此术语成交，卖方必须要承担将货物运至进口国最终目的地所产生的一切费用和风险，其中包括进口关税、捐税和有关交货的其他费用，以及办理货物出口、进口清关时的一切手续和费用。如果卖方不能直接或间接取得进口许可证，则不宜使用 DDP 贸易术语。

案例分析

案例 5-1

一、基本案情

2022 年 1 月，A 公司与 B 公司签订了一份购货合同，由 A 公司向 B 公司出售新鲜草莓 2 吨，价值 25 万元。合同规定 B 公司必须在当年 5 月 25 日至 31 日之间派冷藏集装箱车到产地接运货物，并于验货后 7 日内向 A 公司付款。假设在合同签订后，履行过程中发生了以下情况。

(1) 假设提货期到后，A 公司虽多次去函催促对方派车接货，但直至 6 月 7 日仍未见对方派车接货，于是 A 公司在 6 月 8 日向买方通知解除合同，并将这批鲜草莓卖给另一买主，货款只有 20 万元。于是 A 公司向 B 公司提出索赔。B 公司答复：A 公司已解除合同，无权再依据该合同要求索赔。

(2) 如果 B 公司按期提货后，验货时发现该批草莓有 20% 发生腐烂，于是立即通知 A 公司，要求退货。A 公司认为草莓发生腐烂与己无关，属 B 公司验货不及时，运输工具使用不当造成，拒不退货，同时要求 B 公司付款。B 公司拒绝支付全部货款。A 公司将 B 公司起诉至法院。法院查明：B 公司验收及时，运输工具使用得当。但 B 公司对该批草莓未做处理，至诉讼时该批草莓腐烂程度已达 50%。

(3) 假设 B 公司签订合同后，得知 C 公司正在收购草莓，于是 B 公司与 C 公司签订协议，将其与 A 公司订立的草莓收购合同让与 C 公司。之后，B 公司将此事通知 A 公司，但并未得到 A 公司的明确答复。C 公司在原合同约定的提货期限内派车前往 A 公司提货。C 公司在验货时，发现该批草莓有部分腐烂，要求 A 公司赔偿。A 公司提出与 C 公司未建立合同关系，拒绝赔偿。

(4) 如果在买卖合同订立后，B 公司因运输工具有限，于 4 月初与 D 公司订立运输合同，由 D 公司负责 B 公司所购草莓的运输。B 公司验货后 5 日内向 D 公司支付运费，任何一方违约，按违约金额的 5% 向对方支付违约金。之后，B 公司将与 D 公司协商运输的事宜通知了 A 公司。D 公司按照运输合同约定的地点及期限，将该批草莓运送至 B 公司。B 公司经检验发现该批草莓大量变质，于是拒绝向 A 公司支付货款。后查明，草莓变质的原因系运输车辆制冷系统发生故障，车内温度升高所致。

(5) 如果 B 公司在约定期限内，从 A 公司提走货物后，于 6 月 1 日向 A 公司出具一张汇票，交与 A 公司，委托其开户银行甲银行向 A 公司付款，但该汇票未记载付款日期。A 公司持票后，为支付欠 C 公司的货款，将该汇票背书给 C 公司。C 公司在向甲银行提示付款时，遭到拒绝。理由是 B 公司已通知其 A 公司所交货存在质量问题，为此拒绝付款。

二、问题思考

(1) A 公司解除合同对吗？A 公司是否有权向 B 公司提出索赔要求？说明理由。

(2) B 公司是否有权要求退货或拒付部分货款？如果 B 公司要求 A 公司赔偿损失，损失赔偿的范围是多少？

(3) A 公司的理由是否正确？该批草莓的质量问题如何处理？

(4) B 公司拒绝向 A 公司付款的理由是否成立？B 公司遭受的损失应如何解决？说

明理由。

(5) 该汇票未记载付款日期是否有效? 甲银行拒付理由是否成立? 该汇票的持票人 C 公司的付款请求权截止到何时?

三、案例评析

(1) A 公司有权解除合同, 并向 B 公司提出索赔。《民法典》规定, 当事人一方迟延履行主要债务, 经催告后在合理期限内仍未履行, 当事人可以解除合同。主张解除合同的, 应当通知对方。合同自通知到达对方时解除。合同解除后, 当事人有权要求赔偿损失。本案中 B 公司已构成迟延履行, 并经 A 公司多次催告仍未履行, A 公司有权解除合同。A 公司依法向 B 公司发出解除合同的通知, 并且到达 B 公司, 合同已解除。但 A 公司在解除合同后依然享有要求赔偿损失的权利, 故此因解除合同而发生的 5 万元损失有权要求 B 公司赔偿。

(2) B 公司有权要求退货, 或者拒付部分货款。《民法典》规定, 当事人互负债务, 有先后履行顺序, 先履行一方未履行的, 后履行一方有权拒绝其履行。先履行一方履行债务不符合约定的, 后履行一方有权拒绝其相应的履行要求。因此, B 公司作为后履行义务一方, 有权对 A 公司交货质量不符约定的部分, 拒绝支付货款, 即 B 公司行使先履行抗辩权, 但是 B 公司不能拒绝支付全部货款。B 公司要求 A 公司赔偿损失的部分仅限于该批货物的 20%。因为《民法典》规定, 当事人一方违约后, 对方应当采取适当措施防止损失的扩大, 没有采取适当措施致使损失扩大的, 不得就扩大的损失要求赔偿。B 公司在发现该批货物 20% 的损失后, 应采取适当措施防止损失扩大, 而 B 公司未做妥善处理, 因此不得就进一步扩大的损失要求 A 公司赔偿。

(3) A 公司的理由是正确的。因为该草莓收购合同是 A 公司与 B 公司订立的, 如果 B 公司欲将该合同转让给 C 公司, 根据《民法典》的规定, B 公司应当通知 A 公司, 并经 A 公司同意。本案中, B 公司只通知 A 公司将合同转让给 C 公司, 但未征得 A 公司的同意, 所以该合同转让行为不符合法律规定, 转让行为无效。A 公司因未与 C 公司建立合同关系, 有权拒绝赔偿。该批草莓的质量问题, 可由 B 公司向 A 公司提出赔偿要求。

(4) B 公司拒绝向 A 公司付款的理由不能成立。根据《民法典》的规定, 出卖人应当按照约定的地点交付标的物。标的物需要运输的, 出卖人应当将标的物交付给第一承运人以运交买受人。标的物交付后, 毁损、灭失的风险由买受人承担。本案中, A 公司与 B 公司约定了交货地点, D 公司按照约定负责运送。因此, 当 A 公司将货物交付给 D 公司后, 标的物即为交付, 此后发生的风险责任应当由买受人 B 公司承担。所以, B 公司以该批草莓变质为由拒绝向 A 公司支付货款的理由不成立。

B 公司遭受的损失应当要求 D 公司承担。因为 B 公司与 D 公司之间订立有运输合同。《民法典》规定, 承运人对运输过程中货物的毁损、灭失承担损害赔偿责任。本案中由于承运人 D 公司运输车辆的故障问题, 导致该批草莓变质, 责任在 D 公司。根据法律规定及双方合同约定, D 公司应向 B 公司承担损失赔偿责任, 并按约定支付违约金。

(5) 该汇票有效。因为付款日期属相对记载事项, 如果欠缺, 我国《票据法》规定为 "见票即付"。甲银行的拒付理由不成立。《票据法》规定, 票据债务人可以对不履行约定义务的与自己有直接债权、债务关系的持票人进行抗辩。由于甲银行与持票人 C 公司之间不存在直接的债权、债务关系, 故不得对 C 公司拒绝付款。该汇票持票人 C 公司的付款请求权, 依照《票据法》的规定, 见票即付的汇票, 自出票日起 2 年内不行使, 其权利归于消灭。所以 C

公司的付款请求权截止到 2024 年 6 月 1 日。

案例 5-2

一、基本案情

2021 年 6 月，甲公司将一台价值 900 万元的机床委托乙仓库保管，双方签订的保管合同约定：保管期限从 2021 年 6 月 21 日至 2021 年 10 月 20 日，保管费用为 2 万元，由甲公司在保管到期提取机床时一次付清。2021 年 8 月，甲公司急需向丙公司购进一批原材料，但因资金紧张，暂时无法付款。经丙公司同意，甲公司以机床作抵押，购入丙公司原料。双方约定：至 2021 年 12 月 8 日，如甲公司不能偿付全部原材料款，丙公司有权将机床变卖，以其价款抵偿原材料款。2021 年 10 月 10 日，甲公司与丁公司签订了转让机床合同（丙公司已经同意），双方约定：甲公司将该机床作价 860 万元卖给丁公司，甲公司于 2021 年 10 月 31 日内交货，丁公司在收货后 10 日内付清货款。2021 年 10 月下旬，甲公司发现丁公司经营状况恶化（有证据证明），于是通知丁公司终止交货并要求丁公司提供担保，丁公司没有给予任何答复。2021 年 11 月上旬，甲公司发现丁公司经营状况进一步恶化，于是向丁公司提出解除合同。丁公司遂向法院提起诉讼，要求甲公司履行合同并赔偿损失。

二、问题思考

（1）如果甲公司到期不支付机床保管费，乙仓库可以行使什么权利？

（2）甲公司向丁公司转让已抵押的机床，甲、丁公司订立的转让合同是否有效？并说明理由。

（3）甲公司能否中止履行与丁公司订立的转让机床合同？并说明理由。

（4）甲公司能否解除与丁公司订立的转让机床合同？并说明理由。

三、案例评析

（1）乙仓库可以行使留置权。

（2）甲、丁公司之间的转让合同有效。根据规定，抵押期间，抵押人经抵押权人同意转让抵押财产的，应当将转让所得的价款向抵押权人提前清偿债务或提存。在本案中，该转让已经得到抵押权人丙公司的同意，因此甲、丁公司之间的转让合同有效。

（3）甲公司可以中止履行合同。根据规定，应当先履行债务的当事人，有确切证据证明对方经营状况严重恶化的，可以行使不安抗辩权，中止合同履行。在本案中，作为应当先履行债务的当事人，甲公司有确切证据证明丁公司经营状况恶化，因此甲公司可以中止履行合同。

（4）甲公司可以解除合同。根据规定，当事人在中止履行合同后，如果对方在合理期限内未恢复履行能力，并且未提供适当担保的，可以解除合同。在本案中，由于丁公司不能提供担保，因此甲公司可以解除合同。

案例 5-3

一、基本案情

远洋公司与大华公司于 2021 年 5 月 20 日签订了设备买卖合同，远洋公司为买方，大华公司为卖方。双方约定：① 由大华公司于 2021 年 10 月 30 日前分二批向远洋公司提供设备 10 套，价款总计为 150 万元；② 远洋公司向大华公司给付定金 25 万元；③ 如一方迟延履行，应向另一方支付违约金 20 万元；④ 由鼎盛公司作为大华公司的保证人，在大华公司不能履行债务时，鼎盛公司承担一般保证责任。

2021 年 7 月 1 日，大华公司向远洋公司交付了 3 套设备，远洋公司支付了 45 万元货款。2021 年 9 月，该种设备价格大幅上涨，大华公司向远洋公司提出变更合同，要求将剩余的 7 套设备价格提高到每套 20 万元，远洋公司不同意，随后大华公司通知远洋公司解除合同。2021 年 11 月 1 日，远洋公司仍未收到剩余的 7 套设备，从而严重影响了其正常生产，并因此遭受了 50 万元的经济损失。于是远洋公司诉至法院，要求大华公司增加违约金数额并继续履行合同，同时要求鼎盛公司履行一般保证责任。

二、问题思考

（1）合同约定远洋公司向大华公司给付 25 万元定金是否合法？并说明理由。

（2）大华公司通知远洋公司解除合同是否合法？并说明理由。

（3）远洋公司要求增加违约金数额，依法能否成立？并说明理由。

（4）远洋公司要求大华公司继续履行合同，依法能否成立？并说明理由。

（5）鼎盛公司在什么条件下应当履行一般保证责任？

三、案例评析

（1）合同约定远洋公司向大华公司给付 25 万元定金合法。根据规定，定金数额不得超过主合同标的额的 20%。

（2）大华公司通知远洋公司解除合同不合法。根据规定，依法订立的合同成立后，即具有法律约束力，任何一方当事人都不得擅自变更或解除合同。

（3）远洋公司要求增加违约金数额依法成立。根据规定，合同双方当事人约定的违约金低于造成损失的，当事人可以请求人民法院或仲裁机构予以增加。

（4）远洋公司要求大华公司继续履行合同依法成立。根据规定，当事人一方不履行合同义务或履行合同义务不符合约定的，对方当事人可以要求继续履行，违约方应当承担继续履行的违约责任。

（5）在远洋公司和大华公司之间的合同纠纷经审判或仲裁，并就债务人大华公司的财产依法强制执行仍不能履行债务时，鼎盛公司对远洋公司应当履行一般保证责任。

案例实训

一、基本案情

2021 年 3 月 2 日，A 展览公司（以下简称"A 公司"）与 B 公司签订了一份价值为 100 万元的展览设备买卖合同。该合同约定：A 公司于 2021 年 3 月 3 日向 B 公司签发一张金额为人民币 15 万元的银行承兑汇票作为定金；B 公司于 2021 年 3 月 10 日交付展览设备；A 公司于 B 公司交付展览设备之日起 3 日内付清货款；任何一方违约，应当依照合同金额的 20% 向守约方支付违约金。2021 年 3 月 3 日，A 公司依约向 B 公司签发并交付了一张由 C 银行承兑和付款的金额为人民币 15 万元的银行承兑汇票，B 公司在收到该汇票后，于 3 月 4 日将其背书转让给 D 公司。2021 年 3 月 10 日，B 公司未向 A 公司交付设备，经 A 公司催告后至 3 月 15 日，B 公司仍未交货，A 公司遂于 3 月 18 日另行购买了设备，并通知 B 公司解除合同，要求 B 公司双倍返还定金 30 万元，同时支付违约金 20 万元。B 公司收到 A 公司通知后未就解除合同提出异议，但不同意 A 公司提出的双倍返还定金和支付违约金的要求。2021 年 3 月 9 日，D 公司取得的上述汇票不慎被盗，同日，D 公司到 C 银行办理了挂失止付手续。2021 年 3 月 10 日，王某用盗得的上述汇票以 D 公司的名义向 E 公司购买一辆汽车，并以 D 公司的名义将该汇票签章背书转让给 E 公司作为支付购买汽车的价款。2021 年 3 月 12 日，E 公司为支付 F 公司货款，又将该背书转让给 F 公司；2021 年 4 月 5 日，F 公司在该汇票到期日向 C 银行提示付款，C 银行拒绝支付票款。

二、问题思考

（1）B 公司收到 A 公司解除合同的通知后，双方之间签订的买卖合同是否已经解除？并说明理由。

（2）A 公司要求 B 公司双倍返还定金 30 万元，同时支付违约金 20 万元是否符合《中华人民共和国民法典》的规定？并说明理由。

（3）王某以 D 公司的名义将汇票签章背书转让给 E 公司的行为是否有效？并说明理由。

（4）在 F 公司向 C 银行提示付款时，D 公司已采取的挂失止付补救措施是否可以补救其票据权利？为什么？

本章小结

采购合同是采购方与供应方经过双方谈判协商一致同意而签订的调整"供需关系"的协议。

招标投标法是国家用来规范招标投标活动、调整在招标投标过程中产生的各种关系的法律规范的总称。

政府采购法是指调整各级国家机关、事业单位和团体组织，使用财政性资金依法采购货物、工程和服务的活动的法律规范的总称。

国际货物买卖合同是国际货物买卖法律的核心，关于国际货物买卖的法律，完全是为国际货物买卖合同而存在的。

贸易术语是指用一个简短的概念或简短的外文缩写字母来表明货物的单价构成和买卖双方各自承担的责任、费用与风险的划分界限。

本章的重点是采购合同的制定和采购合同的变更、转让和终止。

本章的难点是采购合同的履行。

思考练习题

一、选择题

1. 采购人是指依法进行政府采购的（   ）。

    A. 国家机关   B. 事业单位

    C. 团体组织   D. 企业

2. 集中采购机构是（   ），根据采购人的委托办理采购事宜。

    A. 非营利事业法人   B. 营利事业法人

    C. 国家机关   D. 社会团体

3. 《2010 国际贸易术语解释通则》（   ）组术语中，货物的运费由买方承担。

    A. E、F   B. E、C   C. E、D   D. C、D

4. 在招标采购中，出现下列情形之一的，应予废标（   ）。

    A. 符合专业条件的供应商或对招标文件作实质响应的供应商不足 3 家的

    B. 出现影响采购公正的违法、违规行为的

    C. 投标人的报价均超过了采购预算，采购人不能支付的

    D. 因重大变故，采购任务取消的

5. 供应商认为采购文件、采购过程和中标、成交结果使自己的权益受到损害的，可以在知道或应知其权益受到损害之日起（   ）工作日内，以书面形式向采购人提出质疑。

    A. 10 个   B. 5 个   C. 15 个   D. 7 个

二、判断题

1. 公开招标应作为政府采购的主要采购方式。（   ）

2. 《国际贸易术语解释通则》E、F 组术语中，货物的运费由卖方负担。（   ）

三、问答题

1. 简述采购合同的概念。

2. 简述采购合同双方当事人的义务。

3. 简述招投标法的概念。

4. 简述政府采购法的内容。

5. 简述政府采购方式及政府采购的监督管理。

6. 什么是国际货物买卖？

7. 常用的国际贸易术语有几种？

8. 简述国际货物买卖合同的形式和内容。

9. 简述有关贸易术语的国际贸易惯例。

第6章

货物运输法律制度

本章导读

　　货物运输是物流中一个非常重要的环节，是实现物流的一个必不可少的步骤。本章从货物运输基本知识入手，介绍货物运输涉及的国际和国内法律、法规知识。6.1 节货物运输法律制度概述；6.2 节道路货物运输法律、法规；6.3 节铁路运输法律、法规；6.4 节水路运输法律、法规；6.5 节海上货物运输法律、法规；6.6 节航空运输法律、法规；6.7 节多式联运法律、法规。

◎ 案例分析

◎ 案例实训

◎ 本章小结

◎ 思考练习题

6.1　货物运输法律制度概述

6.1.1　货物运输方式的分类

物流中主要的运输方式有公路运输、铁路运输、水路运输、航空运输和管道运输5种。另外，随着物流的发展，多式联运作为一种新型的综合运输方式也发挥着越来越重要的作用。

1. 公路运输

公路运输是指使用汽车或其他交通工具在公路上载运货物的一种运输方式。公路运输的工具以汽车为主，因此又称为汽车运输，是陆路货物运输的方式之一。公路运输有多种形式，有大型、特型、笨重物件的运输，集装箱运输，快件货物运输，特快件货物运输，危险品货物运输等。公路运输的主要优点是机动灵活、应急性强、初期投资少、收效快、驾驶技术容易掌握，适于近距离、中小量货物运输，运输费用相对较低，运输速度较快，可以满足用户的多种需求。其缺点是运量小、长途运输成本高、对环境造成的污染严重。总之，公路运输快捷方便，是物流运输的主要方式。许多物流企业都拥有自己的车队以完成货物运输任务。

2. 铁路运输

铁路运输是指将火车车辆编组成列车在铁路上运载货物的运输方式，是陆路运输的方式之一。铁路货物运输目前有3种运输方式，即整车货物运输、零担货物运输和集装箱货物运输。铁路运输已经有150余年的历史，与其他运输方式相比，铁路运输的优点是运输速度较快，运输能力大，很少受自然条件的限制，适宜各种货物的运输，运输的安全性和运输时间的准确性较高，远距离运输的成本较低。其缺点是受铁轨和站点的限制，受运输时刻、配车、编列、中途编组等因素的影响，不能适应客户的紧急需要，近距离运输的费用较高。物流中常常利用铁路来完成中长距离、运量大的货物运输任务。

3. 水路运输

水路运输是指使用船舶及其他航运工具，在江河湖泊、运河和海洋上运载货物的一种运输方式。水路运输可以分为内河运输和海上运输两种方式。其优点是运载能力大，适合运输体积和重量较大的货物，相比较而言，水路运输的成本最低。其缺点是受自然条件的影响较大，运输速度较慢，运输时间较长，装卸和搬运费用较高等。物流中通常利用水路运输运量大、运距长、对时间要求不高和运输费用负担能力较低的货物。目前，世界上有2/3的货物是通过水路运输的。

4. 航空运输

航空运输是指在具有航空线路和航空港（飞机场）的条件下，利用飞机进行货物运输的一种运输方式。航空运输可以分为国内航空运输和国际航空运输。其优点是运输速度快，安全性和准确性很高，散包事故少、货物包装费用小。其缺点是运输成本较高，飞机的运载能力有限，远离机场所在地的城市受到限制。在物流中，航空运输最适合运送运量小、运距大、对时间要求紧、运费负载能力相对较高的货物。

5. 管道运输

管道运输是指利用管道运送气体、液体的一种运输方式，是现代物流中发展越来越快的一种运输方式。该方式与其他运输方式的区别是其运输载体是静止不动的，而货物是流动的。管道运输的特点明显，由于运输管道属于封闭设备，这样可以避免一般运输过程中的丢失、散失等问题，同样也可以避免其他运输设备经常遇到的回程空驶的无效运输问题，这在无形中节约了成本。当然，管道运输的局限性也很明显，仅仅适用于流体货物的运输，并且管道敷设的成本很高。

6. 多式联运

多式联运是指把两种或两种以上的运输方式结合起来，实行多环节、多区段相互衔接的一种接力式运输方式，是一种综合型的运输方式。多式联运具有托运手续简单方便、能够缩短货物的在途时间、车船周转快、运输工具利用率高等优点。但是，进行多式联运必须具备一定的条件，在运输沿线上必须具有装卸搬运的车站、码头，有高效率、高质量的中途转乘和换乘管理，以及物流信息系统支持等。从理论上，多式联运是物流中最理想的运输方式，它能够充分发挥各种运输方式的长处，达到运输合理化，但对物流企业在各方面的要求都很高。

6.1.2 货物运输合同的概念和法律特征

1. 货物运输合同的概念

货物运输合同又称货物运送合同，是指承运人将货物运输到约定地点，托运人支付运费的合同。

2. 货物运输合同的法律特征

（1）货物运输合同的标的是承运人的运送行为，而不是被运送的货物本身，因而货物运输合同属于提供劳务（服务）的合同。

（2）货物运输合同是双务有偿合同。

（3）货物运输合同大多是诺成合同。

（4）货物运输合同可以采用留置的方式担保。

（5）货物运输合同的内容大多是格式条款（标准合同）。

6.1.3 货物运输合同的当事人

1. 托运人

托运人是指与承运人订立货物运输合同的人，是货物运输合同的一方当事人，是把货物交付给承运人运输的人。

2. 承运人

承运人是指与托运人订立货物运输合同的人，是货物运输合同的另一方当事人，负责用约定的运输方式把货物运送到指定的目的地。

3. 收货人

收货人是指在货物运输合同中指定的有权领取货物的人。收货人虽然不是签订运输合同的人，但其有权提取货物，并在一定条件下受运输合同的约束。

4. 多式联运经营人

多式联运经营人是指与托运人订立多式联运合同的人，是多式联运合同的当事人，负责组织货物运输，相当于承运人的地位。

6.1.4　货物运输合同中主要当事人的义务

1. 托运人的义务

（1）支付运费的义务。

（2）告知运输事项的义务。

（3）包装义务。

（4）保证托运货物安全的义务。

2. 承运人的义务

（1）完成运送货物的义务。

（2）通知收货人收货的义务。

（3）保证货物安全的义务。

3. 收货人的义务

（1）收货人应当及时提货并验收货物。

（2）收货人应当向承运人支付保管费等费用。

6.2　道路货物运输法律、法规

《汽车货物运输规则》于 2016 年 5 月被废止，道路货物运输没有相应的法律法规出台，其运输规则适用《民法典》合同编的规定。

6.2.1　汽车货物运输合同

汽车货物运输合同是指汽车承运人与托运人签订的明确相互权利与义务关系的协议。很多从事物流服务的企业在实践中，既不是用自己的汽车，也不是用别人的汽车来完成货物的运输，而是把货物运输交给专业的汽车承运人来完成，自己作为托运人或是托运人的代理人与汽车承运人签订汽车货物运输合同。

6.2.2　汽车货物运输合同双方当事人的义务

1. 汽车托运人的主要义务

（1）托运的货物名称、性质、件数、质量、体积、包装方式等，应当与运单记载的内容相符。

（2）按照国家有关部门规定必须办理准运或审批、检验等手续的货物，托运时应当将准运证或是审批文件随货同行。如果委托承运人向收货人代递有关文件，应当在运单中注明文件名称和份数。

（3）在托运的货物中，不得夹带危险货物、贵重货物、鲜活货物，以及其他易腐货物、易污染货物、货币、有价证券和政府禁止或限制运输的货物。

（4）托运的货物应当按照约定的方式进行包装。没有约定的或约定不明确的，可以协议补充；不能达成补充协议的，按照通用的方式包装；没有通用方式的，应当在足以保证运输、搬运装卸作业安全和货物完好的原则下进行包装。依法应当执行特殊包装标准的，按照规定执行。

（5）应当根据货物性质和运输要求，按照国家规定，正确使用运输标志和包装储运图示标志。

（6）托运特种货物（如冷藏货物、鲜活货物等）时，应当按照要求在运单中注明运输条件和特约事项。

（7）货物包含需要照料的生物、植物、尖端精密产品、稀有珍贵物品、文物、军械弹药、有价证券、重要票证和货币时，必须派人押运。并且，应在运单上注明押运人员姓名及必要的情况。押运人员必须遵守运输和安全规定，并在运输过程中负责货物的照料保管和交接；如发现货物出现异常情况，应当及时作出处理，并告知车辆驾驶人员。

（8）托运人应当按照合同的约定支付运费。

2. 汽车承运人的主要义务

（1）根据货物的需要和特性，提供适宜的车辆。该义务要求承运人提供的车辆应当技术状况良好、经济适用，对特种货物运输的，还应当为特种货物提供配备了符合运输要求的特殊装置，或者专用设备的车辆。

（2）承运人应当按照运送货物的情况，合理安排运输车辆。货物装载重量以车辆额定吨位为限，轻泡货物以折算重量装载，不得超过车辆额定吨位和有关长、宽、高的规定。

（3）按照约定的运输路线进行运输。如果在起运前要改变运输路线，承运人应当将此情况通知托运人，并按最终的路线运输。

（4）在约定运输期限内将货物运达。零担货物应当按照批准的班期时限运达，快件货物应当按照规定的期限运达。

（5）对货物的运输安全负责，保证货物在运输过程中不受损害。

6.2.3 违约责任

1. 托运人的责任

（1）托运人未按合同规定的时间和要求备好货物，以及货物运达后无人收货或拒绝收货，使得承运人车辆放空、延滞，或者造成其他损失的，托运人应当负赔偿责任。

（2）由于托运人的下列过错，造成承运人、站场经营人、搬运装卸经营者人的车辆、机械、设备等腐坏、污染或人身伤亡，以及因此而引起的第三方的损失，应当负赔偿责任。

① 在托运的货物中故意夹带危险货物或其他易腐蚀、易污染货物，以及禁、限运货物的；错报、匿报货物的重量、规格、性质。

② 货物包装不符合标准，包装、容器不良，而从外部无法发现。

③ 错用包装、储运图示标志。

（3）不如实填写运单，错报、误填货物名称或装卸地点，造成承运人错送、装货落空由此引起的其他损失，应当负赔偿责任。

2. 承运人的责任

（1）如果承运人未按运输期限将货物运达，应当承担违约责任。因承运人责任将货物错送或错交，可以要求其将货物无偿运到指定的地点，交给指定的收货人。运输期限是由双方共同约定的货物起运、到达目的地的具体时间。未约定运输期限的，从起运日起，按200公里为1日运距，用运输里程除以每日运距，计算运输的期限。

（2）如果承运人未遵守双方约定的运输条件或特约事项，由此造成托运人损失的，可要求其负赔偿责任。

（3）货物在承运责任期间，发生毁损或灭失，承运人应当负赔偿责任。承运期间，是指承运人自接受货物起至将货物交付收货人止，货物处于承运人掌管之下的全部时间。托运人还可以与承运人就货物在装车前和卸车后对承担的责任另外达成协议。

3. 免责事项

有下列情况之一，承运人举证后可不负赔偿责任。

（1）不可抗力。

（2）货物本身的自然性质变化或合理损耗。

（3）包装内的缺陷，造成货物受损。

（4）包装表面完好，内装货物毁损或灭失。

（5）托运人违反国家有关法令，致使货物被有关部门查扣、弃置或作其他处理。

（6）归责于押运人的货物毁损或灭失；托运人或收货人过错的货物毁损或灭失。

6.3　铁路运输法律、法规

6.3.1　铁路货物运输合同

1. 铁路货物运输合同的概念和订立

铁路货物运输合同是指铁路承运人根据托运人的要求，按期将托运人的货物运至目的地，交付给收货人的合同。

铁路货物运输合同可以分为整车货物运输合同和零担货物运输合同。整车货物运输合同是指铁路承运人和托运人约定将货物用一整辆货车来装载运送的铁路货物运输合同；零担货物运输合同是指铁路承运人与托运人就不需要整车运输的少量货物签订的铁路货物运输合同。

对于大宗货物的运输，物流企业可以与铁路承运人签订年度、半年度、季度运输合同，双方经过谈判协商，最后双方意思达成一致合同即成立。零担货物的运输以铁路的货物运单代替运输合同。合同订立具体表现为货物的托运和承运，托运人按照货物运单的有关要求填写，经由铁路承运人确认，并验收核对托运货物无误后，合同即告成立。

2. 铁路货物运输合同当事人的义务

1）托运人的义务

（1）应当按照合同的约定向铁路承运人提供运输的货物。

（2）要如实申报货物的品名、重量和性质。

（3）对货物进行包装，以适用运输安全的需要。对于包装不良的，铁路承运人有权要求其加以改善，如果拒不改善，或者改善后仍不符合运输包装要求，承运人有权拒绝承运。

（4）托运零担货物应当在每一件货物两端各粘贴和钉固一个用坚韧材料制作的清晰明确的标记（货签），还应当根据货物的性质，按照国家标准，在货物包装上做好储运图示标志。

（5）要按照规定支付运费。双方可以约定由托运人在货物发运前支付运费，也可以约定在到站后由收货人支付运费。但铁路运费通常都是由托运人在发运站承运货物当日支付。

如果托运人不支付运费，铁路承运人可以不予承运。

2）承运人的义务

（1）及时运送货物。铁路承运人应当按照铁路运输的要求，及时组织调度车辆，做到列车正点到达。铁路承运人应当按照合同约定的期限，或者国务院铁路主管部门规定的期限将货物运到目的站。

（2）保证货物运输的安全，对承运的货物妥善处理。铁路承运人对于承运的容易腐烂的货物和活动物，应当按照国务院铁路主管部门的规定和双方的约定，采取有效的保护措施。

（3）货物运抵到站后，及时通知收货人领取货物，并将货物交付收货人。

3. 违约责任

1）托运人的责任

（1）由于托运人错报或匿报货物的品名、重量、数量、性质而导致承运人财产损失的，要承担赔偿责任。

（2）由于物流企业对货物的真实情况申报不实，而使承运人少收取了运费，要补齐运费，并应按规定另外支付一定的费用。

（3）承担由于货物包装上的从外表无法发现的缺陷，或者由于未按规定标明储运图示而造成的损失。

（4）在托运人负责装车的情况下，由于加固材料的不合格或在交接时无法发现的对装载规定的违反而造成的损失，由托运人承担责任。

（5）由于押运人的过错而造成的损失，由托运人承担责任。

2）承运人的责任

（1）货损责任。铁路承运人应当对承运的货物自接受承运时起到交付时止发生的灭失、短少、变质、污染或损坏，承担赔偿责任。如果物流企业办理了保价运输，按照实际损失赔偿，但最高不超过保价额。如果未办理保价运输，按照实际损失赔偿，但最高不超过国务院铁路主管部门规定的赔偿限额；如果损失是由于承运人的故意或重大过失造成的，则不适用赔偿限额的规定，而是按照实际损失赔偿。

（2）延迟交付的责任。承运人应当按照合同约定的期限，或者国务院铁路主管部门规定的期限，将货物运到目的站；逾期运到的，承运人应当支付违约金。违约金的计算以运费为基础，按比例退还。对于超限货物、限速运行的货物、免费运输的货物，以及货物全部灭失的情况，则承运人不支付违约金。如果迟延交付货物造成收货人或托运人的经济损失，承运人应当赔偿所造成的经济损失。承运人逾期30日仍未将货物交付收货人的，托运人、收货人有权按照货物灭失向承运人要求赔偿。

3）免责事项

由于下列原因造成的货物损失，铁路承运人不承担赔偿责任。

（1）不可抗力。

（2）货物本身自然属性，或者合理损耗。

（3）托运人或收货人的过错。

6.3.2 国际铁路货物运输

国际铁路货物运输是指使用统一的国际铁路联运单据，由铁路部门经过两个或两个以上国家的铁路进行的运输。我国同周边国家的进出口货物多数采用铁路货物运输方式。我国与俄罗斯、蒙古、朝鲜、越南等邻国的通商货物，相当大一部分是通过国际铁路运输的。在通过国际铁路运输货物时，由于跨越国境的原因，托运人经常与铁路承运人签订货物运输合同，由其去完成运输。中国是《国际铁路货物联运协定》（以下简称《国际货协》）的参加国。下面主要介绍《国际货协》的主要内容。

1. 发货人和收货人的权利与义务

（1）支付运费的义务。发送国的运费由发送人支付；过境的运费可由发货人支付，也可由收货人支付；到达国的运费由收货人支付。

（2）收货人有收取货物的义务。

（3）变更合同的权利。依公约的规定，发货人可对运输合同作下列变更：在始发站将货物取回；变更到站，此时在必要的情况下，应注明货物应通过的国境站；变更收货人；将货物返还始发站。

收货人可对运输合同作下列变更：在到达国范围内变更货物的到站；变更收货人。

2. 承运人的义务及责任

在国际铁路货物运输中，承运人的权利和义务包括以下内容。

（1）及时运送货物。铁路承运人应当按照铁路运输的要求，及时组织调度车辆，做到列车正点到达。

（2）保证货物运输的安全。对承运的货物妥善处理。

（3）货物运抵到达站后，及时通知收货人领取货物，并将货物交付收货人。

（4）承运人的责任期间为从签发运单时起至终点交付货物时止。

依据《国际货协》对承运人所应承担责任的规定，即承运人对货物的灭失、损坏和迟延交付负赔偿责任。对赔偿的范围和金额的计算规定有以下内容。

对于货物全部或部分损失，铁路的赔偿金额应按外国出口方在账单上所开列的价格计算；如发货人对货物的价格另有声明时，铁路应按声明的价格赔偿。

如果货物遭受毁损，铁路应赔偿相当于货物减损金额的款额，不赔偿其他损失。声明价格的货物毁损时，铁路应按照货物由于毁损而减低价格的百分数，支付声明价格的部分赔款。

如果货物逾期运到，铁路应以所收运费为基础，按逾期的长短，向收货人支付规定的逾期罚款。

铁路对货物赔偿损失的金额，在任何情况下，都不得超过货物全部灭失时的数额。

6.4　水路运输法律、法规

6.4.1　国内水路货物运输合同

水路运输是利用船舶运载工具在水路上进行的运输。它是一种重要的运输方式，也是物流中最为常见的一种运输方式，由于其兼顾近距离、远距离、零星、大宗货物的运输需求，成本相对低廉，因而承担着人部分的运输任务。

我国与水路运输相关的法律包括《中华人民共和国民法典》《中华人民共和国海商法》。

国内水路货物运输（包括沿海运输）合同适用《民法典》第三编第十九章运输合同的规定。

1. 水路货物运输合同的含义

水路运输合同是指承运人收取运输费用，负责将托运人托运的货物经水路由一港（站、点）运送另一港（站、点）的合同。水路货物运输包括班轮运输和航次租船运输。班轮运输是指在特定的航线上按照预定的船期和挂靠港从事有规律水上货物运输的运输形式；航次租船运输是指船舶出租人向承租人提供船舶的全部或部分舱位，装运约定的货物，从一港（站、点）运至另一港（站、点）的运输形式。

2. 运单

1）运单的性质

运单是水上运输的单证。它是水路货物运输合同的证明，如果运单的记载与运输合同不一致，以运单记载为准；运单是承运人已经接受货物的证明，它表示承运人已经按照运单记载的状况接受货物，但运单不是承运人据以交付货物的凭证。

2）运单的内容

运单的内容一般包括下列各项：承运人、托运人和收货人名称；货物名称、件数、重量、体积（长、宽、高）；运输费用及其结算方式；船名、航次；起运港、中转港和到达港；货物交接的地点和时间；装船日期；运输期限；货物包装方式；货物识别标志；货物相关事项。

3）运单的签发

承运人接受货物应当签发运单。运单由载货船舶的船长签发，视为代表承运人签发。运单在签发后，由承运人、承运人的代理人、托运人、到达港港口经营人、收货人各留存一份，另外一份由收货人收到货物后作为收据返还承运人。承运人可以视情况需要增加或减少运单份数。

3. 水路货物运输合同双方的义务

1）托运人的义务

（1）及时办理港口、海关、检疫、公安和其他货物运输所需的各种手续，并将办理各项手续的单证交付承运人，预付运费，另有约定的除外。

（2）所托运货物的名称、件数、重量、包装方式、识别标志，应当与运输合同的约定相符。

（3）妥善包装货物，保证货物的包装符合国家规定的包装标准；没有包装标准的，货物的包装应当保证运输安全和货物质量。需要随附备用包装的货物，应提供足够数量的备用包装，交给承运人随货免费运输。

（4）在货物外包装或表面正确制作识别标志和储运指示标志。识别标志和储运指示标志应字迹清楚、牢固。

（5）托运危险货物时，应当按照有关危险货物运输的规定，妥善包装，制作危险品标志和标签，并将其正式名称和危险性质及必要时应当采取的预防措施书面通知承运人。未通知承运人或通知有误的，承运人可以在任何时间、任何地点和根据情况需要将危险货物卸下、销毁或使之不能为害，而不承担赔偿责任。承运人知道危险货物的性质并已同意装运的，仍然可以在该项货物对于船舶、人员或其他货物构成实际危险时，将货物卸下、销毁或使之不能为害，而不承担赔偿责任，但这不影响共同海损的分担。

（6）除另有约定外，运输过程中需要饲养、照料的活动物、植物，以及尖端保密物品、稀有珍贵物品和文物、有价证券、货币等，托运人需要申报并随船押运，并在运单内注明押运人员的姓名和证件，但是，押运其他货物须经承运人同意。

（7）负责笨重、长大货物和舱面货物所需要的特殊加固、捆扎、烧焊、衬垫、苫盖物料和人工，卸船时要拆除和收回相关物料；需要改变船上装置的，货物卸船后应当负责恢复原状。

（8）托运易腐货物和活动物、植物时，应当与承运人约定运到期限和运输要求；使用冷藏船（舱）装运易腐货物的，应当在订立运输合同时确定冷藏温度。

（9）托运木（竹）排应当按照与托运人约定的数量、规格和技术要求进行编扎。在船舶或其他水上浮物上加载货物，应当经承运人同意，并支付运输费用。航行中，木（竹）排、船舶或其他水上浮物上的人员（包括船员、排工及押运人员）应当听从承运人的指挥，配合承运人保证航行安全。

（10）承担由于下列原因发生的洗舱费用：提出变更合同约定的液体货物品种；装运特殊液体货物（如航空汽油、煤油、变压器油、植物油等）需要的特殊洗舱；装运特殊污秽油类（如煤焦油等），卸后需要的洗刷船舱。在承运人已履行船舶适货义务的情况下，因货物的性质或携带虫害等情况，需要对船舶和货物进行检疫、洗刷、熏蒸、消毒的，应当由托运人或收货人负责，并承担船舶滞期费等有关费用。

2）承运人的义务

（1）使船舶处于适航状态，妥善配备船员、装备船舶和配备供应品，并使干货舱、冷藏舱、冷气舱和其他载货处所适于并能安全收受、载运和保管货物。

（2）按照运输合同的约定接受货物。

（3）妥善地装载、搬移、积载、运输、保管、照料和卸载所运货物。

（4）按照约定、习惯或地理上的航线将货物运送到约定的目的港。承运人为救助或企图救助人命或财产，而发生的绕航或其他合理绕航，不属于违反规定的行为。

（5）在约定期间或在没有这种约定时，在合理期限内将货物安全运送到指定地点。

（6）货物运抵目的港后，向收货人发出到货通知，并将货物交给指定的收货人。

6.4.2 集装箱运输的特别规定

（1）承运人向托运人提供集装箱空箱时，托运人应当检查箱体并核对箱号；收货人返还空箱时，承运人应当检查箱体并核对箱号。

① 承运人、托运人、收货人对整箱货物，应当检查箱体、封志状况并核对箱号。

② 承运人、托运人、收货人对特种集装箱，应当检查集装箱机械、电器装置、设备的运转情况。

集装箱交接状况，应当在交接单证上如实加以记载。

（2）根据约定由托运人负责装、拆箱的，运单上应当准确记载集装箱封志号；交接时发现封志号与运单记载不符或封志破坏的，交接双方应当编制货运记录。

（3）根据约定由承运人负责装、拆箱的，承运人与托运人或收货人对货物进行交接。

（4）集装箱货物需拆箱后转运的，其包装应当符合《国内水路货物运输规则》第十五条的规定。

（5）收货人提取货物后，应当按照约定将空箱归还，超期不归还的，按照约定交纳滞箱费。

（6）集装箱货物装箱时应当做到合理积载、堆码整齐、牢固。集装箱受载不得超过其额定的重量。

6.5 海上货物运输法律、法规

国际海上货物运输适用《海商法》第四章海上货物运输合同的规定；租用船舶进行运输的情况下，适用《海商法》第六章船舶租用合同的规定。

6.5.1 海上货物运输合同

海上货物运输是指使用船舶经过海路或与海相通的可航水域，将货物从一个港口运送到另一个港口的运输方式。由《海商法》所调整的海上运输主要是国际间的海上运输，并且限于商业行为。海上货物运输通常是通过订立海上货物运输合同实现的。所谓海上运输，实质上就是海上货物运输合同行为。

海上货物运输合同是指承运人收取运费，负责将托运人托运的货物经海路由一港运至另一港的合同。该合同主要涉及以下当事人。

（1）承运人（船方）。承运人是指本人或委托他人以本人名义与托运人订立海上货物运输合同的人。

（2）实际承运人。实际承运人是指接受承运人委托，从事货物运输或部分运输的人。

（3）托运人（货方）。本人或委托他人以本人名义或委托他人为本人与承运人订立海上货物运输合同的人；本人或委托他人以本人名义或委托他人为本人将货物交给与海上货物运输合同有关的承运人。

（4）收货人。收货人是指有权提取货物的人。

海上货物运输合同与其他合同一样，是当事人根据法律规定，设立、变更、终止民事法律关系的协议。具有双务合同、有偿合同、直接涉及第三方合同和要式合同的法律特征。

6.5.2 提单

1. 提单的概念及其法律特征

提单是班轮运输中的重要法律文件。依《汉堡规则》的规定，提单是指用以证明海上运输合同和由承运人接管或装载货物，以及承运人保证据以交付货物的单证。单证中关于货物应按记名人的指示或不记名人的指示交付，或者交付给提单持有人的规定，便是这一保证。《海商法》也采用了《汉堡规则》有关提单的定义。从上述定义中可以看出，提单具有以下法律特征。

（1）提单是海上运输合同的证明。提单只是运输合同的证明而非运输合同本身。首先，从理论上，合同是以当事人双方一致为生效的主要条件，而提单只是由一方当事人签发的。其次，从时间上，运输合同是在提单签发之前成立的。提单是运输合同的证明只是就承运人与托运人之间的关系而言，而提单的受让人没有参加运输合同的缔结，他对托运人与承运人之间在订舱时有什么约定并不知情，因此对运输合同的内容只能依提单上的记载，各国法律及学说一般也认为，提单在承运人与提单的受让人之间就不仅是运输合同的证明，而且是运输合同本身。

（2）提单是承运人出具的接受货物的收据。提单是在承运人收到所交运的货物后向托运人签发的，提单的正面记载了许多收据性的文字，如货物的标志、货物的包装、数量或重量，以及货物的表面状况等。提单的证明作用在托运人手中和托运人以外的第三方持有人手中的效力是不同的。提单在托运人手中时只是初步证据，所谓初步证据，是指如承运人有确实的证据证明其收到的货物与提单上的记载不符，承运人可以向托运人提出异议。但在托运人将提单背书转让给第三人的情况下，对于提单受让人来说，提单就成为终结性的证据。因为提单的受让人是根据提单上的记载事项受让提单的，其对货物的实际情况并不知情，如提单中的记载不实是由于托运人的误述引起的，承运人可以向托运人提出抗辩。但承运人不得以此对抗提单的受让人，这样可以保证提单的流通性。

（3）提单是承运人交付货物的凭证。不记名提单和指示提单具有流通性。承运人在目的港应向提单持有人或合法受让人交货。提单持有人对在途货物有处分权。

2. 提单的种类

（1）根据货物是否已装船可将提单分为已装船提单和收货待运提单。已装船提单是指由船长或承运人的代理人在货物装上指定的船舶后签发的提单。银行一般也只接受已装船提单。收货待运提单是指船方在收到货物后，在货物装船以前签发的提单。银行通常不愿意接受收货待运提单作为议付的担保，为托运人提供资金的融通。

（2）根据收货人的抬头可将提单分为记名提单、不记名提单和指示提单。记名提单是指提单正面载明收货人名称的提单。在这种情况下，承运人只能向该收货人交付货物。记名提单一般不能转让。不记名提单是指提单正面未载明收货人名称的提单。这种提单的转让十分简便，无须背书，只要将提单交给受让人即可。指示提单是指提单正面载明凭指示交付货物的提单。指示提单的转让必须经过背书。

（3）根据提单有无批注可将提单分为清洁提单和不清洁提单。清洁提单是指提单上未附加表明货物表面状况有缺陷的批注的提单。承运人如签发了清洁提单，就表明所接受的货物表面或包装完好，承运人不得事后以货物包装不良等为由推卸其运送责任。银行在结汇时一般只接受清洁提单。不清洁提单是指在提单上批注有表明货物表面状况有缺陷的提单。银行除非在信用证规定可以接受该类提单的情况下，一般会拒绝接受不清洁提单办理结汇。

（4）根据运输方式可将提单分为直达提单、转船提单和联运提单。直达提单是指表明中途不经转船直接将货物运往目的地的提单。转船提单是指当货物的运输不是由一条船直接运到目的港，而是在中途需转换另一船舶运往目的港时，船方签发的包括全程的提单。联运提单是指货物要经过水路、陆路和空中运输中的两种以上运输方式而签发的提单。

（5）根据是否已付运费可将提单分为运费预付提单和运费到付提单。运费预付提单是指载明托运人在装货港已向承运人支付运费的提单。运费到付提单是指载明收货人在目的港提货时向承运人支付运费的提单。

3. 提单的内容

提单分正反两面，提单止面是提单记载的事项，提单的背面为关于双方当事人权利和义务的实质性条款。

1）提单正面的记载事项

关于提单正面的记载事项，各航运公司拟制的提单大致相同，一般包括以下各项内容。

（1）承运人的名称和主营业所。

（2）托运人的名称。

（3）收货人的名称。

（4）通知方。

（5）船舶名称。

（6）装货港和卸货港。

（7）货物的品名、标志、包数或件数、重量或体积。

（8）提单的签发日期、地点和份数。

（9）运费的支付。

（10）承运人或其代表的签字。

2）提单背面条款

海运提单的背面通常载有关于双方当事人权利和义务的条款。各种提单格式的条款虽不尽相同，但主要内容基本上是一致的。

（1）管辖权和法律适用条款。

（2）承运人责任条款。

（3）承运人的免责条款。

（4）承运人责任期间条款。

（5）赔偿责任限额条款。

（6）特殊货物条款。

（7）留置权条款。

（8）共同海损和新杰森条款。

（9）双方有责碰撞条款。

此外，提单中还有关于战争、检疫、冰冻、罢工、拥挤、转运等内容的条款。

6.5.3　海上货物运输合同当事人的主要义务和责任

1. 承运人的义务

1）提供船舶并保证适航的义务

承运人在船舶开航前和开航当时，应当谨慎处理，使船舶处于适航状态，妥善配备船员、装备船舶和配备供应品，并使货舱、冷藏舱、冷气舱和其他载货处所适于并能安全收受、载运和保管货物。

2）装卸、运送和交付货物的义务

承运人应当妥善、谨慎地装载、搬移、积载、运输、保管、照料和卸载所运货物。

3）不得绕航的义务

承运人应当按照约定的或习惯上的或地理上的航线将货物运往卸货港。除了为救助或企图救助人命或财产，而发生的绕航或其他合理绕航外，不得发生不合理的绕航。到目的港后，承运人应当将船舶停泊在适于卸货的地点，并将货物卸下交付给提单载明的收货人、提单受让人或其代理人。

2. 承运人的责任

1) 承运人的责任期间

承运人的责任期间是指承运人对货物运送负责的期间。

承运人对集装箱装运的货物的责任期间，是指从装货港接受货物时起至卸货港交付货物时止，货物处于承运人掌管之下的全部期间。承运人对非集装箱装运的货物的责任期间，是指从货物装上船时起至卸下船时止，货物处于承运人掌管之下的全部期间，实践中被称为"钩至钩"或"舷至舷"责任。在承运人的责任期间，货物发生灭失或损坏，除本节另有规定外，承运人应当负赔偿责任。前款规定，不影响承运人就非集装箱装运的货物，在装船前和卸船后所承担的责任，达成任何协议。

2) 承运人免责范围和赔偿责任原则

在责任期间货物发生的灭失或损坏是由于下列原因之一造成的，承运人不负赔偿责任。

（1）船长、船员、引航员或承运人的其他受雇人，在驾驶船舶或管理船舶中的过失。

（2）火灾，但是由于承运人本人的过失所造成的除外。

（3）天灾、海上或其他可航水域的危险或意外事故。

（4）战争或武装冲突。

（5）政府或主管部门的行为、检疫限制或司法扣押。

（6）罢工、停工或劳动受到限制。

（7）在海上救助或企图救助人命或财产。

（8）托运人、货物所有人或他们的代理人的行为。

（9）货物的自然特性或固有缺陷。

（10）货物包装不良或标志欠缺、不清。

（11）经谨慎处理仍未发现的船舶潜在缺陷。

（12）非由于承运人或承运人的受雇人、代理人的过失造成的其他原因。

承运人依照前款规定免除赔偿责任的，除第（2）项规定的原因外，应当负举证责任。

上述12项内容，说明《海商法》规定的承运人赔偿责任原则是不完全的过失责任制，即没有彻底坚持过失责任原则。

3) 承运人赔偿责任范围及赔偿责任限制

（1）承运人赔偿责任范围。承运人赔偿责任范围是指赔偿责任所包含的具体内容，或者说是承运人赔偿额的大小。货物灭失的赔偿额，按照货物的实际价值计算；货物损坏的赔偿额，按照货物受损前后实际价值的差额或货物的修复费用计算。

货物的实际价值，按照货物装船时的价值加保险费加运费计算。

由此可见，承运人的赔偿责任范围仅限于直接损失，而不包括间接损失，这是与海上运输风险的特殊性有密切关系的。

（2）承运人赔偿责任限制。承运人（船舶所有人）赔偿责任限制，又称"单位责任限制"，是指承运人应承担的赔偿责任，按计算单位计算，限定在一定范围之内的责任限制制度，即法律规定一个单位最高赔偿额，超过限额的部分承运人不负赔偿责任。在赔偿责任限度实际发挥作用的情况下，它实际上是对承运人赔偿责任的一种部分免除。

承运人对货物的灭失或损坏的赔偿限额，按照货物件数或其他货运单位数计算，每件或每个其他货运单位为666.67计算单位，或者按照货物毛重计算，每千克为2计算单位，以两者中赔偿限额较高的为准。但是，托运人在货物装运前已经申报其性质和价值，并在提单中载明的，或者承运人与托运人已经另行约定高于本条规定的赔偿限额的除外。这里的"计算单位"是指特别提款权。

承运人对货物因迟延交付造成经济损失的赔偿限额，为所迟延交付货物的运费数额。经证明，货物的灭失、损坏或迟延交付是由于承运人的故意，或者明知可能造成损失而轻率地作为或不作为造成的，承运人不得援用限制赔偿责任的规定。

经证明，货物的灭失、损坏或迟延交付是由于承运人的受雇人、代理人的故意，或者明知可能造成损失而轻率地作为或不作为造成的，承运人的受雇人或代理人不得援用限制赔偿责任的规定。

6.5.4 海上货物运输国际公约

1. 海牙规则

《海牙规则》于 1931 年 6 月正式生效，现已有缔约国近百个。《海牙规则》共 16 条，除第十一至第十六条是有关公约的批准、加入和修改的程序性条款外，其余均为实质性条款。其主要内容涉及承运人最低限度的责任，应享有的免责范围，以及对货物灭失或损坏的索赔通知、诉讼时效、赔偿限额等问题。

1924 年制定的《海牙规则》，自 20 世纪 30 年代生效以来，一直得到大多数航运国家的承认，并成为国际海上货物运输方面一个举足轻重的国际公约。其历史贡献是不容抹杀的，但同时也应看到，《海牙规则》在总的指导思想上有偏袒承运人利益的倾向，在具体规定上一些条款不够公平合理，在内容上有些已难以适应当前形势的需要。《海牙规则》的主要缺陷表现为：① 没有完全贯彻过失责任制；② 责任期间的规定欠周密；③ 单位赔偿限额太低；④ 诉讼时效期间过短。

2. 维斯比规则

鉴于《海牙规则》的缺陷，特别是现代海运技术的发展带来的新问题，国际海事委员会于 1959 年召集会议考虑对《海牙规则》进行修改。1963 年，该委员会草拟了一份修改《海牙规则》的议定书草案，经审议通过后定名为《修改统一提单若干法律规定的国际公约议定书》。由于该议定书草案在斯德哥尔摩讨论期间，参加会议的成员到过哥特兰岛的维斯比城，为借用中世纪威斯比海法的名声，将该议定书称为《维斯比规则》，或称为《海牙-维斯比规则》。它是我国制定《海商法》的最重要参考依据。

《维斯比规则》于 1977 年 6 月 23 日生效，在《海牙规则》的缔约国中，有 20 多个国家同时也参加了《维斯比规则》。该规则共 17 条，主要在下述 5 个方面对《海牙规则》作了修改和补充：① 提高了赔偿限额；② 规定了提单最终证据效力；③ 拓展了责任限制的保护范围；④ 延长了诉讼时效期间；⑤ 扩大了适用范围。

《维斯比规则》只是对《海牙规则》的修改和补充。人们对它的评价很不一致：一种观点认为，它比较符合当前国际海运的现状；另一种观点认为，它对《海牙规则》的修改仍未触及要害问题，集中表现为保留了承运人对船长、船员的航海与管船过失免责的规定。

3. 汉堡规则

《汉堡规则》的全称是《1978 年联合国海上货物运输公约》，于 1978 年在汉堡通过，因而简称《汉堡规则》。《汉堡规则》全文共 34 条，其主要特点是扩大了承运人的义务和责任，更多保护货方利益，并于 1992 年 11 月 1 日生效。

《汉堡规则》和《维斯比规则》一样，都是对《海牙规则》进行修改的产物，但它们却是不同修改方案的结果。《维斯比规则》代表了英国、北欧及船方的利益，所以只对《海牙规则》作了一些非实质性的修改，而《汉堡规则》则代表了广大发展中国家及货方的利益，所以对《海牙规则》进行了彻底修改。它的某些内容已被我国《海商法》借鉴和吸收。

《汉堡规则》对《海牙规则》的修改和补充主要体现在以下几个方面：① 承运人责任基础的变更；② 承运人责任期间的延长；③ 责任限额的提高；④ 索赔通知及诉讼时效期间的延长；⑤ 对管辖权和仲裁的规定；⑥ 适用范围的进一步扩大。

6.6　航空运输法律、法规

6.6.1　航空货物运输合同

在实践中，企业进行运输更多的是与航空公司签订航空货物运输合同。航空货物运输合同是航空承运人与托运人签订的，由航空承运人通过空运的方式将货物运至托运人指定的航空港，交付给托运人指定的收货人，由托运人支付运费的合同。

1. 航空货物运输合同双方的义务

1）托运人的义务

物流企业作为托运人应注意尽到以下义务。

（1）应当按照航空货物运输合同的约定提供货物。

（2）应对货物按照国家主管部门规定的包装标准进行包装；如果没有上述包装标准，应按照货物的性质和承载飞机的条件，根据保证运输安全的原则，对货物进行包装。如果不符合上述包装要求，承运人有权拒绝承运。托运人必须在托运的货件上标明出发站、到达站，以及托运人、收货人的单位、姓名和地址，并采用符合国家规定的标准的包装储运图示标志。

（3）要及时支付运费。除非托运人与承运人另有约定，运费应当在承运人开具航空货运单时一次付清。

（4）如实申报货物的品名、重量和数量。

（5）要遵守国家有关货运安全的规定，妥善托运危险货物，并按照国家关于危险货物的规定对其进行包装。不得以普通货物的名义托运危险货物，也不得在普通货物中夹带危险品。

（6）应当提供必需的资料和文件，以便在货物交付收货人前完成法律、行政法规规定的有关手续。

2）承运人的义务

（1）按照航空货运单上填明的地点，在约定的期限内将货物运抵目的地。

（2）按照合理和经济的原则选择运输路线，避免货物的迂回运输。

（3）对于承运的货物应当精心组织装卸作业，轻拿轻放，严格按照货物包装上的储运图示标志作业，防止货物损坏。

（4）保证货物运输安全。

（5）按货运单向收货人交付货物。

2. 违约责任

1）托运人的责任

（1）因在托运货物内夹带、匿报危险物品，错报笨重货物重量，或者违反包装标准和规定，而造成承运人或第三人损失的，须承担赔偿责任。

（2）因没有提供必需的资料、文件，或者提供的资料、文件不充足，或者不符合规定而造成的损失，除由于承运人或其受雇人、代理人的过错造成的外，应当对承运人承担责任。

（3）未按时交纳运输费用的，应承担违约责任。

2）承运人的赔偿责任

航空运输期间是指在机场内、民用航空器上，或者机场外降落的任何地点，托运行李、货物处于承运人掌管之下的全部期间，其中不包括机场外的任何陆路运输、海上运输、内河运输过程。但是，如果此种陆路运输、海上运输、内陆运输是为了履行航空运输合同而进行装载、交付或转运，在没有相反证据的情况下，所发生的损失视为在航空运输期间发生的损失。

在货物运输中，经承运人证明，损失是由索赔人或代行权利人的过错造成或促成的，应当根据造成或促成此种损失的过错程度，相应免除或减轻承运人的责任。

货物在航空运输中因延误造成的损失，承运人应当承担责任。但是，承运人证明本人或其受雇人、代理人为了避免损失的发生，已经采取一切必要措施或不可能采取任何措施的，不承担责任。

3）承运人的免责事项

承运人证明货物的毁灭、遗失或损坏是由于下列原因之一造成的，不承担责任。

（1）货物本身的自然属性、质量或缺陷。

（2）承运人或其受雇人、代理人以外的人包装货物的，货物包装不良。

（3）战争或武装冲突。

（4）政府有关部门实施的与货物入境、出境或过境有关的行为。

4）承运人的责任限额

国内航空运输承运人的赔偿责任限额由国务院民用航空主管部门制定，报国务院批准后公布执行。

《中国民用航空货物国内运输规则》规定，货物没有办理声明价值的，承运人按照实际损失的价值进行赔偿，但赔偿最高限额为毛重量每千克人民币 20 元。托运人在交运货物时，特别声明在目的地交付时的利益，并在必要时支付附加费的，除承运人证明托运人声明的金额高于货物在目的地交付时的实际利益外，承运人应当在声明金额范围内承担责任。

任何旨在免除承运人责任或降低承运人赔偿责任限额的条款，均属无效。但是，此种条款的无效，并不影响整个航空运输合同的效力。

6.6.2 包机合同

包机合同是指航空公司按照合同约定的条件把整架飞机和飞机的部分舱位租给包机人，把货物由一个或几个航空港运到指定目的地，并由包机人支付约定费用的合同。

包机分为整机包机和部分包机。整机包机是指航空公司将整架飞机租给一个包机人的航空运输方式；部分包机是指由几家包机人联合包租一架飞机，或者由航空公司把一架飞机的舱位分别租给几家包机人的航空运输方式。物流企业可以根据货物的具体情况决定是否使用包机运输，与航空公司签订包机合同。包机运输虽然具有高度的灵活性，但由于政府出于安全考虑对航空运输的限制，审批手续使运输成本大大增加，因而实际开展包机业务的地区并不多。

1. 包机人的义务

（1）提供包机合同中约定的货物，并对货物进行妥善的包装。

（2）按照约定支付费用。

2. 出租人的义务

（1）按照合同约定提供适宜货物运输的飞机和舱位。

（2）按照合同约定的期限将货物运到目的地。

（3）保证货物运输的安全。

6.6.3　国际航空货物运输

目前，有关国际航空货物运输的国际公约主要有 1929 年制定的《关于统一国际航空运输某些规则的公约》（简称《华沙公约》），1955 年《修改 1929 年 10 月 12 日在华沙签订的统一国际航空运输某些规则的公约的议定书》（简称《海牙议定书》），1961 年《统一非缔约承运人所办国际航空运输某些规则以补充华沙公约的公约》（简称《瓜达拉哈拉公约》）。我国是前两个公约的参加国。在这 3 个公约中，《华沙公约》是基础，《海牙议定书》和《瓜达拉哈拉公约》是对《华沙公约》的修改和补充，但均未改变《华沙公约》的基本原则。《中华人民共和国民用航空法》中对国际航空货物运输的部分事项也作了特别规定。中国民用航空总局还在 2000 年发布并实施了《中国民用航空货物国际运输规则》，专门对国际航空货物运输中的相关问题作了特别规定。托运人在办理国际航空货物运输时要注意遵守这些特别规定。

就国际航空货物运输来说，在承运人责任方面，与国内航空货物运输有所不同，这主要表现在承运人免责事项和责任限额方面。

现以《华沙公约》为主线，介绍相关公约的基本内容。

1. 航空货运单

按照《华沙公约》的规定，航空货运单是订立合同、接受货物和运输条件的初步证据。航空运单的缺少、不合规定或灭失，不影响运输合同的存在和有效。货物承运人有权要求托运人填写航空货运单，托运人有权要求承运人接受这项凭证。《海牙议定书》对《华沙公约》在航空运单上的修改主要有两点：① 将航空货运单改为空运单；② 对《华沙公约》规定的航空运单应记载的事项进行了删减。

2. 承运人的责任

按照《华沙公约》的规定，承运人应对货物在航空运输期间发生的因毁灭、遗失或损坏而产生的损失负责。航空运输期间包括货物在承运人保管下的整个期间，无论在航空站内、在航空器上或在航空站外降停的任何地点。航空运输期间不包括在航空站以外的任何陆运、海运或河运，但如果该项运输是为了履行航空运输合同而进行的装载、交货或转运空运货物的运输，如发生损失，也应视为是在航空运输期间发生的，除非有相反的证据，承运人也应对该损失负责。承运人还应对在航空运输中因延误而造成的货物损失负责。

3. 承运人责任的免除与减轻

按照《华沙公约》的规定，承运人在下列情况下可以免除或减轻其责任。

（1）如承运人能证明他和他的代理人或雇用人为了避免损失，已经采取了一切必要的措施，或者不可能采取这种措施时，承运人对货物的损失可不负责任。

（2）如承运人证明损失的发生是由于驾驶中、航空器的操作中或航行中的过失引起的，并证明他和他的代理人已经在其他一切方面采取了必要的措施以避免损失时，承运人对货物的损失可不负责任。

（3）如承运人证明受害人自己的过失是造成损失的原因或原因之一，则法院可依法免除或减轻承运人的责任。

4. 承运人的责任限额

《华沙公约》规定的承运人对货物灭失、损害或延迟交货的责任，以每千克 250 金法郎为限，但托运人特别声明货物价值并已交付必要的附加费的不在此限。同时又规定，如货物损失的发生是由于承运人或其代理人故意的不当行为或过失引起的，则承运人无权免除或限制其责任。《海牙议定书》将"故意的不当和行为"改为"故意造成或明知可能造成而漠不关心的行为或不行为"。

5. 索赔期限和诉讼时效

按照《华沙公约》的规定，在货物损坏、灭失的情况下，收货人应在收到货物后 7 天内提出异议，在延迟交付的情况下，应在货物由收货人支配起 14 天内提出异议。《海牙议定书》延长了索赔期限，将前者延长为 14 天，后者延长为 21 天。《华沙公约》规定的诉讼时效是自航空器到达目的地或应该到达之日起 2 年。

6.7 多式联运法律、法规

6.7.1 多式联运合同

1. 多式联运合同的概念

多式联运合同是指多式联运经营人与托运人签订的，由多式联运经营人以两种或两种以上不同的运输方式将货物由接管地运至交付地，并收取全部运费的合同。

2. 多式联运单据

多式联运中通常采用的运输单证是多式联运单据。当多式联运的运输方式之一是海运，尤其是海运作为第一种运输方式时，多式联运单据多表现为多式联运提单。

多式联运经营人收到托运人交付的货物时，应当签发多式联运单据。

多式联运单据应当载明下列事项：货物名称、种类、件数、重量、尺寸、外表状况、包装形式；多式联运经营人的名称和主营业场所；托运人名称；收货人名称；接受货物的日期、地点；交付货物的地点和约定的日期；多式联运经营人或其授权人的签字及单据的签发日期、地点；运费的支付；预期的运输经由路线、运输方式、换装地点等。

3. 多式联运合同双方的义务

1）托运人的义务

（1）按照合同约定的货物品类、数量、时间、地点提供货物，并交付多式联运经营人。

（2）认真填写多式联运单证的基本内容，并对其正确性负责。

（3）按照货物运输的要求妥善包装货物。

（4）按照约定支付各种运输费用。

2）多式联运经营人的义务

（1）及时提供适合装载货物的运输工具。

（2）按照约定的运到期间，及时将货物运至目的地。

（3）在货物运输的责任期间内保证货物的运输安全。我国《海商法》第一百零三条规定：多式联运经营人对多式联运货物的责任期间，自接受货物时起至交付货物时止。《民法典》第八百三十九条也规定，多式联运经营人可以与参加多式联运的各区段承运人就多式联运合同的各区段运输约定相互之间的责任，但该约定不影响多式联运经营人对全程运输承担的义务。《国际集装箱多式联运管理规则》对多式联运经营人的责任期间也作出了与我国《海商法》和《民法典》相一致的规定。

（4）在托运人或收货人按约定交付了各项费用后，向收货人交付货物。

6.7.2　国际货物多式联运法律制度

国际货物多式联运是指联运经营人以一张联运单据，通过两种以上的运输方法将货物从一个国家运至另一国家的运输。在国际货物多式联运领域内，较有影响的国际公约主要有 3 个：1980 年《联合国国际货物多式联运公约》、1973 年《多式联运单证统一规则》，以及 1991 年《多式联运单证规则》。这 3 个公约与我国的规定相比较，主要的不同点是多式联运经营人的责任制度方面的不同。后两个公约是民间规则，仅供当事人选择适用。在参与国际货物多式联运经营活动中，行为人应当依据实际情况，选择约定所应适用的规则。

1. 多式联运经营人的责任基础

1）《联合国国际货物多式联运公约》的规定

《联合国国际货物多式联运公约》实行修订后的统一责任制。多式联运经营人对全程运输负责。不管是否能够确定货运事故发生的实际运输区段，都适用公约规定。但是，若货运事故发生的区段适用的国际公约或强制性国家法律规定的赔偿责任限额高于公约规定的赔偿责任限额，则应当按照该国际公约或国内法的规定限额进行赔偿。

该公约实行推定过失责任制，即如果造成货物灭失、损坏或迟延交付的事故发生在联运责任期间，联运经营人就应负赔偿责任，除非联运经营人能证明其本人、雇用人或代理人等为避免事故的发生及后果已采取了一切所能采取的措施。

2）《多式联运单证统一规则》的规定

《多式联运单证统一规则》实行网状责任制。如果能够确定灭失、损坏发生的运输区段，多式联运经营人的责任适用于该运输区段的强制性国内法或国际公约的规定。如果不能确定灭失、损坏的发生区段，则按本规则的规定办理。该规则对多式联运经营人实行推定过失责任制，具体类似于《汉堡规则》的联运人推定过失责任制。

3）《多式联运单证规则》的规定

《多式联运单证规则》实行一种介于网状的规定责任制和统一责任制之间的责任形式。总体上采用推定过失负责任的原则，但是对于水上运输的区段，实际上仍采用了《海牙-维斯比规则》的不完全过失责任制。该规则规定，多式联运经营人对海上或内河运输中由于下列原因造成的货物灭失或损坏，不负赔偿责任：船长、船员、领航员或受雇人在驾驶和管理船舶中的行为、疏忽或过失；火灾（除非由承运人的实际过失或私谋造成）。

2. 多式联运经营人的赔偿责任限额

1）《联合国国际货物多式联运公约》的规定

《联合国国际货物多式联运公约》规定，多式联运包括水运的，每包或其他货运单位的最高赔偿额不得超过 920 特别提款权，或者按毛重每千克不得超过 2.75 特别提款权计算，并以其中较高者为准；如联运中不包括水运，则按毛重每千克不超过 8.33 特别提款权计算，单位限额不能适用。关于迟延交付的责任限额为所迟延交付的货物应付运费的总额。

如经证明，货物的灭失、损坏或迟延交付系多式联运经营人的故意或明知可能造成的轻率作为或不作为所引起，多式联运经营人便丧失引用上述责任限制的权利。

2）《多式联运单证统一规则》的规定

《多式联运单证统一规则》规定，如果能够知道货物损失发生的运输区段，多式联运经营人的责任限额依据该区段适用的国际公约或强制性国内法的规定确定。如果不能确定损失发生的区段，责任限额为货物毛重每千克 30 金法郎，如果经联运经营人同意，发货人已就货物申报较高的价值，则不在此限。但是，在任何情况下，赔偿金额都不应超过有权提出索赔的人的实际损失。

3）《多式联运单证规则》的规定

《多式联运单证规则》规定，如果能够确定的规定货物损失发生的运输区段，则应适用该区段适用的国际公约或强制性国内法规定的责任限额。当不能确定货物损失发生的区段时，如果运输方式中包含水运，其责任限额为每件或每单位 666.67 特别提款权，或者毛重每千克 2 特别提款权，并以其中较高者为准；如果不包括水运，责任限额则为每千克 8.33 特别提款权。如果发货人已对货物价值作出声明的，则应以声明价值为限。

☑ 案例分析

🔍 案例 6-1

一、基本案情

山西省大同市某公司与内蒙古自治区某公司通过函件订立一个买卖合同。因货物采用铁路运输的方式，而内蒙古公司作为卖方将运单中到达栏内的"大同县站"写成了"大同站"。因此，导致货物运错了车站，造成了双方的合同纠纷。

二、问题思考

该纠纷属于谁的责任？

三、案例评析

从本合同的纠纷来看，其中所涉及的主要问题是铁路运输合同的条款问题。根据我国合同法规定，托运人办理货物运输，应向承运人准确表明收货人的名称或姓名或凭指示的收货人，货物的名称、性质、重量、数量、收货地点等有关货物运输的必要情况。在本合同纠纷中，造成错发站的原因关键是发货方将"大同县站"写成了"大同站"，一字之差，货物发到了百里之外，在此，错发货的主要责任在发货方，与铁路部门无关，应由发货方承担对收货方的赔偿责任。

案例 6-2

一、基本案情

甲国 A 公司（买方）与乙国 B 公司（卖方）签订进口水果合同，价格条件为 CFR，以装运港的检验证书作为议付货款的依据，但约定买方在目的港有复验权，货物在装运港检验合格后交由 C 公司运输。由于乙国当时发生疫情，船舶到达甲国目的港外时，甲国有关当局对船舶进行了蒸熏消毒，该工作进行了数日。之后 A 公司在目的港复验时发现该批水果已全部腐烂。

二、问题思考

C 公司是否可免责？

三、案例评析

C 公司可免责。根据《海商法》的规定，在责任期间货物发生的灭失或损坏是政府或主管部门的行为、检疫限制或司法扣押造成的，承运人不负赔偿责任。本案中，水果的腐烂是甲国当局的熏蒸消毒所致，属于检疫限制，C 公司可免责。

案例 6-3

一、基本案情

中国某公司向欧洲出口啤酒，价格条款是每公吨 CIF 安特卫普 20 000 欧元。货物由中国人民保险公司承保，由"罗尔西"轮承运，船方在收货后签发了清洁提单。货到目的港后发现啤酒花变质，颜色变成深棕色。经在目的港进行的联合检验，发现货物外包装完整，无受潮受损迹象。经分析认为，该批货物是在尚未充分干燥或温度过高的情况下进行的包装，以致在运输中发酵造成变质。

二、问题思考

承运人是否要承担责任？说明理由。

三、案例评析

承运人不承担责任。根据法律规定，清洁提单是指提单上标明货物表面状况良好的提单。承运人如果签发了清洁提单，就表明所接受的货物表面或包装完好，承运人不得事后以货物包装不良等为由推卸其运输责任。在本案中，船方在收货后签发了清洁提单，表明发运时包装良好，货物经在目的港进行的联合检验，无受潮受损迹象，因此可以判定承运人在运输中尽了谨慎管理货物的义务，货物的变质并非承运人保管不当或包装破损造成的，根据《海商法》的规定，对于货物的自然特性或固有缺陷造成的损失，承运人可以免责。而本案货物损失是由于该批货物是在尚未充分干燥或温度过高的情况下进行的包装，以致在运输中发酵造成变质，可以判断出该批货物在装运船前就有问题，即货物本身的固有缺陷。因此，承运人可以免责。

☑ 案例实训

一、基本案情

2013 年 8 月 22 日，原告山东省临朐县进出口公司与韩国公司 HANYOON CO. LTD 签订了一份来料加工合同，由原告为其加工一批服装，加工费（工缴费）总额为 64 647.40 美元，产品出口价值为 201 698.83 美元。原料装运港和目的港分别为韩国仁川或釜山港至青岛港，产品装运港和目的港分别为青岛港至仁川或釜山港；产品装运期最晚为 2013 年 10 月，缴费支付方式为 P/T（装运后 3 天）。2013 年 9 月 27 日，原告向被告先进海运航空株式会社订舱，并出具了委托书，要求被告为其运输一个 20 英尺集装箱至韩国釜山。委托书注明：托运人为"山东省临朐县进出口公司"，收货人为"HANYOON CO. LTD"，通知方为"收货人（SAME AS CONSIGNEE）"，货物名称为"夹克衫、汗衫和裤子"，件数 213 箱，运费到付。

被告接受委托后，于 2013 年 10 月 2 日将货物装上船，当时原告未索要正本提单。10 月 6 日货到目的港釜山港并将货物交付收货人 HANYOON CO. LTD。后因原告未收到韩国收货人的加工费，于 2013 年 10 月 11 日书面要求被告退运，被告通知原告该票货物已按惯例交给了指定的收货人，至于有关费用，应由原告与收货人协商解决。原告于是向青岛海事法院起诉称：被告在没有正本提单的情况下，将货物交付出去，致使原告的加工费无法收回。因此，原告诉请被告赔偿原告来料加工费及利息 10 478.90 美元。

二、案件审理

青岛海事法院经审理认为，原告未要求被告签发提单，被告将货物运到目的港后，将货物交给委托书指定的收货人，已履行了双方运输合同约定的义务。海上运输合同履行完毕后，原告无权要求承运人补签提单。由于托运人未及时要求签发提单而遭受损失的，应由托运人自己承担。

三、问题思考

全面阐述法院作出一审判决的理由。

◣ 本章小结

本章主要讲解了货物运输方面的法律、法规。首先，介绍了货物运输合同的概念和法律特征。然后，依次介绍了道路货物运输法律、法规，铁路运输法律、法规，水路运输法律、法规，又重点讲述了海上货物运输法律、法规，航空运输法律、法规，多式联运法律、法规。以当事人的权利和义务为主线，分别从国内法律规定和国际法律规定的方面，介绍几种主要货物运输方式所涉及的概念和法律知识。

思考练习题

一、选择题

1. 下列哪种提单依《海商法》的规定不能转让？（　　　）

A. 指示提单

B. 不记名提单

C. 记名提单

D. 已装船指示提单

2. 某商店与某运输公司签订了一份运输合同，由运输公司将一批瓷器从唐山运往北京，商店派一名押运员同行。途中停车吃饭，司机与押运员两人喝了一瓶酒，饭后继续上路。由于饮酒及劳累，司机要求押运员代其开车，押运员亦没有推辞。在一个转弯处，由于车速较快，不慎翻车，车上的瓷器全部毁损。对于该瓷器毁损应当由谁承担责任？（　　）

A. 商店承担责任

B. 运输公司承担责任

C. 商店与运输公司分担责任

D. 司机与押运员分担责任

3. 中国甲公司与美国乙公司于1995年10月签订了购买4 500公吨化肥的合同，由某航运公司的"NEWsWAY"号将该批货物从美国的新奥尔良港运至大连港。"NEWsWAY"号在途中遇小雨，因货舱舱盖不严使部分货物湿损。下列关于货物责任的选项哪个是正确的？（　　）

A. 承运人应赔偿货物湿损的损失

B. 承运人可依《海商法》的规定主张免责，但应承担举证责任

C. 乙公司应自行承担此项损失

D. 甲公司应赔偿乙公司的损失

4. 依据《海商法》的规定，下列关于承运人对非集装箱装运的货物的责任期间的表述，哪个是正确的？（　　）

A. 承运人的责任期间是指从装货港接受货物时起至卸货港交付货物时止，货物处于承运人掌管下的全部期间

B. 承运人的责任期间自接受货物时起至交付货物时止

C. 承运人的责任期间自货物进入装货港的仓库时起至货物进入卸货港的仓库时止

D. 承运人的责任期间是指从货物装上船时起至卸下船时止，货物处于承运人掌管下的全部期间

二、判断题

1. 在运输过程中，为了防止多种货物互相混淆，并能清楚地表明货物的属性，货物应有各种规定的标志。（　　）

2. 汽车货物运输合同承运人承担举证后对包装表面完好和内装货物毁损或灭失仍负赔偿责任。（　　）

3. 《华沙公约》规定的诉讼时效是自航空器到达目的地或应该到达之日起1年。（　　）

4. 提单是海上运输合同。（　　）

5. 海上货物运输合同承运人对非集装箱装运的货物的责任期间，是指从货物装上船时起至卸下船时止，货物处于承运人掌管之下的全部期间，实践中被称为"钩至钩"或"舷至舷"责任。（　　）

三、问答题

1. 简述货物运输合同的法律特征。
2. 货物运输主要有哪几种方式？其中哪一种运输方式是最主要的？
3. 水上货物运输中承运人的主要义务是什么？
4. 简述多式联运合同双方的义务。
5. 简述提单的概念及其法律特征。

第7章

仓储与配送法律制度

本章导读

　　仓储活动是为他人货物的存储、流通、运输提供储藏和保管的一种活动。在现代物流不断发展的今天，仓储活动已成为国内、国际商品流转中一个不可或缺的环节。通过本章的学习，重点掌握仓储合同的概念；仓单的概念、性质和内容；仓储合同当事人的权利和义务；保税仓库的概念；了解配送合同的含义、类型，熟悉配送服务合同与销售配送合同的内容，明确物流企业在配送中的义务和责任。7.1 节仓储法律制度；7.2 节保税仓库；7.3 节配送法律制度。

◎ 案例分析

◎ 案例实训

◎ 本章小结

◎ 思考练习题

7.1　仓储法律制度

7.1.1　仓储合同的概念和法律特征

1. 仓储合同的概念

仓储合同又称仓储保管合同，是指保管人储存送货人交付的仓储物，存货人支付仓储费的合同。存货人就是仓储服务的需求人，保管人就是仓储服务的提供者，仓储物就是存货人交由保管人进行储存的物品，仓储费是保管人向存货人提供仓储服务取得的对价。

2. 仓储合同的法律特征

（1）仓储合同的保管方必须是仓储营业人。

仓储合同的保管方必须是仓储营业人，这是对保管人的资格进行的限定。在仓储合同中，保管人必须是经工商行政管理机关核准，依法专门从事仓储保管业务的法人、其他组织或个人。一般保管人从事仓储经营活动应具备以下 4 个条件。

① 仓库的位置和设施、装卸、搬运符合行业技术规定。

② 仓库安全设施须得到公安、消防、环保等部门的批准许可。

③ 有完整的货物进库、入库、存放等管理制度。

④ 有专职的保管员。

但是，对提供不同仓储业务的保管人，所要求的仓储设备和能力是不同的，如利用自动化立体仓库从事保管服务的要求比场站中转站要高得多。

（2）仓储合同是双务有偿合同。

（3）仓储合同是诺成合同。

（4）仓储合同中的货物的交付与归还以仓单作为凭证。

仓单是提取仓储物的凭证。它是保管人验收仓储物后向发货人签发的、标明已收到一定数量仓储物的法律文书。仓单记载的事项直接体现当事人的权利与义务，是仓储合同存在及合同内容的证明。仓单经存货人或仓单持有人背书并经保管人签字或盖章后，可以转让。仓单持有人享有与存货人相同的权利。

（5）仓储合同所保管的物品是特定物或特定化的种类物。

仓储合同所保管的物品，一般情况下是作为生产资料的动产，不包括不动产和一般零星生活用品。存储期限届满，仓单持有人应当凭仓单提取仓储物。由此可以看出，仓储合同的标的物都是特定的。即使原属于种类物的标的物，通过仓单也被特定化了。当仓储期限届满后，仓单持有人有权领取原物，仓储经营人不得擅自交换、动用。

（6）仓储合同一般是格式合同。

经营公共仓库的保管人为了与多数相对人订立仓储合同，通常事先拟定并印制了大部分条款，如存货单、入库单、仓单等。在实际订立仓储合同时，由双方把通过协商议定的内容填进去从而形成仓储合同，而不另行签订独立的仓储合同。

7.1.2　仓储合同的订立与内容

1. 仓储合同的订立

与其他合同一样，仓储合同的订立也要经过要约和承诺两个阶段。仓储合同的要约既可以由保管人根据自己的仓储能力来发出，也可以由存货人根据自己的委托存储计划发出。由于仓储合同是诺成合同，因而一方发出的要约，经双方协商，对方当事人承诺后，仓储合同即告成立。

《民法典》没有对仓储合同的形式作出明确规定，双方当事人不仅可以订立书面的仓储合同，也可以选择订立口头的或其他形式的仓储合同。但在实践中，仓储合同一般都是采用书面形式。无论当事人采用什么样的形式订立仓储合同，当事人填写的入库单、仓单、出库单等，均可以作为仓储合同的证明。如果当事人采用书面形式订立仓储合同的，通常情况下，自保管人和存货人签字或盖章时合同才告成立。但如果存货人在此之前就将仓储物交付给保管人，而保管人又接受该仓储物入库存储的，仓储合同自仓储物入库时成立。

2. 仓储合同的内容

仓储合同的内容是明确保管人和存货人双方权利与义务关系的根据，通常体现在合同的条款上。一般仓储合同应当包括以下主要条款。

（1）保管人、存货人的姓名或名称及住所。

（2）仓储物的品名、品种、规格。

（3）仓储物的数量、质量、包装、件数和标记。在仓储合同中，应明确规定仓储物的计量单位、数量和仓储物质量，以保证顺利履行合同。同时，双方还要对货物的包装、件数，以及包装上的货物标记作出约定，并对货物进行包装，这与货物的性质、仓库中的原有货物的性质、仓库的保管条件等有着密切关系。

（4）仓储物验收的项目、标准、方法、期限和相关资料。对仓储物的验收主要是指保管人按照约定对入库仓储物进行验收，以确定仓储物入库时的状态。仓储物验收的具体项目、标准、方法、期限等应由双方当事人根据具体情况在仓储合同中事先作出约定。保管人为顺利验收需要存货人提供货物的相关资料时，仓储合同还应就资料的种类、份数作出约定。

（5）仓储物的储存期间、保管要求和保管条件。存储期间即仓储物在仓库的存放期间，期间届满，存货人或仓单持有人应当及时提取货物。保管要求和保管条件是针对仓储物的特性，为保持其完好所要求的具体条件、因素和标准。为便于双方权利、义务和责任的划分，应对仓储期间、保管要求和保管条件作出明确具体的约定。

（6）仓储物进出库手续、时间、地点和运输方式。仓储物的入库，即意味着保管人保管义务的开始，而仓储物的出库，则意味着保管人保管义务的终止。因此，仓储物进出库的时间、地点对划清双方责任非常关键。而且，仓储物的进出库有多种不同的方式，这会影响到双方的权利与义务关系，也会影响到双方的责任划分。因此，双方当事人也应对仓储物的进出库方式、手续等作出明确约定，以便于分清责任。

（7）仓储物的损耗标准和损耗处理。仓储物在储存、运输、搬运过程中，由于自然的原因（如干燥、风化、挥发、黏结等）、货物本身的性质、度量衡的误差等原因，不可避免地要发生一定数量的减少、破损或计量误差。对此，当事人应当约定一个损耗的标准，并约定损耗发生时的处理方法。当事人对损耗标准没有约定的，应当参照国家有关主管部门规定的相应标准。

（8）计费项目、标准和结算方式。

（9）违约责任条款。即对当事人违反合同义务时应如何承担违约责任，承担违约责任的方式等进行的约定。违约责任的承担方式包括继续履行、支付违约金、赔偿金损失等。

除此之外，双方当事人还可就变更和解除合同的条件、期限，以及争议的解决方式等作出约定。

7.1.3 仓单

1. 仓单的概念

存货人与仓储保管人签订仓储合同后，仓储保管人在收到存货人交付的仓储物时，应向存货人开具仓单。所谓仓单，是指仓储保管人在收到仓储物时，向存货人签发的表示已经收到一定数量的仓储物，并以此来代表相应的财产所有权利的法律文书。

在一般仓储合同中，在合同成立后，存货人依据合同的约定将仓储物交付保管人，但仓储物的转移并不发生所有权的转移。因此，为了表明存货人对仓储物的所有权，仓储保管人向存货人开具仓单。凭此仓单，存货人表明自己向仓储保管人交付货物，自己是仓储物的所有人，仓储保管人必须返还仓储物。

2. 仓单的法律性质

（1）仓单是一种有价证券。

（2）仓单具有交付指示证券的性质，即存货人对保管人予以指示，向仓单持有人支付仓储物的全部或一部分的指示证券。基于仓单的这一性质，仓单可以通过背书方式进行转让。

（3）仓单是一种物权凭证。

（4）仓单是一种文义证券，以仓单上文字记载的内容为准。

（5）仓单是要因证券。

（6）仓单是要式证券。

（7）仓单是换取证券。即保管人按仓单持有人的要求交付了仓储物以后，可要求仓单持有人交还仓单，因此，又称为交还证券。如果仓单持有人拒绝交还仓单，保管人可拒绝交付仓储物。

3. 仓单的内容

（1）存货人的名称或姓名和住所。这是合同当事人的基本情况，存货人为法人或其他社会组织、团体的，应当写明其名称，名称应写全称。存货人为自然人的，应写明姓名。

（2）仓储物的品种、数量、质量、包装、件数和标记。这些内容经过保管人验收确定后再填写在仓单上。需要注意的是，保管人和存货人订立仓储合同时，对仓储物的上述情况的约定，不能作为填写仓单的依据。

（3）仓储物的损耗标准。一般地，仓储合同中约定有仓储物的损耗标准，仓单上所记载的损耗标准通常与该约定相同。当然，当事人也可以在仓单上对仓储合同中的约定标准进行变更。当仓储合同约定的标准与仓单上所记载的标准不一致时，一般以仓单的记载为准。

（4）储存场所。这表明仓储物所在的具体地点。

（5）储存期间。在一般情况下，存货人与保管人在仓储合同中商定存储期间，仓单上的存储期间与仓储合同中的存储期间一般是相同的。

（6）仓储费。这是存货人向保管人支付的报酬。

（7）保险事项。仓储物已经办理保险的，应写明其保险金额、期间及保险人的名称。

（8）填发人、填发地和填发日期。填发人即仓储合同的保管人，填发地一般是仓储物入库地。

4. 仓单的效力

（1）提取仓储物的效力。仓储合同是以仓储物的存储为目的，存货人将仓储物交付给仓储保管人，仓储物的所有权并没有发生转移，仍然属于存货人。仓储保管人于存货人交付仓储物时，应向存货人交付仓单。仓单持有人有权根据仓单要求仓储保管人交付仓储物。因此，仓单代表着仓储物，是提取仓储物的凭证。对于仓单持有人而言，持有仓单就可以主张权利，提取仓储物；对于仓储保管人来说，认仓单而不认人，提取仓储物时同时收回仓单。也即仓单保管人和仓单持有人之间的法律关系，应以仓单为准。

（2）转移仓储物所有权的效力。仓单作为一种有价证券，可以自由流通，由于仓单是提取仓储物的凭证，代表着仓储物，所以，仓单的交付就意味着物品所有权的转移，与仓储物的交付发生同一效力。也即仓单的转移意味着仓单所代表的仓储物所有权的转移。理所当然，仓储物所有权随仓单的转移而转移，仓储物的风险也会随之转移。

（3）出质的效力。根据我国担保法的相关规定，仓单还具有出质的效力，即仓单持有人可在仓单上设立质权，由于是以仓单为标的所设的质押，所以它在性质上属于权利质押。仓单质押合同由出质人与质权人以书面形式订立，并自仓单移交于质权人占有时生效。

7.1.4　仓储合同当事人的权利和义务

由于仓储合同是双务有偿合同，双方当事人的权利和义务是相对的，存货人的义务相对于保管人就是权利，存货人的权利相对于保管人就是义务。因此，主要从义务的角度考察仓储合同当事人的权利和义务。

1. 保管方的权利

保管方的权利有以下几点。

（1）有权要求客户按照合同约定交付货物。

（2）有权要求客户就所交付的危险货物或易变质货物的性质进行说明，并提供相关资料。

（3）对入库货物进行验收时，有权要求客户配合并提供验收资料。

（4）发现货物有变质或其他损坏时，有权催告客户作出必要的处置。

（5）有权在情况紧急时，对变质或有其他损坏的货物进行处置。

（6）有权要求客户按时提取货物。

（7）客户逾期提取货物的，有权加收仓储费。

（8）有权提存客户逾期未提取的货物。

（9）有权要求客户按约定支付仓储费和其他费用。

2. 保管方的义务

1）签发给付仓单的义务

物流企业签发仓单，既是其接受客户所交付仓储货物的必要手段，也是须履行仓储合同义务的一项主要内容。根据《民法典》第九百零八条的规定，存货人交付仓储物的，保管人应当出具仓单、入库单等凭证。物流企业在向客户给付仓单时，保管人应当在仓单上签名或者盖章，保证仓单的真实性。

2）及时接受货物并验收入库的义务

根据《民法典》第九百零七条的规定，保管人应当按照约定对入库仓储物进行验收。保管人对货物进行验收时，应当按照仓储合同约定的验收项目、验收标准、验收方法和验收期限进行。

（1）验收项目和标准。验收项目一般包括货物的品名、规格、数量、外包装状况，以及无须开箱拆捆、通过直观就可以识别和辨认的质量状况。外包装或货物上无标记的，以客户提供的验收资料为准。保管人一般无打开包装进行验收的义务，但如果客户有此要求，保管人也可根据与客户签订的协议进行检查。对于散装货物，则应当按照国家有关规定或合同所确定的标准进行验收。

（2）验收方法。验收方法有实物验收（逐件验收）和抽样验收两种。在实物验收中，保管人应当对客户交付的货物进行逐件验收；在抽样验收中，保管人应当依照合同约定的比例提取样品进行验收。验收方法有仪器验收和感官验收两种，在实践中更多的是采用后者。如果根据客户要求开箱拆包验收，一般应有两人以上在场。对验收合格的货物，在外包装上印贴验收合格标志；对不合格的货物，应作详细记录，并及时通知客户。

（3）验收期限。验收期限即自货物和验收资料全部送达保管人之日起，到验收报告送出之日止的一段时间。仓储物的验收期限，合同有约定的，应依合同约定；没有约定的，以仓储保管合同规定，国内到货不超过10天，国外到货不超过30天。自货物和验收资料全部送达保管方之日起计算。保管人应当在约定的时间内及时进行验收。

（4）异议处理。保管人验收时发现入库货物与约定不符合的，应当及时通知客户，即保管人应在验收结束后的合理期限内通知客户。保管人未尽通知义务的，客户可以推定验收结果在各方面都合格。

3）妥善保管仓储物的义务

保管方要按照约定的存储条件和要求保管货物，特别是对危险物品和易腐物品，要按国家和合同规定的要求操作、储存。保管方因保管不当造成仓储物灭失、短少、变质、污染的，应当承担赔偿责任。但是，由于不可抗力或货物本身性质发生的毁损，保管方可以免责。

4）接受检查的义务（容忍的义务）

存货方或仓单持有人在存储期间请求检查仓储物和提取样品的，保管方应予以准许。根据《民法典》第九百一十一条的规定，保管人根据存货人或储仓单持有人的要求，应当同意其检查仓储物或者提取样品。物流企业具有容忍客户或仓单持有人及时检查货物或提取样品的义务，以便于客户或仓单持有人及时了解、知悉货物的有关情况，以及存储、保管情况，并在发现问题后及时采取措施。

5）危险通知的义务

保管人验收时发现入库仓储物与约定不符的，应及时通知存货人；当货物或外包装上标明了有效期或合同上申明了有效期的，保管方应在货物临近失效期60天前通知存货人或仓单持有人；若发现货物有异状，或者因第三人对仓储物主张权利而起诉或被扣押、执行的，亦应及时通知存货人或仓单持有人。

6）紧急处置的义务

根据《民法典》第九百一十三条的规定，保管人发现入库仓储物有变质或者其他损坏，危及其他仓储物的安全和正常保管的，应当催告存货人或者仓单持有人作出必要的处置。因情况紧急，保管人可以作出必要的处置；但是，事后应当将该情况及时通知存货人或者仓单持有人。

保管人采取的紧急处置措施必须符合下列条件。

（1）必须是情况紧急，即保管人无法通知存货人、仓单持有人的情况；保管人虽然可以通知，但可能会延误时机的情况。

（2）处置措施必须是有必要的，即货物已经发生变质或其他损坏，并危及其他货物的安全和正常保管。

（3）所采取的措施应以必要的范围为限，即以能够保证其他货物的安全和正常保管为限。

7）按期如数出库的义务

保管期限届满，保管方应按约定的时间、数量将货物交给存货人或仓单持有人；保管期限未到，但在存货人要求返还保管货物时，保管方应及时办理交货手续。保管方没有按约定的时间、数量交货的，应承担违约责任；未按货物出库原则发货而造成货物损坏的，应负责赔偿实际损失。此外，合同约定由保管方代办运输保管货物的，保管方有义务按期发货，妥善代办运输手续。如果保管方没有按合同规定的期限和要求发货或错发到货地点，应负责赔偿由此造成的实际损失。一般仓单合同对储存期间有约定的，在储存期间届满前，保管人不得要求存货人取回仓储物。但是，在存货人要求返还时，保管人不得拒绝返还，但可以就其因此所受到的损失请求存货人赔偿。另外，仓储合同对储存期间没有约定或约定不明确的，保管人随时可以向存货人或仓单持有人要求提取货物，但应当给予必要的准备时间。

3. 存货方的权利

（1）有权要求保管人给付仓单。

（2）有权要求保管人对入库货物进行验收并就不符合的情况予以通知，保管人未及时通知的，有权认为入库货物符合约定。

（3）有权对入库货物进行检查并提取样品。

（4）保管人没有或怠于将货物的变质或其他损害情况向物流企业催告的，物流企业有权对因此遭受的损失向保管人请求赔偿。

（5）对保管人未尽妥善储存、保管货物的义务造成的损失，有权要求保管人赔偿。

（6）存储期满，有权凭仓单提取货物。

（7）未约定存储期限的，也有权随时提取货物，但应当给予保管人必要的准备时间。

（8）存储期间未满，也有权提取货物，但不减收仓储费。

4. 存货方的义务

1）提交储存货物

存货方要按合同约定的品名、时间、数量向保管方提交储存货物，并向保管方提供必要的入库验收资料。存货方不能全部或部分按合同约定入库时，应承担违约责任；因未提供验收资料或提供资料不齐全、不及时，造成验收差错及贻误索赔期的，由存货人负责。存货人交付货物有瑕疵，或者按货物的性质需要采取特殊保护措施的，应当告知保管人。存货方因过错未告知保管方瑕疵或特殊保管要求，致使保管方受到损害的，应承担损害赔偿责任。储存易燃、易爆、有害、有放射性等危险物品或易腐物品，存货方应当说明货物的性质和预防危险、腐烂的方法，提供有关资料，并采取相应的防范措施。存货人未履行这些义务的，保管人可以拒收该货物；保管人若接受该货物，造成的损失由存货方负责赔偿。

2）负责包装货物

存货方应按照规定负责货物的包装。包装标准上有国家或专业标准的，按国家或专业标准规定执行；没有国家或专业标准的，按双方约定的标准执行。包装不符合国家或合同规定，造成货物损坏、变质的，由存货方负责。

3）支付报酬和必要费用

仓储合同均为有偿合同，因此，存货方在提取货物时应向保管方支付保管费及因保管货物所支出的必要费用。否则，保管方有权对仓储物行使留置权。

保管人因其所提供的仓储服务而应取得的报酬为仓储费，仓储费应由存货人支付。存货人支付仓储费的时间、金额和方式依据仓储合同的约定。

其他费用，即为了保护存货人的利益或避免经济损失而发生的费用，以及运输费、保险费、专仓费等支付的费用。

4）按合同规定及时提取货物

合同期限届满，存货方应按合同约定及时提取货物。如因存货方的原因不能如期出库时，存货方应承担违约责任。提前提取货物的，除当事人另有约定的外，不减收其仓储费。出库货物由保管方代办运输的，存货方应按合同规定提供有关材料、文件，未及时提供包装材料或未按期变更货物的运输方式、到站、收货人的，应承担延期的责任和增加的费用。

储存期间届满，仓单持有人应当凭仓单提取仓储物，并向保管人提交仓单验收资料。仓单持有人逾期提取仓储物的，应当加收仓储费；提前提取仓储物的，不减收仓储费。存储期间届满，仓单持有人不提取仓储物的，保管人可以催告其在合理期限内提取，逾期不提取的，保管人可以提存该仓储物，保管人在仓储期限届满后，在仓单持有人不提取仓储物的情况下，可以在通知的期限内加收仓储费。

5）对变质或其他损害的货物进行必要处置的义务

为了确保其他货物的安全和正常的保管活动，根据《民法典》第九百一十三条的规定，当入库货物发生变质或其他损坏，危及其他货物的安全和正常保管，保管人催告时，物流企业或仓单持有人有作出必要处置的义务。

7.2 保税仓库

7.2.1 保税仓库概述

1. 保税仓库的含义

保税仓库是指经海关核准的专门存放保税货物的专门仓库。保税货物是指经过海关批准未办理纳税手续进境，在境内储存、加工、装配后复运出境的货物。除所存货物免交关税外，保税仓库还可能提供其他的优惠政策和便利的仓储、运输条件，以吸引外商的货物储存、从事包装等业务。

国际上通行的保税制度是进境存入保税仓库的货物可暂时免纳进口税款，免领进口许可证或其他进口批件，并在海关规定的存储期限内复运出境或办理正式进口手续。我国已经确立了比较完善的保税制度，方便了贸易与相关的生产、加工、仓储和运输，提高了保税仓库的服务功能。

2. 保税仓库的功能

保税仓库的功能比较单一，主要是货物的保税储存，一般不进行加工制造和其他贸易服务。除另有规定外，货物存入保税仓库，在法律上意味着全部储存期间暂缓执行该货物投入国内市场时应遵循的法律规定，即这些货物仍被看作处于境外。

如果货物从保税仓库提出而不复运出境，将被当作直接进口的货物对待。保税仓库内的货物在海关规定的存储期内未复运出境的，也需办理正式的进口手续。

3. 设立保税仓库的条件

保税仓库是经海关核准的专门存放保税货物的专门仓库。设立保税仓库应具备以下条件。

（1）申请单位应具备一定的资格、条件。申请单位应为有独立经营能力、能承担税负的法人，或者由外经贸主管部门及其授权机关批准并享有对外贸易经营权的企业。

（2）具有专门储存、堆放进口货物的安全设施。

（3）建立健全的仓储管理制度和详细的仓库账册。

（4）配备经海关培训认可的专职管理人员。

（5）保税仓库的经营者应具备向海关交纳税款的能力。

7.2.2　申请保税仓库的程序

仓库经营者向海关申请设立保税仓库应履行以下手续。

（1）经营者应持工商行政管理部门颁发的营业执照；如果是租赁仓库，还应提供仓库经营人的营业执照。

（2）申请人填写保税仓库申请书，包括仓库名称、地址、负责人、管理人员、储存面积、存放何种保税货物的项目。

（3）交验外经贸主管部门批准经营有关业务的批文。

（4）向海关提供的其他有关资料。

海关审核仓库经营人提交的有关文件并派员实地调查后，对符合要求的，批准其设立保税仓库，颁发"保税仓库注册登记证书"。

7.2.3　对保税仓库的日常监管

（1）保税仓库对所存的货物应由专人负责，并于每月的前 5 天内将上月转存货物的收、付、存等情况列表报送当地海关核查。

（2）保税仓库中不得对所存货物进行加工。如需改变包装，必须在海关监管下进行。

（3）海关认为必要时，可以会同保税仓库经理人共同加锁。海关可以随时派员进入仓库检查货物的储存情况和有关账册，必要时可派员进驻监管。保税仓库经营人应当为海关提供办公场所和必要的方便条件。

（4）保税仓库经营人应照章交纳监管手续费。

（5）保税仓库进口供自己使用的货架，办公用品，管理用具，运输车辆，搬运、起重和包装设备，改装用的机械等，无论是价购的或外商无价提供的，应按规定交纳关税和产品税或工商统一税。

7.2.4 保税仓库所存货物的进出口监管

经海关批准暂时进口或暂时出口的货物，以及特准进口的保税货物，在收货人或发货人向海关交纳相当于税款的保证金或提供担保后，准予暂时免交关税。海关根据货物的进口或出口情况，再决定征税或免税。因此，出入保税仓库的货物需要进行申报。

1. 保税仓库货物的入库监管

保税仓库的进口分为以下 3 种情况。

（1）在保税仓库所在地海关入境。货主或其代理人应当填写进口货物报关单一式三份，加盖"保税仓库货物"印章，并注明此货物将要存入的保税仓库，向海关申报，经海关查验放行后，一份由海关留存，另两份随货交保税仓库。

保税仓库的业务人员应在货物入库后将货物与报关单进行核对，并在报关单上签收，其中一份留存，另一份交回海关存查。

（2）在非保税仓库所在地海关入境。货主在保税仓库所在地以外的其他口岸进口货物，应按海关对转关运输货物的规定办理转关运输手续。货物运抵后再按上述规定办理入库手续。

（3）自用的生产、管理设备的进口。保税仓库经营单位进口供仓库自己使用的设备、装置和用品，如货架，搬运、起重、包装设备，运输车辆，办公用品及其他管理用具，均不属于保税货物，进口时应按一般贸易办理进口手续并交纳进口税款。

2. 保税货物的存储监管

（1）存储期限。保税仓库所存货物储存期限为 1 年。如有特殊情况可向海关申请延期，但延期最长不得超过 1 年。保税货物储存期满仍未转为进口也不复运出境的，由海关将货物变卖，所得价款在扣除运输、装卸、存储等费用和税款后，尚有余款的，自货物变卖之日起 1 年内经收货人申请，予以发还，逾期无人申请的，上交国库。

（2）货物的使用。保税仓库所仓储的货物，属于海关监管的保税货物，未经海关核准并按规定办理有关手续，任何人不得出售、提取、交付、调换、抵押、转让或移做他用。

（3）货物的灭失、短少。保税仓库所存货物在储存期间发生短少，除由于不可抗力的原因造成的外，其短少部分应当由保税仓库经理人承担交纳税款的责任，并由海关按有关规定进行处理。由此产生的货物灭失、损坏的民事责任按一般仓储处理。

（4）货物的加工。在保税仓库中不得对所仓储的货物进行加工。如需对货物进行改变包装的整理工作，应向海关申请核准，并在海关监管下进行。

（5）货物的检验。海关可随时派员进驻保税仓库检查货物储存的情况，查阅有关仓库账册，必要时可派员驻库监管。保税仓库经营单位应给予协作配合，并提供便利。

（6）货物的存放。保税仓库必须专库专用，保税货物不得与非保税货物混合堆放。加工贸易备料保税仓库的入库货物仅限于该加工贸易经营单位本身所需的加工生产料件，不得存放一般贸易进口的货物，或者与加工生产无关及其他企业的货物。

3. 保税仓库货物的出库监管

（1）原货物复运出口。存入保税仓库的货物在规定期限内复运出境时，货物所有人或其代理人应向保税仓库所在地的主管海关申报，填写出口货物报关单，并提交货物进口时经海关签章确认的进口报关单。

经主管海关核实后予以验放或按照转关运输管理办法，将有关货物运至出境地海关验放出境。复出境手续办理后，海关在一份出口报关单上加盖印章，退还货物所有人或其代理人，作为保税仓库货物核销依据。

（2）用于加工贸易的货物。从保税仓库提取货物用于进料加工、来料加工项目的，经营加工贸易的单位应首先按照进料加工和来料加工的程序办理审批。经营加工贸易的单位持海关核发的登记手册，向保税仓库所在地主管海关办理保税仓库提货手续，填写进料加工和来料加工专用进口货物报关单。需确认其贸易性质为进料加工和来料加工时，应补填进口货物报关单和保税仓库领料核准单。

（3）保税货物经海关核准转为国内市场销售时，由货主或其代理人向海关递交进口货物许可证件、进口货物报关单和海关需要的其他单证，并交纳关税和产品税或工商统一税后，由海关签印放行，将原进口货物报关单注销。

（4）对从来料加工、进料加工备料保税仓库提取的货物，货主应事先持批准文件、合同等有关单证向海关办理备案登记手续，并填写来料加工、进料加工专用报关单和保税仓库领料核准单一式三份，一份由批准海关备存，一份由领料人留存，一份由海关签盖放行章后交货主。仓库经理人凭海关签印的领料核准单交付有关货物，并凭此向海关办理核销手续。对提取用于来料加工、进料加工的进口货物，海关按来料加工、进料加工的规定进行管理，并按实际加工出口情况确定免税或补税。

7.3　配送法律制度

7.3.1　配送合同的概念和种类

1. 配送合同的概念

配送合同是配送人根据用户需要为用户配送商品，用户支付配送费的合同。用户是配送活动的需求者，配送人是配送活动的提供者。

作为配送活动需求者的用户，既可能是销售合同中的卖方，也可能是买方，甚至可能是与卖方和买方签订了综合物流服务合同的物流企业。这类综合物流企业与卖方和买方签订综合物流服务合同后，由于自身不拥有配送中心，需要将配送业务外包给其他具有配送中心的物流企业，因而成为配送的需求者，即用户。

作为配送活动的提供者的配送人，既可能是销售合同中的卖方，也可能是独立于买卖双方的第三方物流企业。自身不拥有配送中心的综合物流企业，虽然相对于与之签订配送合同为其提供配送服务的其他拥有配送中心的物流企业而言，是配送服务的需求者；但相对于与之签订综合物流服务合同的买方和卖方而言，是配送服务的提供者。

配送费是配送人向用户配送商品而取得的对价。根据配送的具体方式的不同，配送费可能包括商品价款和配送服务费两个部分。如果配送人为用户提供的是综合型的物流服务，配送服务费也可能包括在用户支付的物流服务费中。

配送合同的法律特征如下。

1）配送合同包含买卖、仓储、运输、承揽和委托等合同的某些特点

（1）配送合同在一定情况下包含买卖合同的某些特点，但配送合同并不是单纯的买卖

合同。不可否认，在销售配送合同中，配送人有将商品所有权转移给用户的义务，而用户也的确从配送费用中支付了所购商品的价款，因此销售配送合同具有买卖合同的一些特点。但是也应当看到，在配送人出售商品的同时，还为用户提供配货、加工、送货等专门的配送服务，因此在配送人所收取的配送费用中，不仅仅包括商品的价款，而且还包括因提供配送服务而收取的配送服务费。

（2）配送合同具有仓储合同的某些特点，但配送合同不是单纯的仓储合同。从事配送业务的企业都拥有一定规模的可使用的仓库。配送合同约定配送人在接受用户的指示，将货物从工厂或中转站接收后，将货物置于配送人自己的仓库，由配送人为用户提供仓储和保管服务。因此，配送合同常具有仓储合同的特点。但是，仓储和保管的内容仅仅是配送合同中的一部分，仓储和保管的内容必须与其他合同的内容相结合，才能构成配送合同。因此，配送合同也不是单纯的仓储合同。

（3）配送合同具有货物运输合同的某些特点，但是配送合同不是单纯的货物运输合同。一般在配送合同中至少包含由配送人将货物运至用户指定地点的运输服务内容，显然，配送合同具有货物运输合同的某些特点。虽然在配送中不可避免地含有运输，但是配送是一系列的活动，运输仅仅是这一系列活动中的一个环节，而不是所有内容，即使运输在配送中占有极为重要的位置，但其仍不能涵盖配送的全过程。因此，不能简单地将配送合同定性为运输合同。

（4）配送合同具有承揽合同的某些特点，但不是单纯的承揽合同。出于增加货物的附加值等目的，配送合同中常约定由配送人在货物送达用户指定地点之前对所配送的货物按照用户的要求进行一定的加工。由此可见，配送合同具有承揽合同的某些特点，但是配送人向用户提供的这些加工服务同样只是配送合同中的一部分内容。此外，在销售配送合同中，虽然配送人按照用户的要求配齐货物并送达，但在这个配送过程中存在所有权的转移，而在承揽合同中标的物的所有权是不发生转移的。因此，配送合同并不是单纯的承揽合同。

（5）配送合同在一定情形下具有委托合同的某些特点，但配送合同不是单纯的委托合同。配送合同是以为用户处理物品配送事务为目的的合同，用户可能会在一定程度上授权配送人为其处理一定事物，如按用户要求代为进行货物采购等，在这种情形下，配送合同具有委托合同的某些特点。但是，由于配送包括一系列的活动，因此用户并不会授权配送人处理所有的事物，配送合同也不允许配送人仅为代理事务而完全不提供配送服务。如果那样的话，用户就自己的配送活动与他人签订了委托合同，由他人代为处理配送活动，这样的合同并不符合我国所提出的配送合同的概念。因此，配送合同不是单纯的委托合同。

虽然配送合同不是上述合同中的任何一种，但是却兼备了上述合同的某些特点，并将这些合同的特点紧密地结合起来，从而形成了一个有机整体。单个的配送合同可能并不同时具备上述特点，但是配送合同中所包含的特点对它而言都是必要的，缺少任何一个环节，合同的履行就很可能出现困难，甚至可能造成使合同的目的无法实现的严重后果。

2）配送合同是无名合同

对于配送合同，《民法典》并未予以规范，而其他法律也尚无明文规定，因此配送合同是一种无名合同。虽然无名合同没有受到法律的直接明确规范，但是当事人有权根据自己的意愿来创设任何类型的合同，因此只要配送合同符合合同生效的要求，就具有法律上的约束力。此外，虽然无名合同在法律上没有名称，但是并不意味着其在实际生活中也同样没有名称，配送合同也是如此。在将来物流立法成熟之时，配送合同可能会得到立法的认可，从无名合同转化为有名合同。

2. 配送合同的种类

1）配送服务合同

配送服务合同是指配送人接收用户的货物，予以保管，并按用户的要求对货物进行拣选、加工、包装、分割、组配作业后，最后在指定时间送至用户指定地点，由用户支付配送服务费的合同。

这是一种单纯的提供配送服务的合同，双方当事人仅就货物的交接、配货、运送的事项规定各自的权利与义务，不涉及货物所有权。在配送服务实施过程中，货物所有权不发生转移，自始至终均属于用户所有，只发生货物物理位置的转移和物理形态的变化。配送人不能获得商品销售的收入，仅因提供了存储、加工、运送等服务而获得服务费收益。

2）销售配送合同

销售配送合同是指配送人在将货物所有权转移给用户的同时，为用户提供配送服务，由用户支付配送费（包括标的物价款和配送服务费）的合同。

（1）销售企业与买受人签订的销售配送合同。在销售配送及销售—供应一体化配送中，销售企业与买受人签订的合同就是销售配送合同。销售企业出于促销目的，在向用户出售商品的同时又向买受人承诺提供配送服务。

在这种配送中，用户就是商品购买者，销售企业为用户提供配送服务的承诺已构成销售合同的一部分，不存在独立的配送合同。双方的权利与义务主要根据销售合同约定，销售配送经营形式中通常采用这种方式；或者由双方将之作为销售合同的附属合同进行约定，销售—供应一体化配送经营形式中通常采用这种方式。这种配送，实际上就是销售商品加送货上门。

在这种配送合同中，销售企业向用户收取配送费时，可能只收取商品的价款金额，而不另收配送服务费，如为促销而进行的一次性配送服务；也可能在商品价款之外，再收取一定数额的配送服务费，如销售—供应一体化配送形式。

（2）物流企业与用户签订的销售配送合同。这是一种商流合一的配送服务形式。在物流企业与用户签订的配送合同中，除约定物流企业的配货、送货等流通服务义务外，还约定物流企业应负责订货、购货。具体地说，就是由用户将自己需要的产品型号、种类、各部件的要求、规格、颜色、数量等信息提供给物流企业，由物流企业负责按此订货、购货（包括原材料、零部件等）、配货及送货。

在这种方式中，物流企业与用户签订的配送合同，除约定配送人向用户提供配送服务外，还会就特定货物的交易条件达成一致，实质是买卖合同与配送服务合同紧密结合的有机体。在这一合同中，商流与物流紧密结合。在订货、购货阶段，货物的所有权一直属于物流企业，货物的所有权何时转移至用户，由物流企业与用户在配送合同中约定。

物流企业向用户收取的配送费中，既包括了提供配送服务而应获得的配送服务费，还包括因出售商品而应收取的商品价款。

7.3.2　配送合同的法律适用

配送合同为无名合同，对于无名合同，《民法典》第四百六十七条规定：本法或者其他法律没有明文规定的合同，适用本编通则的规定，并可以参照适用本编或者其他法律最类似合同的规定。因此，配送合同适用《民法典》合同编通则的规定，并可以就相关问题参照《民法典》合同编典型合同或其他法律最类似的规定。具体而言，在不违背法律强制性规定的情况下，配送合同双方当事人的权利和义务主要根据双方的约定，在合同没有约定或约定不明的情况下，配送合同可以根据《民法典》合同编通则的相关规定解决问题。此外，由于配送合同具有买卖、仓储、运输等合同的某些特点，因此，在具体的法律适用，配送合同根据所提供的配送服务的具体内容可分别适用买卖、仓储、运输的合同的相关规定。

7.3.3　配送合同的主要内容

配送合同的约定是明确配送人与用户双方权利、义务关系最主要的根据。双方当事人除就合同的一般条款进行约定外，还应就配送合同中的特别事务进行明确约定，以避免不必要的纠纷。在出现纠纷时，明确的合同约定有利于尽快确定当事人各自的责任，从而在一定程度上降低当事人的诉讼成本。

1. 配送服务合同的主要内容

配送服务合同是物流和商流分离的合同，是单纯提供配送服务的合同。一般来说，配送服务合同主要有以下 13 项条款。

（1）配送人与用户的名称或姓名和住所。这是配送合同应具备的一般条款。双方当事人的身份、联系方式必须具体、明确，否则，合同履行的主体、对象就难以确定。

（2）服务目标条款。配送服务应实现用户特定的经营、管理和财务目标。

（3）服务区域条款。配送是在一定的经济区域内进行的物流活动，因此双方宜约定配送人向用户提供运送服务的地理范围的条款，以便配送人据此安排运力。

（4）配送服务项目条款。该条款主要是就配送人的服务项目进行明确、具体的约定，不仅包括用户需要配送人提供配送的商品品种、规格、数量等，还包括用户需要配送人提供哪些具体的配送作业，如是否需要加工、包装等。

（5）服务资格管理条款。即约定配送人为了实现配送服务的目标而应具备的设施、设备，以及相关设施、设备的管理、操作标准的条款。

（6）交货条款。该条款既适用于用户将货物交付给配送人的环节，也适用于配送人将货物配送交给用户或其指定的其他人这一环节。双方应就交货的方式、时间、地点等进行约定。

（7）检验条款。货物检验发生在两个环节：① 用户将货物交付给配送人时的验收；② 配送人向用户或用户指定的人交付货物时的验收。检验条款应规定验收时间、验收标准，以及验收时发现货物残损的处理。

（8）配送费用支付条款。该条款主要规定配送人服务报酬的计算根据、计算标准，以及配送费用支付的时间、支付方式。

（9）合同期限条款。该条款涉及当事人的期限利益，也是确定违约与否的因素之一。

（10）合同变更与终止条款。该条款约定当事人在合同存续期间可以变更、终止合同的条件，以及变更和终止合同的处理。

（11）违约责任条款。该条款主要是为了保证合同的履行而作出的约定。当事人可对双方违约的情形及违约的后果作出约定，以便在出现违约时，能迅速、公平地解决纠纷。

（12）争议解决条款。当事人可以选择出现争议时的解决方式。当事人一般约定先协商解决，协商不成的，可以约定选用调解、仲裁和诉讼的方式解决。

（13）其他特别约定。

2. 销售配送合同的主要内容

销售配送合同有机地结合了配送服务合同与买卖合同的特点，该合同中关于配送服务部分的条款与配送服务合同基本相同，而关于转移标的物所有权部分的条款与买卖合同相似。销售配送合同主要包括以下 11 项条款。

（1）当事人名称、地址，包括配送人及用户的名称（姓名）、地址（住所）。

（2）商品名称、数量、品质条款。该项内容是对合同的标的物的确定。

（3）加工交款。双方关于配送人对商品进行拣选、组配、包装等的约定。

（4）送货条款。约定配送人送货的数量和批次、送货时间和地点等内容。

（5）检验条款。

（6）价格与报酬条款。约定配送人向用户出售商品的价格和配送服务报酬的计算。双方当事人可以将配送费用计入商品价格统一计算，也可以分别约定。在这种配送合同中，销售企业可能已将需向用户收取的配送费用包含在商品的价款内，也可能在商品价款之外再收取一定数额的配送服务费。

（7）结算条款。

（8）合同变更与终止条款。

（9）违约责任条款。

（10）争议解决条款。

（11）其他特别约定。

7.3.4 配送合同当事人的权利和义务

1. 物流企业在配送服务合同中的权利和义务

1）物流企业在配送服务合同中的权利

（1）要求用户及时接受货物的权利。物流企业将货物送到用户指定地点时，有权要求用户指定相应人员及时接受货物，并与物流企业办理货物交接。用户迟延接受货物造成物流企业损失的，应当赔偿其损失。

（2）要求用户支付配送费的权利。配送费就是配送服务费。配送服务合同是有偿合同，物流企业通过提供配送服务获得收入，有权要求用户支付配送费。这一权利是物流企业的最主要权利，是物流企业订立配送合同的目的所在。

（3）要求用户按照约定提供配送货物的权利。由于配送服务合同是商物分离的合同，要求物流企业配送的原始货物（原材料等）都是由用户提供的，因此，物流企业有权要求用户按照约定提供原始货物，否则物流企业不能完成配送任务的，无须承担责任。

（4）要求用户协助的权利。物流企业如果按约定履行其义务，在很大程度上依赖于用户的协助。用户应向物流企业提供有关配送业务的单据文件，这主要包括以下几点。

① 品名、型号、数量等有关货物的资料。如果涉及危险品，用户还应当将有关危险品的正式名称和性质，以及应当采取的预防措施书面通知物流企业。用户违反此项义务造成物流企业损失的，应当承担赔偿责任。

② 配送时间、送货地址、联系电话、联系人等与货物交接有关的资料。用户还应当指派专人负责与物流企业联系，并协助配送过程中有关事宜，以便双方更好的合作。

2）物流企业在配送服务合同中的义务

（1）妥善保管的义务。从物流企业接受货物时起至交付货物时止，货物一直处于物流企业的占有之下，对于该货物，物流企业必须妥善保管。妥善保管是指物流企业应当尽到与保管自己的物品同等的注意程度，来保管用户交托配送的货物的责任。妥善保管要求物流企业在主观上尽到相当的注意程度，客观上按照货物的性能分类采取不同的保管方法，尤其是对于危险品及易腐货物等，更应当在适合存放该货物的条件下，采用适合货物性质的方法正确保管。

（2）按照合同约定进行供应的义务。配送的一个重要意义是提高用户的供应保证能力，用最小的成本降低供应不及时的风险，减少由此造成的生产损失或对下家承担的违约责任。因此，安全性和准确性是物流企业的首要义务。对此，物流企业应当做到以下两点。

① 有良好的货物分拣、管理系统，以便在用户指令下达后，在最短时间内备齐相关物品。

② 有合理的运送系统，包括车辆、运送人员、装车作业、运送路线等各方面。

但是需要注意的是，在多用户配送中，物流企业应对每一个用户负责，即物流企业不得以向其他用户配送为由，来免除其对某一用户的违约责任。

（3）按照约定理货的义务。配货是配送业务中的一个特殊环节，物流企业必须严格按照用户的要求对货物进行加工，使货物最终以用户希望的形态被送至指定地点。在消费品领域，个性化的商品具有更高的商业价值，能更好地实现销售者的销售目标。

物流企业的理货活动对于商品的增值功能在此得到体现。因此，经过物流企业组配的商品，应具有用户所要求的色彩、大小、形状、包装组合等外部要求，否则，因此给用户造成的损失，物流企业应当承担责任。

（4）告知义务。物流企业在履行配送合同的过程中，应将履行的情况、可能影响用户利益的事件等及时、如实地告知用户，以便采取合理的措施防止或减少损失的发生，否则物流企业应当承担相应的责任。例如，物流企业在接受货物时，应当仔细核对货物与清单记录是否一致，检查货物是否完好，如果发现货物包装出现破损、短量、变质等情况，应及时告知用户。物流企业在合理时间内未通知用户的，视为物流企业接受的货物完好，与合同约定一致。

物流企业在理货、运送时，无论任何原因，无法按用户要求及时完成义务时，应立即通知用户，并按用户合理指示妥善处理。否则，物流企业不仅要承担其违反配送义务的违约责任，还要对由于未及时通知而造成用户的其他损失承担赔偿责任。

2. 物流企业在销售配送合同中的权利和义务

1）物流企业在销售配送合同中的权利

（1）要求用户及时受理货物的权利。

（2）要求用户支付配送费的权利。这是物流企业在销售配送合同中最基本的权利。物流企业在销售配送合同法律关系中有权向用户收取的配送费，包括货物的价款和配送服务费两部分。

（3）要求用户协助的权利。

2）物流企业在销售配送合同中的义务

（1）转移货物所有权的义务。这是销售配送合同与配送服务合同的主要区别。由于销售合同的物流企业不仅提供配送服务，还进行商品销售，因此物流企业应当将己方的货物所有权转移给用户，实现货物所有权的转移。一般的货物，所有权在货物交付时即可实现转移，对于需要以交付有关单证的方式实现所有权转移的货物，物流企业还应当向用户交付相关单证（如发票、检验证书等），方为适当履行了所有权转移的义务。

（2）及时提供符合合同约定货物的义务。按照合同约定交付货物，不仅要求物流企业向用户交付货物，还要求物流企业在此之前按照用户的具体要求进行订货，并在原始货物的基础上对原始货物进行分拣、储存、加工等作业，使货物的外在形态、内在质量都能符合用户的要求。只有完成了必要的配货工作，物流企业才能将其配齐的货物及时交付用户。与一般销售合同不同的是，销售配送合同对交付货物的时间性要求较高。因此，配送人除了在配送环节安排好相应事务外，在组织货源环节上也应当充分考虑货物的时间性。物流企业未按照合同约定交付货物的，还应向用户承担替换货物、退货、减价、赔偿损失的责任。

（3）告知义务。物流企业在履行销售配送合同过程中，应将履行情况、可能影响用户利益的事件等，及时、如实地告知用户，以便采取合理措施防止或减少损失的发生，否则，物流企业应承担相应的责任。

☑ 案例分析

🔍 案例 7-1

一、基本案情

甲公司为某化工厂，乙公司为化工原料专业仓储公司，并为甲公司长期提供化工原料仓储服务。2021 年 11 月，甲公司将其购回的化工原料存入乙公司仓库。2022 年 1 月，甲公司在乙公司储存的化工原料因供应紧张而价格飞涨，乙公司为牟取暴利而擅自将甲公司所存放的货物出售给丙公司。甲公司得知此事后，于 2022 年 2 月 5 日要求乙公司承担责任。乙公司答应按甲公司 2021 年的进价予以赔偿，甲公司拒绝接受，遂起纠纷。

二、问题思考

本案中，乙公司应该向甲公司承担什么责任？

三、案例评析

应承担侵权责任，乙公司应向甲公司赔偿因其擅自处分甲公司货物的行为而造成甲公司的财产损失，该财产损失包括货物损失和其他损失，货物损失应以市场现价计算。

案例 7-2

一、基本案情

甲为某国际综合物流服务公司。2021 年 4 月，甲公司为某市乙公司提供由中国武汉到美国纽约的全程综合物流服务。2021 年 4 月 16 日，甲公司指示其在上海港的代理安排货物在上海港的短期仓储，以待装船，同时对有关仓储提出了一定要求。该代理依指示而委托上海港的丙仓库代为储存，双方签订了仓储合同，并且约定甲公司交付货物时，丙给付提货单，且凭提货单取货。缔约后，该仓库按要求作了适当安排。但是，2021 年 4 月 20 日，装运该批货物的船舶在运输途中失事，全部货物沉没。于是甲公司通知其上海港的代理解除该仓储合同，但未提交有关机构的证明。丙仓库经营人称，其已为履行合同做好了准备，如要求解除合同，甲公司应承担违约责任并赔偿损失。双方协调不成，诉至法院。

二、问题思考

甲公司是否应该承担违约责任并赔偿损失？为什么？

三、案例评析

甲公司应该承担违约责任并赔偿损失。其理由是合同依法签订生效后，对合同双方当事人都具有法律约束力，一方不履行约定，则应当向另一方承担违约赔偿责任，除非有法定免责事由。本案中，甲公司在未提交法定免责事由相关证明情形下，不履行双方所签订的合同，该行为已经构成违约，应当承担违约赔偿责任。

案例 7-3

一、基本案情

甲公司为某商贸公司，乙公司为某物流配送服务公司。2021 年 6 月，乙公司为甲公司向其用户配送自行车零件 150 套，价值 21 400 元。双方签订配送合同后，甲公司办理了托运单，交纳了运费 1 420 元。2021 年 6 月 18 日，乙公司用自有车队开始进行运输，汽车刚刚驶离甲公司处 5 公里时突然起火，将大部分自行车零件烧毁。甲公司遂向某区人民法院起诉，要求乙公司赔偿损失，并退回运费。

二、问题思考

乙公司是否应该赔偿甲公司的经济损失？为什么？

三、案例评析

不应当由乙公司赔偿甲公司的经济损失，而应由甲公司自行承担。其理由是汽车燃火属于意外事件，乙公司对此无过错，配送服务合同中又对该风险责任的负担无约定。因此，依据货物的所有权关系来确定风险责任的负担。在该物流配送服务合同的履行中，所配送货物的所有权属于甲公司。该经济损失由甲公司自行承担。相反，如果是因为乙公司的过失而导致燃火，则构成侵权责任，乙公司应当赔偿甲公司的财产损失。

☑ 案例实训

一、基本案情

甲公司为某精肉生产商，乙公司为某物流服务商，专为甲公司等几家精肉生产商提供精细包装、仓储和定时配送服务。2021年6月2日，乙公司将甲公司已加工好的猪肉进行包装完毕后存入其第7号冷库储存。同年6月4日，乙公司要扩建仓库通道，通道暂行阻塞，便打开7号冷库前后门，时间长达两个小时，在温度超标准很长一段时间后才关闭前后门并强行降温。6月8日，当甲公司派人查看猪肉时发现包装纸箱上有水珠，猪肉表面有黄斑点，甲公司速将猪肉取样送市卫生防疫站化验，结果表明肉质软化，缺乏光泽，有酸味，肉质严重下降。乙公司为了避免纠纷，同意减少仓储费2 500元，并以每吨6 065元的价格买下全部存货以由其负责处理。甲公司为了从速处理冻肉，防止继续变质，同意了这种办法，收回货款48 630元，但仍造成经济损失10 984元。猪肉处理完毕后，甲公司要求乙公司赔偿损失，双方为此发生了纠纷。乙公司声称其已收购了甲公司的猪肉，而因此承担了大部分损失，问题已经解决，甲公司再要求赔偿没有道理。甲公司则认为，将猪肉卖给乙公司是为了防止损失继续扩大，乙公司的违约责任并未解除。

二、问题思考

甲公司的经济损失应该由谁来承担？为什么？

◢ 本章小结

本章介绍了物流企业在仓储活动中的法律地位、仓储的含义和类型、仓储合同的内容和特征，阐述了物流企业在仓储合同中的权利与义务。介绍了仓单的性质和内容，以及保税仓库的设立条件和程序，对保税货物入库、储存与出库的监管等。

本章还介绍了配送的概念、种类、配送合同的法律适用和物流企业在配送活动中的地位，并且结合我国配送服务企业的实际情况，分析了配送合同的性质、种类。配送合同分为配送服务合同、销售配送合同两种类型，重点论述了合同的主要内容和物流企业在两种配送合同中享有的权利、承担的义务。

思考练习题

一、选择题

1. 甲公司将一批易挥发化工原料交乙仓库保管，但未对该原料的挥发性作出说明。乙仓库将该批化工原料与丙公司委托其保管的食品装在同一仓库，化工原料污染了食品。丙公司的损失（　　）。

    A. 应要求甲公司赔偿　　　　　　　　B. 应要求乙仓库赔偿

    C. 应要求甲乙二公司承担连带责任　　D. 应自行承担

2. 甲委托乙负责保管一批棉布。乙同意并接收棉布后，发现自己的仓库破损有渗漏现象，又听天气预报近日将有大暴雨，遂找甲联系，但无法联系到甲，乙委托丙代为保管该批棉布，并在 3 日后将此事通知了甲，甲亦未表示反对。不久，丙因疏忽致该批棉布在仓库中被盗。下列表述中正确的是（　　　）。

A. 甲应当直接向乙要求赔偿

B. 甲应当直接向丙要求赔偿

C. 甲可以要求乙、丙承担连带责任

D. 甲只能向乙、丙中一人提出赔偿要求，但甲有选择权

3. 下列关于仓储合同的表述正确的是（　　　）。

A. 仓储合同是有偿性、诺成性合同

B. 仓储合同自成立时生效

C. 存物人交存易燃、易爆、有毒、有腐蚀性、有放射性等危险物品，保管人可以拒收

D. 储存期间，超过有效储存期造成仓储物变质、损坏的，保管人应当承担损害赔偿责任

4. 关于仓单的性质，下列说法不正确的有（　　　）。

A. 仓单是提货凭证　　　　　　　　　B. 仓单是有价证券

C. 仓单是所有权的法律文书　　　　　D. 仓单是仓储合同

5. 下列不属于存货人权利的有（　　　）。

A. 提货权　　　　B. 转让权　　　　C. 提存权　　　　D. 索偿权

二、判断题

1. 在仓储合同中，仓单持有人提前提取仓储物的，应当减收仓储费。（　　　）

2. 保管期限届满时，保管人严格承担归还原物的责任，但仓储物在仓储期间自然增加的孳息，可以自行留存，不用归还。（　　　）

3. 配送中心可以说是物流中心的一种形式。（　　　）

4. 仓储合同的标的物是仓储物。（　　　）

5. 仓储合同是诺成合同，在合同订立时就生效。（　　　）

三、问答题

1. 简述仓储合同的权利与义务。

2. 简述仓单的法律性质和内容。

3. 简述配送合同概念、种类和主要内容。

4. 简述物流企业在配送服务合同中的权利和义务。

5. 简述物流企业在销售配送合同中的权利和义务。

第8章

货物包装、流通加工法律制度

本章导读

通过本章的学习，掌握普通货物包装的法律适用及其包装要求；加工承揽合同和配送合同的概念、种类，以及订立、履行地。重点掌握危险品包装法律关系中的权利与义务；流通加工及配送环节所涉及的法律关系，以及各主体的主要权利和义务。8.1节包装法律规范概述；8.2节普通货物的包装法律、法规；8.3节危险货物的包装法律、法规；8.4节加工承揽合同。

◎ 案例分析

◎ 案例实训

◎ 本章小结

◎ 思考练习题

8.1 包装法律规范概述

8.1.1 包装法律规范的概念和特征

1. 包装法律规范的概念

包装法律规范是指一切与包装有关的法律的总称。我国的包装法律规范散见于各类相关的法律中，如《中华人民共和国专利法》《中华人民共和国商标法》等。另外，有关出版、印刷等法律中也有关于包装法的内容。

2. 包装法律规范的特征

1）强制性

在进行包装的过程中必须按照相应法律规范的要求进行，不得随意变更。包装法律规范具有这一特征是由于大部分包装法律都属于强制性法律规范，如《中华人民共和国食品卫生法》、《一般货物运输包装通用技术条件》（GB/T 9174—2008）、《危险货物运输包装通用技术条件》（GB 12463—2009）、《危险货物包装标志》（GB 190—2009）等，这些标准都是强制性的，是必须遵守的技术规范。

2）标准性

包装法律规范多体现为国家标准和行业标准。标准化是现代化生产和流通的必然要求，也是现代科学管理的重要组成部分，我国的包装立法也体现了这一特点。

3）技术性

包装法律中包含大量以自然科学为基础建立的技术型规范。包装具有保护物品不受损害的功能，特别是高精尖产品和医药产品，采用何种技术和方法进行包装将对商品有重要的影响。因此，国家颁布的包装法律规范还有很强的技术性。

4）分散性

包装法律规范以分散的形态分布于各个相关法律规范中。我国的包装法律不仅分散于各类与包装有关的法律中，如《中华人民共和国食品卫生法》《中华人民共和国商标法》，还广泛地分布于有关主管单位的通知和意见中。

8.1.2 包装中涉及的知识产权

知识产权是指民事主体对其创造性的智力成果依法享有的专有权利。它可以分为工业产权和著作权两大部分，其中工业产权包括专利权和商标权。包装中涉及的知识产权主要为商标权和专利权。

1. 商标权

商标权又称商标专用权，是指商标所有人在法律规定的有效期限内，对其经商标主管机关核准的商标享有的独占的、排他的使用和处分的权利。商标通常印刷在包装特别是销售包装上，成为包装的一部分。商标权作为知识产权，也受到法律的保护，在进行包装设计时要特别注意不要造成对商标权的侵害。

根据《中华人民共和国商标法》，以下行为属于侵犯商标权的行为。

（1）未经商标注册人的许可，在同一种商品或类似商品上使用与其注册商标相同或近似的商标的。

（2）销售侵犯注册商标专用权的商品的。

（3）伪造、擅自制造他人注册商标标识，或者销售伪造、擅自制造的注册商标标识的。

（4）未经商标注册人同意，更换其注册商标并将该更换商标的商品又投入市场的。

（5）给他人的注册商标专用权造成其他损害的。

2. 专利权

1）专利权的概念和分类

专利权是指专利主管机关依照专利法授予专利的所有人和持有人，或者他们的继承人在一定期限内依法享有的对该专利制造、使用或销售的专有权。根据《中华人民共和国专利法》的规定，专利包括发明、实用新型和外观设计。

（1）发明，是指对产品、方法或其改进所提出的新的技术方案。

（2）实用新型，是指对产品的形状、构造或其结合所提出的适于实用的新的技术方案。

（3）外观设计，是指对产品的形状、图案或其结合，以及色彩与形状、图案的结合所作出的富有美感并适于工业应用的新设计。

2）专利侵权行为的概念及特征

专利侵权行为是指在专利权有效期限内，行为人未经专利权人许可又无法律依据，以营利为目的实施他人专利的行为。专利侵权行为具有以下特征。

（1）侵害的对象是有效的专利。

（2）必须有侵害行为，即行为人在客观上实施了侵害他人专利的行为。

（3）以生产经营为目的。非生产经营目的的实施，不构成侵权。

（4）违反了法律的规定，即行为人实施专利的行为未经专利权人的许可，又无法律依据。

3.《中华人民共和国产品质量法》中关于包装的规定

我国的《产品质量法》不仅对产品的质量进行了规定，而且对与产品紧密结合的包装也进行了相应的规定。

（1）包装上的说明应该与内装产品的质量一致。生产者应当对其生产的产品质量负责。产品质量应当符合下列要求：符合在产品或其包装上注明采用的产品标准，符合以产品说明、实物样品等方式表明的质量状况。

（2）产品上的标识必须真实且注明必要事项。产品或其包装上的标识必须真实，并符合下列要求。

① 有产品质量检验合格证明。

② 有中文标明的产品名称、生产厂的厂名和厂址。

③ 根据产品的特点和使用要求，需要标明产品规格、等级、所含主要成分的名称和含量，用中文相应予以标明；需要事先让消费者知晓的，应当在外包装上标明，或者预先向消费者提供有关资料。

④ 限期使用的产品，应当在显著位置清晰地标明生产时期和安全使用期或失效日期。

⑤ 使用不当容易造成产品本身损坏，或者可能危及人身、财产安全的产品，应当有警示标志或中文警示说明。

裸装的食品和其他根据产品的特点难以附加标识的裸装产品，可以不附加产品标识。

（3）危险物品包装质量的特殊要求。易碎、易燃、易爆、有毒、有腐蚀性、有放射性等危险物品，以及存储中不能颠倒和其他特殊要求的产品，其包装质量必须符合相应要求，依照国家有关规定作出警示标志或中文警示说明，标明储运注意事项。

4.《中华人民共和国反不正当竞争法》中关于包装的规定

我国的《反不正当竞争法》对包装的规定主要体现在禁止经营者利用外包装进行不正当竞争，实行商业混淆行为，侵犯其他经营者的合法权益。经营者不得采用下列不正当手段从事市场交易，侵害竞争对手。

（1）假冒他人的注册商标。

（2）擅自使用知名商品特有的名称、包装、装潢，或者使用与知名商品近似的名称、包装、装潢，造成和他人的知名商品相混淆，使购买者误认为是该知名商品。

（3）擅自使用他人的企业名称或姓名，引人误认为是他人的商品。

（4）在商品上伪造或冒用认证标志、名优标志等质量标志，伪造产地，对商品质量作引人误解的虚假表示。

8.2 普通货物的包装法律、法规

1. 普通货物的界定

普通货物是指除危险货物、鲜活易腐的货物以外的一切货物。

与危险货物相比，普通货物的危险性大大小于危险货物，因而，其对包装的要求相对较低。物流企业在对普通货物进行包装时，有国家强制性的包装标准时，应按该标准；在没有强制性规定时，应从适用于仓储、运输和搬运，并适用于商品的适销性的角度考虑，按照对普通货物包装的原则，妥善地进行包装。

2. 普通货物包装中所适用的法律、法规

我国没有关于包装的专门法律，但是与货物销售、运输、仓储有关的法律、行政法规、部门规章、国际条约中都包含了对包装的规定。例如，我国的《民法典》《海商法》《食品卫生法》，以及《联合国国际货物销售合同公约》《国际海运危险货物规则》等。除此之外，包装法律规范还包含各种包装标准。

许多国家还从环境保护和保障消费者权益的角度，来规范包装行为。我国消费者协会也曾经明确指出，只要包装体积明显超过商品本身的 10% 和包装费用明显超过商品的 30%，就可判定为"商业欺诈"。我国已经颁布实施的《环境保护法》《清洁生产促进法》《固体废物污染环境防治法》《水污染防治法》《大气污染防治法》等一系列国家大法，为制止不当包装行为，保护环境提供了有力的保证。

3. 普通货物包装所应遵循的基本原则

安全原则、绿色原则和经济原则是普通货物包装应遵循的三大原则，其涉及产品责任问题。

1）安全原则

安全原则是指物品的包装应该保证物品本身及相关人员的安全，具体包括以下两个方面。

（1）商品的安全。包装的第一大功能就是保护物品不受外界伤害，保证物品在物流的过程中保持原有的形态，不致损坏和散失。生产的商品最终要通过物流环节送达消费者手中，在这个过程中，商品经常会遇到一系列的威胁，包括外力的作用，如冲击、跌落；环境的变化，如高温、潮湿；生物的入侵，如霉菌、昆虫的入侵；化学的侵蚀，如海水、盐酸等侵蚀；人为的破坏，如盗窃等。而包装则成为对抗这些危险、保护商品的一道屏障。

（2）相关人员的人身安全。一些危险的商品，如农药、液化气等，具有易燃、易爆、有毒、腐蚀、放射性等特征，如果包装的性能不符合要求或使用不当，很可能引起事故。对于这些商品，包装除起到保护商品不受损害的作用外，还可保护与这些商品发生接触人员的人身安全，如搬运工人、销售人员等的安全。包装如果不符合要求，将会造成严重的后果。

2）绿色原则

绿色原则是物品和货物的包装应符合环境保护的要求。环境保护是当今世界经济发展的主题之一，它在包装行业中也有所体现。世界上几乎所有国家用于包装食品和药品的材料，绝大多数为塑料制品。让人担忧的是，在一定的介质环境和温度条件下，塑料中的聚合物单体和一些添加剂会溶出，并且少量地转移到食品和药物中，从而引起急性或慢性中毒，严重的甚至会致癌。而且，由于世界每年消耗的塑料制品很多，它们被使用后遭人丢弃成为垃圾，很难腐烂。因此，绿色包装的问题是一个迫切需要解决的问题。在国外，已经有许多国家和地区开始行动，颁布了相关法律，在包装中全面贯彻绿色意识。我国的包装立法正处于起步阶段，更应该适应国际包装的发展趋势，将绿色包装作为包装法的基本原则之一。

3）经济原则

经济原则是指包装应该以最小的投入得到最大的收益。包装成本是物流成本的一个重要组成部分，昂贵的包装费用将会降低企业的收益率。特别是我国目前仍然处于社会主义的初级阶段，生产力还不发达，奢华的包装不仅会造成社会资源的极大浪费，还会产生不良的社会影响。但是，包装过于低价或粗糙，也会降低商品的吸引力，形成商品销售的障碍。经济原则即是在两者之间达到平衡，使包装既不会造成资源浪费，又不会影响商品的销售。

4. 普通货物运输包装的基本要求

运输包装是指以强化运输、保护产品为主要目的的包装。

货物的运输包装必须符合国家强制性标准《一般货物运输包装通用技术条件》（GB/T 9174—2008），它对适用于铁路、公路、水路、航空承运的一般货物运输包装的总要求作了规定。运输包装如不符合该标准规定的各项技术要求，在运输过程中一旦造成货损或对其他关系方的人身、财产造成损害，均由包装负责人承担赔偿责任。对包装不符合要求的货物，运输部门可以拒收。

运输包装的基本要求是：由于货物运输包装是以运输仓储为主要目的的包装，因此必须具有保障货物安全、便于装卸储运、加速交接点验等功能，同时应能确保在正常的流通过程中，能够抗御环境条件的影响而不发生破损、损坏等现象，保障安全、完整、迅速地将货物运至目的地。此外，货物运输包装还应符合科学、牢固、经济、美观的要求。

5. 销售包装的基本要求

销售包装是指直接接触商品并随商品进入零售网点与消费者直接见面的包装。该包装的特点是外形美观，有必要的装潢，包装单位适于顾客的购买量和商店陈设的要求。

销售包装通常情况下由商品的生产者提供，但是如果物流合同规定由物流企业为商品提供销售包装，物流企业就需要承担商品的销售包装义务，因此，物流企业在进行销售包装时需要按照销售包装的基本要求进行操作。在销售包装上，一般会附有装潢图画和文字说明，选择合适的装潢和说明将会促进商品的销售。销售包装的基本要求主要涉及以下几个方面。

1）图案设计

图案是包装设计的三大要素之一，它包括商标图案、产品形象、使用场面、产地景色、象征性标志等内容。在图像的设计中，使用各国人们喜爱的形象固然重要，但更重要的是，要避免使用商品销售地所禁忌的图案。

2）文字说明

在销售包装上应附一定的文字说明，标明商品的品牌、名称、产地、数量、成分、用途、使用说明等。在制作文字说明时一定要注意各国的管理规定。

3）条形码

商品包装上的条形码是指按一定编码规则排列的条空符号，它用以标明有一定意义的字母、数字及符号组成，通过光电扫描阅读设备，它可以作为计算机输入数据的特殊代码语言。条形码自 1949 年问世以来得到了广泛应用。20 世纪 70 年代，美国将其应用到食品零售业。目前，世界上许多国家的商品都使用条形码，各国的超级市场都使用条形码进行结算。如果没有条形码即使是名优商品也不能进入超级市场。有些国家还规定，如果商品包装上没有条形码，则不能进口。

6. 合同中的包装条款

1）包装条款的内容

在物流服务合同中，可能会订有包装条款。包装条款一般包括以下 3 个方面的内容。

（1）包装的提供方。在物流服务合同中，包装条款应该载明包装由哪一方来提供。这样的规定不仅有助于明确物流企业在包装中所处的法律地位，而且有助于在由于包装的问题引起货物损坏或灭失时划分责任。

（2）包装材料和方式。包装材料和方式是包装的两个重要方面，它分别反映了静态的包装物和动态的包装过程。包装材料条款主要载明采用什么包装材料，如木箱装、纸箱装、铁桶装、麻袋装；包装方式条款主要载明怎样进行包装。在这两点之外，可以根据需要加注尺寸、每件重量或数量、加固条件等。随着科学技术的发展，包装材料和包装方式也越来越精细，同样都是塑料包装，不同的塑料则有不同的特性，所以在订立这一条款时应准确详细，以免产生不必要的纠纷。

（3）运输标志。运输标志是包装条款中的主要内容。运输标志通常表现在商品的运输包装（以强化运输、保护产品为主要目的的包装）上。在贸易合同中，按照国际惯例，一般由卖方设计确定，也可由买方决定。运输标志会影响货物的搬运装卸，所以要求在合同条款中明确载明。

2）订立包装条款时应注意的问题

（1）合同中的有些包装术语如"适合海运包装""习惯包装"等，因可以有不同理解，从而容易引起争议，除非合同双方事先取得一致认识，否则应当避免使用。尤其是设备包装条件，应当在合同中作出具体明确的规定，如对特别精密的设备，除规定包装必须符合运输要求外，还应当规定防震措施等条款。

（2）包装费用一般都包括在货价内，合同条款不必列入。但是，如果一方要求特殊包装，则可增加包装费用，如何计费及何时收费也应当在条款中列明。如果包装材料由合同的一方当事人供应，条款中应当明确包装材料到达时间，以及逾期到达时该方当事人应负的责任。运输标志如由一方当事人决定，也应规定标志到达时间（标志内容须经卖方同意），以及逾期不到时该方当事人应负的责任等。

（3）包装条款不能太笼统。在一些合同中，包装条款仅写明"标准出口包装"，这是一个笼统的概念。在国际上还没有统一的标准来界定包装是否符合"标准出口包装"的要求。因此，国外一些客户在这个方面大做文章，偷工减料，以减少包装成本。

8.3　危险货物的包装法律、法规

8.3.1　危险货物的概念

危险货物是指凡具有爆炸、易燃、毒害、腐蚀、放射性等性质，在运输、装卸和储存保管过程中，容易造成人身伤亡和财产毁损而需要特别防护的货物，均属危险货物。由于危险货物的危险性，使之在包装上有着特殊的要求。

8.3.2　对危险货物包装的基本要求

由于危险货物自身的危险性质，我国对危险货物的包装采用了不同于普通货物的特殊要求，并且这些规定和包装标准均是强制性的。因此，物流企业在进行危险货物的包装时，应当严格按照我国的法律规定和标准，以避免危险货物在储存、运输、搬运装卸中出现重大事故。

我国对危险货物包装的基本要求如下。

（1）应当能够保护货物的质量不受损害。

（2）保证货物数量的完整。

（3）防止物流过程中发生的燃烧、爆炸、腐蚀、毒害、放射性辐射等事故造成的损害，保证物流过程的安全。

（4）危险货物包装的基本要求、等级分类、性能试验、检验方法等都应该符合国家强制性标准。

8.3.3　危险货物运输包装的要求

1. 危险货物运输包装的概念

根据《危险货物运输包装通用技术条件》（GB 12463—2009）的规定，危险货物的运输包装即运输中危险货物的包装，除爆炸品、压缩气体、液化气体、感染性物品和放射性物品的包装外，危险货物包装按其防护性能分为以下 3 类。

（1）Ⅰ类包装，适用于盛装高度危险性货物的包装。

（2）Ⅱ类包装，适用于盛装中度危险性货物的包装。

（3）Ⅲ类包装，适用于盛装低度危险性货物的包装。

2. 危险货物运输包装所使用的标准及其基本内容

危险货物运输包装所适用的国家标准是《危险货物运输包装通用技术条件》（GB 12463—2009）。该标准是由国家颁布的，其规定了危险货物运输包装的包装分级，运输包装的基本要求、性能测试和测试的方法，同时也规定了运输包装容器的类型和标记代码强制适用的技术标准。

《危险货物运输包装通用技术条件》（GB 12463—2009）强制适用于盛装危险货物的运输包装，是运输生产和检验部门对危险货物运输包装质量进行性能测试和检验的依据。

《危险货物运输包装通用技术条件》（GB 12463—2009）不适用于以下几种情况的包装。

（1）盛装放射性物质的运输包装。

（2）盛装压缩气体和液体气体的压力容器的包装。

（3）净重超过 400 千克的包装。

（4）容积超过 450 升的包装。

3. 对危险货物运输包装的强度、材质等的要求

根据《危险货物运输包装通用技术条件》（GB 12463—2009）的规定，危险货物运输包装的强度及采用的材质应满足以下基本要求。

（1）危险货物运输包装应结构合理，具有一定强度，防护性能好。包装的材质、形式、规格、方法和单件质量（重量），应与所装危险货物的性质和用途相适应，并便于装卸、运输和储存。

（2）包装应质量良好，其结构和封闭形式应能承受正常运输条件下的各种作业风险，不应因温度、湿度和压力的变化而发生任何渗漏，包装表面应清洁，不允许黏附有害危险物质。

（3）包装与内装物直接接触部分，必要时应有内涂层或进行防护处理，包装材料不得与内装物发生化学反应而形成危险产物和导致削弱包装强度。

（4）内容器应予固定。如果属于易损性的应使用与内装物性质相适应的衬垫材料或吸附材料衬垫妥实。

（5）装液体的容器，应能够承受在正常运输条件下产生的内部压力。灌装时必须留有足够的膨胀余数（预留容积），除另有规定外，并且应当保证在温度 55℃时，内装液体不致完全充满容器。

（6）包装封口应当根据内装物性质采用严密封口、液密封口或气密封口。

（7）盛装需浸湿或加有稳定剂的物质，其容器封闭形式应当有效地保障内装液体（水、容器和稳定剂）的百分比，在储运期间保持在规定的范围以内。

（8）有降压装置的包装，其排气孔设计和安装应当能够防止内装物泄漏和外界杂质进入，排出的气体量不得造成危险和污染环境。

（9）复合包装的内容器和外包装应当紧密结合，外包装不得有擦伤内容器的凸出物。

（10）无论是新型包装、重复使用的包装、还是修理过的包装均应符合本标准第 8 章危险货物运输包装性能试验的要求。

（11）盛装爆炸品包装的附加要求如下。

① 盛装液体爆炸品容器的封闭形式，应当具有防止渗漏的双重保护。

② 除内包装能够充分防止爆炸物与金属物接触外，铁钉和其他没有防护涂料的金属部分不得穿透外包装。

③ 双重卷接合的钢桶，金属筒或以金属作衬里的包装箱，应当能够防止爆炸物进入缝隙。钢桶和铝桶的封闭装置必须有合适的垫圈。

④ 包装内的爆炸物质和物品，包括内容器，必须衬垫妥实，在运输中不得发生危险性移动。

⑤ 盛装有对外部电磁辐射敏感的电引发装置的爆炸物品，包装应具备防止所装物品受外部电磁辐射源影响的功能。

4. 包装标志及标记代号

包装标志是根据危险货物的性质，选用国家标准《危险货物包装标志》（GB 190—2009）和《包装储运图示标志》（GB/T 191—2008）规定的标志及其尺寸、颜色和使用方法。可根据需要采用危险货物运输包装标记代号来表示包装级别、包装容器的材料、包装件组合类型及其他内容。标记采用白底（或采用包装容器底色）黑字，字体要清楚、醒目。标记的制作方法可以印刷、粘贴、涂打和钉附。钢制品容器可以打钢印。

8.4　加工承揽合同

在流通加工环节中，物流企业可能通过加工承揽合同履行其物流服务合同的加工义务，即物流企业通过与承揽人签订分合同的形式将其加工义务分包出去。对此，物流企业通常处在加工承揽合同中的定作人的地位。因此，作为定作人，物流企业应当了解与其有关的加工承揽合同的法律适用，合同的订立、内容，以及相应的权利和义务。

8.4.1　加工承揽合同的概念和特征

1. 加工承揽合同的概念

加工承揽合同是指当事人一方按他方的特别要求完成一定工作，并将工作成果交付他方，他方按约定接受工作成果并给付酬金的合同。提出工作要求，按约定接受工作成果并给付酬金的一方是定作人；按指定完成工作成果，收取酬金的一方是承揽人。

加工承揽合同的承揽人可以是一人，也可以是数人。在承揽人为数人，数个承揽人即为共同承揽人，如无相反约定，共同承揽人对定作人负连带清偿责任。

2. 加工承揽合同是诺成、有偿、双务、非要式合同

加工承揽合同具有以下特征。

（1）加工承揽合同以完成一定的工作并交付工作成果为标的。在加工承揽合同中，承揽人必须按照定作人的要求完成一定的工作，但定作人的目的不是要工作过程，而是要工作成果，这是与单纯的提供劳务的合同的不同之处。按照加工承揽合同所要完成的工作成果可以是体力劳动成果，也可以是脑力劳动成果；既可以是物，又可以是其他财产。

（2）加工承揽合同的标的物具有特定性。加工承揽合同是为了满足定作人的特殊要求而订立的，因而定作人对工作质量、数量、规格、形状等要求使承揽标的物特定化，使其同市场上的物品有所区别，以满足定作人的特殊需要。

（3）承揽人工作具有独立性。承揽人以自己的设备、技术、劳力等完成工作任务，不受定作人的指挥管理，其独立承担完成合同约定的质量、数量、期限等责任，在交付工作成果之前，对标的物意外灭失或工作条件意外恶化风险所造成的损失承担责任。承揽人对完成工作有独立性，这种独立性受到限制时，其承担意外风险的责任也可以相应减免。

（4）加工承揽合同是具有一定人身性质的合同。承揽人一般必须以自己的设备、技术、

劳动力等完成工作并对工作成果的完成承担风险。承揽人不得擅自将承揽的工作交付给第三人完成，对完成工作过程中遭受的意外风险责任负责。

8.4.2 加工承揽合同的种类

加工承揽合同是完成工作交付成果合同的总称，在社会生活中使用范围极广。加工承揽合同主要包括以下几种。

1. 加工合同

加工合同是指承揽人按照定作人的具体要求，使用自己的设备、技术和劳动对定作人提供的原材料或半成品进行加工，并将成果交给定作人，定作人支付价款的合同。该合同的特点是由定作方提供大部分或全部的原材料，承揽方只提供辅助材料，并且仅收取加工费用。这种合同是物流中常见的合同。

2. 定作合同

定作合同是由承揽人根据定作人特别要求，利用自己的设备、技术、材料和劳动力，为定作方制作成品，由定作方支付报酬的合同。例如，运输企业为运输某些特殊商品而向承揽人定作专门的包装物。在定作合同中，原材料全部由承揽方提供，定作方支付相应的价款。定作合同的价款包括加工费和原材料费用。

3. 修理合同

修理合同是指承揽人为定作人修理功能不良或缺失或外观被损害的物品，使其恢复原状，由定作人支付报酬的加工承揽合同。在修理合同中，定作方可以提供原材料，也可以不提供原材料。在不提供原材料的情况下，定作人所支付的价款主要是原材料的价值。修理合同在物流过程中也很常见。由于物流过程中产品和包装的破损不可避免，所以物流合同履行的好坏将影响物流的效率。

4. 其他加工承揽合同

其他加工承揽合同主要有承揽人为定作人的房屋进行修缮，为定作人打印、复印稿件材料，翻译外文资料，进行物品性能测试、检验和工作成果的鉴定等。

8.4.3 加工承揽合同的法律适用

我国有关加工承揽合同的法律、法规主要是《民法典》合同编和1984年12月20国务院发布的《加工承揽合同条例》。因此，有关加工承揽合同的争议，应当首先适用《民法典》关于加工承揽合同的规定；《民法典》未规定的，在不违反法律规定的情况下，应当适用《加工承揽合同条例》的有关规定。

8.4.4 加工承揽合同的订立和形式

当事人在订立加工承揽合同时，首先应当核对对方当事人的主体资格，不应盲目与他人订立加工承揽合同。这一点对于加工承揽合同中的定作人来说尤为重要，如果承揽人不具备签约主体资格或用别的单位名义签订合同，或者不具备承揽该工作资质和完成该工作能力，加工承揽合同将不能得到很好的履行，承揽项目的质量也将难以保证，这会给定作人造成损失。因此，定作人在订立合同时，一定要了解对方当事人是否具备完成承揽工作所必需的设备条件、技术能力、工艺水平等情况，以确认承揽人是否具有履约能力。承揽方对这一点也不可忽视，只有定作人具备足够的履约能力，承揽人付出劳动完成的工作才能得到保障。所以，加工承揽合同的订立过程，是双方当事人就其相互间的权利与义务协商一致的过程。

加工承揽合同的订立过程，与其他合同相同，根据《民法典》的规定，加工承揽合同的订立包括要约和承诺两个阶段。一般情况下，在加工承揽合同中，要约是由定作人发出，承揽人是被要约人。当然，承揽方同样可以主动向定作人发出要约。无论是哪一方发出的要约，取得双方当事人承诺后，加工承揽合同即告成立并生效。

加工承揽合同不是要式合同，《民法典》没有对加工承揽合同的形式作出特别的要求，因而，双方当事人不仅可以以书面的方式，也可以选择口头的或其他形式订立承揽合同。但在实践中，承揽合同一般都采用书面形式和证明力更高的形式（如公证）订立，以便在发生纠纷时分清责任。

8.4.5　加工承揽合同的主要内容

合同的内容是双方当事人协商一致的、约定双方当事人具有权利和义务的条款。合同内容既是检验合同合法性和有效性的凭证，又是当事人享受权利和承担义务的依据。加工承揽合同包括以下具体内容。

1. 当事人条款

当事人是民事法律关系的主体，反映在合同内即当事人条款。在合同内容中，当事人条款是首要内容，不可或缺。加工承揽合同的当事人就是定作人和承揽人，也可以是自然人、法人或其他组织。对于定作人，法律一般没有限定其资格。但对于承揽人，就应当具备完成承揽工作所必需的设备、技术和能力。

2. 加工承揽合同的标的条款

承揽合同的标的是定作人和加工承揽人权利与义务指向的对象，即定作物，是加工承揽合同必须具备的条款。承揽标的是将承揽合同特定化的重要因素，在合同中应当将加工定作的物品名称、项目、质量等要素规定明确、具体，不能含糊、混淆不清，否则将导致合同履行的困难。承揽合同的标的应该具有合法性，标的不合法将导致合同无效。

3. 承揽标的数量条款

数量是以数字和计量单位来衡量定作物的尺度。根据标的物的不同，有不同的计算数量的方法。数量包括两个方面：数字和计量单位。在合同数量条款中的数字应当清楚明确，数量的多少直接关系到双方当事人的权利与义务，也与价款和酬金有密切的关系。在计量单位的使用上，应当采用国家法定的计量单位，如米、立方米、千克等。

4. 承揽标的质量条款

质量是定作物适合一定用途、满足一定需要的特征，不仅包括特定物本身的物理、化学和工艺性能等特性，还包括形状、外观、手感及色彩等，主要是对承揽标的品质的要求。承揽合同中的标的的质量通常由定作人提出要求。因此，加工承揽合同中的质量条款不仅包括标的物的技术标准、标号、代号等，还包括对标的物的形状、外观、手感及色彩的具体要求，必要时还应附有图纸。

5. 报酬条款

报酬是指定作人对承揽人所完成的工作应支付的酬金。承揽人订立合同、完成承揽工作的直接目的就是为了取得报酬，因此报酬条款也是加工承揽合同的重要内容之一。报酬条款应该在合同中明确约定，包括报酬的金额、货币种类、支付期限和支付方式等。在原材料由承揽方提供的情况下，报酬条款还应明确原材料的价款、支付方式、支付期限等。

6. 材料提供条款

承揽合同中的原材料既可以由承揽人提供也可以由定作人提供。原材料的提供不仅会影响到价金的确定，而且原材料的质量将会直接影响定作物的质量，因而影响合同是否得到完全履行。流通加工是在流通的过程中对货物进行加工，加工的对象是货物，所以物流企业进行流通加工的情况下，原材料通常是由物流需求方提供。但是在一定的情况下，如将货物进行分包装，包装物有可能由物流企业提供。

7. 承揽履行条款

履行条款包括履行期限、地点、履行方式3部分。

1）履行期限

履行期限是合同当事人履行合同义务的期限。承揽合同的履行期限包括提供原材料、技术资料、图纸，以及支付定金、预付款的义务的期限。

2）履行地点

履行地点是指履行合同义务和接受对方履行合同成果的地点。履行地点直接关系到履行合同的时间和费用。

3）履行方式

履行方式是指承揽人完成工作的方式。履行方式最主要的一个方面就是确定承揽工作是否交由第三人完成，即承揽工作是由承揽人独立完成或两个以上承揽人共同承担完成或承揽人可将一定工作交由第三人完成。此外，履行方式条款还应包括履行工作采用何种工作手段和工艺方法，以及工作成果的交付方式等。例如，是一次性交清还是分期分批履行，定作物是定作人自己提取还是由承揽人送货等。

8. 验收标准和方法条款

验收标准和验收方法是指定作人对承揽方所完成的工作成果进行验收所采用的标准和方法。验收标准用于确定承揽方预交的工作成果是否达到定作方所规定的质量要求和技术标准。验收方法是进行验收的具体做法。由于验收标准和验收方法关系到工作成果的实用性、安全性和风险责任的转移等，因此在加工承揽合同中，这一条款应当规定得具体、明确。

9. 样品条款

凭样品确定定作物的质量是加工承揽合同中一种常见的现象。在这种情况下，定作人完成的工作成果的质量应该达到样品的水平。样品可以由定作方提供，也可以由承揽方提供。提供的样品应封存，由双方当场确认并签字，以作为成果完成后的检验依据。

10. 保密条款

由于加工承揽合同的特殊性，定作方有时会向承揽人提供一定的技术资料和图纸，可能涉及定作人不愿被他人所知的商业秘密和技术秘密。因此，在合同中规定保密条款是十分必要的。保密条款应当对保密的范围、程度、期限、违反的责任进行详细约定。

11. 违约责任

违约责任是绝大多数合同的主要内容之一，加工承揽合同自然也应当在合同内容约定违约责任的承担，明确责任承担的情况、责任承担的方式、计算方法和数额等，以便在发生纠纷时以此作为解决纠纷的根据。

8.4.6　加工承揽合同当事人的权利与义务

依合同履行的一般规则，加工承揽合同的双方当事人都应当全面履行各自的义务，在需要协助的情况下给对方必要的协助，以使合同高质、高效地得到履行。具体来说，承揽人应当全面按照合同中定作人提出的特定要求进行承揽工作，并最终交付符合要求的工作成果。在履行合同的过程中，很重要的一点就是承揽人要亲自履行合同义务。当然，在双方约定可由第三方作出一定工作等条件下，承揽人可以将一定的工作交由第三人辅助完成，但该工作仅限于辅助工作，其质量问题的责任仍然由承揽人承担。对于定作人，应按时、按约支付报酬。此外，协助承揽人的承揽工作也是定作人履行合同的一个重要方面。承揽人应当按照合同约定，及时、准确地提供承揽工作所需的原材料、图纸及技术资料等。定作人在行使其监督检验权时也不得妨碍承揽人正常工作。加工承揽合同当事人具体的权利和义务如下。

1. 承揽人的权利与义务

1）承揽人的主要权利

（1）承揽人的收益权。按照合同的约定，承揽人有权要求定作人支付报酬和有关原材料的费用。在定作人没有按照约定支付报酬和费用时，承揽人可以对其定作物和原材料行使留置权。留置经过一定的时间（一般不少于两个月）后，定作人仍未支付报酬和费用的，承揽人有权将定作物或原材料变卖或拍卖，以所得价款优先清偿其报酬和费用。另外，当定作人无正当理由拒绝受领定作物或无法交付定作物时，承揽人有权将定作物交给提存机关提存，以免除自己的交付义务。

（2）承揽人的留置权。这是指承揽人享有的依法留置定作物，作为取得工作报酬的担保权利。承揽人的这一权利，是法律对承揽人所付出劳动的一种特别保护。加工承揽合同中，定作人往往是在承揽人交付工作成果时支付报酬。如果定作人取得定作物的时候仍不支付报酬及相关费用，承揽人所付出的劳动仅能为自己带来对定作人的债权。相对于定作人的其他债权人，承揽人没有任何优势可言。这种处境对于已付出了大量劳动的承揽人而言，是不公平的，为了体现对承揽人所付出劳动的尊重，法律规定了承揽人的留置权。承揽人依法留置定作物，在一定意义上促进了定作人支付合同约定的报酬及相关费用。如果定作人收到通知后，逾期不履行其义务，承揽人可将该留置物折价或拍卖、变卖所得的价款优先受偿，这在很大程度上保护了承揽人的利益。

承揽人依法享有留置权的前提是定作人不支付合同约定的报酬或其他相关费用。承揽人行使留置权的目的是促使定作人按约定支付上述款项。因此，只要定作人支付了相关的款项或提供了其他适当的担保，承揽人就应交付被其留置的定作物。至于用于留置的财产，应当是承揽人基于加工承揽合同而合法占有的属于定作人的工作成果、材料及其他财产。所留置的定作物的价值，应尽可能与定作人所应支付的报酬及其他费用的金额相近。当所谓留置的定作物或其他财产为可分物时，留置物的价值应当相当于债务的金额。此外，承揽人的留置权是一种法定担保物权，但当事人也可以在合同中约定加以排除。

2）承揽人的主要义务

（1）按加工承揽合同约定完成承揽工作的义务。这是承揽人最基本的义务，对此承揽人应当恪守信用，严格按照加工承揽合同约定的有关流通加工的标的、规格、形状、质量等完成工作，以满足委托方的要求，非经定作人的同意不得擅自变更。在工作过程中，若发现定作人提供的图纸和技术要求不合理，应及时通知定作人变更，而不能擅自修改。因定作人怠于答复等原因造成承揽人损失的，定作人应当赔偿损失。在未交付前，承揽人应当妥善保管完成的工作成果，以及定作人提供的材料，因保管不善造成毁损、灭失的，承揽人应当承担赔偿责任。这一义务主要包括以下3个方面内容。

① 应当在合同规定的时间开始工作，并在合同规定的期限内完成工作。

② 应当按照物流委托人的要求按质、按量地完成工作。

③ 应当以自己的设备、技术劳力完成工作或主要工作。

（2）亲自完成主要工作的义务。由于承揽合同往往是基于定作人对承揽人在技术、经验、实力等方面的信任而产生，因此，除非当事人另有约定，承揽人应当以自己的设备、技术和劳力完成主要工作。承揽人将其承揽的主要工作交由第三人完成的，应当就该第三人完成的工作成果向定作人负责、未经定作人同意的，定作人也可以解除合同。

承揽工作分为主要工作和辅助工作。对于辅助工作，承揽人可以未经定作人的同意将其交由第三人完成。承揽人将其承揽的辅助工作交由第三人完成的，应当就该第三人完成的工作成果向定作人负责。若定作人不愿意承揽人将辅助工作交由第三人完成的，必须在合同中明确加以约定。

（3）对定作人提供的材料进行检验、保管和诚信使用的义务。承揽人的保管义务是针对材料由物流委托方提供的情况下。在原材料由物流委托方提供时，承揽人应当及时对原材料进行检验，并在发现不符合约定的情形下及时通知物流委托方。

（4）提供原材料并接受检查、监督及诚信义务。根据合同的约定流通加工的原材料由承揽人提供的，承揽人应当按照约定选用材料。承揽人在工作期间，应当接受定作人必要的监督检查，但是定作人不得因监督检查妨碍承揽人的正常工作。

（5）对流通加工中涉及的商业秘密负有保密义务。承揽人应按照物流需求方的要求，保守秘密，未经物流需求方的同意，不得保留复制品和技术资料，否则定作人有权要求赔偿损失，并且销毁有关资料或文件。承揽人的保密义务是一种附随义务，基于诚信原则产生。

（6）瑕疵担保义务。承揽人应当保证加工物在品质、效用等方面符合物流服务合同的约定，否则就要承担瑕疵担保责任。根据《民法典》第七百八十一条的规定，承揽人交付的工作成果不符合质量要求的，定作人可以合理选择请求承揽人承担修理、重作、减少报酬、赔偿损失等违约责任。

（7）共同承揽人义务。为了增强承揽能力，常出现两个以上承揽人共同与定作人签订承揽合同的情况。加工承揽合同中，当承揽人为两人以上时，通常称为共同承揽人。根据《民法典》第七百八十六条的规定，共同承揽人对定作人承担连带责任，但是当事人另有约定的除外。

2. 定作人的权利与义务

1）定作人的主要权利

定作人的权利是与承揽人的义务相对的，即前述承揽人的义务，从另外一个方面来说就是定作人的权利。这些权利主要为按合同约定受领工作成果的权利、对原材料及交付的工作成果按约定验收的权利、对承揽人进行必要的监督的权利等。

（1）对材料的验收权。在加工承揽合同中，双方当事人可以自由决定材料由定作人提供或由承揽人提供。无论哪方提供材料，材料的品种、质量等因素都将直接影响承揽工作成果的最终质量，因此，任何一方所提供的材料都应当符合合同要求并满足定作物质量的需要。在承揽人提供材料的情况下，定作物一般自始至终在承揽人的占有之下，如果不允许定作人进行验收仅凭承揽人的诚心进行承揽工作，一旦承揽人提供的材料不符合合同的要求，定作人将无从知晓，定作物的质量也无从得到保证，定作人处于十分不利的地位。基于此原因，应当赋予定作人对材料的验收权。根据《民法典》第七百七十四条规定，承揽人提供材料的，应当按照约定选用材料，并接受定作人检验。如果定作人对承揽人选用的材料质量提出异议，承揽人应当给以调换。承揽人因原材料的缺陷导致工作成果有瑕疵的，承揽人应当承担违约责任。

（2）监督检验权。按照加工承揽合同所应完成的工作成果，应当是按照定作人的要求专门加工制作的。一旦最终的定作物不符合定作人在合同中所提出的特定要求，该定作物很可能也将因过于个性化难以转让给其他人。因此，为保证定作物在加工、制作的各个阶段都符合合同的要求，能最终满足定作人的特殊要求，应当规定定作人有权监督检验承揽人的工作是否按照特定的要求进行。对于定作人的监督检查，承揽人有义务配合，给定作人以合理的机会行使权利。但是定作人监督检查权利的行使应当以不妨碍承揽人的正常工作为限。对此，《民法典》第七百七十九条规定，承揽人在工作期间，应当接受定作人必要的监督检验。定作人不得因监督检验妨碍承揽人的正常工作。这里的监督检查权是对承揽人的承揽工作的监督检查，不包括对承揽人提供材料的验收。定作人在监督检查中发现承揽工作有问题的，应当及时提出，并要求承揽人改正、变更工作要求。

（3）中途变更要求的权利。在加工承揽合同中，承揽人应按照定作人的要求完成工作，这是加工承揽合同订立的基础之一，定作人的要求体现在承揽工作的整个过程中。由于种种原因，定作人可能会对最初在合同中所约定的要求觉得不满意、不合适。在这种情况下，应当允许定作人对其提出的要求进行变更，但定作人应承担这种变更带来的不利后果。《民法典》第七百七十七条规定，定作人中途变更承揽工作的要求，造成承揽人损失的，应当赔偿损失。

（4）定作人有单方解除权。一般合同生效后，双方当事人任何一方都不得任意解除。但加工承揽合同具有按定作人要求进行承揽工作的特殊性，在合同成立后如定作人因种种原因不再需要承揽人完成该项工作时，允许定作人单方解除合同应当是最佳选择。因为，此时如果定作人迫于合同的约束力而继续该合同，将会造成人力、物力的更大损耗。法律因此赋予了定作人单方解除权。《民法典》第七百八十七条规定，定作人在承揽人完成工作前可以随时解除合同，造成承揽人损失的，应当赔偿损失。

2）定作人的主要义务

（1）及时接受工作成果的义务。定作人应按约定的方式、时间、地点及时验收工作成果。定作人在验收时发现工作成果有缺陷的，可以拒绝受领；但定作人如果迟延接受和无故拒绝加工物的，应承担违约责任。定作人无正当理由拒绝接受的，承揽人可以向提存机关将定作物提存，视为完成工作成果。

（2）按合同约定和法律规定支付报酬与材料费的义务。合同对报酬支付有约定的，定作人应当按照约定的期限和方式支付报酬。对报酬的支付期限没有约定或约定不明确的，双方可以协议补充，定作人按此补充协议支付报酬，不能达成补充协议的，按照合同有关条款或交易习惯确定；仍不能确定的，定作人应当在承揽加工人交付工作成果时支付。工作成果部分交付的，定作人应当按照合同的约定支付报酬。对支付方式未作约定或约定不明确时，定作人应当在接受工作成果时，以货币为支付方式。定作人逾期支付报酬和原材料费用的，承揽人有权要求其支付迟延交付款项在迟延期间的利息损失。

（3）按合同的约定提供原材料、设计图纸、技术资料等的义务。在定作人有特殊要求或者承揽工作有一定复杂程度的情况下，合同往往约定由定作人提供相关原材料、设计图纸、技术资料等。此时，定作人应当按照合同约定的质量、数量、规格、种类提供原材料。这里的材料，不仅包括钢材、木材、砂石等生产材料，还包括加工承揽合同中涉及的技术资料，如技术标准、技术要求等。定作人若未按约定提供的，承揽人有权解除合同，并要求赔偿损失。

（4）协助承揽人完成加工的义务。因承揽工作的性质，承揽人在工作期间需要定作人协助的，定作人应进行协助的义务。多数流通加工工作需要定作人的协助，只是根据具体合同的要求所需要的协作程度不同。这里的协作不仅包括技术上的，如及时提供技术资料、有关图纸，而且还包括物质上的，如提供场地、水、电等。定作人不履行协助义务致使承揽工作不能完成的，承揽人可以催告定作人在合理期限内履行义务，并可以顺延履行期限；定作人逾期不履行的，承揽人可以解除合同，并有权要求定作人赔偿损失。

3. 物流企业在流通加工中涉及的责任

1）物流企业作为承揽人的责任

（1）违约责任。物流企业承揽人根据物流服务合同的要求进行流通加工，物流服务合同规定了物流企业承揽人应当履行的义务，当违反了合同中的约定时，就应当承担违约责任。承担的违约责任应该根据物流服务合同的具体内容确定。

（2）产品责任。若加工物本身的缺陷给物流需求方或第三人的人身、财产造成损失的，物流企业承揽人应当承担产品责任。根据我国民法通则和产品责任法的有关规定，这种产品责任是一种侵权责任。

2）物流企业作为定作人的责任

（1）提供的原材料不符合合同的要求。物流企业没有能在合同的约定时间内提供原材料及技术资料，或者提供的原材料、技术资料不符合合同的规定，应当承担违约责任，并且承担由此给加工承揽方带来的损失。

（2）领取或逾期领取定作物。加工承揽方按照合同的约定完成定作物后，物流企业应该在合同约定的时间内领取加工物，如果无故推迟领取，应当承担违约责任，并且承担由此给加工承揽方造成的额外费用和其他损失。

（3）中途变更加工要求。在加工承揽合同的履行过程中，物流企业单方面地改变合同的内容，变更标的的内容，增加定作物的数量、质量、规格、设计等，同样是一种违约行为，对此应该承担违约责任，并对由此给加工承揽方所带来的其他损失负赔偿责任。

✓ 案例分析

🔍 **案例 8-1**

一、基本案情

2021年4月25日，申请人张某和被申请人上海某家具厂签订了一份"合作协议书"。

协议约定，申请人委托被申请人加工生产柚木家具共 X 套，每套单价为 a 元，合同总价为 A 元。双方约定，被申请人先生产一套样品，样品按照被申请人提供的家具尺寸、结构、工艺等，在此基础上，双方协定修改后生产。家具样品应该在 2021 年 5 月 10 日前向申请人交付，并由申请人验收后下达样品确认书，被申请人根据样品确认书的标准进行生产。双方还约定，签订"合作协议书"时，申请人支付给被申请人预付款 B 元，用于样品生产；家具样品完成主体框架后，申请人支付样品剩余货款 C 元；家具样品确认书下达后 3 个工作日内，申请人支付货款 D 元，余款在被申请人完成家具生产后，送货的前一天支付。另外，双方约定如有一方违约，另一方可以提出解约，终止合同，违约方应当赔偿对方的损失；在没有造成损失的情况下，违约方应支付合同金额 20% 的违约金。

"合作协议书"签订后，申请人支付了样品生产的预付款 B 元，被申请人按照双方的约定进行家具样品的生产。2021 年 4 月 30 日、5 月 9 日，申请人先后两次到被申请人的家具样品生产场地对家具样品进行查验，并对床、床头柜、电视柜、大衣柜的质量，提出了整改意见；被申请人也承诺同意按照要求进行更改。2021 年 5 月 22 日，申请人向被申请人发出解约函，要求解除双方签订的"合作协议书"，并要求被申请人返还预付款 B 元，并支付违约金 E 元。

二、问题思考

（1）上海某家具厂是否违约？为什么？

（2）应当由谁承担违约责任？

三、案例评析

上海某家具厂没有违约。本案为加工承揽合同纠纷，双方合同约定于 2021 年 5 月 10 日前向定作方交付家具样品，但是，没有约定质量标准，只是约定双方协定修改。因此，2013 年 5 月 9 日的查验，应当认为样品已经交付，对样品质量的整改是在履行双方合同的约定。故，违约方应为申请人张某，申请人张某应当承担违约责任。

案例 8-2

一、基本案情

甲为农副产品进出口公司，乙为综合物流服务商。2021 年 7 月，甲公司欲将黄麻出口至印度，并将包装完好的货物交付给乙服务商，乙服务商为甲公司提供仓储、运输等服务。黄麻为易燃物，储存和运输的处所都不得超过常温。甲公司因听说乙服务商已多次承运过黄麻，即未就此情况通知乙服务商，也未在货物外包装上作警示标志。2021 年 8 月 9 日，乙服务商将货物运至其仓储中心，准备联运，因仓库储物拥挤，室温高达 15 度。2021 年 8 月 11 日，货物突然起火，因救助不及，致使货物损失严重。据查，起火原因为仓库温度较高导致货物自燃。双方就此发生争议。

二、问题思考

甲公司的损失应该由谁来承担？为什么？

三、案例评析

由甲公司自行承担。其理由是甲公司所交付的货物系易燃物，对该货物的包装应当依照国家强制标准进行，在外包装上应有警示标志，并应告知乙服务商。本案甲公司没有履行法定义务，造成该损失理应由甲公司承担。

案例 8-3

一、基本案情

A 物流服务公司为武汉 B 制衣厂的服装出口提供长期国际综合物流服务，即由 A 物流服务公司进行服装包装，安排国际联运及到货配送。2021 年 6 月，A 物流服务公司对包括 B 制衣厂等在内的 6 家货方提供服务，而将其同船承运，其中，提单号为 wH2000601 ～ wH2000609 的货物为 B 制衣厂的服装。当载货船驶离上海港后不久与他船相撞，载货船受创严重，船舶进水，致使提单号为 wH2000601 ～ wH2000609 号的货物遭水浸。经查，货物受损原因为船舶进水，船上集装箱封闭不严，致使货物遭水浸。

二、问题思考

B 制衣厂的货物损失应该由谁来承担？为什么？

三、案例评析

由 A 物流服务公司承担。其理由是 A 物流服务公司对 B 制衣厂的服装进行包装，安排国际联运及到货配送。本案是因包装和运输中发生的问题而造成的损失，一方面 A 物流服务公司不能证明自己在该事故中没有过错；另一方面，因第三人而造成损失的，A 物流服务公司也应当先予赔偿，然后再向第三人予以追偿。

☑ 案例实训

一、基本案情

2021 年 10 月 15 日，A 公司与 B 公司签订了一份加工承揽合同。该合同约定：由 B 公司为 A 公司制作铝合金门窗 1 万件，原材料由 A 公司提供，加工承揽报酬总额为 150 万元，违约金为报酬总额的 10%；A 公司应在 2021 年 11 月 5 日前向 B 公司交付 60% 的原材料，B 公司应在 2022 年 3 月 1 日前完成 6 000 件门窗的加工制作并交货；A 公司应在 2021 年 3 月 5 日前交付其余 40% 的原材料，B 公司应在 2022 年 5 月 20 日前完成其余门窗的加工制作并交货。A 公司应在收到 B 公司交付门窗后 3 日内付清相应款项。为确保 A 公司履行付款义务，B 公司要求其提供担保，适值 D 公司委托 A 公司购买办公用房，D 公司为此向 A 公司提供了盖有 D 公司公章及法定代表人签字的空白委托书和 D 公司的合同专用章。A 公司遂利用上述空白委托书和合同专用章，将 D 公司列为该项加工承揽合同的连带保证人，与 B 公司签订了保证合同。2021 年 11 月 1 日，A 公司向 B 公司交付 60% 的原材料，B 公司按约加工制作门窗。2022 年 2 月 28 日，B 公司将制作完成的 6 000 件门窗交付 A 公司，A 公司按报酬总额的 60% 予以结算。2021 年 3 月 1 日，B 公司发生重组，加工型材的生产部门分立为 C 公司。2021 年 3 月 5 日，A 公司既未按加工承揽合同的约定向 B 公司交付 40% 的原材料，也未向 C 公司交付。2021 年 3 月 15 日，C 公司要求 A 公司继续履行其与 B 公司签订的加工承揽合同，A 公司表示无法继续履行并要求解除合同。C 公司遂在数日后向人民法院提起诉讼，要求判令 A 公司支付违约金并继续履行加工承揽合同，同时要求 D 公司承担连带责任。经查明，A 公司与 B 公司签订的加工承揽合同仅有 B 公司及其法定代表人的签章，而无 A 公司的签章。

二、问题思考

（1）A 公司与 B 公司签订的加工承揽合同是否成立？为什么？

（2）C 公司可否向 A 公司主张加工承揽合同的权利？为什么？

（3）C 公司要求判令 A 公司支付违约金并继续履行加工承揽合同的主张能否获得支持？并说明理由。

（4）D 公司应否承担保证责任？并说明理由。

本章小结

目前，我国的包装法律规范散见于各类有关的法律规范中。本章介绍了包装及包装法规的基本概念和特点，阐述了普通货物包装应遵循的安全、绿色、经济的基本原则和基本要求；重点阐述了《危险货物运输包装通用技术条件》（GB 12463—2009），明确了加工承揽合同的特征和主要内容，并根据流通加工的特点，重点论述了加工承揽合同当事人之间的权利与义务，以及流通加工中涉及的法律责任。

思考练习题

一、选择题

1. 承揽人在履行承揽合同中的下列行为，构成违约的是（　　）。
   - A. 承揽人发现定作人提供的图纸不合理，立即停止工作并通知定作人，因等待答复，未能如期完成工作。
   - B. 承揽人发现定作人提供的材料不合格，遂自行更换为自己确认合格的材料。
   - C. 承揽人未征得定作人同意，将其承揽的辅助工作交由第三者完成。
   - D. 因定作人未按期支付报酬，承揽人拒绝交付工作成果。

2. 在买卖合同的包装条款及有关运输的单据中，涉及的运输包装上的标志是（　　）。
   - A. 警告性标志　　B. 指示性标志　　C. 运输标志　　D. 条形码标志

3. 甲请乙按照自己设计的图纸，为自己制作一套家具，乙表示同意。关于此项的法律分析，正确的是（　　）。
   - A. 甲中途变更图纸造成乙损失的，甲应赔偿乙的损失
   - B. 乙可随时解除合同，不应赔偿甲的损失
   - C. 甲未按照合同约定向乙支付报酬，乙不能对家具行使留置权
   - D. 未经甲同意，乙可以留存设计图纸

4. 下列各项不属于承揽合同的有（　　）。
   - A. 服装定作合同　　　　　　B. 广告印刷合同
   - C. 汽车修理合同　　　　　　D. 房屋装修合同

5. 某外贸公司与某服装厂签订服装加工合同，约定由外贸公司提供面料，加工服装1日500件，2021年4月10日前交货。服装厂加工过程中，发现外贸公司提供的面料不足，为赶工期，自行购买面料加工200件服装，于2021年4月1日交货。外贸

公司拒收服装公司自购面料的 200 件服装，要求服装厂重做。经反复协商，外贸公司同意另行提供 200 件服装的面料。2021 年 4 月 12 日，山洪暴发，服装厂被淹，重做的 200 件服装全部灭失，此项损失应（　　　）。

A. 由服装厂承担　　　　　　　　B. 由外贸公司承担

C. 由双方分担　　　　　　　　　D. 以上均不正确

二、判断题

1. 货物的包装通常分为运输包装和销售包装两种。（　　　）

2. 危险货物是指凡具有爆炸、易燃、毒害、腐蚀、放射性等性质，在运输、装卸和储存保管过程中，容易造成人身伤亡和财产毁损而需要特别防护的货物，均属危险货物。（　　　）

3. 定作人不能随时解除承揽合同。（　　　）

4. 法律规定了承揽人不享有留置权。（　　　）

5. 加工承揽合同是诺成、有偿、双务、非要式合同，不具有人身性质的合同。（　　　）

三、问答题

1. 简述普通货物包装应遵循的基本原则。

2. 对危险货物包装的基本要求是什么？

3. 简述加工承揽合同的概念和特征。

4. 简述加工承揽合同的主要内容。

5. 试述加工承揽合同当事人的义务。

第 9 章

保险法律、法规

本章导读

　　本章介绍保险的概念和保险法概况，以及保险法的制定和实施所应遵循的原则，重点介绍保险的分类。9.1 节保险制度概述；9.2 节保险合同；9.3 节国际货物运输保险合同；9.4 节国际海洋货物运输保险条款。

◎ 案例分析

◎ 案例实训

◎ 本章小结

◎ 思考练习题

9.1 保险制度概述

9.1.1 保险与保险法

"保险"是一个在人们日常生活中出现频率很高的名词，一般是指办事稳妥或有把握的意思。人类在生存过程中往往会出现一些无法预料的情况，如自然灾害和意外事故。所有这些都表明，人类生活在一个充满风险的世界中。从理论上概括，究竟什么是风险，经济学家、统计学家、行为学家、风险理论家各自从不同的角度对风险进行定义。保险理论将风险定义为：风险是关于未来事件和损失性结果发生的某种"不确定性"。同风险一样，什么是保险，并没有统一的定义，人们从法律、经济、风险理论各个角度对保险加以解释。从现象上看，保险是为了应对灾害和意外事故损失，以订立合同的法律形式，实现的经济补偿和给付。它由专门的机构——保险人，把面临相同风险的自然人和法人组织起来，依法收取保险费，建立保险基金，在被保险人遭受风险损失时，按合同约定的责任，提供经济赔偿和给付。保险的实质不是保证危险不发生、不遭受损失，而是对危险发生后遭受的损失予以经济补偿。

9.1.2 保险法的概念、性质和适用

1. 保险法的概念

保险法是调整保险关系的一切法律规范的总称，包括调整保险人与投保人、被保险人，以及受益人之间因保险合同的订立、变更、转让、履行、解除及承担法律责任过程中产生的各种权利与义务关系，规范保险业主体的设立、变更、消灭过程中产生的各种权利与义务关系，以及规范保险业主体内外组织活动过程中产生的各种权利与义务的法律规范。

2. 保险法的性质

保险法是以保险关系和保险组织为对象的商法。具体可分为以下 3 个层次。

（1）保险法是商法的一部分。保险法是由行为法和组织法两部分组成的，和公司法、票据法、证券法等其他商法部门法一样，无论是采取民商合一的立法模式还是民商分立的立法模式，保险法始终是商法当中的一部分。

（2）保险法是以保险关系为调整对象的商法规范。保险关系是一种私主体间的商事法律关系，保险法以这种关系为调整对象，保险法当中大部分是调整商事交易行为的行为规范，因此，保险法是民商法领域的特别法。

（3）保险法也是以保险组织为调整对象的商法规范。我国的保险法，由保险合同法和保险业法两部分构成，其中保险业法的部分，以保险组织为调整对象，属于公司法的特别法，因而也是民商事领域的特别法。

3. 保险法的适用

《中华人民共和国保险法》是基本法律，辅之涉及保险的其他法律、行政法规和最高人民法院的司法解释，形成一个自成体系的法群。保险法由保险合同法和保险业法两部分内容构成。在调整具体保险合同行为时，先适用保险合同法的规定；在调整保险业主体的设立、成立、变更和终止，以及主体内部关系和外部监管关系时先适用保险业法的规定。当保险法

没有规定时，再适用公司法和其他的法律。

9.1.3　保险法的特性

保险法是以保险作为调整对象，基于保险的特点，保险法亦表现出其与其他商法特别法不同的特性，主要表现在以下方面。

（1）社会性。保险是全体社会成员为分散危险而协力共济的经济制度。这就决定了保险法具有两方面的社会性：一方面，保险涉及社会大众的生活，保险制度的正常运行关系到国民经济的发展和社会的安定，因此，常常需要政府从行政上对保险业进行经常的经营监督，以保护保险参加者的利益；另一方面，在保险关系中，社会大众与保险组织相比，对保险专门知识缺乏掌握，交易的双方处于不平等的交易地位，因此，各国的保险法多从保护社会公众利益出发，对保险组织的成立从资本、人员、财务、经营、再保险、合同解释等各方面加以控制，以保护处于弱势地位的社会公众的利益。

（2）强制性。由于保险法具有社会性，所以保险法中设有较多的强制性规范。例如，根据保险合同法的规定，没有保险利益，保险合同无效，并不因双方当事人意思表示真实而承认其合同的效力。此外，保险合同当事人的有些权利也是不能放弃的，如保险人收取保险费的权利，不能像一般债权那样按自己的意愿放弃，这是为了保障参加保险的其他被保险人的利益。当然，保险法当中强制性保险的规定，更显著地体现了保险法的强制性。

（3）技术性。保险是以数理计算为基础形成的一种经济补偿制度，因此保险法中有较多的技术性规定。例如，在保险业法中，保险基金的建立、保险金额的确定、保险费率的计算、保险企业承保危险责任的限制等，保险合同法当中的再保险制度也是此类规范。

（4）伦理性。保险合同是射幸合同，所以必须善意为之，否则极易构成赌博或诱发道德风险。在保险合同法上，保险利益制度、保险人代位权制度、重复保险分摊规则和超额保险赔偿限制等制度，都是为避免被保险人和受益人不当谋求超出其损失的利益，或者为防范其道德风险而设计的。这是保险法的伦理性的体现，亦是保险制度持续良性发展的要求。

9.2　保险合同

9.2.1　保险合同概述

1. 保险合同的概念

保险合同是投保人与保险人约定保险权利与义务关系的协议。

2. 保险合同的特征

保险合同是合同的一种，但与其他合同相比，有其自己的特征，主要表现在以下方面。

1）保险合同是双务有偿合同

保险合同的当事人按照合同的约定互负义务，保险人在合同约定的保险事故发生时或在保险期限届满时，向投保人（或被保险人、受益人）支付赔偿金或保险金，投保人按约定向保险人交纳保险费，并以此为代价将一定范围内的危险转移给保险人。

2）保险合同为要式合同

《中华人民共和国保险法》第十二条明文规定，保险合同的订立应当采用书面形式，包括保险单、保险凭证及其他书面协议形式。

3）保险合同是格式合同、标准合同

格式合同、标准合同是指一方当事人提出合同的主要内容，另一方必须服从、接受或拒绝对方提出的条件而成立的合同。在现代保险业务中，保险单及保险条款一般由保险人备制和提供，投保人在申请保险时，只能决定是否接受保险人出具的保险条款，而没有拟定或磋商保险条款的自由。因此，保险合同是典型的标准合同。

4）保险合同是射幸合同

射幸合同亦即碰运气的机会性合同。在保险合同中，投保人缴付保险费的义务是确定的，但保险人是否承担保险赔偿责任则是不确定的、是机会性的。只有当特定的不确定的危险发生时，或者在合同约定的给付保险金的其他条件具备时，保险人才承担给付保险金的义务。由此可见，危险发生的偶然性，决定了保险合同的射幸性质。

5）保险合同是补偿性合同

保险是危险的对策，但保险并不能保证危险的不发生，也不能恢复已受损失的保险标的。而只是通过货币给付补偿投保人或被保险人的经济利益，弥补其遭受的损失。因此，保险合同是补偿性合同。

3. 保险合同的主体和客体

1）保险合同的主体

保险合同的主体包括保险合同当事人、保险合同关系人和保险合同辅助人。

（1）保险合同当事人。保险合同当事人是指因订立保险合同而享有保险权利和承担保险义务的人，包括投保人和保险人。投保人或称要保人，是指与保险人订立保险合同，并按照保险合同负有支付保险费义务的人。投保人应具备两个要件：① 具备民事权利能力和民事行为能力；② 对保险标的须具有保险利益。保险人或称承保人，是指与投保人订立保险合同，收取保险费，在保险事故发生时，对被保险人承担赔偿或给付保险金责任的人。在我国，保险人专指保险公司。

（2）保险合同的关系人。保险合同的关系人包括被保险人和受益人。被保险人是指其财产或人身受保险合同保障，享有保险金请求权的人，投保人可以为被保险人。受益人是指人身保险合同中由被保险人或投保人指定的享有保险金请求权的人，投保人、被保险人可以为受益人。

（3）保险合同的辅助人。保险合同的辅助人包括保险代理人和保险经纪人。

2）保险合同的客体

保险合同的客体是指保险法律关系的客体，即保险合同当事人权利与义务所指向的对象。由于保险合同保障的对象不是保险标的本身，而是被保险人对其财产或生命、健康所享有的利益，即保险利益，所以，保险利益是保险合同当事人的权利与义务所指向的对象，是保险合同的客体。投保人对保险标的不具有保险利益的，保险合同无效。即只有对保险标的具有保险利益的人，才能具有投保人的资格，投保人具有保险利益是保险合同生效的依据和条件，当投保人对保险标的不具有保险利益时，不能与保险人订立保险合同，保险人即使在不知情的情况下与不具有保险利益的人订立了保险合同，该保险合同仍然无效。履行保险合同过程中，如果投保人丧失了保险利益，保险合同也无效。

9.2.2　保险合同的订立

1. 保险合同订立的程序

订立保险合同的程序主要为投保和承保两个步骤。

投保是指投保人提出保险请求并提交投保单的行为，其实质为保险要约。承保是指保险人同意接受投保人投保请求的行为，亦即保险承诺。在实践中，保险合同的订立一般须经过以下程序。

（1）投保人提出申请，索取并填写投保单。

（2）投保人与保险人商定支付保险费的方法。

（3）承保。保险人审查投保单，向投保人询问、了解保险标的的各种情况和被保险人的身体状况，决定接受投保后即在投保单上签章。

（4）出具保险单。既可以是保险单，也可以是暂保单，还可以另出保险凭证。

2. 保险合同的形式

1）保险单

保险单简称"保单"，是投保人与保险人订立保险合同的正式书面凭证。由保险人或其代理人制作并签发给投保人。保险单中一般印有保险条款。当保险标的遭受损失时，保险单就成为被保险人向保险人索赔的主要凭证，同时也是保险人向被保险人理赔的主要依据。

2）保险凭证

保险凭证又称"小保单"，是一种内容和格式简化了的保险单。它一般不列明具体的保险条款，只记载投保人和保险人约定的主要内容。保险凭证上记载的内容，虽然不是保险合同的全部内容，但与保险单具有同等的法律效力。对于保险凭证未列明的内容，以相应的保险单记载为准，当保险凭证记载的内容与相应的保险单列明的内容发生抵触时，以保险凭证的记载为准。保险人向投保人出具保险凭证的，不再签发保险单。

3）暂保单

暂保单又称"临时保单"，是指保险人或其代理人在同意承保风险而又不能立即出具保险单或保险凭证时，向投保人签发的临时保险凭证。暂保单不同于保险单，但在有效期限内保险单做成交付之前，具有与保险单相同的效力。签发暂保单不是订立保险合同的必经程序，但在下列情况下可使用暂保单。

（1）保险代理人争取到保险业务，但尚未向保险人办妥保险单之前。

（2）保险公司的分支机构，在接受投保时，须经上级公司或总公司的审批，而未获批准前。

（3）保险人和投保人就标准保险单的条款达成一致，但就标准保单记载以外的个别事项尚未达成一致，而保险人原则上同意承保时。

（4）保险人与投保人在不能确定保险条件是否符合承保标准前。

4）投保单

投保单又称要保书，是保险人预先备制以供投保人提出保险要约时使用的格式文书。一般包括以下内容。

（1）投保人姓名（名称）、地址。

（2）投保人的职业或经营性质。

（3）保险标的及其坐落位置。

（4）保险标的的实际价值或保险价值的确定方法。

（5）保险金额或保险责任限额。

（6）保险期间。

（7）投保人签章。

（8）投保日期。

投保单本身不是保险合同，也非保险合同的正式组成部分。但投保单经投保人如实填写，并由保险人签章承保后，就成为保险合同的组成部分，补充保险单的遗漏。

5）其他书面形式

其他书面形式是指投保人和保险人以上述4种方式以外的书面形式订立的保险合同。如投保人和保险人约定特殊事项的保险，并经过公证的保险合同。

3. 保险合同的内容

（1）保险人名称和住所。保险人即承保人，是指经营保险业务，与投保人订立保险合同并承担赔偿或给付保险金责任的保险公司。保险人名称是指作为承保人的保险公司的全称，住所是指保险公司所在的地址。

（2）投保人、被保险人名称和住所，以及人身保险的受益人的名称和住所。

（3）保险标的。这是指作为保险对象的财产及其有关利益或人的寿命和身体。保险标的必须明确记载于合同，据以判断投保人对其有无保险利益，并确定保险人的保险责任范围。

（4）保险责任和责任免除。保险责任是指保险单上记载的危险发生造成保险标的的损失或约定人身保险事故发生时，保险人所承担的赔偿或给付责任。责任免除是指依法或合同约定，保险人可以不负赔偿或给付责任的范围。保险合同应当明确保险责任和责任免除。保险合同规定有关于保险人责任免除条款的，保险人在订立保险合同时应当向投保人明确说明，未明确说明的，该条款不产生效力。

（5）保险期间和保险责任开始时间。保险期间即保险合同的有效期间。只有在保险期间发生保险事故或出现保险事件，保险人才承担赔偿或给付责任。保险责任开始时间，即保险人开始履行保险责任的时间。

（6）保险价值。这是指保险标的的价值，即对保险标的所有保险利益在经济上用货币估计的价值额。保险价值是确定保险金额的依据，保险金额不得超过保险价值；超过保险价值的，超过部分无效。保险金额低于保险价值的，除合同另有约定外，保险人按照保险金额与保险价值的比例承担赔偿责任。

（7）保险金额。保险金额简称"保额"，是保险合同当事人约定，并在保险单中载明的保险人应当赔偿的货币额。

（8）保险费及支付办法。保险费简称"保费"，是投保人向保险人支付的费用。保险费是建立保险基金的源泉。保险费的多少，取决于保险金额的大小、保险费率的高低和保险期限的长短。

（9）保险金赔偿或给付办法。即保险人承担保险责任的方法，一般以金钱给付为原则。

（10）违约责任和争议处理。

（11）订立合同的年、月、日。

4. 投保人的告知义务

订立保险合同，保险人应当向投保人说明保险合同的条款内容，并可以就保险标的或被保险人的有关情况提出询问，投保人应当如实告知。投保人故意隐瞒事实，不履行如实告知义务的，或者因过失未履行如实告知义务，足以影响保险人决定是否同意承保或提高保险费率的，保险人有权解除合同。投保人故意不履行如实告知义务的，保险人对于保险合同解除前发生的保险事故，不承担赔偿或给付保险金的责任，并不退还保险费。投保人因过失未履行如实告知义务，对保险事故的发生有严重影响的，保险人对于保险合同解除前发生的保险事故，不承担赔偿或给付保险金的责任，但可以退还保险费。

5. 保险合同的履行

1）保险合同履行的概念

保险合同的履行是指保险合同依法成立并生效后，合同主体全面、适当完成各自承担的约定义务的行为。从内容上看，履行包括投保人、被保险人和保险人的合同义务的履行。从程序上看，履行还包括索赔、理赔、代位求偿 3 个环节。

2）投保人，被保险人和保险人的义务

（1）投保人应按照约定缴付保险费，这是投保人最基本的义务。

（2）投保人、被保险人应履行出险通知、预防危险、索赔举证的义务。

（3）被保险人应履行危险增加通知、施救的义务。

3）保险人的义务

保险人的义务主要是按照合同约定的时间开始承担保险责任，在保险事故发生后或保险合同规定的事项发生后对损失给予赔偿或向受益人支付约定的保险金。

6. 保险合同的变更和解除

1）投保人或被保险人的变更

投保人或被保险人的变更属于合同的转让或保险单的转让，投保人或被保险人在保险合同有效期内将保险合同利益转让给第三人，从而引起保险合同的变更，这实际上是合同主体的变更，但这种主体的变更一般只限于投保人或被保险人，保险人并不会发生变更。根据保险法规定，保险标的的转让应当通知保险人，保险人同意继续承保后，依法变更合同。

2）保险合同内容的变更

保险合同内容的变更是指在主体不变的情况下，保险标的的数量、品种、价值或存放地点发生变化，或者货物运输合同中的航程变化、船期变化，以及保险期限、保险金额的变更等。

3）效力的变更

效力的变更是指保险合同全部或部分无效，或者失效后又复效。

变更保险合同，应当由保险人在保险单或其他保险凭证上批注或附贴批单，或者由投保人和保险人订立书面变更协议。

4）保险合同的解除

保险合同的解除是指在保险合同关系有效期内，当事人依据法律规定或合同约定，提前消灭保险合同的权利与义务的行为。一般由有解除权的一方向他方为意思表示，使已经成立的保险合同自始无效。

保险合同的解除权一般由投保人行使，因为保险合同从根本上是为分担投保人的损失而设，故赋予投保人以保险合同解除权可以很好地维护其利益。《中华人民共和国保险法》第十四条规定，除本法另有规定或者保险合同另有约定外，保险合同成立后，投保人可以解除保险合同。第十五条还相应地严格限制了保险人的合同解除权，除非在特定情况下，在投保人有违法或违约行为时，法律才规定保险人可以单独解除合同。

9.2.3　财产保险合同

1. 财产保险合同的概念

财产保险合同是以财产及其有关利益为保险标的的保险合同，如机动车辆第三人责任险，保证保险（债务人向债权人履行给付义务以信用的标的）。财产保险的性质是补偿，着眼于补偿被保险人的损失，故财产保险不会得到额外的收入，不是盈利的手段。

2. 财产保险合同的特征

1）财产保险合同的保险人是特定的

在财产保险合同关系中，有权作为保险人而开展各种保险业务的，只能是有相关资质的财产保险公司。除此以外的其他任何单位和个人均无权以任何方式开展财产保险业务，除非有国家有关主管机关的特别批准。财产保险合同中的投保人则是不确定的，根据保险法规定，投保人可以是企业法人、事业单位、社会团体，也可以是合伙组织、农村承包经营户、私营业主和一般公民个人。

2）财产保险合同是诺成合同

我国财产保险合同不以投保方支付保险费为合同的成立要件，双方当事人只要就合同主要条款达成协议，合同即生效。投保人应按双方约定及时交纳保险费。保险人应对合同生效后的保险合同标的负责，包括投保人支付保险费之前的那一段时间。

3）财产保险合同是附条件的合同

财产保险合同生效后，只有在发生自然灾害或意外事故，并导致财产损失时，保险人才负赔偿责任。换句话说，财产保险公司是以将来事故的发生为补偿条件的，所发生的事故必须是财产保险合同中约定事故范围以内的事故，而且必须造成保险财产损失，否则，保险人不承担责任。保险人给付保险金的责任，以保险合同约定的保险金额、保险责任限额为限，被保险人发生的超出保险金额或保险责任限额的损失，保险人不承担给付保险金的责任。

4）财产保险合同是要求高度诚信的合同

所谓诚信，是指双方当事人应当遵守诚实信用的原则。财产保险合同的特殊性要求双方当事人严格遵守诚信原则，坚决反对弄虚作假以骗取保险金的行为。投保人申请保险赔偿，必须如实说明保险事故的发生情况，以及财产损失的范围。保险事故发生后，投保人应即时通知保险人，以便保险人尽快了解情况，介入保险事故处理，确定合理的赔偿范围和最终赔偿金额。

9.2.4　人身保险合同

1. 人身保险合同的概念

人身保险合同是以人的寿命和身体为保险标的的，以被保险人的生、死、残疾、疾病等为保险事故的保险合同。

2. 人身保险合同的特点

（1）人身保险合同的保险金额，由投保人根据被保险人对人身保险的需要和投保人的缴费能力，在法律允许范围与条件下，与保险人协商确定。

（2）人身保险合同保险金的给付属定额给付性质。

（3）人身保险合同的保险利益特征如下。① 由于人身保险的保险标的是人的生命或身体，而人的生命和身体的价值不能用金钱来衡量，所以对人身保险来说，只要求有无可保利益，而对可保利益并没有金额大小的限制，与投保人有保险利益的人有以下几种：本人、配偶、子女、父母；前项以外与投保的有抚养、赡养，或者扶养关系的家庭其他成员、近亲属。另外，被保险人同意投保人为其订立合同的，视为投保人对被保险人具有保险利益。② 在人身保险中，保险利益只是订立保险合同的前提条件，并不是维持保险合同效力及保险人给付保险金的条件。

（4）人身保险合同中代位求偿权的禁止。人身保险的被保险人因第三者的行为而发生死亡、伤残或疾病等保险事故的，保险人向被保险人或受益人给付保险金后，不得享有向第三者追偿的权力。

3. 人身保险合同的常见条款

1）不可抗辩条款

人寿保险合同成立两年后，保险公司不得以投保人违反如实告知义务为理由解除合同。这是一条有利于保户的规定。如果保险公司发现投保人没有如实告知重要事实，只能在两年内以此为由拒绝给付保险金或解除合同，超过两年的可抗辩期，这个权力即告丧失。

2）自杀条款

如果被保险人在合同生效或复效两年以内自杀，保险公司不给付保险金。如果自杀发生在合同生效或复效两年之后，保险公司可以给付保险金。

3）宽限期条款

对于分期缴费的保单，如果投保人因疏忽或其他原因没能按期缴费，保险公司给出一定的宽限期（一般为60天，具体时间请见条款规定），在这段时间内保单仍然有效，如果发生保险事故，保险公司仍予负责。如超过宽限期还没交纳保费，则保单有可能失效。

4）复效条款

因投保人不按期交纳保费致使保单失效后，两年之后，投保人可向保险公司申请复效，经过保险公司审查同意后，投保人补缴失效期间的保险费及利息，保单可恢复效力。

5）不丧失价值条款

投保人在缴足两年以上保险费后，保单会积存一定的责任准备金。这种准备金不因保单效力的变化而丧失其现金价值。投保人若要退保，这部分现金价值应由保险公司退还给投保人。

6）误报年龄条款

投保人申报的被保险人年龄不真实，并且其真实年龄不符合合同约定的年龄限制的，保险公司可以解除合同，但是自合同成立之日起逾两年的除外。

投保人申报的被保险人年龄不真实，致使投保人支付的保险费少于应付保险费的，保险公司有权更正并要求投保人补缴保险费，或者在给付保险金时，按照实付保险费与应付保险费的比例支付。投保人申报的被保险人年龄不真实，致使投保人实付保险费多于应付保险费的，保险公司应将多收的保险费退还投保人。

7）受益人条款

受益人由被保险人或投保人指定。投保人指定受益人时须经被保险人同意。受益人可以为一人或数人。受益人为数人的，可以指定受益顺序和受益份额；未确定受益份额的，受益人按照相等份额享有受益权。如果没有指定受益人，或者受益人先于被保险人死亡，或者受益人依法丧失受益权或放弃受益权，在没有其他受益人的情况下，被保险人死亡后的保险金视为被保险人的遗产，由其继承人领取。

4. 人身保险合同当事人的主要义务

1）保险人的主要义务

（1）提示和说明义务。为了避免和减少保险合同双方发生纠纷，保险人应履行提示和说明义务，具体要求如下。

① 提请注意的语言必须是清楚的。

② 提请注意的方式可以让其阅读、张贴或个别提醒。

③ 提请注意必须在订约完成前，让其知道真实意图，以决定是否订约。

（2）按约定支付保险金。人身保险合同保险金额的确定，不像财产保险合同那样，由于人身价值无法用金钱估计，只有在订立合同时，双方约定一定的保险金额，于保险事故发生时，保险人依约定给付保险金。

2）投保人的主要义务

（1）缴付保险费。人身保险合同的保险费是被保险人为取得保障而由投保人付出的货币代价，是投保人的基本义务。保费可以趸交，即在合同成立后，将整个保险期内应缴付的保险费一次性全部缴清，也可以期缴，即在保险合同订立时，投保人向保险人交纳首期保险费后，按照合同约定每年或每半年或每季度或每月向保险人缴付各期应缴的保险费。

（2）如实告知义务。告知也称说明、声明、申报，是指保险合同投保人在合同订立时，向对方所作的口头或书面陈述。如实，保险合同是最大的诚信合同，保险人只有透彻了解投保标的的危险程度及可能造成的损失，才能决定是否承保和以什么条件承保。告知不实包括两种情况：① 隐瞒事实，即已知的事实不予揭露；② 歪曲事实，即所披露的内容不符合真实情况。这两种情况会使保险人作出错误判断，因而违背合同真实意思表示一致才能成立的原则。

9.3 国际货物运输保险合同

9.3.1 国际货物运输保险概述

1. 国际货物运输保险合同的概念

国际货物运输保险合同是保险人按照合同规定的承保范围，对被保险人遭受保险事故造成保险标的的损失和产生的责任负责赔偿，而由被保险人支付保险费的合同。

2. 国际货物运输保险合同的原则

1）保险利益原则

保险利益是指被保险人对保险标的所具有的合法的利害关系。投保人对保险标的应当具有保险利益，投保人对保险标的不具有保险利益的，保险合同无效。此原则可以使被保险人无法通过不具有保险利益的保险合同获得额外利益，以避免将保险合同变为赌博合同。保险利益可以表现为现有利益、期待利益或责任利益。

2）最大诚实信用的原则

最大诚实信用的原则是指国际货物运输保险合同的当事人应以诚实信用为基础订立和履行保险合同，该原则主要体现在订立合同时的告知义务和在履行合同时的保证义务上。告知，在保险人一方表现为说明的义务，依我国《保险法》第十六条的规定，订立保险合同时，保险人应向投保人说明保险合同的条款内容，又依我国《海商法》第二百二十二条的规定，合同订立前，被保险人应将其知道的或在通常业务中应当知道的有关影响保险人据以确定保险费率或确定是否承保的重要情况，如实告知保险人。违反告知义务的，可能会导致保险合同无效和保险人有权解除保险合同的后果。

3）损失补偿原则

损失补偿原则是指在保险事故发生而使被保险人遭受损失时，保险人必须在责任范围内对被保险人所受的实际损失进行补偿。国际货物运输保险合同属于补偿性的财产保险合同，因此，在发生超额保险和重复保险的情况下，保险人只赔偿实际损失，因为保险的目的是补偿，而不能通过保险得利。

4）近因原则

虽然我国《保险法》及《海商法》均没有对近因原则进行明文规定，但在国际货物运输保险实践中，近因原则是常用的确定保险人对保险标的的损失是否承担保险责任，以及承担何种保险责任的一条重要原则。

3. 国际货物运输保险合同的订立

国际货物运输保险合同的订立是由被保险人以填制投保单的形式向保险人提出保险要求，即要约，经保险人同意承保，并就货物运输保险合同的条款达成协议后，保险合同即成立。投保单中须列明货物名称、保险金额、运输路线、运输工具和投保险别等事项。保险人应当及时向被保险人签发保险单或其他保险单证，并在保险单或其他保险单证中载明当事人双方约定的合同内容。

9.3.2　国际货物运输保险合同的内容

1. 国际货物运输保险合同的当事人

国际货物运输保险合同的当事人为保险人和被保险人。保险人是保险合同中收取保险费，并在合同约定的保险事故发生时，对被保险人因此而遭受的约定范围内的损失进行补偿的一方当事人。被保险人是指在保险范围内的保险事故发生时受到损失的一方当事人。国际货物运输保险合同中的投保人一般也是被保险人。

2. 国际货物运输保险合同的保险标的

国际货物运输保险合同的保险标的主要是货物，包括贸易货物和非贸易货物。

3. 保险价值

保险价值是被保险人投保的财产的实际价值。投保人在投保时需说明所要投保的标的的价值，而准确地确定标的的实际价值是很困难的，因此，保险价值通常是由被保险人与保险人协商确定的。这个价值是估算形成的，因此它可以是标的的实际价值，也可能与实际价值有一定的距离。

4. 保险金额

保险金额是指保险合同约定的保险人的最高赔偿数额。当保险金额等于保险价值时为足额保险。当保险金额小于保险价值时为不足额保险。当保险金额大于保险价值时为超额保险。财产保险中的保险金额通常以投保财产可能遭遇损失的金额为限，即不允许超额保险，因为保险是以损失补偿为原则的，如果允许超额保险就等于被保险人可以通过保险盈利。正因为如此，法律规定保险金额不得超过保险价值，超过保险价值的，超过部分无效。

5. 保险责任和除外责任

保险责任是保险人对约定的危险事故造成的损失所承担的赔偿责任。"约定的危险事故"就是保险人承保的风险。保险人承保的风险可以分为保险单上所列举的风险和附加条款加保的风险两大类，前者为主要险别承保的风险，后者为附加险别承保的风险。

除外责任就是保险人不承保的风险。保险所承保的是一种风险，所谓风险，就是可能发生，也可能不发生。如果该风险必然发生则保险人是不承保的，因此，自然损耗这种必然发生的风险，保险人通常会约定不予承保。市价跌落引起的损失属于间接损失，保险人也往往将其列入除外责任的范围。此外，被保险人的故意行为或过失造成的损失，属于发货人责任引起的损失等不是由于自然灾害、意外事故或约定的人为风险引起的损失，保险人也不予承保。

6. 保险期间

保险期间即保险责任的期间，保险责任的期间有以下 3 种确定方法。

（1）以时间来确定。例如，规定保险期间为一年，自某年某月某日起至某年某月某日止。

（2）以空间的方法来确定。例如，规定保险责任自货物离开起运地仓库起至抵达目的地仓库止。

（3）以空间和时间两方面来对保险期间进行限定的方法。例如，规定自货物离开起运地仓库起至货物抵达目的地仓库止，但如在全部货物卸离海轮后 60 天内未抵达上述地点，则以 60 天期满为止。

7. 保险费和保险费率

保险费率是计算保险费的百分率。保险费率有逐个计算法和同类计算法之分。船舶保险的保险费率通常采用逐个计算法来确定，每条船舶的保险费率由保险公司依该船舶的危险性大小、损失率高低和经营费用的多少来确定。同类计算法是指对于某类标的，保险人均采用统一的保险费率的方法。保险费是投保人向保险人支付的费用。保险费等于保险金额乘保险费率。

9.4 国际海洋货物运输保险条款

9.4.1 我国海洋货物运输保险的主要险别

1. 平安险

平安险的英文意思为"单独海损不赔"。其责任范围主要包括以下方面。

（1）被保险货物在运输途中由于恶劣气候、雷电、海啸、地震、洪水等自然灾害造成的整批货物的全部损失或推定全损。

（2）由于运输工具遭受搁浅、触礁、沉没、互撞、与流冰或其他物体碰撞，以及失火、爆炸等意外事故造成货物的全部或部分损失。

（3）在运输工具已经发生搁浅、触礁、沉没、焚毁等意外事故的情况下，货物在此前后又在海上遭受恶劣气候、雷电、海啸等自然灾害所造成的部分损失。

（4）在装卸或转运时由于一件或数件整件货物落海造成的全部或部分损失。

（5）被保险人对遭受承保责任内危险的货物采取抢救、防止或减少货损的措施而支付的合理费用，但以不超过该批被救货物的保险金额为限。

（6）运输工具遭遇海难后，在避难港由于卸货所引起的损失，以及在中途港、避难港由于卸货、存仓及运送货物所产生的特别费用。

（7）共同海损的牺牲、分摊和救助费用。

（8）运输合同中订有"船舶互撞责任"条款，根据该条款规定应由货方偿还船方的损失。

2. 水渍险

水渍险的责任范围除平安险的各项责任外，还负责被保险货物由于恶劣气候、雷电、海啸、地震、洪水等自然灾害所造成的部分损失。

3. 一切险

一切险除包括水渍险的责任范围外，还负责赔偿被保险货物在运输途中由于外来原因所致的全部或部分损失。外来原因是指偷窃、提货不着、淡水雨淋、短量、混杂、沾污、渗漏、串味、受潮受热、包装破裂、钩损、碰损破碎、锈损等原因。

9.4.2　我国海洋货物运输保险的除外责任

1. 除外责任的概念

除外责任是保险单中规定的保险人不负责赔偿的海洋货物运输损失。中国人民保险公司海洋货物运输保险的除外责任包括以下方面。

（1）被保险人的故意行为或过失所造成的损失。

（2）属于发货人责任引起的损失。

（3）在保险责任开始前，被保险货物已存在的品质不良或数量短差所造成的损失。

（4）被保险货物的自然损耗、本质缺陷、特性，以及市价跌落、运输延迟引起的损失和费用。

（5）海洋货物运输战争险条款和货物运输罢工险条款规定的责任范围与除外责任。

2. 索赔时效

海洋货物运输保险的索赔时效为两年，从被保险货物在最后卸货港全部卸离运输工具后起算。

9.4.3　国际海洋货物运输保险合同的变更

1. 国际海洋货物运输保险合同的变更

国际海洋货物运输保险合同的变更是指在货物运输保险合同主体不变的情况下，对合同中原约定的某些内容进行的改变。国际海洋货物运输保险合同的内容需要修改时，被保险人可以向保险人提出申请，由保险人出具保险批单，保险批单的效力大于保险单正文的效力。

2. 国际海洋货物运输保险合同的终止

保险合同的终止可以由于各种原因，引起国际海洋货物运输保险合同终止的情况主要有以下几种。

（1）自然终止，是指保险单的有效期限已届满。

（2）义务已履行而终止，依保险单的规定，保险人已履行了赔偿责任，保险单的责任即告终止。

（3）违约终止，是指保险人因被保险人的违约行为而终止保险合同。

（4）因危险发生变动而终止。

（5）保险标的因保险事故之外的原因而灭失，从而使保险合同终止。

☑ 案例分析

🔍 案例 9-1

一、基本案情

原告：赵某家人

被告：B 保险公司

2021 年 10 月 3 日下午 3 时许，王某驾驶苏 CZ××××货车拉水泥熟料到 A 港卸载后，因发现右后轮内侧轮胎出现故障，即与 A 港磅房墙壁上的流动补胎电话（赵某）联系，赵某即驾驶流动补胎车来到 A 港磅房。王某与赵某协商好了更换备用轮胎的价格后，赵某即开始用风锤卸后轮（外轮）螺丝，当卸到后轮第七颗螺丝时，内侧轮胎爆炸，将外轮向外崩开，外轮将赵某崩飞后摔地死亡。另查，王某为苏 CZ××××货车在 B 保险公司投保了交强险。A 港为半封闭式开放港口，机动车和行人可以自由出入。通常情况更换轮胎无需先行放气，本案爆炸的轮胎轮辋开裂处存在着明显新、旧裂痕之分，轮胎在更换前已存在着爆炸的隐患。赵某家人要求 B 保险公司在交强险责任限额内承担赔偿责任。

二、法院审理

本案可以定性为道路交通事故，B 保险公司应在交强险责任限额内承担赔偿责任。理由是：交强险的立法宗旨是为了使机动车所有人、管理人及投保人之外的第三人在出现交通事故时能得到及时的救助和赔偿，具有社会保障性。赵某虽与王某形成了承揽关系，但仍属于道路交通事故中第三人的范畴，本案作为道路交通事故的特殊情况，B 保险公司仍应承担赔偿责任。

三、案例评析

我国《道路交通安全法》第一百一十九条第一项规定，"道路"，是指公路、城市道路和虽在单位管辖范围但允许社会机动车通行的地方，包括广场、公共停车场等用于公众通行的场所。本案中，事故的地点虽然发生在 A 港内，但由于 A 港为半封闭开放式港口，机动车和行人可以自由出入，故事故的地点符合道路交通安全法"道路"的范围。

我国《道路交通安全法》第一百一十九条第五项规定，"交通事故"，是指车辆在道路上因过错或者意外造成的人身伤亡或者财产损失的事件。本起爆炸事故既有过错的因素又有意外的因素，过错主要体现在车主王某疏于对车辆的维修保养及赵某的疏忽大意（未先排气再更换）。意外主要体现在本死亡事故并非一定不能避免，有很强的偶然性。本案爆炸死亡事故符合我国《道路交通安全法》"交通事故"的定义范围。

本案事实是车辆在行驶过程中，因更换备用轮胎存在过错和意外而造成的第三人的伤亡。机动车一方有肇事司机王某及肇事车辆、非机动车和行人，另一方为赵某，交通事故的主、客体要素齐全。道路交通安全法、交强险条例及交强险合同对"车辆在行驶过程中"的含义均未作出对类似本案情况的除外规定，故本案发生的事故应视为车辆在行驶过程中发生的交通事故。

根据《机动车交通事故责任强制保险条例》第一条的规定，设置机动车交强险的目的是保障机动车道路交通事故受害人依法得到赔偿，促进道路交通安全。按照该条例第六条的规定，交强险具有社会保障性，保险机构总体上不得盈利，银保监会按照交强险业务总体上不盈利不亏损的原则审批保险费率。可见，交强险旨在确保第三人即受害人因意外事故受到损害时能够从保险人处获得救济，是为不特定的第三人利益而设立的保障性保险，保险车辆上人员之外的人均属于第三人。赵某在为保险车辆更换备用轮胎的过程中因轮胎爆炸意外致死，属道路交通安全法中第三人的范围。王某为肇事车辆投保了交强险，B 保险公司应在交强险责任限额内承担赔偿责任。

案例 9-2

一、基本案情
原告：吴某亲属

被告：保险公司

2021 年 3 月 23 日，吴某驾驶自己的机动车辆在运输货物途中，因道路不熟，停车问路时，未拉手制动，致使车辆向前溜行，将自己撞伤死亡。事故发生后，经交警部门认定，认为吴某驾驶制动不符合技术标准车辆，停车时未拉手制动，未能确保安全导致事故发生，吴某应负该起事故的全部责任。事故发生后，吴某亲属以吴某于 2020 年 10 月对吴某驾驶的机动车辆以自己为被保险人向保险公司投保了机动车交通事故责任强制保险为由，向保险公司申请赔偿，保险公司以死者吴某是被保险人不属于交强险合同中所指称的受害人，拒绝理赔。之后，吴某亲属遂向法院提起诉讼，请求判决保险公司赔偿保险金 11 万元。

二、案件审理
本案的争议焦点是吴某是否系交强险合同所指称的受害人。本案中吴某既是本车人员又系被保险人，但不属于交强险合同所指称的受害人，原告关于吴某系交强险合同的受害人的辩解不成立。故法院判决驳回了原告的诉讼请求。

三、案例评析
交强险最直接的目的是为交强险合同以外的第三人提供法律救助，保护的首要利益是第三者的利益，而不是为机动车提供营运保障，不是首要保护车主的利益，这与普通的商业第三者保险不同。保险合同虽有提供救济、抵御风险之功能，但每个险种均有其特殊性，即每个险种都有其特定救济对象，本案原告亲属吴某不幸死亡之救济，显然不能从交强险合同中得到救济。因此，不论被保险人是否脱离被保险车辆，其均不可能成为交强险合同所指称的受害人，不能得到保险金的补偿。

案例 9-3

一、基本案情

原告：老王、老王的姐夫

被告：保险公司

1998 年 4 月，老王的姐姐王云买了一份"八八鸿利终身保险"，这份保险意味着如果被保险人（王云）死亡，她的家人可以获得五万元的保险金。同时老王给妻子买了一份"九九鸿福终身保险"，这份保险约定，如果被保险人（老王的妻子）死亡，她的家人可以获得一万元的保险金。签订合同的时候他的姐姐和姐夫都在场，是姐夫代姐姐签的名。同时他自己的那份保险，也是自己代妻子签的名。老王指出，当时他还问过保险公司的业务员是不是可以代签，业务员说可以。老王拿出了当时的业务员做的记录作为证据。2011 年，被保险人王云因患乳腺癌病故。王云的家人向保险公司索赔，但遭到拒绝，为此双方闹上了法庭。不久，在法院确认第一份合同无效后，老王一气之下想退保，要求确认第二份保险合同也无效。

二、案件审理

法院认为，老王的姐姐王云购买的这份保险，是以死亡为给付保险金条件的合同，未经被保险人（王云）书面同意并认可保险金额的，合同无效。由于这份合同是老王的姐夫代其姐姐签的字，所以合同无效。判决保险公司不必赔付五万元保险金，但要退还保险费。对于老王要求确认第二份保险合同无效的请求，法院认为由于有证据证明老王的妻子签订合同时在现场，所以合同有效，驳回了老王的诉讼请求。

三、案例评析

关于保险合同的代签名问题，主要有两种情况：一种是被保险人不在现场的代签名；第二种是被保险人在现场的代签名。本案争论的焦点就是确认被保险人当时是否在场的问题。

1. 关于第一份保险合同的效力

在第一份保险合同中，保险公司的两名业务员到老王家里推销保险，老王以及他的姐姐在业务员的劝说下才决定购买这两份保险。由于是老王的姐夫代替自己的妻子签的名，所以，只要证明老王的姐姐（被保险人）当时在现场就可以了。保险公司一方认定老王的姐姐当时没有在场，但是拿不出确凿的证据来。而老王一方能够拿出保险公司的业务员出具的证明，证明老王的姐姐当时在现场。

代签行为事实上是一种代理行为，该代签行为是否经过了王云的同意，或者说当时王云是否在场，保险公司的业务员应该是最清楚的。而在保险合同上是否可以代签，什么情况下代签是有效的，业务员应当是知道的。所以在这场纠纷中，就代签行为是否征得了被保险人的同意的问题，业务员是存在过错的。而业务员与保险公司之间是一种代理关系，业务员是保险公司的代理人，代理的结果归属于被代理人，即保险公司，也就是责任应该由被代理人即保险公司承担。如果保险公司要追究业务员的这种过错，则属于保险公司与业务员之间的内部关系。

由于老王的姐姐王云已经死亡，双方对王云是否在场存在争议。在这种情况下，能否认定保险合同无效呢？我们认为，根据《保险法》第十七条第一款的规定，订立保险合同，保险人应当向投保人说明保险合同的条款内容，并可以就保险标的或者被保险人的有关情况提出询问，投保人应当如实告知。该条款通常被认为是关于保险人说明义务和投保人如实告知义务的规定。也就是说，保险人必须正确、如实、全面地说明保险合同的有关条款；否则，就视为弃权，其不利后果将由保险人自己承担，而不能归罪于投保人或者被保险人。

就本案来说，保险公司的业务员为了自身利益，误导了投保人，本来应该明确告知要求被保险人亲笔签名或在被保险人同意的情况下由他人签名，但事实上却没有这样做，违反了法定的义务。该不利后果应该由保险公司承担。作为普通百姓的老王来说，对保险法的规定不懂，因而在本案中不存在任何过错。综上所述，法院应该判定该合同是有效的。但是，法院现在的判决是合同无效，该判决值得商榷。

2. 关于第二份保险合同的效力

在法院判定老王的姐夫为其姐姐代签的保险合同无效后，老王又想到了自己代妻子签名的那份合同。按照法院的逻辑推断，既然姐夫代姐姐签名的合同无效，那么自己代妻子签名的合同也应该是无效的。于是，老王决定退保，并要求确认合同无效。但是，保险公司认为，这份合同是有效的。老王于是把保险公司告上法庭，但法院认为这份合同是有效的，因为老王的妻子当时在场，就是默认了老王的代签名行为。这样的判决让老王疑惑不解，人死了，合同无效，不予赔付；人活着，合同有效，不能退保。

关于第二份保险合同的效力，是不存在任何问题的，合同有效。老王的代签名行为，得到了妻子的认可，因而是合法的代理行为。而问题的关键在于，老王想退保。根据《保险法》第十五条的规定，除本法另有规定或者保险合同另有约定外，保险合同成立后，投保人可以解除保险合同。也就是说，老王没有必要请求法院判定合同无效，而应该直接向保险公司提出解除保险合同的请求。如果保险公司不同意解除合同，再向法院提起诉讼。

☑ 案例实训

一、基本案情

某船舶公司与某保险公司签订了货物运输和运输工具的航程10年保险合同，合同中没有其他特别规定。保险责任自2021年1月1日开始，2021年10月船舶公司领导班子调整，新任经理认为保险不保险没什么区别，不必再花这笔钱。遂向保险公司提出终止保险合同的要求，但保险公司未予同意，而船舶公司即停止缴付保费。2021年12月，该船舶公司一艘货船发生事故，损失惨重。为此，船舶公司经理想起过去曾向保险公司投过保的事情，遂向保险公司提出赔偿请求。保险公司以船舶公司停止缴付保险费为由拒赔，双方发生纠纷，诉至法院。

二、问题思考

船舶公司是否有权要求保险公司赔偿损失？依据是什么？请对案例进行评析。

◣ 本章小结

对于保险的定义，应从两个方面来理解：首先保险是经济制度，这从当今社会保险对经济生活所产生的影响，能明显地体现出来这一点；同时保险是一种法律制度，因为保险关系实质上是法律关系，这是由保险制度的本质所决定的。

保险合同的订立是双方当事人就合同主要条款协商一致达成协议的法律行为。在某些情况下，虽然保险合同已订立，但是因违反法律要求，国家不予承认和保护，没有法律效力。

本章的重点是保险合同的内容和形式。

本章的难点是国际货物运输保险合同。

思考练习题

一、选择题

1. 人身保险合同的常见条款主要是（　　）。
   A. 不可抗辩条款　　　　　　　　B. 可抗辩条款
   C. 无效条款　　　　　　　　　　D. 有效条款

2. 保险合同的订立是双方当事人经协商一致达成的法律行为，一般要经过（　　）。
   A. 1 个阶段　　　B. 2 个阶段　　　C. 3 个阶段　　　D. 4 个阶段

3. 人身保险合同的保险期限一般较长，有（　　）。
   A. 3 年　　　　B. 5 年　　　　C. 7 年　　　　D. 16 年

4. 财产保险合同期限一般为（　　）年，期满后可续保。
   A. 1 年　　　　B. 2 年　　　　C. 3 年　　　　D. 4 年

5. 在保险合同中，保险人终止合同的，应提前（　　）通知投保人。
   A. 10 日　　　　B. 15 日　　　　C. 20 日　　　　D. 30 日

二、判断题

1. 保险合同中的投保人可以是自然人，也可以是法人，还可以是未成年人。（　　）

2. 暂保单与正式保险单具有同等法律效力，但其有效期限一般仅为 30 天。（　　）

3. 财产保险的保险标的是财产，包括有形的动产与不动产。（　　）

4. 保险合同是最大的诚信合同。（　　）

5. 未成年人的父母以外的投保人，为无民事行为能力人订立的以死亡为保险金给付条件的保险合同有效。（　　）

三、问答题

1. 阐述保险的概念。

2. 阐述保险法的概念。

3. 在我国保险法中保险合同的特征有哪些？

4. 保险合同的订立一般须经哪些程序？

5. 在什么情况下可使用暂保单？

6. 保险合同应当包括哪些内容？

7. 财产保险合同有哪些特征？

8. 简述人身保险合同的保险利益特征。

9. 什么是人身保险合同的复效条款？

10. 简述我国海洋货物运输保险的除外责任。

第 10 章

对外贸易法

本章导读

本章介绍对外贸易法的基本原理和基本体系，重点掌握我国货物进出口、技术进出口和国际服务贸易的主要法律规范，理解对外贸易秩序的维护，掌握我国对外贸易法规定的救济措施。要求学生能运用对外贸易法分析和处理具体问题。10.1 节对外贸易法概述，其中重点掌握对外贸易经营者的相关内容；10.2 节对外货物和技术贸易，重点掌握许可证与配额的管理；10.3 节对外服务贸易，重点掌握服务贸易的几种方式；10.4 节对外贸易秩序与救济，重点掌握反倾销与反补贴的救济措施。

◎ 案例分析

◎ 案例实训

◎ 本章小结

◎ 思考练习题

10.1 对外贸易法概述

10.1.1 对外贸易法的概念

1. 对外贸易与我国外贸体制

对外贸易是指以一国的对外贸易经营主体为一方，同世界上其他国家与地区进行商品货物、技术和服务贸易交换的一种活动。对外贸易亦称"国外贸易"或"进出口贸易"，简称"外贸"。这种贸易由进口和出口两个部分组成，对运进商品或劳务的国家（地区）来说，就是进口；对运出商品或劳务的国家（地区）来说，就是出口。提到对外贸易时要指明特定的国家，如中国的对外贸易。某些岛国，如英国、日本等也称对外贸易为海外贸易。对外贸易是各国生产活动在国际流通领域中的延伸，是再生产过程的重要组成，体现出各国经济日益加深的相互依赖性。随着生产力与科技的发展，各国的对外贸易正朝着广度和深度两个方向不断推进。对外贸易一直在我国国民经济增长中发挥着十分显著的作用。国际贸易亦称"世界贸易"，泛指国际间的商品和劳务（或货物、知识和服务）的交换。它由各国（地区）的对外贸易构成，是世界各国对外贸易的总和。

对外贸易体制是指对外贸易的组织形式、管理权限、经营分工、利益分配等全部制度的总和。改革开放以前，我国外贸体制管理上的权力过于集中，这大大束缚了我国对外贸易的发展。改革开放以后，我国初步建立了适应市场经济需要的外贸体制。1998 年以后，我国的外贸体制改革呈现出若干新的特点，主要集中于两个方面。首先，建立健全进出口商品管理体系。商务部根据进出口商品的不同特点，运用各种手段实施多层次的全面管理，使出口商品的分类更趋于科学合理。同时，这种分类将被据以制定分行业或产业的出口商品经营指导政策，从而调整我国的出口商品管理机制。其次，我国将进一步完善现有的出口商品配额管理和许可证管理制度，使之与竞争机制及国家宏观调控意图更加协调。

加入 WTO，极大地促进了我国的对外贸易发展，扩大了我国进出口贸易的地理分布和市场，为我国外贸经营者直接参与国际竞争创造了良好的国际环境。加入 WTO 也大大加快了我国外贸体制的改革进程，促进国家更好地运用法律手段和经济杠杆实施对外贸工作的规制。改变以往以行政干预为主的管理手段，改善出口秩序和优化外贸管理体制。我国对 WTO"全国统一的贸易政策的承诺"，更有利于逐步以全国统一的产业区别政策取代地区区别的贸易政策，使进出口贸易结构符合全国产业调整的需要。

2. 我国对外贸易管理制度框架

我国对外贸易管理制度是指我国通过制定法律、法规，对货物进出口、技术进出口和国际服务贸易进行管理和控制的制度。我国对外贸易管理制度主要是根据《中华人民共和国对外贸易法》《中华人民共和国海关法》《中华人民共和国外汇管理条例》，以及进出境检疫、检验相关法律确立的。

以《中华人民共和国对外贸易法》为基本框架，以其他相关条例为补充的相对健全的法律、法规体系，构成了我国货物、技术和服务进出口管理的法律制度，包括《中华人民共和国货物进出口管理条例》《中华人民共和国技术进出口管理条例》《中华人民共和国反倾销条例》《中华人民共和国反补贴条例》《中华人民共和国保障措施条例》。另外，还有针对特定产品或技术的条例，如《中华人民共和国核出口管制条例》。

3. 对外贸易法的概念

"对外贸易法"有两个概念：① 狭义上的，作为一部具体的法律，即《中华人民共和国对外贸易法》；② 广义上的，作为抽象的法律概念，即"对外贸易法是指调整对外贸易关系的法律规范的总和"。一般所说的对外贸易法，是指广义上的概念，即在调整对外贸易活动中形成的对外贸易管理关系和对外贸易合作关系的法律规范的总称。组成我国对外贸易法的法律规范是综合性多种类的，其组成范围包括国内外贸立法，以及一部分国际条约，如我国与其他国家间缔结的多边或双边贸易条约或协定。总之，对外贸易法律制度的范围包括关税制度、许可证制度、配额制度、外汇管理制度、商检制度，以及有关保护竞争，限制垄断及不公平贸易等方面的国内规定及我国缔结的条约等。对外贸易法律制度的宗旨是发展对外贸易和投资，维护对外贸易秩序，保护国内产业安全，促进一国经济稳定发展，改善人民的生活水平。

我国的货物、技术和服务的进出口管理制度是以《中华人民共和国对外贸易法》为基本框架，以其他相关条例为补充的相对健全的法律制度。《中华人民共和国对外贸易法》于2004 年 7 月 1 日起实施，2016 年 11 月 7 日最新修订，其修订体现了立法者与时俱进、实事求是的科学精神。现行《中华人民共和国对外贸易法》包括总则、对外贸易经营者、货物进出口和技术进出口、国际服务贸易、与对外贸易有关的知识产权保护、对外贸易秩序、对外贸易调查、对外贸易救济、对外贸易促进、法律责任和附则几部分。就目前而言，我国对服务贸易的管理相对还比较薄弱。

由于外贸管制是一种国家管制，其法律渊源不包括地方性法规、地方性规章及各民族自治区政府的地方条例和单行条例。外贸管制所涉及的法律渊源只限于宪法、法律、行政法规、行政规章，以及相关的国际条约。

10.1.2　我国对外贸易法的原则

1. 实行统一的对外贸易制度，维护外贸秩序的原则

外向型经济发展的客观要求，使国家需要实行统一的对外贸易制度，加强统筹兼顾、全面安排，以取得最佳的社会经济效益。要大力推进我国外贸法律、法规的制定和完善工作，严格限制各地方、各部门的土政策和各行其是的做法，保证国家法律政策的统一和普遍执行，维护健全开放的外贸新制度与新秩序。这一原则符合 WTO 的国民待遇原则和透明度原则。

2. 鼓励发展对外贸易，保障对外贸易经营者的合法权益的原则

为调动地方与外贸生产企业的积极性，我国有步骤地下放外贸总公司的经营权，扩大地方的外贸经营权，陆续批准一些企业经营本企业产品的出口业务和生产所需的进口业务的经营权。外贸企业实行自主经营、自负盈亏，取消出口补贴。一方面，创造公平竞争的贸易环境；另一方面，促使企业的发展建立在经济效益与社会效益共同提高的基础之上。

3. 平等互利的原则

我国根据平等互利的原则，促进与发展同其他国家和地区的贸易往来。法律不允许外贸关系任何一方以强凌弱，或者通过对外经济贸易活动攫取政治经济特权。这是 WTO 国民待遇原则的具体贯彻。

4. 互惠对等原则和最惠国、国民待遇原则

《中华人民共和国对外贸易法》规定，我国根据缔结或参加的国际条约与协定，给予其他方在互惠对等基础上的最惠国待遇与国民待遇或给予对等的歧视性的禁止、限制或其他类似措施。

最惠国待遇是贸易条约中的一项重要条款，其含义是缔约一方现在和将来给予任何第三方的一切特权、优惠和豁免，也同样给予缔约对方。其基本要求是使缔约一方在缔约另一方享有不低于任何第三方享有或可能享有的待遇。

国民待遇原则是指在民事权利方面，一个国家给予在其国境内的外国公民和企业与其国内公民、企业同等待遇，而非政治方面的待遇。国民待遇原则是最惠国待遇原则的重要补充。在实现所有世贸组织成员平等待遇基础上，世贸组织成员的商品或服务进入另一成员领土后，也应该享受与该国的商品或服务相同的待遇，这正是世贸组织非歧视贸易原则的重要体现。国民待遇原则严格地说，就是外国商品或服务与进口国国内商品或服务处于平等待遇的原则。

10.1.3 对外贸易法律关系的主体

1. 对外贸易法律关系主体

对外贸易法律关系主体是指依法参加对外贸易管理和合作活动，享有对外贸易权利，承担对外贸易义务的当事人。

对外贸易法律关系的当事人包括依法参加我国对外贸易活动的境外当事人和境内当事人。我国境内的对外贸易法律关系主体包括国务院对外经济贸易主管部门、地方对外经济贸易管理部门，以及对外贸易经营者。

表 10-1 列举了一些对外贸易主体及其相应行为。

表 10-1 对外贸易主体及其相应行为

主　　体	行　　为
国家	维护对外贸易秩序，保障对外贸易经营者的经营自主权
国务院	规定配额的分配方式和办法
国务院外贸主管部门	主管全国对外贸易工作，审查从事货物与技术进出口、对外贸易经营必须具备的条件
国务院规定的部门或机构	依照法律、行政法规的规定进行调查，作出处理
进出口商会	对会员进行协调指导，提供咨询服务，反映会员的建议
中国国际贸易促进组织	开展对外联系，举办展览，提供信息、咨询服务
对外贸易经营者	具备从事货物与技术进出口的条件，进行登记后进行对外贸易
国际服务贸易企业和组织	依法设立及经营
没有进出口经营权的组织或个人	委托他人代为办理对外贸易业务

2. 对外贸易经营者

对外贸易经营者是指依法办理工商登记或其他执业手续，依照《中华人民共和国对外贸易法》和其他有关法律、行政法规的规定，从事对外贸易活动的法人、其他组织或个人。

2004 年修订的《中华人民共和国对外贸易法》放开了一般货物和技术贸易的对外贸易经营者资格的要求。其一，可以从事外贸的主体扩大到了自然人；其二，外贸经营权的获得由原来的审批制度改为登记制，法律、行政法规或国务院对外贸易主管部门规定不需要登记的除外。2004 年 6 月 25 日，商务部发布了《对外贸易经营者备案登记办法》，对依法需要登记的外贸易经营者的登记程序作出了规定，但对某些产品的经营资格仍然实行审批制。该办法自 2004 年 7 月 1 日起实施。目前我国对对外贸易经营者的管理，实行备案等级制，即法人、其他组织或个人在从事对外贸易经营前，必须按照国家的有关规定，依法定程序在国务院对外贸易主管部门备案登记，取得对外贸易经营资格，即取得对外贸易经营权后，方可在国家允许的经营范围内从事对外贸易经营活动。2016 年 11 月本法进行第二次修改，将第十条第二款改为从事对外工程承包或者对外劳务合作的单位，应当具备相应的资质或者资格。具体办法由国务院规定。现行为 2021 年修订版。

对外贸易经营者未按照规定办理备案登记的，海关不予办理进出口货物的报关验放手续。其具体管理程序是：报关单上的"经营单位"栏目填的是进出口货物收发货人的名称和编号，进出口货物收发货人要想取得编号，就必须在海关注册登记，向海关申请注册登记的提交文件材料里就包括"对外贸易经营者登记备案表及附件"。

由于外贸实务的专业性很强、涉及知识很广，很多普通企业即使取得外贸经营权也难以全面精通外贸业务。因此，对外贸易经营者可以接受他人的委托，在经营范围内代为办理对外贸易业务。例如，红叶服装厂委托通达服装进出口公司代理出口一批服装。如果通达服装进出口公司出口服装时涉嫌走私、违规行为时，由于其与海关之间形成了管理与被管理的关系，也就是海关法律关系，通达服装进出口公司要承担走私的法律责任；而红叶服装厂在此行为上，由于是委托通达服装进出口公司出口的，只与通达服装进出口公司形成委托关系，而不会承担走私行为的法律责任。

10.2　对外货物和技术贸易

10.2.1　我国对外货物和技术贸易管制概述

我国对外贸易管制制度日臻完善，目前这一制度包括对外贸易经营者资格管理制度、进出口许可制度、出入境检验检疫制度、进出口货物收付汇管理制度、贸易救济制度，以及其他有关的管理制度。这些贸易管制制度的内容体系可概括为"备""证""检""核""救"5 个字。"备"是指对外贸易经营者在从事或参与对外贸易经营活动之前，必须要按照规定向国务院商务主管部门或其委托的机构办理备案登记。不登记的，海关不予办理进出口货物的验放手续。"证"是指进出口许可证件，对外贸易经营者要按照国家规定的禁止或限制进出口货物持有相应的许可证件。"检"是指对货物的进出口、运输工具的出入境实行必要的检验、检疫，其目的是保证进出口商品的质量、保障人民的生命与财产安全。"核"是指进出口收付汇核销，以达到国家对外汇实施管制的目的。"救"是指贸易管制的救济措施，我国采取的主要是反倾销、反补贴和保障措施。

进出口贸易管制根据管制程度不同分为禁止进出口货物的管理、限制进出口货物的管理、自由进出口货物的管理。究竟属于何种货物要根据进出口货物的归类来确定，只要某货物被归入了一个确切的税号类别，则该税号类别的进出口许可管理对于所有进出口货物收发货人都是同等对待，但国营指定贸易除外。

10.2.2 禁止进出口管理

对禁止进出口的货物，国务院商务主管部门会同国务院其他有关部门制定、调整，并公布禁止进出口货物、技术目录，海关依据国家相关法律、法规对列入禁止进出口目录的商品实施监督管理。对列入我国禁止进出口的货物和技术，任何对外贸易经营者不得经营，当然更谈不上对此货物的报检、报关。

1. 禁止进口

对列入国家公布的禁止进口目录，以及其他法律、法规明令禁止或停止进口的货物、物品与技术，任何对外贸易经营者不得经营进口，任何人不得邮递、携带入境。

1）禁止进口货物管理

我国公布的《禁止进口货物目录》共以下 7 批。

第一批：包括虎骨、犀牛角、鸦片、四氯化碳、三氯三氟乙烷等，于 2002 年元旦起实施。

第二批：指旧机电产品类，包括旧压力容器、旧锅炉、旧医疗器具、旧游戏机等。主要是考虑到生产安全、人身安全和环境保护等因素而禁止进口。

第三批：主要是一些对环境有污染的工业废渣、废料，如含铅汽油淤渣，含汞、铊等重金属的废渣，以及下水道淤泥、医疗废物等。

第四批：包括猪鬃和猪毛、马毛的废料，旧衣物、废电池等，并补充了一些含金属的工业残渣等。

第五批：包括废空调、废冰箱、废计算机等。

第六批：包括长纤维青石棉、其他青石棉、1，2-二溴乙烷等化学品，自 2006 年 1 月 1 日起实施。

第七批：氯丹（ISO）、DDT（ISO）、零售包装的含有灭蚁灵或十氯酮的杀虫剂、扣式含汞碱性锌锰的原电池及原电池组、含汞化妆品（含汞量超过百万分之一）、含汞的可直接读数的非电子液体温度计等。

除了列入《禁止进出口货物目录》的货物不准进口外，其他法律、法规还规定了其他物品的禁止进口，如右置方向盘汽车和二手汽车、二手摩托车及仿真枪等。

2）禁止进口技术管理

根据我国的对外贸易法、技术进出口管理条例的有关规定，禁止限制进口技术实行目录管理。属于禁止进口的技术，不得进口。属于限制进口的技术，实行许可证管理；未经许可，不得进口。属于自由进口的技术，实行合同登记管理。我国目前限制进口技术目录主要是依据商务部公告 2021 年第 37 号的规定。

目前，《中国禁止进口限制进口技术目录》所列明的禁止进口的技术涉及农药生产技术、氰化钠生产工艺、石化工业用水处理药剂配方、耐火材料技术、氰化法电镀黄铜连续作业线技术、汽车氟利昂空调系统技术及石棉摩擦材料制品技术、含铅绝缘漆技术、含卤覆铜板技术、电池制造技术、氟利昂制冷技术。

2. 禁止出口

1) 禁止出口货物管理

我国政府明令禁止出口的货物主要有列入《禁止出口货物目录》的商品，国家有关法律、法规明令禁止出口的商品，以及其他各种原因停止出口的商品，主要包括以下内容。

第一批：虎骨、犀牛角、麝香、麻黄草、发菜、四氯化碳、红木、樟木原木等。

第二批：木炭，其使用的原料不是竹子、果壳的木料加工成的，主要是出于保护我国森林资源。另外，劳改产品、未定名的或新发现的有重要价值的野生植物、白氏贝、企鹅贝等我国特有的珍珠贝类，任何单位和个人不得对外提供。

第三批：长纤维青石棉、其他青石棉、二溴氯丙烷、艾氏剂、七氯、毒杀芬、多氯联苯、多溴联苯、地乐酚及其盐和酯、二硝酚、狄氏剂、异狄氏剂、氟乙酸钠、磷酸酯、杀虫脒、二噁英、呋喃等。

第四批：硅砂及石英砂、其他天然砂。

第五批：森林凋落物、泥炭（草炭）。

第六批：氯丹（ISO）、DDT（ISO）、零售包装的含有灭蚁灵或十氯酮的杀虫剂、扣式含汞碱性锌锰的原电池及原电池组、含汞化妆品（含汞量超过百万分之一）、含汞的可直接读数的非电子液体温度计等。

2) 禁止出口技术管理

目前，列入《中国禁止出口限制出口技术目录》禁止出口部分的技术涉及畜牧业、医药制造业、交通运输设备制造业、仪器仪表及文化、办公用机械制造业、电信和其他信息传输服务业等。

3. 法律责任

我国货物进出口管理条例规定了进口或出口国家禁止进出口的货物，应依照《中华人民共和国刑法》关于走私罪的规定处罚，追究刑事责任，尚不够刑事处罚的，依照《中华人民共和国海关法》第八十二条的相应规定处罚。

10.2.3　限制进出口管理

根据相关规定，国务院会同有关部门，依照《中华人民共和国对外贸易法》的规定，制定、调整并公布各类限制进出口货物、技术目录。海关依据国家有关法律、法规对限制进出口目录货物、技术实施监督管理。海关规定进出口某些特定种类的货物需要持有许可证件，海关才予以放行或给予优惠税率，在一定范围内，一些进出口单位获得许可证件。

1. 进出口货物管制的手段——配额管理和许可证管理

1) 配额管理

配额是指一国政府在一定时期内对某些敏感商品的进口或出口进行数量或金额上的控制，其目的旨在调整国际收支和保护国内工农业生产，是非关税壁垒措施之一。配额可分为进口配额和出口配额两大类。

（1）进口配额。进口配额按照管理方式可分绝对配额和关税配额。绝对配额是指在一定时期内，对某些商品规定一个最高进口数量或金额，一旦达到这个最高数额就不准进口。

绝对配额又分为两种形式。① 采取"全球配额"，适用于来自任何国家或地区的商品。主管当局按进口商申请先后或按过去某一时期的进口实绩，批给一定的额度，直到总配额发放完为止。② 采取"国别配额"，这是在总配额中按国别和地区分配配额。不同国家和地区如果超过所规定的配额，就不准进口。

关税配额不绝对限制商品的进口数量，而是在一定时期内对一定数量的进口商品，给予低税、减税或免税的待遇，对超过此配额的进口商品，则征收较高的关税或附加税和罚款。

我国现在还有数十种机电产品和一般商品实行进口配额管理。

（2）出口配额。出口配额可以分为被动配额和主动配额。其中被动配额是指出口国家或地区在进口国家的要求或压力下，"自动"规定某一时期内（一般为 3 年）某些商品对该国出口的限制额。在限制的配额内自行控制出口，超过限制额即不准出口。从实质上，这是不得不实行的被动配额。

主动配额是指出口国家或地区根据境内外市场上的容量和其他一些情况而对部分出口商品实行的配额出口。

我国现在实行主动配额管理的商品，相当一部分是在国际市场的优势出口商品或垄断商品，盈利空间较大，且大多涉及出口主导行业。实行被动配额管理的商品主要是纺织品。

对于所限制的商品，无论以何种贸易方式进口，海关均需凭进口许可证放行。

2）许可证管理

许可证管理是指对外贸易经营者进口或出口国家规定限制进出口的货物，必须事先征得国家的许可，取得进口或出口许可证。许可证是国家许可对外贸易经营单位进口或出口某种货物的证明，也是海关对进出境货物监管的重要依据。至今，我国已全部取消普通商品的进口许可证管理，仅对特殊商品实行进口许可证管理。国家实行出口许可证管理的商品是指国家授权商务部会同海关总署等有关部门制定公布的实行出口许可证管理的商品。

3）配额管理与许可证管理的联系

配额管理与许可证管理是世界上绝大多数国家采用的两种主要的贸易管制手段，两者往往结合在一起，从而有力地保证了国家对限制进出口货物的管制。长期以来，我国同样采取了配额与许可证相结合的做法。在我国成为世贸组织的正式成员以后，我国对限制进出口货物的管理方式正在相应地发生着不同程度的调整与变化。自 2005 年 3 月起，我国取消了限制进口货物的数量限制，这意味着我国过去曾经长期采用的配额与许可证相结合的管理模式已经发生改变。目前，我国的配额管理主要针对部分限制出口货物。在进口贸易方面，现行的管理方式主要是许可证件管理，特别是许可证管理。

4）配额管理与许可证管理的区别

首先，配额管理与许可证管理在范围方面有大小和多少之分。配额管理仅适用于国家实行数量限制的工业品、农产品等有关货物。当然，在现阶段，我国所实行的配额管理主要针对的是部分限制出口产品。许可证管理不仅包括进口许可证管理，还包括出口许可证管理。许可证管理是目前我国进出口许可制度限制进出口管理中覆盖面最大、涉及范围最广的管理。此外，许可证管理既可适用于货物，又可适用于技术。

其次，配额管理可发挥的管制作用有直接与间接之分。

配额的直接管制作用主要表现在国家可以通过直接规定进出口的总量来达到管制的目的。其间接的管制作用主要是指可以与关税措施结合采用，从而达到国家对进出口商品数量的有效控制。关税配额措施本身并不对进出口商品的绝对数量加以限制，可是，国家对已经取得与未取得配额的限制进口货物所规定适用的税率是有差别的。因而，国家正是通过关税配额措施，间接地达到了控制进出口商品实际数量的目的。

许可证管理所起到的管制作用则更加直接，手续相对简单，主要目的是实现对进出口货物或技术的直接有效的控制。例如，对于限制进出口货物或有关的技术，国家对外贸易主管部门可以直接通过签发许可证来加以控制。换言之，国家对外贸易主管部门可以根据某种受限制的产品的进口总量、对本国国内市场生产行业的发展可能产生的实际影响等因素来决定发证与否。如果该种受限产品的进口量过大，并且对本国国内市场或相关生产行业的发展可能产生的负面影响很大，国家主管签发许可证的机关既可以决定适量发放许可证，也可以决定不予发放许可证，由此直接限制该种产品进入本国市场。

最后，配额与许可证的申领、签发等具体要求有所不同。

目前，对于配额管理的限制出口货物，我国规定应申领进出口许可证。其具体要求是申请者取得配额证明以后，到商务部及其授权发放许可证的机关，凭配额证明申领出口货物许可证，凭以办理出口通关、外汇核销等手续。对于无须配额的限制进出口货物，我国货物进出口管理条例规定的具体要求是限制进出口货物的经营者应当向国务院对外贸易主管部门或国务院有关部门提出申请，进出口许可证管理部门应当自收到该申请之日起 30 天内决定是否签发许可，进出口经营者应凭许可管理部门发放的进出口许可证向海关办理报关验放手续。

2. 限制进口管理

1）限制进口货物的管理

我国限制进口货物管理按照其限制方式划分为许可证管理和关税配额管理。

许可证管理主要针对濒危物种进口、可利用废物进口、药品进口等，由国务院商务主管部门或国务院有关部门在各自的职责范围内，根据国家有关法律、法规和国际公约的有关规定，制定并调整各自的许可证件的审批、发放程序和资格条件。进口经营者应当向国务院商务主管部门或国务院有关部门提出申请。收货单位凭进口许可证，向海关办理报关验放手续。

一般情况下，关税配额税率优惠幅度很大，有的商品关税配额税率比配额外税率低几十倍。国家通过行政管理的手段对一些重要商品以关税这个成本杠杆来达到限制进口的目的，由于没有配额依然可以进口，只是进口人要承担比较高的关税，因此关税配额管理属于相对数量的限制。

2）限制进口技术的管理

限制进口技术实行目录管理，属于目录范围内的限制进口的技术，实行许可证管理，未经国家许可，不得进口。进口属于限制进口的技术，应当向国务院对外贸易主管部门提出技术进口申请，国务院对外贸易主管部门收到申请后，应当会同国务院有关部门对申请进行审查，技术进口申请经批准的，由国务院对外贸易主管部门发给技术进口许可意向书，进口经营者取得该意向书后，可对外签订技术进口合同。签订技术进口合同后，经营者应当向国务院对外贸易主管部门申请技术进口许可证。经审核符合条件的，由国务院对外贸易主管部门发给技术进口许可证，用以向海关办理进口通关手续。

3. 限制出口管理

1）限制出口货物的管理

我国限制出口货物的管理主要是指出口配额限制和非配额限制（即许可证件管理）。

（1）配额限制管理。出口配额限制是指在一定时期内为建立公平竞争机制，增强我国商品在国际市场上的竞争力，保障最大限度地收汇，保护我国产品的国际市场利益，国家对部分商品的出口数量直接加以限制的措施。

国家规定有数量限制的限制出口货物，实行配额管理。配额可以通过直接分配的方式分配，即出口配额分配管理，也可以通过招标等方式分配，即出口配额招标管理。国务院外经贸主管部门和国务院有关经济管理部门对出口配额进行管理。

对实行配额管理的限制出口货物，出口配额管理部门应当在每年10月31日前公布下一年度出口配额总量。配额申请人应当在每年11月1日至11月15日向出口配额管理部门提出下一年度出口配额的申请。出口配额管理部门应当在每年12月15日前将下一年度的配额分配给配额申请人。

出口配额分配管理是国家对部分商品的出口，在一定时期内（一般是一年）规定数量总额，按照按需分配的原则经国家批准获得配额的允许出口，否则不准出口的配额管理措施。申请者取得配额证明后，到国务院商务主管部门及其授权发证机关，凭配额证明申领出口货物许可证，以办理出口通关、外汇核销等出口手续。

出口配额招标管理是国家对部分商品的出口，在一定时期内，一般也是一年，规定数量总额，按照招标分配的原则，经招标获得配额的允许出口，否则不准出口的配额管理措施。

国家各配额主管部门对中标者发放各类配额证明，中标者取得配额证明后，到国务院商务主管部门及其授权的发证机关，凭配额证明申领出口货物许可证，凭以办理出口通关、外汇核销等出口手续。

（2）非配额限制管理。非配额限制管理是我国目前进出口许可制度限制出口管理中范围最大、涉及管理部门和管理证件最多的管理方式。我国出口非配额限制管理主要包括出口许可证、濒危物种出口、核出口、军品出口等许可管理。

2）限制出口技术的管理

限制出口技术实行目录管理，我国目前限制出口技术目录主要是依据商务部、科技部2020年第38号公告调整后的《中国禁止出口限制出口技术目录》。出口属于限制出口的技术，应当向国务院对外贸易主管部门提出技术出口申请，经国务院对外贸易主管部门审核批准后取得技术出口许可证件，凭其向海关办理出口通关手续。

10.2.4 自由进出口管理

在我国，自由进出口管理包括自由进出口的货物和技术。自由进出口的货物和技术是除了禁止、限制进出口的货物和技术以外的货物和技术。自由进出口的货物和技术的进出口不受限制。但是，基于监测货物进出口情况的需要，商务部和有关经济管理部门按照国务院规定，对部分属于自由进出口的货物实行自动进出口许可管理，对自由进出口的技术实行进口合同登记管理。

1. 货物自动进口许可管理

自动进口许可管理是在任何情况下对进口申请一律予以批准的进口许可制度。这种进口许可实际上是一种在进口前的自动登记性质的许可制度，实行自动进口许可管理的货物目录，应当至少在实施前 21 天公布。

进口属于自动进口许可管理的货物，均应当给予许可。进口经营者应当在办理海关报关手续前，向国务院外经贸主管部门或国务院有关经济管理部门提交自动进口许可申请。国务院外经贸主管部门或国务院有关经济管理部门应当在收到申请后，立即发放自动进口许可证明，在特殊情况下，最长不得超过 10 天。进口经营者凭国务院外经贸主管部门或国务院有关经济管理部门发放的自动进口许可证明，向海关办理报关验放手续。

2. 技术进出口合同登记管理

对属于自由进出口的技术，实行合同登记管理。进出口属于自由进出口的技术，合同自依法成立时生效，不以登记为合同生效的条件。进出口属于自由进出口的技术，应当向国务院外经贸主管部门办理登记，并提交下列文件：技术进出口合同登记申请书、技术进出口合同副本、签约双方法律地位的证明文件。国务院外经贸主管部门应当自收到上述文件之日起 3 个工作日内，对技术进出口合同进行登记，颁发技术进出口合同登记证。申请人凭技术进出口许可证或技术进出口合同登记证，办理外汇、银行、税务、海关等相关手续。

3. 纺织品出口自动许可管理

纺织品本身不属于国家限制出口的范围，但是，国家为了加强纺织品出口统计分析和监测，以便及时向出口经营者发表纺织品出口预警信息，从而保持纺织品出口有序稳定增长，因而对纺织品实行出口许可管理。从 2005 年 3 月 1 日开始实行 210 种税号纺织服装自动出口许可证管理，所有有进出口资格的企业都可以领取许可证。但鉴于我国和欧美之间纺织品贸易的摩擦，自 2005 年 6 月起对输欧、输美（2008 年已结束）和内地到香港的部分纺织品实行临时出口许可管理，其他则列入自动出口许可。

10.3 对外服务贸易

10.3.1 国际服务贸易概述

1. 国际服务贸易的含义与特征

1）服务贸易的含义

提供劳动形式满足他人的某种需要，并收取报酬的活动，是相对于有形的商品而言的一种特殊的劳动产品。概要地说，国际服务贸易是指一成员国的服务提供者向另一成员国服务消费者提供服务并获取报酬的活动。由于各国发展水平不同，对服务的认定也不同。因此，到目前为止，国际上尚没有一个精确的国际服务贸易的定义。关贸总协定乌拉圭回合多边贸易谈判的一个重要结果是产生了《服务贸易总协定》，其中将服务贸易定义如下。

（1）从一缔约方境内向任何其他缔约方境内提供服务。

（2）在一缔约方境内向任何其他缔约方的服务消费者提供服务。

（3）一缔约方在其他缔约方境内通过提供服务的实体性介入而提供服务。

（4）一缔约方的自然人在其他任何缔约方境内提供服务。

对于服务贸易的定义，"乌拉圭回合"中期评审报告中曾指出，多边服务贸易法律框中的定义，应包括服务过境移动，消费者过境移动和生产要素过境移动（主要是指服务提供者过境移动)。它们一般要符合以下 4 个标准:服务和支付的过境移动性;目的具体性;交易连续性;时间有限性。这 4 种判别标准,有助于理解服务贸易的含义。

2)服务贸易的特点

由于服务本身存在一些独特的特点,导致国际服务贸易也呈现出与国际货物贸易不同的特点。与货物贸易相比,服务贸易具有以下明显的特点。

(1)服务贸易标的物是无形的,具有不可触摸性、不可储存性和不易运输性,这就导致服务出口方式的多样化。

(2)服务的生产与消费往往是同时发生的,通常无法将服务进行再生产和套利活动,所以服务的生产和出口过程在一定程度上也就是服务的进口和消费过程。

(3)服务贸易更多地依赖于生产要素的国际移动和服务机构的跨国设置,无论服务贸易的形式如何,它都与资本、劳动力和信息等生产要素的跨国移动密切相关。

(4)服务贸易的统计数据和货物贸易一样,在各国国际收支表中得到体现。但是,服务贸易的统计数据却无法像货物贸易那样,在各国海关进出口统计上显示。

(5)对服务贸易的监控往往只能通过国家立法和制定行政法规来达到目的,因此其所涉及的法规形式和强度都远远超过货物贸易。

国际服务贸易所涉及的范围广泛、问题复杂,既和一国的综合国力有关,也和国家的对外方针政策有关。一国是否允许外国服务业进入本国市场,涉及许多层面的问题,因此多数国家未将服务贸易的政策以法律形式固定下来。当然,在国际服务贸易领域的协调、制定统一法制实非易事。

2. 国际服务贸易的方式

服务贸易可分为国内服务贸易和国际服务贸易。在国际贸易领域里,所谓服务贸易,通常是指国际服务贸易。它是一种跨越国境的服务行为,是服务在国际间的输出和输入,实际上是国际间服务的提供与接受。

根据《服务贸易总协定》的界定,国际服务贸易具体有以下 4 种提供方式。

(1)"跨境提供"方式。"跨境提供"方式是指从一国境内向另一国境内提供服务。这种服务不构成人员、物资或资金的实际流动,而是通过邮政、电信、计算机网络实现的服务,也就是服务产品的流动,如金融、信息和视听的服务等。

(2)"国外消费"方式。"国外消费"方式是指在一国境内向另一国的服务消费者(自然人或法人)提供服务,也就是消费者的流动,如接待外国游客、为国外病人提供医疗服务、接受外国留学生等。

(3)"商业存在"方式。"商业存在"方式是指一国的服务提供者通过在另一国境内的商业存在(指任何类型的经营企业或专业机构,包括为提供服务在一成员方领土内组建、收购或维持一个法人,或者创建或维持一个分支机构或代表处)提供服务,如一国的公司到国外开办银行、商店,设立会计师事务所、律师事务所等。

(4)"自然人存在"方式。"自然人存在"方式是指一国的服务提供者在其他成员方境内以自然人的存在提供服务,也就是自然人的短期流动。例如,一成员方的医生、教授、艺术家到另一国从事医疗、讲学、演出的服务。

10.3.2　《服务贸易总协定》的基本内容

在美国的积极倡导下，著名的乌拉圭回合多边贸易谈判，经过多年的讨价还价在 1994 年 4 月正式结束，最终结果体现在《乌拉圭回合多边贸易谈判结果最后文件》之中。《服务贸易总协定》就是《乌拉圭回合多边贸易谈判结果最后文件》的一个组成部分。由于乌拉圭回合贸易谈判最终决定建立世界贸易组织，以取代原来的关贸总协定，因此《服务贸易总协定》也可被称为世贸组织的《服务贸易总协定》。

《服务贸易总协定》本身共分 6 个部分 29 个条款，主要是就多边贸易体制下各方在服务贸易领域中应遵循的基本原则作出规定。其中主要的原则和内容如下。

1. 最惠国待遇原则

最惠国待遇原则是多边贸易体制的基础。《服务贸易总协定》在第二条就规定了该原则，要求各缔约方应该将给予某一成员的服务和服务提供者的待遇立即和无条件地也同样给予任何其他成员的服务和服务提供者。通俗地说，就是一视同仁。

但是，由于服务贸易多边谈判是第一次进行，许多国家目前在服务贸易领域还存在着根据双边协定提供市场准入机会的情况，一下子要求所有国家对于所有的谈判范围内的服务贸易领域都实现最惠国待遇，是不可能和不现实的。因此，总协定也规定了最惠国待遇例外，一成员可以将有关的内容列入最惠国待遇例外清单中，在市场开放上申请最惠国待遇的例外。但原则上这种例外不应超过十年，并需经世界贸易组织服务贸易理事会的审议。由于最惠国待遇例外是与多边贸易体制的基本原则相违背的，一成员如果要求获得最惠国待遇的例外，就意味着它的市场开放程度会非常有限，而且具有对其他国家的歧视性，因此谈判中其他成员会不断要求取消这种例外。

最惠国待遇是一般性的义务，适用于所有的服务贸易领域。其目的是保证总协定各缔约方的服务和服务提供者在享受第三国服务贸易市场开放的利益时处于同等的竞争条件之下，以体现公平竞争的原则。

2. 透明度原则

《服务贸易总协定》第三条规定了透明度原则，要求各缔约方公布所有普遍适用的影响服务贸易的政策和措施，以及有关的国际协定。各缔约方还应该在世界贸易组织协议生效后两年内建立一个或多个咨询点，以便答复其他缔约方在这一方面的询问。

在透明度原则下，那些一旦公开后会阻碍法律的实施，或者违反公共利益，或者损害特定企业合法商业利益的机密资料不得公开。

3. 逐步自由化原则

《服务贸易总协定》的第四部分，即第十九条至二十一条，规定了逐步自由化的有关内容，敦促各缔约方在尊重各成员的国家政策目标，以及其整体和个别服务部门发展水平的基础上，在保证权利和义务总体平衡的前提下，通过连续回合的多边谈判，逐步减少和取消各项对服务贸易发展有不利影响的措施，提供更为有效的服务贸易市场准入机会，以实现其更高水平的自由化。谈判的方向应是减少或取消各项对服务贸易产生不利影响的措施。

4. 国民待遇原则

国民待遇原则即《服务贸易总协定》第十七条，该原则仅限于列入承诺表的部门，并且要遵照其中所列的条件和资格。国民待遇原则是指在民事权利方面一个国家给予在其国境内的外国公民和企业与其国内公民、企业同等待遇，而非政治方面的待遇。没有作出承诺的部门，不适用国民待遇原则。《服务贸易总协定》下的国民待遇不同于关贸总协定下无条件的、强制性的国民待遇原则。它由缔约方根据自己服务业的发展水平承担。各缔约方可以决定在哪些部门实施这一原则，并可为这一原则在本国某部门的实施列出条件和限制。

10.4　对外贸易秩序与救济

10.4.1　对外贸易秩序

随着国际贸易一体化的发展，我国与其他国家的经济关系日益紧密，全球经济的一体化程度越来越明显，推进贸易自由成为我国改革开放的重要内容。自由贸易意味着要建立一套符合国际市场运作规律、有利于对外贸易各方合法权益的公平、有序的对外贸易秩序。维护对外贸易秩序，有利于维护国家宏观经济利益，促进对外贸易健康发展。另外，通过运用法律手段，合理调节进出口贸易，避免对外贸易损失。并且，有助于我国统一对外贸易政策与制度，打破贸易垄断，提高透明度，有利于适应贸易全球化的需要，以及协调和发展我国和各国的贸易。

对外贸易秩序是一种经济法律秩序，是指国家运用法律措施规范对外贸易竞争行为，制止不正当竞争与不公平交易，维护本国经济利益，形成对外贸易井然有序的发展局面。根据法律规范和调整的社会经济活动的不同主体与不同活动范围，对外贸易秩序具体可以划分为对外贸易管理秩序、对外贸易交易秩序和对外贸易经营秩序。

对外贸易经营秩序涉及对外贸易竞争制度和对外贸易保护性措施两个方面。

对外贸易竞争制度是为了保障公平的对外贸易经营活动，维护公平的对外贸易秩序，而制定的各种不正当竞争的法律制度。我国对外贸易法是通过规定禁止做出某些行为和必须履行某种义务的形式规定的。

对外贸易经营者在对外贸易经营中应当依法经营、公平竞争，不得有以下行为。

（1）伪造、变造或买卖进出口原产地证明、进出口许可证。

（2）侵害中华人民共和国法律保护的知识产权。

（3）以不正当竞争手段排挤竞争对手。

（4）骗取国家的出口退税。

（5）违反法律、行政法规规定的其他行为。

另外，对外贸易经营者还应依照国家有关规定结汇、用汇。

10.4.2　对外贸易救济

对外贸易救济也是国家为了维护对外贸易秩序而采取的一些保障性的措施。

《中华人民共和国对外贸易法》规定，国家保障对外贸易秩序的措施主要有以下方面。

（1）因进口产品数量增加，国内相同产品或与其直接竞争的产品的生产者受到严重损害或严重损害的威胁时，国家可采取必要的保障措施，消除或减轻这种损害或损害的威胁。

（2）发生因进口产品数量增加，倾销、补贴产品使国内工业受损或损害威胁时，国务院规定的部门或机构依法进行调查并作出处理。

（3）加强对外贸易的法制建设，完善对外贸易的行政管理、海关商检管理、外汇及税收管理，建设对外贸易公平竞争的良好秩序。

1. 保障措施

保障措施是指因同类进口产品数量增加，使国内相同产品或与其直接竞争的产品的生产者受到严重损害或严重损害的威胁时，有关国家机关可以根据相关企业的申请，经调查确认后，采取必要的保障措施，消除或减轻这种损害或损害的威胁。保障措施是对除倾销或补贴以外的原因发生的损害或损害威胁进行救济的补救措施。

2. 反倾销措施

反倾销措施是指产品以低于正常价值的方式进口，并由此对国内已建立的相关产业造成实质损害或产生实质损害的威胁，或者对国内建立相关产业造成实质阻碍时，受到损害或损害威胁的有关企业可以向有关机关提出采取相应保护措施的请求，国家可以采取必要措施消除或减轻这种损害或损害的威胁或阻碍。反倾销措施包括临时反倾销措施价格承诺和征收反倾销税。

1）临时措施

《反倾销协议》第七条规定，在符合下列条件时，调查当局可以采取临时反倾销措施。

（1）已开始调查并公告，并已经给予有利害关系的当事人提供资料和提出意见的充分机会。

（2）已作出倾销存在和对国内相关产业造成损害的肯定性初步裁定。

（3）调查当局认定，采取临时措施对防止在调查期间继续发生损害是必需的。

临时措施的种类包括：① 征收临时反倾销税；② 采用担保方式，支付现金或保证金。临时反倾销税和保证金的数额不得高于初步裁定确定的倾销幅度。

临时措施应从开始调查之日起的 60 天后方可采取，其实施的期限一般不能超过 4 个月；特殊情况该期限可延长至 6 个月，个别情况可达 9 个月。

此外，采取临时反倾销措施应遵守征收固定反倾销税的其他规定。

2）价格承诺

根据《反倾销协议》第八条的规定，价格承诺是指进口国调查当局与出口商或出口国政府就提高倾销产品价格或停止以倾销价格向进口国出口以便消除损害影响而达成的一种协议。其中，以提高倾销产品价格形式作出的价格承诺，其价格提高不得超过经初步裁定已确认的倾销幅度。

作出价格承诺的前提是已经作出了倾销存在和由倾销造成国内相关产业的损害的肯定性初步裁定。在初步裁定作出之前，或者作出否定裁定的情况下，调查当局不能寻求或接受价格承诺。

达成价格承诺的要求可以是调查当局提出的，也可以是受调查的出口商提出的，但无论是谁首先提出的，对方都没有必须接受的义务。在调查当局提出价格承诺的要求时，出口商也没有义务必须接受，并且其拒绝接受的行为不应影响到对案件的最终裁决结果。

价格承诺一旦作出，其效果是导致反倾销调查的暂时中止，进口国反倾销当局应立即停止调查程序。在承诺执行期间，调查当局可要求出口商定期提供其执行承诺的有关信息资料。如果发现违反承诺的情况出现，调查当局可终止承诺协议的执行，并立即重新启动反倾销调查程序，调查当局可根据现有的证据资料立即采取临时反倾销措施，并且这时采取的临时措施可以追溯至采取措施前 90 天输入的产品，但这一追溯不适用于在违反承诺之前就已经进口的产品。

3）反倾销税

反倾销税是最主要的一种反倾销措施。它是在反倾销调查当局在最终裁定中作出肯定性的倾销和损害存在的结论时所征收的税项。

反倾销税应自征税之日起 5 年内结束，但如果在 5 年期限到来之前的一段合理时间内提出了复审要求，则在作出复审结果之前，反倾销税应继续征收。如果复审结果表明损害已不存在或不存在重新发生损害的可能，则反倾销税的征收应当停止；如果复审结果表明损害依然存在，或者停止征收反倾销税将导致倾销和损害继续发生或重新发生，则原有的反倾销税可以继续维持下去。

一般情况下，反倾销税的征收效力发生于最终裁定作出之后。但在特殊情况下，调查当局也可以对临时措施适用之前 90 天进入进口国消费领域的产品追溯征收反倾销税。根据《反倾销协议》第十条的规定，追溯征收反倾销税的条件包括：① 倾销产品有对国内产业造成损害的倾销历史，或者倾销产品的进口商知道或应当知道产品的出口商在倾销产品，并且倾销将对国内产业造成损害；② 倾销产品在短期大量进口，并且已对国内产业造成损害。

总体来看，构成倾销必须符合以下 3 个条件。

（1）低于正常价值的低价销售。这是指产品以低于正常价值的方式进口，所谓"正常价值"的确定方式，包括出口国国内市场价格；出口第三国价格；产品在原产国的生产成本加合理的流通费用、利润等组成的组成价格。

（2）损害事实存在。这是指产品对进口国工业造成实质性损害或威胁。通常以本国产品销售量是否下降、失业率是否增加等因素作为判定是否存在损害的量化依据。

（3）倾销与实质性损害有因果关系。《中华人民共和国对外贸易法》对倾销作出了惩罚性规定：受到损害的进口国企业或外贸管理机关向国家外贸主管部门提起反倾销指控，经调查证实者，即可对倾销方采取征收反倾销税，临时反倾销税等法律制裁。

3. 反补贴措施

反补贴措施是指进口的产品直接或间接地接受出口国给予的任何形式的补贴，并由此对国内已建立的相关产业造成实质损害或产生实质损害的威胁，或者对国内建立相关产业造成的实质阻碍时，受到损害或损害威胁的企业可以向有关机构提出采取相应保护措施的请求，国家可以采取必要措施，消除或减轻这种损害，或者损害的威胁或阻碍。

构成补贴必须符合以下 3 个条件。

（1）补贴存在。

（2）损害存在。确定损害的主要依据：① 补贴进口数量及其对国内市场同类产品价格的影响；② 这些进口商品对国内同类产品生产者所带来的影响。

（3）补贴的产品与损害之间存在着因果关系。

我国法律对补贴作了惩罚性规定：如果受补贴的产品使进口国生产相似产品的工业遭受到实质性损害或实质性损害的威胁或实质地阻碍了该工业的建立，则我国可以对进口的受补贴产品征收反补贴税或临时反补贴税。税额相当于进口产品享受的补贴额，但是对同一进口产品不能既征反倾销税，又征反补贴税。

☑ 案例分析

🔍 案例 10-1

一、基本案情

经营单位：大通光电通讯有限公司

申报品名：（旧）自动金线焊接机

大通光电通讯有限公司委托某报关公司进口自动金线焊接机等 10 台专用设备（均为旧设备）。2009 年 4 月下旬，该批设备装箱发货运抵上海，委托报关公司代为向海关申报通关。经查询《中华人民共和国进出口税则》，将自动金线焊接机归入税号 8515800090。根据此税号查询《报关实用手册》，发现该税号无任何监管证件要求，随即向海关申报。

海关退单原因：该（旧）自动金线焊接机涉及进口许可证管理，证件代码"1"。要求经营单位补办《进口许可证》。

二、案件处理

经上海海关归类分中心审核认定，（旧）自动金线焊接机的 HS 编码（8515800090）归类错误，更正为"自动引线键合机，HS 编码：848642200"，同时将原《入境通关单》上的商品编码进行了更改。

三、案例评析

（1）根据商务部、海关总署、质检总局令 2008 年第 5 号《重点旧机电产品进口管理办法》和商务部 2008 年第 123 号公告《2009 年进口许可证管理货物分级发证目录》规定，列入《重点旧机电产品管理目录》范围内的旧机电产品在进口申报时需递交《进口许可证》，由于当时报关公司报关人员只查询了《中华人民共和国进出口税则》中的监管证件要求，发现书中并无许可证件的提示，故未通知客户去办理相关许可证件，却未进一步确认其他相关政策，故造成无证申报的情况。

（2）在了解该商品具体情况后发现，该物是专用于制造集成电路的机器，依据归类总规则一及八十四章章注九（四）的描述：除十六类注释一及八十四章注释一另有规定的以外，符合税目 84.86 规定的机器及装置，应归入该税目而不归入本目录的其他税目。所以该自动金线焊接机符合本注释的规定，应优先归入该章。

（3）由此案例得出以下两个结论。

① 进口旧机电产品千万不要仅以税则书来确定监管证件的依据，而是要查看《2009 年进口许可证管理货物分级发证目录》，看其是否列入《重点旧机电产品管理目录》范围。

② 商品归类的确定不要仅以品名简单的中文名称确定，而是要根据商品的描述（功能、原理、用途等）结合商品归类的规则来确定。

（4）法律依据。

① 商务部公告 2008 年第 123 号发布《2009 年进口许可证管理货物分级发证目录》。

② 商务部、海关总署、质检总局令 2008 年第 5 号《重点旧机电产品进口管理办法》。

③ 商务部、海关总署、国家质检总局公告 2008 年第 37 号公布《重点旧机电产品进口目录》。

案例 10-2

一、基本案情

2005 年 7 月 7 日欧盟委员会宣布，应意大利、法国和西班牙制鞋企业的要求，欧盟将对部分中国等地产皮鞋、运动鞋和劳保鞋发动反倾销调查。

2006 年 1 月 12 日，欧盟反倾销委员会针对中国皮鞋反倾销案作出决定：拒绝给予 13 家中国鞋类企业市场经济地位。

二、案件处理

欧盟 25 个成员国以投票形式通过对中国皮鞋征收反倾销税的提案，从 2006 年 4 月 7 日开始，欧盟将对中国皮鞋征收 4% 的临时反倾销税，并逐步提高到 10 月的 19.4%。

中国商务部官员指出，欧方在本案中诸多作法缺乏法律依据。中国 13 家抽样企业均为民营或外资企业，他们完全符合欧方关于市场经济待遇的 5 条标准；中方有 130 多家企业参加应诉，其中 90% 为未抽样企业，他们被剥夺了市场经济待遇并未得到任何解释；欧方对中国皮鞋全行业征收统一税缺乏法律和事实依据。此案涉及皮鞋范围多达 33 个税则号，这些产品在档次、价格等方面存在重大差异，而欧方不作市场细分就对中国皮鞋全行业征收统一税，明显不符合事实。根据欧盟反倾销基本法，中国应诉企业提交了市场经济问卷，也同时申请了分别待遇，但至今没有一家收到欧方关于分别待遇的披露。

三、案例评析

自中国加入 WTO 至今，反倾销措施仍然是国外限制中国产品出口的"利器"。在中国遭受调查的数量众多的案件中，反倾销措施被滥用的情况不容忽视。这种情形在本案中也相当明显。我们认为，除其他抗辩、交涉、磋商等途径以外，中国应当在充分收集证据的情况下，适时启动 WTO 争端解决程序，对此类滥用贸易救济措施搞贸易保护的行为予以反击。

对此，首先应当转变政府工作理念，抛弃"慎重初战，首战必胜"的想法。我国政府长期存在"慎重初战，首战必胜"的理念，对首次启动争端解决程序可能产生的败诉结果持过分谨慎态度。认为这种态度不可取的原因如下。

（1）在没有独立参与 WTO 争端解决程序经验的情况下，首战必胜必然要求证据充分有效、法律依据明确无误。一方面这一标准很难确定；另一方面使一些有争取余地的案件被搁置。这势必使中国企业的出口利益得不到可能的保护，导致其损失的延续或扩大。

（2）中国作为 WTO 的后来者，通过实践学习与提高的过程不可避免。自加入 WTO 至今，我国各界对 WTO 法律规则及他国案例的研究已经有一定积累，唯独缺乏独立参与 WTO 争端解决机制的实践经验。因此，认为这一实践过程及期间个别案件的失利在所难免，唯有通过这一实践才能培养和锻炼我国的 WTO 专业人才队伍。

🔍 **案例 10-3**

一、基本案情

2004 年，加拿大连续对我国发起了 3 起反补贴案件调查。2004 年 4 月 13 日开始，加拿大边境服务署对原产于中国的烧烤架发起了反补贴立案调查，这是我国遭受的第一起反补贴调查案件；2004 年 11 月 19 日，加拿大边境服务署作出反补贴终裁，决定终止本次反补贴调查，并将退还已征收的临时关税。我国在国外对我国产品发起的首起反补贴调查中取得了胜利。2004 年 4 月 28 日，加拿大边境服务署对原产于中国的碳钢和不锈钢紧固件进行反补贴立案调查，2004 年 12 月 9 日，加拿大边境服务署作出最终裁决，补贴额为 1.25 元/千克；2005 年 1 月 7 日，加拿大国际贸易法庭对涉案产品作出了存在损害的肯定性裁决。自此，碳钢和不锈钢紧固件案开启了国外对中国出口产品征收反补贴税的历史。

二、案件处理

2004 年 10 月，加拿大边境服务署对原产于我国的复合地板进行反补贴立案调查。

2005 年 3 月 10 日，美国国会议员提出一项新议案，要求修订美国现行的反补贴法，对市场经济和非市场经济一视同仁，对中国等国家补贴出口的做法进行反击。该项议案是由美国参、众两院，共和、民主两党议员共同提出的，议案的名称为《2005 年停止海外补贴议案》。

三、案例评析

2004 年，加拿大连续对我国发起了 3 起反补贴调查，开创了我国对外贸易领域遭受新的贸易壁垒——反补贴的先河；2005 年 3 月 10 日，美国国会议员提出一项新议案——修订美国现行的反补贴法，对非市场经济国家也可以采取反补贴措施。在国际贸易领域，世贸组织成员通常可以采取反倾销、反补贴和保障措施 3 种形式。2004 年以前，反倾销措施一直是外国对中国进行贸易制裁的最主要形式，保障措施的使用很少，反补贴措施则从未使用过。加拿大的行动和美国将对反补贴法进行修订给我国发出了危险的信号——外国将更多地利用反补贴措施对我国进行贸易制裁。与作为企业行为的倾销相比，补贴通常是政府的一项政策或措施，所以往往覆盖面广。如果说倾销是一种个别、微观的现象，补贴则往往带有宽泛、宏观的特点。外国一旦对我国进行反补贴调查涉及面将更加广泛，将是一个行业或数个行业，而且政府的行为也将成为调查规制的对象。我国企业在反倾销应诉时通常都试图努力证明其生产经营均按市场机制运作，要求承认自己的"市场经济地位"，使用自己的实际成本，以避免被征收反倾销税。我国政府也在积极、努力地使其他世贸组织成员承认我国的市场经济地位，然而一旦在这一点上取得成功，就必须立即想到另一点，即西方的反补贴法就会得到适用。因为按照发达成员的做法，反补贴措施一般情况下不适用于"非市场经济国家"。所以，我国政府和出口企业在争取市场经济待遇的过程中，一定要高度关注可能随之而来的反补贴问题。加拿大反补贴调查只是一个试探性的开始，如果加拿大的试验成功了，其他成员就会争先效仿，其后果对中国肯定不容乐观。正如美国反补贴修改议案发起人所指出的："根据现行的反补贴法，如果发现法国、巴西、日本或是其他任何市场经济体有不公平的贸易行为的话，我们就可以对它们施加反补贴税，但是我们却不能对中国、越南等非市场经济体施加反补贴税。这种不平衡的现象，被美国对中国的巨额贸易逆差衬托得格外明显。我们需要一系列的补救措施，迫使中国遵守游戏规则。我们提出的这项议案，能够填补美国贸易法规中最大的一个漏洞。"从美国的修改反补贴法的意图可以看出，我国在反补贴贸易救济措施中面临的新的困境。在这个问题上，我国政府将承担最主要的责任和义务。其他成员一旦对中国提起反补贴调查，中国政府的每个政策和项目都有可能成为被调查的对象。所以，我国政府应积极、主动地采取应对措施，为我国出口贸易的"航母"保驾护航。

☑ 案例实训

一、基本案情

从 2005 年 1 月 1 日起，国际上实行 40 多年的纺织品服装贸易配额制度被彻底取消，全球纺织品服装贸易进入"后配额时代"。配额的取消意味着全球纺织品服装贸易实现了一体化，这将给全球纺织业带来深远影响。中国纺织品服装出口在摆脱配额体制的长期困扰后迎来了更广阔的市场空间，但同时面临更激烈的市场竞争和新的贸易摩擦。2005 年 1—2 月我国纺织品和服装出口总值为 148.54 亿美元，比 2004 年同期增长 29.69%，实现贸易顺差 128.01 亿美元。对设限国家出口为 57.42 亿美元，同比增长 74.57%，占纺织品服装整体出口的 39%；对非设限国家出口为 91.12 亿美元，同比增长为 11.6%，占整体出口的 61%。从出口的国家和地区看，到美国、欧盟、土耳其、加拿大均有大幅增长。2004 年 1—2 月我国出口到美国的纺织品总值为 25.07 亿美元，比 2003 年同期增长 81.26%，超过日本成为纺织品出口第一位的国家。

据统计，2005 年 1 月我国不少纺织品服装的出口价格下跌超过 40%。美国纺织品组织根据我国海关数据得出，我国棉质针织衬衫出口单价由 2005 年的 3.12 美元降至 1.71 美元，降幅达 45%。出现这种"量增价跌"现象除了由于后配额时代国际纺织品服务贸易向市场规律的正常回归外，另一个重要原因是取消配额后，我国纺织品服装出口竞争加剧所致。

自全球纺织品服装配额取消以来，中国同美、欧的纺织品服装贸易一直摩擦不断。2005 年 4 月 4 日，美国根据一季度初步进口统计数据，宣布对我国刚刚解除配额限制的 3 种纺织品自主启动"特别保障措施"调查，28 日美国纺织品协议执行委员会正式受理美国纺织品业界组织 4 月 6 日提出对中国 7 种商品实施"特别保障措施"的申请。而中国纺织品服装的另一个主要出口地——欧盟，于 2005 年 4 月 1 日起，取消了对中国纺织品服装的普惠制待遇，征收的关税由目前的平均 9% 上升至 12%，4 月 6 日又公布了针对中国纺织品的特别限制措施行动指南。4 月 25 日，欧盟决定对来自中国的针织衬衫、毛衫、裤子等 9 种纺织品进行特别限制措施的调查，如果调查发现中国纺织品确实破坏了欧盟市场的正常秩序，欧盟就可以启动临时特别保障措施，对中国纺织品加以限制。

二、问题思考

(1) 结合所学过的知识，请比较进口关税和进口配额的异同。

(2) 针对上述情况，我国纺织品服装出口应采取哪些对策？谈谈你的看法。

(3) 你认为这个案件涉及哪些法律问题？

(4) 我国对外贸易相关法律对进出口配额是如何管理的？

本章小结

对外贸易是指以一国的对外贸易经营主体为一方，同世界上其他国家与地区进行商品货物、技术和服务贸易交换的一种活动。广义的对外贸易法是指调整对外贸易关系的法律规范的总和。对外贸易经营者是指依法办理工商登记或其他执业手续，依照《中华人民共和国对外贸易法》和其他有关法律、行政法规的规定，从事对外贸易活动的法人、其他组织或个人，是对外贸易的主体。

进出口贸易管制根据管制程度不同分为禁止进出口货物和技术的管理、限制进出口货物和技术的管理、自由进出口货物和技术的管理。配额管理与许可证管理是世界绝大多数国家采用的两种主要的贸易管制手段，两者往往被结合在一起，从而有力地保证了国家对限制进出口货物的管制。

国际服务贸易是一种跨越国境的服务行为，是服务在国际间的输出和输入，实际上是国际间服务的提供与接受。

对外贸易秩序是一种经济法律秩序，是指国家运用法律措施规范对外贸易竞争行为，制止不正当竞争与不公平交易，维护本国经济利益，形成对外贸易井然有序的发展局面。对外贸易救济是国家为了维护对外贸易秩序而采取的一些保障性措施。对外贸易的保障性措施主要有反倾销、反补贴和保障措施。

本章的重点是对外贸易经营者、许可证及配额的管理制度，对外贸易救济措施。

本章的难点是对外贸易救济措施。

思考练习题

一、选择题

1. 我国境内的对外贸易法律关系主体包括（　　）。

    A. 国务院对外经济贸易主管部门　　B. 地方对外经济贸易管理部门

    C. 对外贸易经营者　　D. 国际买卖合同双方

2. 以下说法正确的是（　　）。

    A. 对外贸易经营者依法自主经营、自负盈亏

    B. 对外贸易经营者应当按照国务院对外经济贸易主管部门的规定，向有关部门提交与其对外贸易经营活动有关的文件及资料

    C. 对外贸易经营者应有自己的名称和组织机构

    D. 由于国际服务贸易涉及的领域很多，因此，国际服务贸易经营者的设立条件及其经营活动，不仅应当遵守《中华人民共和国对外贸易法》，还应当遵守其他有关法律、行政法规的规定。

3. 下列哪一项措施不是我国有关反倾销法律规定的反倾销措施？（　　）

    A. 临时反倾销措　　B. 价格承诺

    C. 反倾销税　　D. 进口配置

4. 下列关于《中华人民共和国对外贸易法》的表述，正确的是（　　）。

A. 对自由进出口的货物无须办理任何手续

B. 该法只适用于货物进出口

C. 该法不适用于我国香港、澳门地区

D. 该法规定了对进口货物侵犯知识产权的制裁措施

5. 我国现行《中华人民共和国对外贸易法》规定的国务院对外贸易主管部门是指（　　）。

A. 国家经贸委　　B. 外经贸部　　　　C. 商务部　　　　　D. 海关总署

二、判断题

1. 组成我国对外贸易法的法律规范是综合性多种类的，其组成范围包括国内外贸立法及一部分国际条约。（　　）

2. 实施反补贴倾销税的条件之一是倾销进口与国内产业损害间存在因果关系。（　　）

3. 进出口货物许可证管理是指国家规定某些商品进出口必须从有关主管机关领取进出口许可证，没有许可证的一律不准货物进口或出口的一种职能行为。（　　）

4. 在实际的国际经济生活中，配额与许可证不失为各缔约国为维护本国利益而通用的有效外贸管制手段。（　　）

5. 我国在国际服务贸易方面根据所缔结或参加的国际条约、协定中所作的承诺，给予其他缔约方、参加方市场准入和国民待遇。（　　）

三、问答题

1. 狭义的对外贸易法与广义的对外贸易法都各指什么？

2. 什么是对外贸易经营者？

3. 解释对外贸易的许可证管理。

4. 解释对外贸易的配额管理。

5. 我国对自由进出口的货物和技术如何管理？

6. 什么是对外服务贸易？

7. 对外服务贸易包括哪些形式？

8. 我国的对外服务贸易与对外货物贸易相比有何特点？

9. 什么是对外贸易秩序？

10. 对外贸易救济措施包括哪几种？各是什么？请简要解释。

第 11 章

海 商 法

本章导读

　　本章介绍船舶的法律性质，讲解了船舶抵押权、船舶优先权等权利，介绍船员的基本概念，重点讲解 3 种租船合同，介绍船舶碰撞与共同海损，着重介绍共同海损的确定及理算。11.1 节船舶和船员；11.2 节船舶租用合同；11.3 节船舶碰撞与共同海损。

◎ 案例分析

◎ 案例实训

◎ 本章小结

◎ 思考练习题

11.1 船舶和船员

11.1.1 船舶

1. 船舶的定义

《中华人民共和国海商法》中船舶这一概念，并非平常意义的所有船舶，而是特指各类水上移动式装置的一部分。根据《中华人民共和国海商法》第三条规定："本法所称船舶是指海船和其他海上移动式装置，但是用于军事的、政府公务的船舶和 20 总吨以下的小型船艇除外。前款所称船舶，包括船舶属具。"从该定义可以看出，《中华人民共和国海商法》从以下 4 个方面界定了船舶的定义。

（1）可航性。海上航行能力是指海船或海上移动装置应具有海上航行能力或海上自航能力。

（2）吨位。《中华人民共和国海商法》适用总吨位在 20 总吨以上的船舶。

（3）目的。《中华人民共和国海商法》意义上的船舶应用于商业或民用目的，军事的、政府公务的船舶不适用《中华人民共和国海商法》的规定。

（4）区域。在区域上，适用于《中华人民共和国海商法》的船舶须在海上及与海相通水面或水中航行。

2. 船舶的分类和性质

依据国籍的不同可将船舶分为本国船和外国船；依据航行的区域可将船舶分为海船和非海船；依据功能可将船舶分为客船和非客船；依据用途可将船舶分为商业船舶、专用船舶和公务船舶；依据航程远近可将船舶分为近海轮和远海轮；依据动力可将船舶分为机动船和非机动船；依据所有人不同可将船舶分为国有船和非国有船。

船舶作为国际货物运输的主要方式，具有以下法律性质。

（1）船舶属于不动产。

（2）船舶主要分为以下三大部分。

① 船体。船体即船舶本体，由龙骨、甲板、船壳和轮机构成。

② 设备。设备是指船舶上的一切设施。

③ 船舶属具。船舶属具是指航行上及营业上必需的附属于船舶的能移动的各种用具或机械，如锚、罗盘、绞盘、探测仪、海图等。

（3）船舶的拟人性。在法律上，往往把船舶作为具有一定的人格来处理，因此使船舶具有了法律主体的一些特性。

（4）船舶是国家领土的延伸。一个主权国家可以在船舶上行使国家主权，国际上的普遍做法是由船旗国管辖来解决纠纷。特别是在海上发生的与船舶有关的争议，以及在船舶上发生的纠纷。

3. 船舶吨位

1）总吨位

总吨位是船上所有围蔽空间以 100 立方英尺为一个吨位的丈量总和。总吨位反映船舶的建造规模。港口费及码头停泊费一般依据总吨位来计算。

2）净吨位

净吨位是衡量船舶营运能力的数值，一般是指船内能够运载旅客或货物的空间总和。海关吨税的收取一般依据净吨位来计算。

3）排水吨

排水吨是船舶满载时的排水重量。船舶满载的标志是船舶载货吃水至载重线。载重线是船舶在当时所处的区带、区域和季节的情况下，最大程度装载时所达到的吃水线。

4）载重吨

船舶满载排水吨与空载排水吨的差额是载重吨。船体、机器和船上设备的重量称为空载排水吨。由于空载排水吨不包括燃油、消耗品、淡水等的重量，因此，上述消耗性供应品的重量应计入载重吨。所以载重吨并不表示船舶能够运输货物的重量。货物的载重吨应以载重吨减去燃油等消耗品的重量计算。

4. 船舶登记制度

我国规定了比较严格的船舶登记制度。根据 1995 年 1 月 1 日起实施的《中华人民共和国船舶登记条例》，在中国登记的船舶须由中国人（包括法人和自然人）拥有，中国企业法人的注册资本中有外商出资的，中方投资人的出资额不得低于 50%。且中国籍船舶上的船员应当由中国公民担任，确需雇用外籍船员的，应当报国务院主管部门批准。

5. 船舶所有权

《中华人民共和国海商法》第七条规定，船舶所有权是指船舶所有人依法对其船舶享有占有、使用、收益和处分的权利。船舶所有权是一种财产所有权，反映的是物权关系。船舶所有权是一种对船舶全面的、概括的支配权，但这并不排除船舶所有权还有其他的表现形式，如营运权。船舶所有权可分为单独所有权和共有所有权。

6. 船舶抵押权

船舶抵押权是指船舶抵押权人对于抵押人提供的作为债务担保的船舶，在抵押人不履行债务时，可以依法拍卖，从船舶拍卖价款中优先受偿的权利。船舶抵押贷款是一种普遍采用的船舶融资方式。设定船舶抵押权应当签订书面合同。抵押合同的当事人为抵押人和抵押权人。

7. 船舶优先权

根据《中华人民共和国海商法》第二十二条的规定，船舶优先权是指海事请求人依照规定，向船舶所有人、光船承租人、船舶经营人提出海事请求，对产生该海事请求的船舶具有优先受偿的权利。该规定同时也明确了优先权的主体、客体和优先权的特殊性。

船舶优先权的优先性主要表现在受船舶优先权担保的债权先于一般债权受偿；受船舶优先权担保的债权在清偿时先于受普通担保物权担保的债权受偿。

根据《中华人民共和国海商法》第二十二条的规定，具有船舶优先权的海事请求包括以下方面。

（1）船长、船员和在船上工作的其他在编人员根据劳动法律、行政法规，或者劳动合同所产生的工资、其他劳动报酬、船员遣返费用和社会保险费用的给付请求。

（2）在船舶营运中发生的人身伤亡的赔偿请求。

（3）船舶吨税、引航费、港务费和其他港口规费的缴付请求。

（4）海难救助款项的给付请求。

（5）船舶在营运中因侵权行为产生的财产赔偿请求。

在行使优先权时，根据《中华人民共和国海商法》第二十四条的规定，应当先从船舶拍卖所得的价款中先行拨付下列费用：① 因行使船舶优先权产生的诉讼费用；② 保存、拍卖船舶和分配船舶价款产生的费用；③ 为海事请求人的共同利益而支付的其他费用。

关于受优先权担保的债权与其他债权之间的受偿顺序，根据《中华人民共和国海商法》第二十五条的规定：首先为船舶优先权，其次是船舶留置权，最后是船舶抵押权。

《中华人民共和国海商法》第二十二条排列的顺序所反映的确定受船舶优先权担保的各类债权之间的受偿顺序的基本原则为：因船员雇用合同产生的债权优于其他债权受偿；因侵权产生的债权优先于因合同产生的债权受偿；人身伤亡的债权优先于财产损害的债权受偿；为其他债权的受偿创造条件的债权优先于其他债权受偿。

船舶优先权可能因下列原因而消灭：① 因担保的债权的消灭而消灭；② 因法律规定的时效届满而消灭；③ 因拍卖而消灭；④ 船舶灭失；⑤ 公告消灭船舶优先权。

11.1.2 船员

1. 船员的概念

《中华人民共和国船员条例》规定，船员是指依照本条例的规定经船员注册取得船员服务簿的人员，包括船长、高级船员、普通船员。船员有广义和狭义之分。广义的船员是指包括船长在内的船上所有任职人员；狭义的船员则不包括船长，仅指与船舶所有人签订船员雇用协议的人。

根据《中华人民共和国海商法》第三十一条的规定，船员是指包括船长在内的船上一切任职人员。该定义中的"船员"采用了比较广义的概念，包括了船长及其他一般船员。船长、驾驶员（2000 年后代理报务员的工作）、轮机长、轮机员、电机员、政委（中国国企中设立），必须由持有相应适任证书的人担任。从事国际航行船舶的中国籍船员，必须持有中华人民共和国港务监督机构颁发的海员证和有关证书。

"在船上"是指船员必须是在船上工作的人员，船舶修理人、船舶代理人、验船师等虽然也为船舶服务，但不是在船上工作，因而不是船员。

我国的船员按职务划分可分为干部船员和一般船员。干部船员是指船长、驾驶员、轮机长、轮机员、电机员；一般船员是指除干部船员以外的其他在船上服务的人员。按业务部门划分可分为驾驶部船员、轮机部船员和事务部船员。

2. 船员的权利与义务

《中华人民共和国海商法》并没有对船员的权利和义务进行具体的规定，仅规定有关问题适用有关法律、行政法规的规定。

关于船员的权利各国有关法律的规定一般包括下列几项。

1）船员的权利

（1）取得工资报酬。

（2）受伤、疾病、残废、死亡的补助金。

（3）受遣返权。

（4）保险利益。

（5）休假权。

2）船员的义务

船员的一般义务包括下列几项。

（1）忠于职守、服从指挥。

（2）不得随船私运货物，不得携带违禁品。

3. 船长

《中华人民共和国海商法》第三章第二节对船长的职责进行了专门的规定。

（1）负责船舶的驾驶与管理。根据《中华人民共和国海商法》第三十五条的规定，船长负责船舶的管理和驾驶。船长在其职权范围内发布的命令，船员、旅客和其他在船人员都必须执行。此项职能是船长的基本职责。船上的航行命令由船长发布，船员必须执行。如船长不能自行决定，需召集船员会议决定，但执行命令的全部责任仍由船长承担。

（2）负责船舶的安全与秩序。船长应采取必要的措施，保护船舶和在船人员、文件、邮件、货物及其他财产的安全。

（3）船长的准司法权。船舶在一定时期内相对封闭，因此，法律赋予船长一定的准司法权。这种权利表现在以下方面。

① 在民事方面。船长应对在船上发生的人员出生或死亡事件进行证明。

② 在刑事方面。船长有责任维持船上的治安，为了保障在船人员和船舶的安全，船长有权对在船上进行违法、犯罪活动的人采取禁闭或其他必要措施，并防止其隐匿、毁灭、伪造证据。

（4）对船方、货方的代理权。在航行途中及没有船舶所有人的港口，船长需作为船方和货方的代理，处理船舶及货物在航行途中发生的有关事宜。在船舶所有人方面，船长需在船舶航行中作为船舶所有人的代理人管理航行事务，签发提单，订立船舶拖带合同等。在航行中，为了航海的需要，船长可以出售船上多余的船舶用品。当船舶遭遇海难时，船长可以代表船货双方与救助人签订救助合同等。

（5）负责制作海损、污染事故报告书。

11.2 船舶租用合同

11.2.1 航次租船合同

1. 航次租船合同范本

航次租船合同是指由船舶出租人向承租人提供船舶或船舶的部分舱位，装运约定的货物，从一港运至另一港，由承租人支付约定运费的合同。

航次租船合同包括了规定船东和租方双方的权利与义务的种种条款，在洽谈租赁船舶时，双方须逐一洽定每一条款。为了简化和加速合同谈判的进程，洽定租船合同的当事人通常都采用标准格式的租船合同，根据各自的需要，对标准格式中的某些条款进行修改、删减或补充，最后达成协议。

航次租船合同的标准格式大多是由各个国际航运组织制定，供洽租双方在洽定租船合同时选用。航次租船合同范本很多，根据船舶航行的航线、承运货物种类等不同而有所区别。

2. 默示义务

1）船舶具有适航性

适航性是指船舶在开航时具有适航性；在装货时，船舶能够接受特定的货物。船舶适航是相对的，世界上不存在在任何时刻及航线上都绝对适航的船舶。我国的海商法明文规定了航次租船合同下船东应承担恪尽职责的适航义务。

2）合理速遣

合理速遣即船东应合理地开始和履行航次。船舶在开往装货港的预备航次中，在装货港和卸货港，以及在装、卸两港间的航行途中，都应合理地在最短时间内履行合同。在连续航次的情况下，船东的合理速遣义务适用于每个航次。此项默示义务意味着在整个合同履行期间，不应有不合理的延误。倘若船东违反此项义务，则可能招致租船人索赔甚至终止合同。

3）禁止不合理绕航

禁止不合理绕航即船舶应按照约定的或习惯的或地理上的航线驶往卸货港。绕航是指改变预定航次的直接地理航线。所谓合理绕航，是指为了船舶和货物的安全，或者在海上救助或企图救助生命和财产所发生的绕航。除此以外，均属不合理绕航。在航次租船合同下，租船人的主要默示义务是不得装运非法的和有危险性的货物。

3. 航次租船合同的主要条款

1）船舶规范

（1）合同的双方当事人。

（2）提供约定的船舶，包括船名、船籍、种类、船级、载量、订约时间、船舶所处的位置。这在合同中称作说明，它使船舶特定化。

① 船名。船名是合同的重要条件之一，必须正确无误，合同内的船名都必须加引号。在整个租赁期内，船东不得随意更换船名，否则以违约论处。

② 船舶国籍或船旗。船旗也是合同的重要条件，在合同履行期间，船东不得擅自变更船舶国籍或变换船旗，否则即属违约。

③ 船舶建造年月和船级。此项内容加注在船名之后，便于租船人了解船舶的技术状况和老化程度。合同中写明的船级是指船舶在合同订立时的船级，船东没有义务在整个合同期内保持这一船级，除非合同中另有明文规定。

④ 船舶载量。这包括注册吨位和载重吨位。

2）预备航次

所谓预备航次，是指船舶完成上一航次后，从本合同的装货港的前一港口驶往本合同的装货港的一段航程。预备航次是合同规定的航次，即船舶出租航次的一部分。合同中船东所承担的明示及默示义务，同样适用于预备航次。

3）装货港和卸货港

在航次租船合同中，有关装货港和卸货港的规定也是合同的重要内容。这个条款一般有两种制定方法：① 具体列明装货港和卸货港名称；② 不具体列明港口名称，只规定一个大致的范围，由租船人选择。在后种情况下，租船人选定港口后，应及时通知船东。为避免争议，合同中一般均写明租船人应何时通知船东。

关于船舶到达装货港的时间，通常规定船舶应当到达的最迟日期。这个日期的最后一天称为"解约日"。如果船方没有做好装船的准备，租方有权解除合同，这项解约权是绝对的，不受合同的任何免责条款的限制。

如果是由于不可抗力的原因，造成延期到达，也可以解约，但是不能要求赔偿。如果是由于船方的疏忽延期到达，租方可以解除合同，同时要求赔偿。当延期到达时，如果运费价格上涨租方不会解除合同，如果是运费价格下降，租方就会借机解除合同。

租船合同一般都规定，要驶往安全的港口装卸货物，而且船舶能经常保持漂浮。这里的安全包括政治上的安全与地理上的安全。

4）货物

货物条款是航次租船合同的条件条款。其内容包括货物的品名、种类、数量及包装形态等方面。运送不同种类和性质的货物，对船舶的结构、设备及管理上有不同的要求，而且与船舶的经营管理和经济利益密切相关。因此，货物条款是航次租船合同中关乎船东和租船人双方切身利益的重要内容。

航次租船合同中一般规定租船人应提供满舱满载货物。

甲板货是指依照航运习惯或法律规定装在甲板上的货物。货物能否装在舱面上，须经双方同意。即便双方同意舱面空间可用来装载货物，其风险责任也是由租船人承担，船东并不负责。

5）装卸时间和滞期费

装卸时间是允许租船人用于装卸货物的时间总数。如果超过规定的装卸时间，租方就要按照合同规定向船方支付滞期费。所谓滞期费，是指非由于船东的原因，租船人未能在合同规定的装卸时间之内完成装卸作业，对因此产生的船期延误，按合同规定向船东支付的款项。

有两种规定装卸时间的方法：① 具体规定若干天的时间为装卸时间；② 规定每天装卸多少货物。如果超过规定的装卸时间，租方就要按照合同规定向船方支付滞期费。如果提前完成装卸任务，租方就可以向船方索取速遣费。与滞期费相应的就是速遣费，即在合同规定的装卸时间届满之前，租船人若提前完成货物装卸，使船舶可以提前离港并使船东节省在港费用和获得船期利益，船东就按合同规定向租船人支付一定金额作为奖励。一般来说，船舶每天的维持费就是滞期费，滞期费的一半是速遣费。

6）货物损害责任

航次租船合同内有关货物损害责任的条款可以由船舶所有人与租船人自由商定，没有法律上的强制性规定。

7）运费

通常有以下两种运费支付方式。

（1）预付运费。预付运费一般是在船舶所有人接管货物，或者签发提单时支付，可以全部预付，也可以部分预付。无论船舶与货物是否灭失，除非发生特殊情况，运费一概不退。特殊情况是：① 出租方未能提供适航船舶在合理的时间内开航；② 货物由于免责以外的事故灭失；③ 货物在预付运费的付款期截止前已经灭失。

（2）到付运费。原则是在目的港交货前付清。

8）留置权

如果租方没有付清合同的运费、空舱费、滞期费，船方对货物享有留置权。这种条款大多适用于货物的卖方是发货人或代理人，而买方是收货人的情况。其目的是使收货人负担运输过程中的一切费用。

由于船方对货物享有留置权，租方只有在装货之后才能终止合同责任。在这种情况下，如果货物到达目的港后，收货人不按照规定支付运费和有关费用，船方可以通过留置货物取得补偿。有些合同还规定，只有在留置物的价值可以抵偿全部运费、空舱费、滞期费时，租方才能够终止合同责任。

4. 船舶所有人的义务

根据《中华人民共和国海商法》第九十四条的规定，本法第四十七条和第四十九条的规定，适用于航次租船合同的出租人；本章其他有关合同当事人之间的权利、义务的规定，仅在航次租船合同没有约定或没有不同约定时，适用于航次租船合同的出租人和承租人。

出租人的责任与提单运输中承运人的责任相同。

此外，出租人应在规定的卸货港卸货，出租人违反约定使承租人蒙受损失时，应负赔偿责任。

5. 租船人的义务

（1）承租人应提供约定的货物，经出租人同意，可更换货物，由此对出租人造成不利时，出租人有权拒绝或解除合同。

（2）承租人的转租权。承租人可将租用的船舶转租第三者，但其原合同的权利与义务不变。

（3）承租人的解约权。根据《中华人民共和国海商法》的规定，承租人在下列情况下，有解除合同的权利。

首先，出租人未在约定的受载期限内提供船舶。

其次，出租人提供或更换的船舶不符合合同的约定。《中华人民共和国海商法》第九十六条规定，出租人应当提供约定的船舶，经承租人同意，可以更换船舶。但是，提供的船舶或者更换的船舶不符合合同约定的，承租人有权拒绝或者解除合同。因出租人过失未提供约定的船舶致使承租人遭受损失的，出租人应当负赔偿责任。第九十七条规定，出租人在约定的受载期限内未能提供船舶的，承租人有权解除合同。但是，出租人将船舶延误情况和船舶预期抵达装货港的日期通知承租人的，承租人应当自收到通知时起48小时内，将是否解除合同的决定通知出租人。因出租人过失延误提供船舶致使承租人遭受损失的，出租人应当承担赔偿责任。

另外，依照航次租船合同运输货物签发的提单，提单的持有人是谁，是影响该提单法律作用的重要因素。当提单持有人是非承租人或其他任何第三方善意取得者时，承运人与该持单人之间的权利与义务关系适用提单的约定。如果提单的持有人是租船人，则提单在租船人与船东之间的作用仅相当于承运货物的收据，无论提单有无背面条款及背面条款如何规定，租船人与船东之间的权利与义务关系一切以租船合同为准。《中华人民共和国海商法》第九十五条规定，对按照航次租船合同运输的货物签发的提单，提单持有人不是承租人的，承运人与该提单持有人之间的权利、义务关系适用提单的约定。但是，提单中载明适用航次租船合同条款的，适用该航次租船合同的条款。

11.2.2 定期租船合同

根据《中华人民共和国海商法》第一百二十九条的规定，定期租船合同是指船舶出租人向承租人提供约定的由出租人配备船员的船舶，由承租人在约定的期限内按约定用途使用，并支付租金的合同。在定期租船合同中，出租人出租整个船舶，承租人按月或日支付租金。

1. 定期租船合同的主要条款

根据《中华人民共和国海商法》的规定，定期租船合同的主要内容包括出租人和承租人的名称、船名、船籍、船级、吨位、容积、船速、燃料消耗、航区、用途、租船期间，交船和还船的时间、地点及条件，租金及其支付，以及其他有关事项。

1）船舶规范

在定期租船合同中，船舶规范主要包括下列内容：船舶名称、船籍、船级、吨位和容积、航速和燃油消耗、有关船舶的其他描述。

2）船舶适航

在约定的时间交付船舶，出租人保证船舶在整个租期内适航且适于约定用途。出租人违反约定给承租人造成损失，承租人有权要求损害赔偿并解除合同。

3）租期

租期是租船人使用船舶的期限。租期可以用日、月或年来表示。由于各种原因，租船人安排的最后航次的结束与租期届满很难恰好对应，因而常常会出现"超期"还船的现象。

4）租金条款

租船方要依约准时、如数支付租金。

出租人如果错误撤船，如过早发出撤船通知等，租船人可请求法院发出禁止令阻止出租人撤船，同时还可以就出租人的错误撤船向其提出损害赔偿请求。在下列情况下，出租人的撤船是无效的。

（1）出租人未正式发出撤船通知。

（2）未在合理的时间内发出撤船通知。

（3）暂时性的撤船。

5）停租条款

定期租船合同的时间损失在租船人，租船人按时间交付租金，即使租船人将船舶闲置，其仍需向船方支付租金。但如果由于非租船人的原因而使船舶不能正常使用，租船人可不支付租金，这就要订立停租条款，规定在发生某些影响船舶使用的情况下，租船人可以停付租金。

可以停付租金的事项由双方协商决定，通常包括下列事项。

（1）船体、机器及设备的故障或损坏。

（2）因碰撞、搁浅等海损事故而引起的延滞。

（3）船员或物料不足，等待补充船长或船员或物料的期间。

（4）船舶入坞修理。

（5）其他事项。

如果船舶不能使用是由于租船人的原因引起的，则船方仍可以收取部分或全部租金。

6）转租条款

转租条款是定期租船合同中规定租船人在合同期间可以将船舶转租他人的条款。

《中华人民共和国海商法》第一百三十七条对转租进行了规定，即承租人可以将租用的船舶转租，但是应当将转租情况通知出租人，租用的船舶转租后，原租船合同约定的权利和义务不受影响。

7）运送合法货物

定期租船合同中规定，装运的货物应为合法货物，不准装运的货物通常由双方在合同中列明除外。

关于运送合法货物，《中华人民共和国海商法》第一百三十五条规定，承租人应将船舶用于运输约定的合法货物，如承租人将船舶用于运输活动物或危险货物的，应事先征得出租人的同意，否则承租人应对违反上述规定而使出租人遭受的损失负责。

8）还船

租船人应到期将船舶以良好状态交还出租人。"良好状态"是指除自然损耗以外的与交船时基本相同的良好状态。

除了上述条款以外，定期租船合同中还有法律适用条款、仲裁条款、共同海损条款等。双方当事人在谈判中还可以商议附加其他条款。

2. 船舶所有人的义务

船舶所有人在订约时应保证对船舶的陈述的正确性；应提供适航的船舶；应负责船舶的维修，保证船舶在航行期间处于有效的状态；应负责赔偿因船方原因导致的船舶不适航或照料货物不当所造成的损失；应使船舶保持最大速率的航行，这有利于节省租船人的相关费用，如果超出规定时间，租船人要支付额外费用。除此之外，我国法律还规定了船舶所有人一些其他方面的义务。

3. 租船人的义务

（1）承租人保证船舶在约定的航区内的安全港口或地点之间从事约定的海上运输。

（2）保证船舶用于运输约定的合法货物，其中包括军用品。合法货物也应符合船旗国和合同准据法的规定。

（3）承租人可在原合同的权利与义务不受影响的情况下将船舶转租。

（4）按合同约定支付租金。如果租船人拖欠租金，船舶所有人有权撤船而无须提出任何声明。

（5）租船人应于租期届满时还船。承租人按约定向承租人还船时，要使船处于出租人交船时相同的良好状态。超期还船时，承租人应按照合同约定的租金率支付租金。市场租金率高于合同租金率时，按市场租金率支付租金。

（6）其他规定。

11.2.3 光船租赁合同

1. 光船租赁合同的定义及特征

光船租船合同是指船舶所有人保留船舶所有权，将船舶的占有权转移给船舶租赁人，由租船人雇用船长、船员，管理船舶的一种合同。从本质上，航次租船合同与定期租船合同属于运输合同，光船租船合同属于财产租赁合同。光船租赁合同又称"空船租船"或"船壳租赁"。

（1）出租人只负责提供光船，租船期间船长、船员由承租人雇用并支付工资，船用燃料、物料、给养等也都由承租人提供并承担费用。

（2）光船租赁期间船舶的占有权和使用权转移给承租人，但船舶的处分权仍然属于出租人。在航次租船合同及定期租船合同下，船舶所有人只在一个或几个航程，或者在一定期间内，把船舶的使用权移转给租船人，而船舶的占有权仍然属于船舶所有人。

（3）光船租赁权的设定、转移和消灭，应当向船舶登记机关登记，未经登记的，不得对抗第三人。

2. 出租人的主要权利与义务

出租人的权利是在符合合同要求的条件下，向租船人收取租金。

出租人的主要义务如下。

（1）出租人交船的义务。光船租赁合同下，出租人应当在合同约定的时间和地点，向承租人交付约定的船舶及船舶证书。出租人应当谨慎处理，提供适航的船舶且船舶还应当满足合同约定的用途。

（2）出租人的权利担保义务。出租人必须保证承租人在租赁期间内有权依合同占有和使用船舶。如果因船舶所有权争议或出租人所负债务致使船舶被扣押的，出租人应当保证承租人的利益不受影响。因出租方的原因致使承租人遭受损失的，出租人应当负赔偿责任。

（3）出租人不得抵押船舶。在光船租赁期间，未经承租人事先书面同意，出租人不得对船舶设定抵押权，如果违反此义务并给承租人带来损失的，应当负责赔偿。

3. 承租人的主要权利与义务

承租人的主要权利是按照合同约定使用船舶。由于光船租赁合同由租船人占有，因此，承租人可以通过自己雇用的船长、船员直接控制船舶。

承租人的主要义务如下。

（1）承租人应妥善照料船舶。光船租赁期间，承租人应当负责船舶的保养、维修，还应当按照合同约定的船舶价值，以出租人同意的保险方式为船舶进行保险，并负担保险费用。如果因承租人对船舶占有、使用和营运的原因，使出租人的利益受到影响或遭受损失的，承租人应当负责消除影响或赔偿损失。

（2）承租人不得将船舶转租。未经出租人书面同意，承租人不得转让合同的权利和义务，或者以光船租赁的方式将船舶进行转租。

（3）承租人支付租金的义务。承租人应当按照合同约定的时间、方式和数额支付租金。承租人未按照合同约定的时间支付租金连续超过 7 天的，出租人有权解除合同，并有权要求赔偿因此遭受的损失。但是，船舶发生灭失或失踪的，租金应当自船舶灭失或得知其最后消息之日起停止支付。如果租金已经预付，应按照比例退还。

11.3　船舶碰撞与共同海损

11.3.1　船舶碰撞

1. 船舶碰撞的概念

《中华人民共和国海商法》第一百六十五条规定，船舶碰撞是指船舶在海上或者与海相通的可航水域发生接触造成损害的事故。所称船舶，包括与《中华人民共和国海商法》第三条所指船舶碰撞的任何其他非用于军事或政府公务的船舶。此外，《中华人民共和国海商法》第一百七十条还规定，船舶因操纵不当或者不遵守航行规章，虽然实际上没有同其他船舶发生碰撞，但是使其他船舶以及船上的人员、货物或者其他财产遭受损失的，适用本章的规定。

2. 船舶碰撞的损害赔偿

船舶发生碰撞，当事船舶的船长在不严重危及本船和船上人员安全的情况下，对于相碰的船舶和船上人员必须尽力施救。碰撞船舶的船长应当尽可能将其船舶名称、船籍港、出发港和目的港通知对方。根据海商惯例和各国的法律与实践，船舶碰撞及其损害赔偿主要有以下几种情形。

1）无过失的船舶碰撞

无过失的船舶碰撞是指碰撞完全是因为客观原因或原因不明造成的，不存在任何人为因素。《中华人民共和国海商法》第一百六十七条规定，船舶发生碰撞，是由于不可抗力或者其他不能归责于任何一方的原因或者无法查明的原因造成的，碰撞各方互相不负赔偿责任。无过失碰撞的具体情形包括以下方面。

（1）不可抗力。这不是指不能预见、不能避免并不能克服的客观情况。不可抗力是独立于人的行为之外，并且不受当事人意志所支配，在各国法律中都是免责事由。

（2）意外事故。这是指行为人的行为虽然在客观上造成了损害结果，但不是出于行为人的故意或过失，而是出于不能抗拒或不能预见的原因引起的。

（3）原因不明。

2）过失碰撞

船舶碰撞事故大多是由于一方或双方或多方的过失造成的，如操作不当、违反航行规则和避碰规则，或者疏忽大意等原因引起的。依据责任人的不同，过失碰撞可以分为以下几种。

（1）单方过失造成的船舶碰撞。《中华人民共和国海商法》第一百六十八条规定，船舶发生碰撞，是由于一船的过失造成的，由有过失的船舶负赔偿责任。也就是说，有过失方不但要承担自己的损失而且要为对方的损失承担责任。

（2）互有过失造成的船舶碰撞。双方互有过失造成的船舶碰撞，一般原则是根据各船舶的过失程度按比例分担。如果双方过失程度相当或无法判定时，则平均分担责任。如果因双方的过失造成第三方财产损失的，各船的赔偿责任均不超过其应当承担的比例；如果碰撞造成第三方人身伤亡的，由过失方承担连带责任。

（3）多方过失的船舶碰撞。多方过失是指船舶碰撞事故因多方的过失所致。各方对由此而造成的损失按过失程度比例分担，如果过失责任无法确定，则损失由各方平均分担。

我国对船舶碰撞的损害赔偿采用的是过错责任原则。过错责任原则是指碰撞方当事人只有在其存在故意或过失的情况下导致的不法损害，才承担赔偿责任。

3. 船舶碰撞损害赔偿的范围

《中华人民共和国海商法》对船舶碰撞损害赔偿的范围及计算方法等具体问题均未作规定，在目前的情况下，解决有关的问题主要适用专门法规、司法解释等。根据最高人民法院《关于审理船舶碰撞和触碰案件财产损害赔偿的规定》，我国在审判实践中有关船舶碰撞损害赔偿的范围主要包括以下方面。

（1）船舶的损害赔偿。

（2）船上财产的损失。

（3）运费、营业收入及捕捞利益等间接损失。

（4）利息损失。

（5）人身伤亡的损害赔偿。

4. 船舶碰撞的诉讼时效

有关船舶碰撞的请求权，时效期间为 2 年，自碰撞事故发生之日起计算。互有过失的船舶碰撞中，对第三人的人身伤亡，一船连带支付的赔偿超过其过失比例的，有权向其他过失方追偿。这种追偿请求权的时效期间为 1 年，自当事人连带支付损害赔偿之日起计算。

11.3.2　共同海损

1. 共同海损的定义及构成要件

1）共同海损的定义

共同海损是指在同一海上航程中，当船舶、货物和其他财产遭遇共同危险时，为了共同安全，有意地、合理地采取措施所直接造成的特殊牺牲、支付的特殊费用，由各受益方按比例分摊的法律制度。

2）共同海损与单独海损的区别

单独海损是指保险标的物在海上遭受承保范围内的风险所造成的部分灭失或损害，即指除共同海损以外的部分损失。这种损失只能由标的物所有人单独负担。

首先，发生的原因不同。共同海损是有意采取措施造成的；而单独海损则是由偶然的意外事件造成的。

其次，涉及的利益方不一样。共同海损是为船货各方的共同利益所受的损失；而单独海损则只涉及损失方个人的利益。

最后，后果不同。共同海损应由受益方分摊；而单独海损则由损失方自己承担。

单独海损的事故往往先于共同海损的行为而发生，两者经常相关联。例如，船舶在航行中起火，烧毁了 100 箱货物，此为单独海损。火势蔓延又烧坏甲板，也仍然属单独海损。但一旦发现火势，船长为救火命令用海水灭火而淋湿了 50 箱茶叶，导致船舶到达目的地时茶叶发霉变质，此 50 箱茶叶的损失属共同海损。

3）共同海损的构成要件

（1）海上危险必须是共同的。这是指危险必须涉及船舶和货物的共同安全。

（2）海上危险必须是真实的。这是指危险不能是主观臆想的，必须是客观存在的。

（3）共同海损的措施必须是有意的、合理的和有效的。"有意的"是指由人的有意识的行为而采取的措施；"合理的"是指采取的措施合理，如果有不牺牲各方利益的方法就可排除危险，而采取了损害各方利益的方法，则为不合理的措施；"有效的"是指采取的措施通过有限的牺牲有效地解除了船货的危险。

（4）共同海损必须是直接的、特殊的。这是指被牺牲的利益必须是共同海损直接造成的，而且是因特殊情况才发生的。

2. 共同海损损失范围的确定

共同海损损失的范围可归类为共同海损牺牲和共同海损费用两大部分。

在共同海损案件确立后，首先要确定的就是哪些损失及费用可以列入共同海损。共同海损可以是特殊的直接物质上的损失，也可以是特殊的费用支出。除了共同海损的牺牲和费用支出外，其他间接的损失，如船舶或货物因迟延所造成的损失，包括船期损失和行市损失，以及其他间接损失，均不得列入共同海损。

1）共同海损的牺牲

共同海损的牺牲即在船货面临危险的情况下，采取共同海损措施使船舶、货物和其他财产自身所遭受的损害，主要包括船舶损失、货物损失和运费损失。

共同海损的牺牲一般包括下列几项。

（1）船舶的损失。船舶的损失包括船舶本身的损失和船上所载物料及燃料的损失。

（2）货物的损失。货物的损失可以由于各种共同海损措施而引起，抛弃货物是应用最多、最广泛的共同海损牺牲方式。

（3）运费的损失。这专指"到付运费"，依航运习惯，预收运费不列入共同海损。承运人预收了运费，在承运过程中，即使采取共同海损措施致使货物灭失，也不必退还货方的"预付运费"，因此不存在预付运费的牺牲。

2）共同海损的费用

共同海损的费用是指为了船舶及货物的共同安全，而采取共同海损的措施支付的额外费用。

（1）与避难港等地有关的额外费用。船舶因发生意外、牺牲或其他特殊情况而损坏时，为了安全完成本航程，驶入避难港口、避难地点，或者驶回装货港口、装货地点进行必要的修理，在该港口或地点额外停留期间所支付的港口费，船员工资、给养，船舶所消耗的燃料、物料，为修理而卸载、贮存、重装，或者搬移船上货物、燃料、物料，以及其他财产所造成的损失、支付的费用，都可以计入共同海损。

（2）救助费用。在船舶遇难而不能成功地自救时，一般会请第三方进行救助，由此而发生的支付给第三方的救助报酬可以列入共同海损。

（3）代替费用。为代替可以列为共同海损的特殊费用而支付的额外费用，可以作为代替费用列入共同海损。但是，列入共同海损的代替费用的金额，不得超过被代替的共同海损的特殊费用。代替费用本身不具有共同海损性质，但支付该费用却节省或避免了支付本应支付的共同海损费用。

在实践中，经常发生的代替费用主要有拖带费、临时修理费、货物转运费、加班费。

（4）其他杂项费用。可列入共同海损的费用还有垫款手续费及共同海损利息等。

3）不能列入共同海损的损失

在任何情况下，无论在航程中或在航程结束后发生的船舶或货物因迟延所造成的损失，包括船期损失和行市损失，以及其他间接损失，均不得列入共同海损。

未申报的货物或谎报的货物，应当参加共同海损分摊；其遭受的特殊牺牲，不得列入共同海损。不正当地以低于货物实际价值作为申报价值的，按照实际价值分摊共同海损；在发生共同海损牺牲时，按照申报价值计算牺牲金额。

当事人也可以将任一版本的理算规则并入提单、租船合同、保险单或其他纠纷解决协议，共同海损的损失范围由该理算规则予以确定。

3. 共同海损的理算

共同海损理算是指具有一定专业水平的机构和人员，按照理算规则，对共同海损损失的费用和金额进行确定，各受益方应分摊的价值，以及各受益方应分摊的共同海损金额进行的审核和计算工作。共同海损的理算人通常为提单或租船合同中指定或委托的海损理算机构或理算人，由理算人对与海损有关的各种文件进行必要的审核，确定共同海损损失金额，计算共同海损分摊价值，编制共同海损理算书的工作为共同海损的理算。

1）办理共同海损理算需要的文件

（1）海事声明书。依惯例，在船舶遭遇意外事故后，船长应在到达港向公证人递交海事声明书，海事声明书应由公证机关办理公证。

（2）海事报告。在船舶发生海损事故后，船长应在进入第一个到达港 48 小时内向港口主管机关递交海事报告。

（3）航海日志摘录。

（4）船舶检验证书和货物检验证书。

此外，还有提单、租船合同、配载图、救助合同、各种费用单证等。

2）理算的依据

海损理算的法律依据即理算规则。理算规则一般对共同海损的成立要件、共同海损损失和费用的范围，以及共同海损分摊的标准等作出规定。在实务中，当事人一般是通过约定选择某国家或地区相关组织制定的，或者由相关国际组织制定的共同海损理算规则来进行共同海损理算。目前，在国际上使用最广泛的是《约克-安特卫普规则》。《中华人民共和国海商法》第二百零三条规定，共同海损理算，适用合同约定的理算规则；合同未约定的，适用该法的规定。

3）共同海损理算人

共同海损理算工作由专门从事海损理算的机构或理算师进行，统称为海损理算人。我国国际贸易促进委员会设有海损理算处，并制定了《中国国际贸易促进委员会共同海损理算暂行规则》，简称《北京理算规则》，凡在提单或租船合同中约定共同海损在中国理算的，适用《北京理算规则》，由该海损理算处进行理算。

4）共同海损理算程序

进行共同海损理算，先由申请人提出委托，然后由理算人（我国负责理算工作的单位是中国国际贸易促进委员会）进行调查研究，确定哪些项目属于共同海损，哪些项目属于单独海损。在此基础上，确定共同海损损失的项目和金额；计算出各受益方应分摊的价值和分摊的金额；制定各受益方应收付的金额和结算办法；最后由理算人编制出共同海损理算书。海损理算书不同于法院或是仲裁的裁决，它是没有法律效力的。海损理算书是根据合同的规定所做的一种核赔的证据，当事人对此若有异议，仍可提请仲裁或起诉。

出入境检验检疫机构凭承运人、保险人或理算人的申请，办理海损鉴定（积货鉴定），即对船舶宣布共同海损时所载的货物进行鉴定。海损鉴定按照提单，根据实际情况分清单独海损和共同海损的货物件数及其好残程度，分别鉴定其残损贬值率，并证明所有货物的到岸价格，签发海损鉴定证书，供有关部门作为进行理算和处理索赔的依据。收货、用货单位或代理接运部门如需了解本单位、本部门所装货物的损失情况，特别是单独海损货物的情况，可向出入境检验检疫机构单独申请验残，签发验残证书，向有关责任方提出索赔。

4. 共同海损损失金额的确定

共同海损损失包括共同海损的牺牲和费用。牺牲金额是按照采取共同海损措施给船舶、货物或其他财产所直接造成的特殊牺牲和支付的特殊费用的总和来确定的。《中华人民共和国海商法》第一百九十八条详细规定了船舶、货物和运费的共同海损牺牲金额的确定方法。

1）船舶的共同海损牺牲金额的确定

（1）船舶受损后进行修理的，按照实际支付的修理费，减除合理的以新换旧的扣减额计算。所谓实际支付的修理费，应是实际合理的修理和更新的费用。所谓以新换旧，是指在修理时，用新材料、新部件或新设备更换了船舶因共同海损牺牲或受损的旧材料、旧部件、旧设备。以新换旧的准则是以合理为原则，否则将构成不当得利。

（2）船舶受损后尚未进行修理的，按照船舶牺牲造成的合理贬值计算，但不得超过估计的修理费。所谓估计修理费，应和实际支付的修理费一样，按标准进行确定。

（3）船舶发生实际全损或修理费用超过修复后的价值的，共同海损的损失金额按该船在完好状态下的估计价值，减除不属于共同海损损坏的估计修理费和该船受损后的价值余额计算。

2）货物共同海损牺牲金额的确定

货物灭失的，按照货物在装船时的价值加保险费和运费，减去由于损失而无需支付的运费计算。货物损坏的，在就货物损坏程度达成协议前出售的，按货物在装船时的价值加保险费和运费，与出售货物净得的差额计算。出售受损货物的净值为出售货物的货价减去为出售该货物所支付的费用。

3）运费共同海损牺牲金额的确定

运费损失金额的确定应按照货物遭受牺牲造成的运费的损失金额，减去为取得此运费本应支付但由于牺牲而无需支付的营运费用来计算。货物由于采取共同海损措施被抛弃，或者在驳卸过程中部分落入水中，并且合同约定为到付运费的情况下，承运人无权要求支付运费，这种运费的牺牲应确定为共同海损。

共同海损费用按实际发生额计算。

5. 共同海损的分摊价值的确定

船舶、货物和运费的共同海损分摊价值是指船舶、货物和运费的所有人，因共同海损措施而分别受益的价值与因遭受共同海损而获得补偿的财产金额的总和。共同海损的分摊价值应以全部受益财产抵达目的港或航程终止港时的实际价值为基础，再加上共同海损的补偿额。凡因共同海损而受益的财产，都必须参加损失分摊。某些财产因共同海损措施而牺牲，但其中有一部分将从其他受益方得到补偿，这种补偿也应计算在分摊价值中。

1）船舶共同海损分摊价值

船舶共同海损分摊价值按照船舶在航程终止时的完好价值，减去不属于共同海损的损失金额计算，或者按照船舶在航程终止时的实际价值，加上共同海损牺牲的金额计算。

2）货物共同海损分摊价值

货物共同海损分摊价值按照货物在装船时的价值加保险费和运费，减去不属于共同海损的损失金额和承运人承担风险的运费计算。如果货物是在抵达目的港之前出售，应按出售净得的数额，加上作为共同海损应得到的补偿数额参加分摊。

3）运费共同海损分摊价值

运费分摊价值按照承运人承担风险并于航程终止时有权收取的运费，减去为取得该项运费而在共同海损事故发生后，为完成本航程所支付的营运费用，加上共同海损牺牲的金额计算。

6. 共同海损分摊金额的确定

共同海损分摊金额是指因共同海损而受益的船舶、货物、运费等，按其各自分摊价值的大小，应承担的共同海损损失的数额。在理算时，首先以共同海损损失总额除以共同海损分摊价值的总额，再乘以百分之百，得出共同海损百分率，然后以船舶、货物、运费的分摊价值分别乘以共同海损百分率，即可得出每一项财产的分摊金额。

各受益方应分摊的共同海损金额可按下列公式计算。

（1）共同海损百分率（损失率）= 共同海损损失总金额/共同海损分摊价值总额

（2）船舶共同海损分摊金额 = 船舶共同海损分摊价值×共同海损百分率

货物共同海损分摊金额 = 货物共同海损分摊价值×共同海损百分率

运费共同海损分摊金额 = 运费共同海损分摊价值×共同海损百分率

✅ 案例分析

🔍 案例 11-1

一、基本案情

原告（反诉被告）：福建省官头海运总公司

被告（反诉原告）：深圳华南国际运输有限公司

2012 年 1 月 5 日，原告与被告签订定期租船合同，约定被告期租原告经营的"官海 88"轮，租期一年，从 2012 年 1 月 5 日—2013 年 1 月 4 日，交船日期为 2012 年 1 月 5 日；交船时原告保证船舶处于适航、适载状态，保证各种证书有效；船舶航速在风力 3 级时 11 节；耗油主机 4.4 吨/天，副机 1.0 吨/天，被告有权按合理情况选择 0#或 20#柴油；租金 1—3 月为 2 000 美元/天，4—6 月为美元 2 050 元/天，7—12 月为 2 100 美元/天，租金每 30 天为一期。被告在合同签订之日起 7 天内支付原告第一期租金，之后每隔 30 天支付一个月租金，且被告应将接船时船上存油油料款与第一期租金同时支付；另被告有权将还船时船上存油油料款从最后一期租金中予以扣除。交、还船时原、被告共同指定一公证方对船舶状况进行检查、测量油水；原告未尽适当谨慎使船舶适航和适于被告航次需要，或者因原告不履行职责造成的船期延误，被告有权扣付租金；因原告造成的船上货物的灭失、损坏，以及耗油增多、航速低造成的损失，应由原告承担。

合同签订当日，原告将"官海 88"轮交付被告使用。2012 年 1 月 6 日，中国船级社对该轮进行检验，认定处于适航状态。由于船上未有换算表，只测量了船上存油高度。1 月 16 日，"官海 88"轮船员操作技术失误，船舶漏油，被天津港务监督安排在大沽口待命接受处理，直至 1 月 21 日才安排靠泊计划。期间，被告原计划给"官海 88"轮配载 3 000 吨水泥，后于 1 月 22 日改配载 1 416.25 吨钢材。4 月 7 日，被告基于经营困难向原告提出要求解除租船合同。4 月 14 日，被告应原告要求给"官海 88"轮加轻油 24.563 吨，价值人民币 51 582.3 元。当天，被告将船舶交还原告。截至 2012 年 11 月 21 日，被告实际支付原告租金等费用共计人民币 1 231 320 元。

合同履行期间"官海 88"轮前 8 个航次往返蛇口港与天津港，实际航行天数分别为 7天、7 天、13 天、6 天、10 天、8 天、8 天、7 天。

被告提交的租船合同中，对交船日期及要求原告提供海关监管货准运证等必备证书处有修改，原、被告在修改处未签章认可，原告不予承认。

原告 2013 年 4 月 12 日向海事法院提起诉讼，请求法院判令被告赔付拖欠的船舶租金人民币 426 300 元、交船时船上存油油料款人民币 172 800 元、被告单方提前解除合同给原告造成的租金损失美金 246 000 元及其利息。

二、案件审理

法院经审理查明，被告答辩并提出反诉认为，原告交付的"官海 88"轮处于不适航状态，不符合租船合同中规定的交船条件，被告有权依法解除租船合同，原告应自行承担一切损失。2012 年 1 月 16 日，由于原告船员操作技术失误，船舶漏油，"官海 88"轮被天津港务监督安排在大沽口待命接受处理，直至 1 月 21 日才安排靠泊计划。另由于原告没有尽速遣航，船舶航速及抗风能力不符合船舶规范，致使前 8 个航次严重超期航行 13 天。以上累计 18 天。依据租船合同，上述 18 天的租金美金 36 000 元及油耗人民币 157 141 元被告有权予以拒付。原告无法证明其交船时船上存油多少、油价多少，其主张的油料款人民币 172 800 元应予以驳回。由于原告没有依约提供海关监管货准运证，造成被告货物滞港无法出口，产生超期堆存费港币 55 780 元。1 月 16 日，"官海 88"轮被天津港务监督安排在大沽口待命接受处理，致使被告不能按原计划配载 3 000 吨水泥，1 月 22 日，临时改运 1 416.25 吨钢材，产生亏舱损失美金 7 420 元、人民币 38 944.4 元。2012 年 2—3 月，被告依合同提出给"官海 88"轮改加重油，以降低油耗成本，但遭原告拒绝，致使油耗成本增加人民币 123 492 元。原告一直未与被告进行商业结算，致使被告预付的人民币 1 231 320 元只能计入预付款账户，产生汇兑损失港币 114 011.11 元。被告解除合同后，为原告垫付油料款人民币 51 582.3 元。被告请求维护其合法权益。

法院判决如下。

（1）被告深圳华南国际运输有限公司向原告福建省官头海运总公司赔付船舶租金人民币 203 500 元及其利息。

（2）原告福建省官头海运总公司向被告深圳华南国际运输有限公司支付船舶油料款人民币 51 582.3 元。

判决后，双方当事人均没有上诉。

三、案例评析

本案合同是国内企业法人间签订的国内经济合同，合同关于租金结算币种为美金的约定，应认定无效。租金支付按合同签订之日中国人民银行公布的美金兑人民币汇率结算。被告对合同的两处修改，未经原告确认，是被告单方意思表示，对原告无约束力。原告已将"官海 88"轮交付被告使用，被告应依合同按期支付原告租金。"官海 88"轮被安排在大沽口待命接受处理的 5 天时间是由于原告船员操作技术失误造成的，依合同被告有权不付租金。原告作为出租人，负有尽速遣航的义务。"官海 88"轮在被告租赁期间的前 8 个航次实际航行天数的平均值 8 天，应视为蛇口港与天津港之间的正常合理航行天数。"官海 88"轮第三、第五个航次超过 8 天，分别为 13 天、10 天。原告既未说明超期的原因，又不向法院提供该两航次的航海日志，未能证明其已尽速遣航，故依合同被告有权扣付租金。被告主张上述 12 天的船舶油耗损失也应从租金中予以扣付，由于合同并未对此约定，理由不充分，不予认定。原告依合同要求被告支付交船时船上存油油料款人民币 172 800 元，但没提交其计算依据，证据不足，不予采纳。原告要求被告偿付因其提前解除合同造成的损失美金 246 000 元，就此项诉讼请求原告未向法院预交诉讼费，不予审理。原告没有义务提供海关监管货准运证，被告主张的因原告未提供此证而造成的超期堆存费港币 55 780 元应予以驳回。被告提出"官海 88"轮于 2012 年 1 月 22 日改配载 1 416.25 吨钢材，造成被告亏舱损失美金 7 420 元、人民币 38 944.4 元。该项损失并非被告所遭受的实际损失，不予支持。4 月 14 日，被告应原告要求给"官海 88"轮加轻油 24.563 吨，价值人民币 51 582.3 元，此时被告没继续租赁该轮，原告应将油料款返付被告。被告主张的耗油成本增加费用人民币 123 492 元，因与原告无关，予以驳回。原、被告结算租金应以人民币为结算币种，故被告提出的因原告未及时与其进行商业结算而造成的汇兑损失港币 114 011.11 元实不存在。

案例 11-2

一、基本案情

2013 年 3 月 17 日，申请人与被申请人签订"订租确认书"，约定由申请人将"Hebei Mercy"轮以航次租船的方式出租给被申请人，用于承运 9 000 吨散装木薯片。涉案航次的装货港是泰国的 Kosichang，卸货港是中国连云港。

按照"订租确认书"的约定，"Hebei Mercy"轮船长于 2013 年 3 月 30 日发出宣载通知，宣布本航次货物装载量是 9 000 吨。"Hebei Mercy"轮在抵达装货港后于 4 月 4 日 8:00 向泰国的 S 公司递交了装卸准备就绪通知书。装货于 4 月 4 日 14:00 开始，4 月 7 日 18:00 结束。根据水尺检验的结果，实际装载货物为 8 574.09 吨，船长按水尺检验的数量签发了提单。

"Hebei Mercy"轮于 2013 年 4 月 18 日达到卸货港，并于当天 22:30 向连云港 L 船舶代理有限公司递交了装卸准备就绪通知书。卸货于 4 月 25 日 8:00 开始，4 月 30 日 3:45 结束。

申请人提出的仲裁请求为，被申请人应支付装货港、卸货港产生的滞期费、亏舱费共计 18 414.98 美元及相应利息，以及本案的律师费和仲裁费。

二、仲裁庭审理

仲裁庭认为，装货港产生的滞期费和亏舱费共计 7 273.8 美元，被申请人已支付了 5 258.82 美元，还应支付余款 2 014.98 美元。该费用支付时间参照涉案租约的有关运费支付时间的约定，应是装货完毕之日（2003 年 4 月 7 日）后第 5 个银行工作日，即 2013 年 4 月 14 日。被申请人应向申请人支付上述款项的利息，计息日从该款项应支付日起到实际支付之日为止，利息按年利率 6% 计算。申请人的其他仲裁请求不予支持。

三、案例评析

（1）关于申请人的主体资格。根据"Hebei Mercy"轮 2013 年 3 月 17 日航次租船合同主体双方所签署的书面文件，包括"订租确认书""仲裁协议"，双方就装货港产生的滞期费和亏舱费达成共识，以及被申请人已经向申请人支付了一部分滞期费和亏舱费的事实等，应可证明申请人作为主体一方，其资质是不可否认的，对其登记证书并无须进行公证认证。

（2）关于留置权。"订租确认书"约定："其他根据 1922/76 版的《金康租约》。"根据 1976 年版《金康租约》第八条的规定，凡承租人未支付运费、亏舱费、滞期费和滞留损失费用，船东均可对货物实施留置权。所以，本案中申请人作为"Hebei Mercy"轮 2013 年 3 月 17 日航次租船合同中的船东，只要被申请人作为承租人未如期向船东支付滞期费、亏舱费等，申请人对货物享有留置的权利。

申请人在 2014 年 12 月 22 日所作的代理词中明确表示，申请人在涉案运输中是二船东，是以背靠背的航次租船合同从船东处租进船舶的。根据该陈述，申请人与注册船东应订有航次租船合同。仲裁庭要求申请人提供这方面的证据，以此决定涉案提单究竟是该航次租船合同还是涉案租约并入。申请人前后提供了两份证据，第一份是由申请人与注册船东作为主体的"订约确认书"，但是以电子邮件的形式，双方均没有签署；第二份是由申请人与"河北 H 船务有限公司"签署的"订约确认书"，后者并不是注册船东"河北 Y 运输股份有限公司"。这两份证据均无法证明申请人与注册船东之间存在着真正的航次租船合同关系。仲裁庭对这两份证据都不能予以采信。在上述情况下，仲裁庭认为，注册船东与申请人之间应存在一个委托经营的法律关系，经营人应是申请人。涉案提单由代理人代表"Hebei Mercy"轮船长签发的，按《中华人民共和国海商法》第七十二条的规定，提单由载货船的船长签发的，可视为代表承运人签发。该提单这一记载可视为代表作为经营人的申请人签发的，申请人应是该提单的承运人，并入该提单的应是涉案租约。为此，收货人（提单持有人）有向承运人支付滞期费的义务，作为该提单承运人的申请人本应有留置该提单下货物的权利，但实际上却未行使此项权利。依据 1976 年版《金康租约》第八条留置权条款的规定，仲裁庭对申请人主张被申请人应负责卸港滞期费的请求不予支持。

🔍 案例 11-3

一、基本案情

原告：烟台银发船务公司（以下简称银发公司）

被告：秦皇岛市人防平战结合管理办公室（以下简称人防办）

被告：秦皇岛市供销合作社贸易服务公司（以下简称供销公司）

被告：东莞市生产资料开发贸易公司（以下简称生产资料公司）

2012 年 3 月 5 日，银发公司与秦皇岛市物资回收总公司签订了一份沿海运输合同，约定由银发公司所属的"龙桥"轮将秦皇岛市物资回收总公司的玉米、水泥等货物从秦皇岛港运至蛇口港。同年 2 月 28 日、3 月 7 日和 3 月 10 日，秦皇岛市物资回收总公司以其分支机构燕海物资经营部的名义分别与人防办、供销公司和生产资料公司各签订了一份租船协议，约定承运人防办、供销公司和生产资料公司的水泥、玉米、豆粕、黄豆等货物，从秦皇岛港运至蛇口港。2 月 20 日，"龙桥"轮在秦皇岛港装载黄豆、玉米、水泥、豆粕、玻璃等共计 8 995.80 吨后驶往蛇口港。其中，人防办的 3 900 吨袋装水泥载于第四舱，供销公司的 670.16 吨玉米载于第五舱底舱上部，585.38 吨豆粕载于第二舱，生产资料公司的 989.74 吨黄豆载于第五舱舱底。2 月 24 日 23：25，当"龙桥"轮航行至香港以东海面时，与一艘名为"NORTH FUTURE"的航行船舶相撞，"龙桥"轮左舷在肋骨位 51～74 处舷墙及支撑因此严重扭曲，局部破裂，其中一些甲板旁板和横梁亦被撕裂并严重扭曲；左舷第五舱舷侧板位于 58～66 处被撞弯曲，裂开一约 6 200～6 300 mm 的洞，海水大量涌入。2 月 25 日，"龙桥"轮驶抵香港下尾湾锚地。根据香港海事处和中国船级社香港分社的要求，"龙桥"

轮在香港水域进行了临时修理，并于 2 月 28 日开始将第五舱的货物过驳至"新港 1 号"驳船，由"新港 1 号"船于 4 月 5 日运抵蛇口港。4 月 8 日，"龙桥"轮由拖轮拖至蛇口港。4 月 16 日，"龙桥"轮靠泊卸货，并于 5 月 18 日卸毕。人防办、供销公司和生产资料公司载于"龙桥"轮的货物因船舶进水或运输周期延长，均遭受不同程度的损坏。"龙桥"轮在蛇口港卸货期间，进行了补洞堵漏修理。银发公司请求人防办、供销公司和生产资料公司分摊的共同海损损失，均为"龙桥"轮发生碰撞后的救助、减载、修理等费用，以及由此产生的其他费用和损失。

2013 年 7 月 16 日，银发公司与"NORTH FUTURE"轮船东就碰撞责任达成协议，由银发公司承担 40%的碰撞责任，"NORTH FUTURE"轮船东承担 60%的碰撞责任。

银发公司于 2012 年 10 月 17 日向海事法院提起诉讼，称银发公司在"龙桥"轮发生碰撞后为了船、货的共同安全，采取了一系列措施，发生了共同海损，请求判令人防办分摊共同海损份额人民币 140 000 元，供销公司分摊共同海损份额人民币 217 000 元，生产资料公司分摊共同海损份额人民币 52 000 元。

人防办、供销公司和生产资料公司均答辩认为，依照调整国内沿海货物运输的有关法律规定，沿海货物运输承运人的责任制度是严格的过失责任制，即只要承运人有过失，就要承担货损责任。本案事故是两条互动中的船舶发生碰撞，银发公司在碰撞中有过失，故本案共同海损分摊的基础不存在。请求驳回银发公司诉讼请求，并承担相关的一切费用。

二、案件审理

海事法院认为，本案海损事故是因银发公司所属的"龙桥"轮在航行中与另一航行船舶发生碰撞所致，因船舶碰撞造成的全部损失应由对碰撞负有过失责任的当事人赔偿，不构成共同海损。银发公司主张共同海损，并请求人防办、供销公司和生产资料公司分摊海损费用，缺乏法律依据，不予支持。依照《中华人民共和国海商法》第一百九十三条、第一百九十七条的规定，海事法院判决：驳回银发公司对人防办、供销服务公司和生产资料公司的诉讼请求。

三、案例评析

本案主要涉及共同海损分摊与当事人过失的关系问题。

共同海损是指在同一航程中，船、货遭遇共同危险，为了共同安全，有意合理地采取措施所直接造成的特殊牺牲、支付的特殊费用。共同海损依法应由各受益方按照各自的分摊价值的比例分摊。依据《中华人民共和国海商法》第一百九十七条的规定，由各受益方分摊的共同海损必须是在海上货物运输中不涉及任何一方的过失，或者是依据法律规定或协议的约定可以免责的过失造成的。如果共同海损是由于航程中一方或几方不可免责的过失造成的，则依法应由过失方承担全部赔偿责任，不能要求无过失的受益方分摊。只是在引起共同海损的事故是否存在过失或过失能否免责没有确认前，各受益方有权进行共同海损理算和提出分摊请求。本案中，银发公司请求分摊的共同海损损失和费用，是其所属的"龙桥"轮在航行途中与另一航行船舶发生碰撞直接造成的。根据银发公司与发生碰撞的他船船东就碰撞的过失责任所达成的协议，该次碰撞系由银发公司所属的"龙桥"轮与他船双方的过失造成的，且"龙桥"轮该航次从事的是我国国内港口之间的海上货物运输，不适用《中华人民共和国海商法》第四章关于海上货物运输合同的规定，不存在免责过失的问题。因此，由于"龙桥"轮的过失责任造成的损失，应由银发公司自己承担；由于发生碰撞的他船的过失责任给银发公司所造成的损失，银发公司可以另一法律关系请求他船赔偿；银发公司请求人防办、供销公司和生产资料公司分摊共同海损，缺乏法律依据。

✅ 案例实训

一、基本案情

糖烟酒公司 A 向某糖厂购糖，同时租 B 船进行海运，并投保海上贸易运输保险水渍险。保险合同载明标的为一级白砂糖 17 000 件，计 850 吨，保险金额 365.5 万元。运单上"特约事项栏"未注明托运人同意白砂糖配置甲板上，但 B 船船东在装船时，将部分白砂糖配载在甲板上。在航行途中，B 船遭遇了八级大风巨浪，船身剧烈横摆，配载在甲板上的白砂糖歪至一边。为了使船能保持平衡并继续航行，船东作出决定，将甲板上的白砂糖部分抛至海中，结果到港后，白砂糖只有 14 040 件，同时还有部分白砂糖受潮，包装受损、短量，于是糖烟酒公司 A 向保险公司提出索赔。经调查，本案中承运的 B 船由渔船改装，吨位为 910 吨，抗风等级为八级，但其初检适航证书已过有效期，在本次航程前未做检查。

二、问题思考

（1）船东将部分白砂糖抛入海中造成的损失是否属于共同海损？

（2）保险人糖烟酒公司 A 所租 B 船不具适航性是否意味着被保险人履行告知义务有过失？

本章小结

本章主要介绍了海商法的船舶与船员的理论。船舶作为海上运输工具，有着至关重要的作用，船舶抵押权、船舶优先权是海商法的独有理论。因此，法律对船舶也有了一定的具体规定。船员是海运的主要工作人员，《中华人民共和国海商法》对船员的概念、船员资格的取得，以及船员的权利与义务作了具体规定。

船舶租赁合同一般分为 3 种。船舶租赁合同不同于班轮运输。本章介绍了航次租船合同、定期租船合同和光船租赁合同。

船舶碰撞是海上运输不可避免的。《中华人民共和国海商法》对船舶碰撞的概念、损害赔偿的认定原则作了规定。在发生海损时，要区分共同海损和单独海损。本章对共同海损的理算程序作了简要介绍。

本章的重点是船舶租赁合同、船舶碰撞和共同海损。

本章的难点是共同海损的认定与理算。

思考练习题

一、选择题

1. 船舶在定期租船期内不符合约定的适航状态或其他状态，（　　　）应当采取可能采取的合理措施，使之尽快恢复适航状态。

A. 出租人　　　　B. 承租人　　　　C. 承运人　　　　D. 船长

2. 根据保险单本身的条款，保险人所承保的风险基本上只包括（　　）。

A. 海上风险　　　　　　　　　B. 投弃

C. 船长和船员的不法行为　　　D. 火灾

3. 除合同另有约定外，因下列（　　）原因之一造成保险船舶损失的，保险人不负赔偿责任。

A. 船长驾驶船舶的过失　　　　B. 船舶开航时不适航

C. 船舶自然磨损　　　　　　　D. 托运人所托货物包装不当

4. 船舶所有权通常会因（　　）等原因而消灭。

A. 设定船舶抵押权　　　　　　B. 保险委付

C. 法院拍卖　　　　　　　　　D. 船舶沉没

5. 下列不属于调整提单运输的国际公约的是（　　）。

A.《海牙规则》　　　　　　　B.《维斯比规则》

C.《汉堡规则》　　　　　　　D.《约克-安特卫普规则》

二、判断题

1. 船舶在航行中所遭受的自然磨损，属于海上风险，应在保险人承保的范围之内，由保险人对此承担赔偿责任。（　　）

2.《中华人民共和国海商法》所界定的"船舶"是海船和其他海上移动式装置，但是军事的、政府公务的船舶和 50 总吨以下的小型船艇除外。船舶包括船舶属具。（　　）

3. 代位求偿权适用于全损和部分损失，委付仅适用于推定全损。（　　）

4. 希腊籍油轮在我国宁波港附近由于触礁发生原油泄漏，为防止船舶沉没，我国一救捞公司对其提供了救助，但由于天气恶劣，救捞公司无功而返，根据海上救助"无效果，无报酬"的原则，该救捞公司无权获得任何救助款项。（　　）

5. 共同海损的分摊价值是指因共同海损措施而受益的财产实际价值。（　　）

三、问答题

1. 什么是船舶抵押权及船舶优先权？

2. 解释船员的概念。水手是否为船员？

3. 船舶租赁运输与班轮运输有何区别？

4. 什么是航次租船合同？其特点是什么？

5. 什么是定期租船合同？滞期费和速遣费指的是什么？

6. 简述光船租赁合同与航次租船合同和定期租船合同的区别。

7. 什么是船舶碰撞？我国船舶碰撞的认定原则是什么？

8. 什么是共同海损？其与单独海损有何区别？

9. 共同海损的损失范围包括哪些方面？

10. 简述共同海损理算的程序。

第 12 章

物流争议解决

本章导读

　　本章介绍仲裁及仲裁机构、仲裁程序；行政复议相关法律有关规定，重点介绍经济诉讼的相关法律内容。12.1 节仲裁；12.2 节经济诉讼。

◎ 案例分析

◎ 案例实训

◎ 本章小结

◎ 思考练习题

12.1　仲　裁

12.1.1　仲裁及仲裁法概述

1. 仲裁的概念

仲裁也称"公断"，是指纠纷当事人之间自愿达成协议，将纠纷提交仲裁机构进行审理，并作出对争议各方均有约束力的裁决的解决纠纷的活动。仲裁法中的仲裁是指对普通民事、经济纠纷的仲裁，不包括行政仲裁和劳动仲裁。

2. 仲裁的特征

（1）自愿性。当事人是否采取仲裁方式解决纠纷，完全基于当事人双方的自愿。任何一方不同意用仲裁的方式解决纠纷，都不会引起仲裁程序的适用。

（2）约束性。仲裁的裁决对当事人均有约束力，一方当事人不履行的，另一方当事人可以向人民法院申请执行，受理申请的人民法院应当执行。

（3）灵活性。当事人可以选择仲裁庭的组成形式、开庭的方式及仲裁规则等，仲裁程序、仲裁形式等与经济诉讼相比，具有很大的灵活性。

（4）效率性。仲裁实行一裁终局制度，不同于法院审判的两审终审制度，可以使当事人的纠纷在较短时间内得到解决。

3. 仲裁法

1）仲裁法的概念

仲裁法是指国家制定或认可的，调整在仲裁过程中发生的各种关系的法律规范的总称。1994 年 8 月 31 日，全国人大常务委员会第九次会议通过了《中华人民共和国仲裁法》，自1995 年 9 月 1 日起施行。

2）仲裁的适用范围

根据仲裁法的规定，平等主体的公民、法人和其他组织之间发生的合同纠纷和其他财产权益纠纷，可以仲裁，如买卖合同、租赁合同、知识产权转让合同等。下列纠纷不能仲裁：① 婚姻、收养、监护、抚养、继承纠纷；② 依法应当由行政机关处理的行政争议；③ 劳动争议和农业集体经济组织内部的农业承包合同纠纷的仲裁。

3）仲裁法的基本原则

《中华人民共和国仲裁法》的基本原则是仲裁立法的指导思想，是贯穿整个仲裁过程、仲裁机构和双方当事人必须遵循的基本准则。其主要包括以下原则。

（1）自愿原则。仲裁法规定，当事人采用仲裁方式解决纠纷，应当双方自愿，达成仲裁协议。没有仲裁协议，一方申请仲裁的，仲裁委员会不予受理。

（2）以事实为根据，以法律为准绳原则。仲裁应当根据事实，符合法律规定，公平合理地解决纠纷。

（3）独立原则。仲裁依法独立进行，不受行政机关、社会团体和个人的干涉。

12.1.2　仲裁机构

1. 仲裁委员会

仲裁委员会是组织进行仲裁工作，解决经济纠纷的事业单位法人。

（1）仲裁委员会的设立。仲裁委员会可以在直辖市和省、自治区人民政府所在地的市设立，也可以根据需要在其他设区的市设立，不按行政区划层层设立。仲裁委员会由规定的市的人民政府组织有关部门和商会统一组建。设立仲裁委员会，应当经省、自治区、直辖市的司法行政部门登记。仲裁委员会独立于行政机关，与行政机关没有隶属关系。仲裁委员会之间也没有隶属关系。

（2）仲裁委员会应当具备的条件。仲裁委员会应当具备下列条件：有自己的名称、住所和章程；有必要的财产；有该委员会的组成人员；有聘任的仲裁员。

（3）仲裁委员会的组成。仲裁委员会由主任 1 人、副主任 2～4 人和委员 7～11 人组成。仲裁委员会的组成人员中，法律、经济贸易专家不得少于 2/3。

（4）仲裁员的条件。仲裁委员会应当从公道正派的人员中聘任仲裁员。仲裁员应当符合下列条件之一：通过国家统一法律职业资格考试取得法律职业资格，从事仲裁工作满 8 年的；从事律师工作满 8 年的；曾任法官满 8 年的；从事法律研究、教学工作并具有高级职称的；具有法律知识、从事经济贸易等专业工作并具有高级职称或具有同等专业水平的。

2. 仲裁协会

中国仲裁行业协会是以仲裁员和仲裁机构为成员的自律性行业组织。仲裁协会是社会团体法人。中国仲裁协会实行会员制。各仲裁委员会是中国仲裁协会的法定会员。

仲裁协会根据章程对仲裁委员会及其组成人员、仲裁员的违纪行为进行监督，依照仲裁法和民事诉讼法的有关规定制定仲裁规则。

12.1.3　仲裁协议

1. 仲裁协议的概念

仲裁协议是指双方当事人自愿把他们之间可能发生或已经发生的经济纠纷提交仲裁机构裁决的书面约定。仲裁协议包括合同中订立的仲裁条款和以其他书面方式在纠纷发生前或纠纷发生后达成的请求仲裁的协议。

2. 仲裁协议的内容

仲裁协议应当具有下列内容。

（1）请求仲裁的意思表示。

（2）有仲裁事项。

（3）有选定的仲裁委员会。

3. 仲裁协议的无效

有下列之一的，仲裁协议无效。

（1）约定的仲裁事项超出了法律规定的仲裁范围。

（2）无民事行为能力或限制民事行为能力人订立的仲裁协议。

（3）一方采取胁迫手段，迫使对方订立的仲裁协议。

（4）口头订立的仲裁协议。

（5）仲裁协议对仲裁委员会没有约定或约定不明确，当事人又达不成补充协议的。

仲裁协议独立存在，合同的变更、解除、终止或无效，不影响仲裁协议的效力。仲裁庭有权确认合同的效力。当事人对仲裁协议的效力有异议的，可以请求仲裁委员会作出决定或请求人民法院作出裁定。一方请求仲裁委员会作出决定，另一方请求人民法院作出裁定的，由人民法院裁定。当事人对仲裁协议的效力有异议，应当在仲裁庭首次开庭前提出。

12.1.4　仲裁程序

1. 申请和受理

1）当事人申请仲裁应当符合的条件

当事人申请仲裁应当符合下列条件。

（1）有仲裁协议。仲裁协议是当事人双方自愿将他们之间可能发生的或已经发生的争议提请仲裁机构予以裁决的意思表示。

（2）有具体的仲裁请求和事实、理由。

（3）属于仲裁委员会的受理范围。当事人申请仲裁，应当向仲裁委员会递交仲裁协议、仲裁申请书及副本。

仲裁申请书应当载明下列事项：① 当事人的姓名、性别、年龄、职业、工作单位和住所，法人或其他组织的名称、住所和法定代表人或主要负责人的姓名、职务；② 仲裁请求和所根据的事实、理由；③ 证据和证据来源、证人姓名和住所。

2）受理

仲裁委员会自收到仲裁申请书之日起 5 日内，认为符合受理条件的，应当受理，并通知当事人；认为不符合受理条件的，应当书面通知当事人不予受理，并说明理由。

仲裁委员会受理仲裁申请后，应当在仲裁规则规定的期限内将仲裁规则和仲裁员名册送达申请人，并将仲裁申请书副本和仲裁规则、仲裁员名册送达被申请人。被申请人收到仲裁申请书副本后，应当在仲裁规则规定的期限内向仲裁委员会提交答辩书。仲裁委员会收到答辩书后，应当在仲裁规则规定的期限内将答辩书副本送达申请人。被申请人未提交答辩书的，不影响仲裁程序的进行。

当事人达成仲裁协议，一方向人民法院起诉未声明有仲裁协议，人民法院受理后，另一方在首次开庭前提交仲裁协议的，人民法院应当驳回起诉，但仲裁协议无效的除外；另一方在首次开庭前未对人民法院受理该案提出异议的，视为放弃仲裁协议，人民法院应当继续审理。申请人可以放弃或变更仲裁请求。被申请人可以承认或反驳仲裁请求，有权提出反请求。

一方当事人因另一方当事人的行为或其他原因，可能使裁决不能执行或难以执行的，可以申请财产保全。当事人申请财产保全的，仲裁委员会应当将当事人的申请依照民事诉讼法的有关规定提交人民法院。申请有错误的，申请人应当赔偿被申请人因财产保全所遭受的损失。

当事人、法定代理人可以委托律师和其他代理人进行仲裁活动。委托律师和其他代理人进行仲裁活动的，应当向仲裁委员会提交授权委托书。

2. 仲裁庭的组成

（1）组成方式：合议制和独任制仲裁庭。合议制由 3 名仲裁员组成，应各自选定或各自委托仲裁委员会主任指定 1 名仲裁员，还有 1 名仲裁员即首席仲裁员，由当事人共同选定或共同委托仲裁委员会主任指定。独任制由 1 名仲裁员独任仲裁，应当由当事人共同选定或共同委托仲裁委员会主任指定。

当事人没有在仲裁规则规定的期限内约定仲裁庭的组成方式或选定仲裁员的，由仲裁委员会主任指定。仲裁庭组成后，仲裁委员会应当将仲裁庭的组成情况书面通知当事人。

（2）仲裁员的回避。仲裁员的回避情形：① 是本案当事人或当事人、代理人的近亲属的；② 与本案有利害关系的；③ 与本案当事人、代理人有其他关系，可能影响公正仲裁的；④ 私自会见当事人、代理人，或者接受当事人、代理人的请客送礼的。

当事人提出回避，应当说明理由，在首次开庭前提出。回避事由在首次开庭后知道，可在最后一次开庭终结前提出。仲裁员是否回避由仲裁委员会主任决定；仲裁委员会主任担任仲裁员时，由仲裁委员会集体决定。因回避或其他原因不能履行职责的，应当依法重新选定或指定仲裁员。因回避而重新选定或指定仲裁员后，当事人可以请求已进行的仲裁程序重新进行，是否准许，由仲裁庭决定；仲裁庭也可以自行决定已进行的仲裁程序是否重新进行。

3. 开庭和裁决

1）开庭

仲裁的开庭审理方式有开庭审理和书面审理，仲裁应当开庭进行。当事人协议不开庭的，仲裁庭可以根据仲裁申请书、答辩书和其他材料作出裁决。

仲裁不公开进行。当事人协议公开的，可以公开进行，但涉及国家秘密的除外。开庭前，仲裁委员会应当在仲裁规则规定的期限内将开庭日期通知双方当事人。当事人有正当理由的，可在仲裁规则规定的期限内请求延期开庭。申请人经书面通知，无正当理由不到庭或未经仲裁庭许可中途退庭的，可视为撤回仲裁申请。被申请人经书面通知，无正当理由不到庭或未经许可中途退庭的，可缺席裁决。

当事人在仲裁过程中有权进行辩论。辩论终结时，首席仲裁员或独任仲裁员应当征询当事人的最后意见。仲裁庭应当将开庭情况记入笔录。当事人和其他仲裁参与人认为对自己陈述的记录有遗漏或差错的，有权申请补正。如果不予补正，应当记录该申请。笔录由仲裁员、记录人员、当事人和其他仲裁参与人签名或盖章。

2）举证

当事人应当对自己的主张提供证据。仲裁庭认为有必要收集的证据，可以自行收集。仲裁庭对专门性问题认为需要鉴定的，可以交由当事人约定的鉴定部门鉴定，也可以由仲裁庭指定的鉴定部门鉴定。根据当事人的请求或仲裁庭的要求，鉴定部门应当派鉴定人参加开庭。当事人经仲裁庭许可，可以向鉴定人提问。证据应当在开庭时出示，当事人可以质证。在证据可能灭失或以后难以取得的情况下，当事人可以申请证据保全。当事人申请证据保全的，仲裁委员会应当将当事人的申请提交证据所在地的基层人民法院。

3）和解与调解

当事人申请仲裁后，可自行和解。当事人达成和解协议，撤回仲裁申请后反悔的，可以根据仲裁协议申请仲裁。仲裁庭在作出裁决前，可以先行调解。当事人自愿调解的，仲裁庭应当调解。调解不成的应当及时作出裁决。调解达成协议的，仲裁庭应当制作调解书或根据协议的结果制作裁决书。调解书与裁决书具有同等法律效力。调解书应当写明仲裁请求和当事人协议的结果。调解书由仲裁员签名，加盖仲裁委员会印章，送达双方当事人。调解书经双方当事人签收后，即发生法律效力。在调解书签收前当事人反悔的，仲裁庭应当及时作出裁决。

4）裁决

裁决是指仲裁庭根据事实和法律，对当事人提交仲裁的争议事项作出的具有法律效力的实体判决。采取独任制仲裁庭的，由独任制仲裁员作出。采用合议制仲裁庭的，裁决应当按照多数仲裁员的意见作出，少数仲裁员的不同意见可以记入笔录。仲裁庭不能形成多数意见时，裁决应当按照首席仲裁员的意见作出。

仲裁裁决书应当写明仲裁请求、争议事实、裁决理由、裁决结果、仲裁费用的负担和裁决日期。当事人协议不愿写明争议事实和裁决理由的，可以不写。对裁决持不同意见的仲裁员，可以签名，也可以不签名。

仲裁庭仲裁纠纷时，其中一部分事实已经清楚，可以就该部分先行裁决。对裁决书中的文字、计算错误，或者仲裁庭已经裁决但在裁决书中遗漏的事项，仲裁庭应当补正；当事人自收到裁决书之日起 30 日内，可以请求仲裁庭补正。裁决书自作出之日起发生法律效力，我国实行"一裁终局的原则"，不存在上诉问题。

5）撤销裁决

当事人提出证据证明裁决有下列情形之一的，可以向仲裁委员会所在地的中级人民法院申请撤销裁决：没有仲裁协议的；裁决的事项不属于仲裁协议的范围，或者仲裁委员会无权仲裁的；仲裁庭的组成或仲裁的程序违反法定程序的；裁决所根据的证据是伪造的；对方当事人隐瞒了足以影响公正裁决的证据的；仲裁员在仲裁该案时有索贿受贿、徇私舞弊、枉法裁决行为的。

人民法院经组成合议庭审查核实裁决有前款规定情形之一的，应当裁定撤销。人民法院认定该裁决违背社会公共利益的，应当裁定撤销。

当事人申请撤销裁决的，应当自收到裁决书之日起 6 个月内提出。人民法院应当在受理撤销裁决申请之日起两个月内作出撤销裁决或驳回申请的裁定。人民法院受理撤销裁决的申请后，认为可以由仲裁庭重新仲裁的，通知仲裁庭在一定期限内重新仲裁，并裁定中止撤销程序。仲裁庭拒绝重新仲裁的，人民法院应当裁定恢复撤销程序。

6）执行

当事人应当履行裁决。一方当事人不履行的，另一方当事人可以依照民事诉讼法的有关规定向人民法院申请执行。受申请的人民法院应当执行。一方当事人申请执行裁决，另一方当事人申请撤销裁决的，人民法院应当裁定中止执行。人民法院裁定撤销裁决的，应当裁定终结执行。撤销裁决的申请被裁定驳回的，人民法院应当裁定恢复执行。

12.2　经济诉讼

12.2.1　诉讼与诉讼法概述

1. 诉讼的概念

诉讼是指国家司法机关在当事人和其他诉讼参与人的参加下，依照法定程序处理案件的活动。诉讼分为民事诉讼、行政诉讼和刑事诉讼 3 种。

2. 诉讼法的概念

诉讼法是调整诉讼过程中所产生的社会关系的法律规范的总称。诉讼法包括民事诉讼法、行政诉讼法和刑事诉讼法。

3. 诉讼证据

诉讼证据是指能够证明案件真实情况的客观事实。证据的基本特征如下。

（1）客观性。客观性是指证据必须是客观存在的事实，是独立于人的主观意志之外，不以人的意志为转移的客观存在，是证据最基本的要素。

（2）相关性（关联性）。相关性是指作为证据的事实必须与案件中的待证事实有客观的联系，能够证明案件中的有关待证事实。

（3）合法性。合法性是指作为证据的某些事实必须以法律、法规的特殊形式存在，并且证据的提供、收集、调查和保全应符合法定程序。

12.2.2 民事诉讼法

1. 民事诉讼法的概念

民事诉讼法是指由国家制定的规定人民法院、当事人及当事人之外的所有诉讼参与人进行民事诉讼活动和执行活动所应遵守的规则、原则的总称。民事诉讼法是人民法院处理、解决民事案件的操作规程，是当事人起诉、应诉，进行诉讼和申请执行的行为准则，是所有诉讼参与人必须遵循的法律规范。

2. 民事诉讼法的效力范围

人民法院受理公民之间、法人之间、其他组织之间，以及他们相互之间因财产关系和人身关系提起的民事诉讼，适用民事诉讼法的规定。凡在中华人民共和国领域内进行民事诉讼，必须遵守民事诉讼法。外国人、无国籍人、外国企业和组织在人民法院起诉、应诉，同中华人民共和国公民、法人和其他组织有同等的诉讼权利与义务。外国法院对中华人民共和国公民、法人和其他组织的民事诉讼权利加以限制的，中华人民共和国人民法院对该国公民、企业和组织的民事诉讼权利，实行对等原则。

3. 民事诉讼法的基本原则

民事诉讼法的基本原则是指贯穿于民事诉讼全过程，对民事诉讼法律关系主体和整个诉讼活动起指导作用的根本性准则。民事诉讼法的基本原则如下。

（1）当事人诉讼权利平等的原则。当事人诉讼权利平等的原则是指在民事诉讼中，当事人平等地享有和行使诉讼权利。民事诉讼法规定：民事诉讼当事人有平等的诉讼权利。人民法院审理民事案件，应当保障和便利当事人行使诉讼权利，对当事人在适用法律上一律平等。

（2）法院调解的原则。法院调解是指在人民法院审判人员的主持下，诉讼当事人就争议的问题，通过自愿协商，达成协议，解决其民事纠纷的活动。民事诉讼法规定：人民法院审理民事案件，应当根据自愿和合法的原则进行调解；调解不成的，应当及时判决。

（3）人民法院独立行使审判权的原则。民事案件的审判权由人民法院行使。人民法院依照法律规定对民事案件独立进行审判，不受行政机关、社会团体和个人的干涉。

（4）辩论原则。辩论原则是指当事人在民事诉讼活动中，有权就案件所争议的事实和法律问题，在人民法院的主持下进行辩论，各自陈述自己的主张和根据，互相进行反驳与答辩，从而查明案件事实，以维护自己的合法权益。民事诉讼法规定：人民法院审理民事案件时，当事人有权进行辩论。

（5）处分原则。处分原则是指民事诉讼当事人在法律规定的范围内，有权按照自己的意愿支配自己的民事权利和诉讼权利，即可以自行决定是否行使或如何行使自己的民事权利和诉讼权利。民事诉讼法规定：当事人有权在法律规定的范围内处分自己的民事权利和诉讼权利。

4. 民事诉讼法的基本制度

（1）合议制与独任制。合议制是指由 3 名以上的法官或法官与陪审员组成合议庭，对案件进行审理并作出裁判的法律制度。独任制是指由一名法官独立负责对案件审理并作出裁判的法律制度。独任制适用于审理简单的诉讼案件和一般的非诉讼案件。

（2）回避制度。回避制度是指为公平和正义起见，法官和其他有关人员，在法律规定的情况下，退出对案件的审理的制度。回避制度的适用包括法官、书记员、翻译人员、鉴定人、勘验人。民事诉讼法规定，审判人员有下列情形之一的，必须回避，当事人有权用口头或书面方式申请他们回避：是本案当事人或当事人、诉讼代理人的近亲属；与本案有利害关系；与本案当事人、诉讼代理人有其他关系，可能影响对案件公正审理的。审判人员接受当事人、诉讼代理人请客送礼，或者违反规定会见当事人、诉讼代理人的，当事人有权要求他们回避。上述规定适用于书记员、翻译人员、鉴定人、勘验人。

（3）公开审判与不公开审判。公开审判制度是指法院对民事案件的审理过程和判决结果向群众、向社会公开的制度。民事诉讼法还规定了应当不公开及可以不公开审判的案件。应当不公开审理的案件包括涉及国家秘密的案件、涉及个人隐私的案件和法律另有规定的案件。可以不公开审理的案件包括离婚案件、涉及商业秘密的案件。涉及商业秘密的案件，法律赋予当事人选择审判方式的权利，可以申请不公开审理。

5. 民事诉讼的管辖

民事诉讼的管辖是指人民法院之间受理第一审民事案件的分工和权限。民事诉讼法的管辖分为级别管辖、地域管辖、协议管辖等。

1）级别管辖

级别管辖是指人民法院受理第一审民事案件的分工。根据民事诉讼法的规定，基层人民法院管辖第一审民事案件，但本法另有规定的除外。中级人民法院管辖下列第一审民事案件：重大涉外案件；在本辖区有重大影响的案件；最高人民法院确定由中级人民法院管辖的案件。高级人民法院管辖在本辖区有重大影响的第一审民事案件。最高人民法院管辖下列第一审民事案件：在全国有重大影响的案件；认为应当由本院审理的案件。

2）地域管辖

地域管辖是指同级人民法院之间受理第一审民事案件的分工和权限，分为一般地域管辖、特殊地域管辖和专属管辖。

（1）一般地域管辖。一般地域管辖是指根据当事人的住所地确定管辖法院。一般适用"原告就被告"原则。对民事诉讼，由被告住所地人民法院管辖；被告住所地与经常居住地不一致的，由经常居住地人民法院管辖。民事诉讼法规定，下列民事诉讼，由原告住所地人民法院管辖；原告住所地与经常居住地不一致的，由原告经常居住地人民法院管辖：对不在中华人民共和国领域内居住的人提起的有关身份关系的诉讼；对下落不明或宣告失踪的人提起的有关身份关系的诉讼；对被采取强制性教育措施的人提起的诉讼；对被监禁的人提起的诉讼。

对法人或其他组织提起的民事诉讼，由被告住所地人民法院管辖。

同一诉讼的几个被告住所地、经常居住地在两个以上人民法院辖区的，各区人民法院都有管辖权。

（2）特殊地域管辖。特殊地域管辖是指以诉讼标的所在地或法律事实发生地为标准确定管辖法院。因合同纠纷提起的诉讼，由被告住所地或合同履行地人民法院管辖。合同的双方当事人可以在书面合同中协议选择被告住所地、合同履行地、合同签订地、原告住所地、标的物所在地人民法院管辖，但不得违反本法对级别管辖和专属管辖的规定。

因保险合同纠纷提起的诉讼，由被告住所地或保险标的物所在地人民法院管辖。

因票据纠纷提起的诉讼，由票据支付地或被告住所地人民法院管辖。

因公司设立、确认股东资格、分配利润、解散等纠纷提起的诉讼，由公司住所地人民法院管辖。

因铁路、公路、水路、航空运输和联合运输合同纠纷提起的诉讼，由运输始发地、目的地或被告住所地人民法院管辖。

因侵权行为提起的诉讼，由侵权行为地或被告住所地人民法院管辖。

因铁路、公路、水路和航空事故请求损害赔偿提起的诉讼，由事故发生地或车辆、船舶最先到达地，航空器最先降落地或被告住所地人民法院管辖。

因船舶碰撞或其他海事损害事故请求损害赔偿提起的诉讼，由碰撞发生地、碰撞船舶最先到达地、加害船舶被扣留地或被告住所地人民法院管辖。

因海难救助费用提起的诉讼，由救助地或被救助船舶最先到达地人民法院管辖。

因共同海损提起的诉讼，由船舶最先到达地、共同海损理算地或航程终止地的人民法院管辖。

（3）专属管辖。专属管辖是指法律规定某些民事案件只能由特定的人民法院管辖。因不动产纠纷提起的诉讼，由不动产所在地人民法院管辖；因港口作业中发生纠纷提起的诉讼，由港口所在地人民法院管辖；因继承遗产纠纷提起的诉讼，由被继承人死亡时住所地或主要遗产所在地人民法院管辖。

（4）移送管辖和指定管辖。移送管辖是指人民法院发现受理的案件不属于本院管辖的，应当移送有管辖权的人民法院，受移送的人民法院应当受理。受移送的人民法院认为受移送的案件依照规定不属于本院管辖的，应当报请上级人民法院指定管辖，不得再自行移送。指定管辖是有管辖权的人民法院由于特殊原因，不能行使管辖权的，由上级人民法院指定管辖。

两个以上人民法院都有管辖权的诉讼，原告可以向其中一个人民法院起诉；原告向两个以上有管辖权的人民法院起诉的，由最先立案的人民法院管辖。人民法院之间因管辖权发生争议，由争议双方协商解决；协商解决不了的，报请其共同上级人民法院指定管辖。上级人民法院有权审理下级人民法院管辖的第一审民事案件，也可以把本院管辖的第一审民事案件交下级人民法院审理。下级人民法院对其所管辖的第一审民事案件，认为需要由上级人民法院审理的，可以报请上级人民法院审理。

（5）管辖权异议。人民法院受理案件后，当事人对管辖权有异议的，应当在提交答辩状期间提出。人民法院对当事人提出的异议，应当审查。异议成立的，裁定将案件移送有管辖权的人民法院；异议不成立的，裁定驳回。

6. 审判组织

人民法院审理第一审民事案件，由审判员、陪审员共同组成合议庭或由审判员组成合议庭。合议庭的成员人数必须是单数。适用简易程序审理的民事案件，由审判员一人独任审理。陪审员在执行陪审职务时，与审判员有同等的权利与义务。人民法院审理第二审民事案件，由审判员组成合议庭。合议庭的成员人数必须是单数。发回重审的案件，原审人民法院应当按照第一审程序另行组成合议庭。审理再审案件，原来是第一审的，按照第一审程序另行组成合议庭；原来是第二审的，或者是上级人民法院提审的，按照第二审程序另行组成合议庭。合议庭的审判长由院长或庭长指定审判员一人担任；院长或庭长参加审判的，由院长或庭长担任。合议庭评议案件，实行少数服从多数的原则。评议应当制作笔录，由合议庭成员签名。评议中的不同意见，必须如实记入笔录。

7. 诉与诉讼参加人

1）诉及反诉

当事人向人民法院提出通过审判以保护其民事权益的请求，称为诉。反诉是指作为本诉的民事案件的诉讼程序开始后，被告人以本诉的原告为被告，向人民法院提出同本诉在诉讼标的和诉讼理由上有牵连的保护自己民事权益的独立的诉讼请求。

诉的构成要素包括诉讼当事人、诉讼标的、诉讼理由。

2）当事人、诉讼代理人和第三人

（1）当事人。民事诉讼当事人是指因民事权益受到侵害或发生争议，以自己的名义起诉、应诉，并受人民法院裁判约束的利害关系人。

公民、法人和其他组织可以作为民事诉讼的当事人。法人由其法定代表人进行诉讼。其他组织由其主要负责人进行诉讼。当事人主要有原告、被告和第三人。

原告是指因民事权益受到侵害或发生争议，以自己的名义请求人民法院保护其合法权益而提起诉讼的人。

被告是指被原告指控为侵害其民事权益或与其发生民事权益争议，被人民法院传唤应诉的人。

第三人是指为了保护自己的合法权益而参加到他人正在进行的民事诉讼中的人。

当事人可以查阅本案有关材料，并可以复制本案有关材料和法律文书。查阅、复制本案有关材料的范围和办法由最高人民法院规定。当事人必须依法行使诉讼权利，遵守诉讼秩序，履行发生法律效力的判决书、裁定书和调解书。双方当事人可以自行和解。原告可以放弃或者变更诉讼请求。被告可以承认或反驳诉讼请求，有权提起反诉。

（2）代理人。当事人有权委托代理人，提出回避申请，收集、提供证据，进行辩论，请求调解，提起上诉，申请执行。民事诉讼代理人包括法定代理人、指定代理人和委托代理人。

8. 民事诉讼证据的种类及举证责任

1）民事诉讼法中规定的证据种类

民事诉讼法中规定的证据种类有书证、物证、视听资料、证人证言、当事人的陈述、鉴定结论、勘验笔录。以上证据必须查证属实，才能作为认定事实的根据。

2）民事诉讼的举证责任

民事诉讼中贯彻"谁主张，谁举证"的原则，即当事人对自己提出的主张，有责任提供证据。

当事人及其诉讼代理人因客观原因不能自行收集的证据，或者人民法院认为审理案件需要的证据，人民法院应当调查收集。人民法院应当按照法定程序，全面、客观地审查核实证据。人民法院有权向有关单位和个人调查取证，有关单位和个人不得拒绝。

证据应当在法庭上出示，并由当事人互相质证。对涉及国家秘密、商业秘密和个人隐私的证据应当保密，需要在法庭出示的，不得在公开开庭时出示。经过法定程序公证证明的法律行为、法律事实和文书，人民法院应当作为认定事实的根据。但有相反证据足以推翻公证证明的除外。书证应当提交原件，物证应当提交原物。提交原件或原物确有困难的，可以提交复制品、照片、副本、节录本。提交外文书证，必须附有中文译本。

人民法院对视听资料，应当辨别真伪，并结合本案的其他证据，审查确定能否作为认定事实的根据。

凡是知道案件情况的单位和个人，都有义务出庭作证。有关单位的负责人应当支持证人作证。证人确有困难不能出庭的，经人民法院许可，可以提交书面证言。不能正确表达意志的人，不能作证。人民法院对当事人的陈述，应当结合本案的其他证据，审查确定能否作为认定事实的根据。当事人拒绝陈述的，不影响人民法院根据证据认定案件事实。在证据可能灭失或以后难以取得的情况下，诉讼参加人可以向人民法院申请保全证据，人民法院也可以主动采取保全措施。

9. 财产保全和先予执行

1）财产保全

财产保全是指法院在诉讼过程中或诉讼开始前，因具备法定事由，为了保障将来的生效判决得以顺利执行，保护利害关系人或当事人的合法权益，对案件有关财产采取的强制措施。财产保全的目的是保护利害关系人或当事人的权益不受损失。

（1）财产保全的范围。财产保全限于请求的范围，或者与本案有关的财物。

（2）财产保全的种类。财产保全有诉讼财产保全和诉前财产保全。诉讼财产保全是指法院在案件受理后，判决作出前，为了保证判决得到执行，对当事人的财产或争议的标的物采取的强制措施。诉讼财产保全的前提是因当事人一方的行为或其他原因，使判决不能执行或难以执行。诉前财产保全是指当事人尚未起诉，为了及时保护利害关系人的合法权益，根据申请对争议有关财产采取的强制措施。诉前保全应当符合以下条件：存在必须是情况紧急，如果等到法院受理案件以后才采取保全措施，将会使申请人的合法权益受到难以弥补的损害；必须由利害关系人向有管辖权的法院提出申请；申请人必须提供担保。

（3）财产保全的措施。人民法院接受申请后，对情况紧急的，必须在48小时内作出裁定；裁定采取财产保全措施的，应当立即开始执行。申请人在人民法院采取保全措施后15日内不起诉的，人民法院应当解除财产保全。财产保全的措施是查封、扣押、冻结和其他方法。

2）先予执行

先予执行是指法院在作出判决前，为了解决权利人的生活或生产经营急需，裁定义务人履行一定义务的诉讼制度。

（1）可以申请先予执行的案件范围。人民法院对下列案件，根据当事人的申请，可以裁定先予执行：追索赡养费、扶养费、抚育费、抚恤金、医疗费用的；追索劳动报酬的；因情况紧急需要先予执行的。

（2）先予执行的条件。人民法院裁定先予执行的，应当符合下列条件：当事人之间权利与义务关系明确，不先予执行将严重影响申请人的生活或生产经营的；被申请人有履行能力。

人民法院可以责令申请人提供担保，申请人不提供担保的，驳回申请。申请人败诉的，应当赔偿被申请人因先予执行遭受的财产损失。当事人对财产保全或先予执行的裁定不服的，可以申请复议一次。复议期间不停止裁定的执行。

10. 审判程序

1）一审程序

一审程序包括一审普通程序和简易程序。一审普通程序是人民法院审理案件时通常适用的程序。

（1）一审普通程序。一审普通程序包括起诉和受理、审理前的准备和开庭审理几个阶段。

① 起诉和受理。起诉的条件包括原告是与本案有直接利害关系的公民、法人和其他组织；有明确的被告；有具体的诉讼请求和事实、理由；属于法院受理民事诉讼的范围和受诉法院管辖。

起诉应当向人民法院递交起诉状，并按照被告人数提出副本。书写起诉状确有困难的，可以口头起诉，由人民法院记入笔录，并告知对方当事人。起诉状应当记明下列事项：当事人的姓名、性别、年龄、民族、职业、工作单位和住所，法人或其他组织的名称、住所和法定代表人或主要负责人的姓名、职务；诉讼请求和所根据的事实与理由；证据和证据来源，证人姓名和住所。

人民法院收到起诉状或口头起诉，经审查，认为符合起诉条件的，应当在 7 日内立案，并通知当事人；认为不符合起诉条件的，应当在 7 日内裁定不予受理；原告对裁定不服的，可以提起上诉。

② 审理前的准备。案件审理之前，人民法院应当在立案之日起 5 日内将起诉状副本发送被告，被告在收到之日起 15 日内提出答辩状。被告提出答辩状的，人民法院应当在收到之日起 5 日内将答辩状副本发送原告。被告不提出答辩状的，不影响人民法院审理。人民法院对决定受理的案件，应当在受理案件通知书和应诉通知书中向当事人告知有关的诉讼权利与义务，或者口头告知。合议庭组成人员确定后，应当在 3 日内告知当事人。

③ 开庭审理。人民法院审理民事案件，除涉及国家秘密、个人隐私或法律另有规定的以外，应当公开进行。离婚案件、涉及商业秘密的案件、当事人申请不公开审理的，可以不公开审理。人民法院审理民事案件，应当在开庭 3 日前通知当事人和其他诉讼参与人。公开审理的，应当公告当事人姓名、案由和开庭的时间、地点。开庭审理前，书记员应当查明当事人和其他诉讼参与人是否到庭，宣布法庭纪律。开庭审理时，由审判长或者独任审判员核对当事人，宣布案由，宣布审判人员、书记员名单，告知当事人有关的诉讼权利与义务，询问当事人是否提出回避申请。

法庭调查按照下列顺序进行：当事人陈述；告知证人的权利与义务，证人作证，宣读未到庭的证人证言；出示书证、物证和视听资料；宣读鉴定结论；宣读勘验笔录。当事人在法庭上可以提出新的证据。当事人经法庭许可，可以向证人、鉴定人、勘验人发问。当事人要求重新进行调查、鉴定或勘验的，是否准许，由人民法院决定。原告增加诉讼请求，被告提出反诉，第三人提出与本案有关的诉讼请求，可以合并审理。

法庭辩论按照下列顺序进行：原告及其诉讼代理人发言；被告及其诉讼代理人答辩；第三人及其诉讼代理人发言或答辩；互相辩论。法庭辩论终结，由审判长或者独任审判员按照原告、被告、第三人的先后顺序征询各方最后意见。

法庭辩论终结，应当依法作出判决。判决前能够调解的，还可以进行调解，调解不成的，应当及时判决。原告经传票传唤，无正当理由拒不到庭的，或者未经法庭许可中途退庭的，可以按撤诉处理；被告反诉的，可以缺席判决。被告经传票传唤，无正当理由拒不到庭的，或者未经法庭许可中途退庭的，可以缺席判决。

判决书应当写明案由、诉讼请求、争议的事实和理由；判决认定的事实、理由和适用的法律依据；判决结果和诉讼费用的负担；上诉期间和上诉的法院。判决书由审判人员、书记员署名，加盖人民法院印章。

书记员应当将法庭审理的全部活动记入笔录，由审判人员和书记员签名。法庭笔录由当事人和其他诉讼参与人签名或盖章。拒绝签名盖章的，记明情况附卷。

人民法院对公开审理或不公开审理的案件，一律公开宣告判决。当庭宣判的，应当在10日内发送判决书；定期宣判的，宣判后立即发给判决书。宣告判决时，必须告知当事人上诉权利、上诉期限和上诉的法院。宣告离婚判决，必须告知当事人在判决发生法律效力前不得另行结婚。

人民法院适用普通程序审理的案件，应当在立案之日起6个月内审结。有特殊情况需要延长的，由本院院长批准，可以延长6个月；还需要延长的，报请上级人民法院批准。

（2）简易程序。简易程序适用于基层人民法院和其派出的法庭审理事实清楚、权利与义务关系明确、争议不大的简单的民事案件。对简单的民事案件，原告可以口头起诉。当事人双方可以同时到基层人民法院或其派出的法庭，请求解决纠纷。基层人民法院或其派出的法庭可以当即审理，也可以另定日期审理。基层人民法院和其派出的法庭审理简单的民事案件，可以用简便方式随时传唤当事人、证人。简单的民事案件由审判员一人独任审理。基层人民法院审理的基本事实清楚、权利义务关系明确的第一审民事案件，可以由审判员一人适用普通程序独任审理。人民法院适用简易程序审理案件，应当在立案之日起3个月内审结。基层人民法院和它派出的法庭审理事实清楚、权利义务关系明确、争议不大的简单金钱给付民事案件，标的额为各省、自治区、直辖市上年度就业人员年平均工资百分之五十以下的，适用小额诉讼的程序审理，实行一审终审。

2）第二审程序

第二审程序是指人民法院审理民事上诉案件进行审理时所适用的程序。我国实行两审终审制，当事人不服地方各级人民法院或专门法院的第一审判决、裁定的，可以向上一级人民法院提起上诉。上诉应当由上诉人以上诉状的形式提出。上诉应当递交上诉状。上诉状的内容应当包括当事人的姓名，法人的名称及其法定代表人的姓名或其他组织的名称及其主要负责人的姓名；原审人民法院名称、案件的编号和案由；上诉的请求和理由。对判决提起上诉的期限为15日，对裁定提起上诉的期限为10日。上诉状应当通过原审人民法院，也可以直接向第二审法院提出，并按照对方当事人或代表人的人数提出副本。第二审人民法院应当对上诉请求的有关事实和适用法律进行审查。第二审人民法院对上诉案件，应当组成合议庭，开庭审理。经过阅卷和调查，询问当事人，在事实核对清楚后，合议庭认为不需要开庭审理的，也可以径行判决、裁定。

第二审人民法院对上诉案件，经过审理，按照下列情形分别处理：原判决、裁定认定事实清楚，适用法律正确的，判决驳回上诉，维持原判决；原判决、裁定认定事实错误或者适用法律错误的，依法改判、撤销或者变更；原判决认定基本事实不清的，裁定撤销原判决，发回原审人民法院重审，或者查清事实后改判；原判决遗漏当事人或者违法缺席判决等严重违反法定程序的，裁定撤销原判决，发回原审人民法院重审。

第二审人民法院的判决、裁定，是终审的判决、裁定。人民法院审理已判决的上诉案件，应当在第二审立案之日起 3 个月内审结。有特殊情况需要延长的，由本院院长批准。人民法院审理已裁定的上诉案件，应当在第二审立案之日起 30 日内作出终审裁定。

3）审判监督程序

各级人民法院院长对本院已经发生法律效力的判决、裁定，发现确有错误，认为需要再审的，应当提交审判委员会讨论决定。最高人民法院对地方各级人民法院已经发生法律效力的判决、裁定，上级人民法院对下级人民法院已经发生法律效力的判决、裁定，发现确有错误的，有权提审或指令下级人民法院再审。

当事人对已经发生法律效力的判决、裁定，认为有错误的，可以向上一级人民法院申请再审，但不停止判决、裁定的执行。当事人的申请符合下列情形之一的，人民法院应当再审：有新的证据，足以推翻原判决、裁定的；原判决、裁定认定的基本事实缺乏证据证明的；原判决、裁定认定事实的主要证据是伪造的；原判决、裁定认定事实的主要证据未经质证的；对审理案件需要的证据，当事人因客观原因不能自行收集，书面申请人民法院调查收集，人民法院未调查收集的；原判决、裁定适用法律确有错误的；审判组织的组成不合法或依法应当回避的审判人员没有回避的；无诉讼行为能力人未经法定代理人代为诉讼或应当参加诉讼的当事人，因不能归责于本人或其诉讼代理人的事由，未参加诉讼的；违反法律规定，剥夺当事人辩论权利的；未经传票传唤，缺席判决的；原判决、裁定遗漏或超出诉讼请求的；据以作出原判决、裁定的法律文书被撤销或变更的。当事人申请再审的，应当提交再审申请书等材料。人民法院应当自收到再审申请书之日起 5 日内将再审申请书副本发送对方当事人。

对违反法定程序可能影响案件正确判决、裁定的情形，或者审判人员在审理该案件时有贪污受贿、徇私舞弊、枉法裁判行为的，人民法院应当再审。

人民法院应当自收到再审申请书之日起 3 个月内审查，符合规定的，裁定再审；不符合规定的，裁定驳回申请。

因当事人申请裁定再审的案件由中级人民法院以上的人民法院审理。最高人民法院、高级人民法院裁定再审的案件，由本院再审或交其他人民法院再审，也可以交原审人民法院再审。

当事人申请再审，应当在判决、裁定发生法律效力后六个月内提出；据以作出原判决、裁定的法律文书被撤销或变更，发现足以推翻原判决、裁定的新证据，发现主要证据是伪造的，发现审判人员在审理该案件时有贪污受贿、徇私舞弊、枉法裁判行为的，自知道或应当知道之日起 3 个月内提出。

4）督促程序

债权人请求债务人给付金钱、有价证券，符合下列条件的，可以向有管辖权的基层人民法院申请支付令：债权人与债务人没有其他债务纠纷的；支付令能够送达债务人的。

申请书应当写明请求给付金钱或有价证券的数量和所根据的事实、证据。

债权人提出申请后，人民法院应当在5日内通知债权人是否受理。人民法院受理申请后，经审查债权人提供的事实、证据，对债权、债务关系明确、合法的，应当在受理之日起15日内向债务人发出支付令；申请不成立的，裁定予以驳回。债务人应当自收到支付令之日起15日内清偿债务，或者向人民法院提出书面异议。债务人在前款规定的期间不提出异议又不履行支付令的，债权人可以向人民法院申请执行。人民法院收到债务人提出的书面异议后，应当裁定终结督促程序，支付令自行失效，债权人可以起诉。

5）公示催告程序

按照规定可以背书转让的票据持有人，因票据被盗、遗失或灭失，可以向票据支付地的基层人民法院申请公示催告。

申请人应当向人民法院递交申请书，写明票面金额、发票人、持票人、背书人等票据主要内容和申请的理由、事实。

人民法院决定受理申请，应当同时通知支付人停止支付，并在3日内发出公告，催促利害关系人申报权利。公示催告的期间，由人民法院根据情况决定，但不得少于60日。支付人收到人民法院停止支付的通知，应当停止支付，至公示催告程序终结。公示催告期间，转让票据权利的行为无效。

利害关系人应当在公示催告期间向人民法院申报。人民法院收到利害关系人的申报后，应当裁定终结公示催告程序，并通知申请人和支付人。申请人或申报人可以向人民法院起诉。没有人申报的，人民法院应当根据申请人的申请，作出判决，宣告票据无效。判决应当公告，并通知支付人。自判决公告之日起，申请人有权向支付人请求支付。利害关系人因正当理由不能在判决前向人民法院申报的，自知道或应当知道判决公告之日起一年内，可以向作出判决的人民法院起诉。

6）执行程序

发生法律效力的民事判决、裁定，当事人必须履行。一方拒绝履行的，对方当事人可以向人民法院申请执行，也可以由审判员移送执行员执行。调解书和其他应当由人民法院执行的法律文书，当事人必须履行。一方拒绝履行的，对方当事人可以向人民法院申请执行。对依法设立的仲裁机构的裁决，一方当事人不履行的，对方当事人可以向有管辖权的人民法院申请执行。受申请的人民法院应当执行。对公证机关依法赋予强制执行效力的债权文书，一方当事人不履行的，对方当事人可以向有管辖权的人民法院申请执行，受申请的人民法院应当执行。申请执行的期间为两年。

执行员接到申请执行书或移交执行书，应当向被执行人发出执行通知，责令其在指定的期间履行，逾期不履行的，强制执行。被执行人未按执行通知履行法律文书确定的义务，应当报告当前及收到执行通知之日前一年的财产情况。被执行人拒绝报告或虚假报告的，人民法院可以根据情节轻重对被执行人或其法定代理人、有关单位的主要负责人或直接责任人员予以罚款、拘留。被执行人未按执行通知履行法律文书确定的义务，人民法院有权向银行、信用合作社和其他有储蓄业务的单位查询被执行人的存款情况，有权冻结、划拨被执行人的存款，但查询、冻结、划拨存款不得超出被执行人应当履行义务的范围。被执行人未按执行通知履行法律文书确定的义务，人民法院有权扣留、提取被执行人应当履行义务部分的收入。但应当保留被执行人及其所扶养家属的生活必需费用。被执行人未按执行通知履行法律文书确定的义务，人民法院有权查封、扣押、冻结、拍卖、变卖被执行人应当履行义务部分的财产。但应当保留被执行人及其所扶养家属的生活必需品。被执行人不履行法律文书确定的义务，并隐匿财产的，人民法院有权发出搜查令，对被执行人及其住所或财产隐匿地进行搜查。被执行人未按判决、裁定和其他法律文书指定的期间履行给付金钱义务的，应当加倍支付迟延履行期间的债务利息。被执行人未按判决、裁定和其他法律文书指定的期间履行其他义务的，应当支付迟延履行金。被执行人不履行法律文书确定的义务的，人民法院可以对其采取或通知有关单位协助采取限制出境，在征信系统记录、通过媒体公布不履行义务信息，以及法律规定的其他措施。

☑ 案例分析

🔍 案例 12-1

一、基本案情

马加前、马年山、马夕虎等 36 名原告为阜宁县芦蒲镇三马村四组村民，1986 年 3 月 25 日，原告所在的三马村四组与第三人芦蒲供销社签订"土地征用协议书"，约定芦蒲供销社征用该组土地 9.52 亩。1986 年 8 月 19 日，阜宁县政府批准第三人征用该土地。2009 年底，第三人向被告阜宁县政府申请发证。2010 年 1 月 31 日，被告将三马村四组的该被征用土地登记给第三人，并发放了国有土地使用权证。2011 年初，原告中的马年山、马夕虎自称代表三马村四组全体村民对该组的土地处置问题信访，2011 年 3 月 2 日，阜宁县国土局将信访处理意见书送达给马年山、马夕虎，该信访意见书中明确了被告 2010 年 1 月 31 日向第三人颁发国有土地使用权证的行为。2013 年 10 月 23 日，马加前、马年山、马夕虎等 36 名原告提起行政诉讼，要求撤销被告向第三人颁发的该国有土地使用权证。案件审理过程中，原告马年山、马夕虎撤回起诉。

二、问题思考

原告起诉是否超过诉讼时效？

三、案件评析

阜宁县国土局作出的信访处理意见书中明确了被诉具体行政行为，并于 2011 年 3 月 2 日送达给了作为三马村四组村民代表的原告马年山、马夕虎，应推定本案 36 名原告均于 2011 年 3 月 2 日知道了被诉具体行政行为的内容。马加前等 36 名原告的起诉期限从 2011 年 3 月 2 日起计算，起诉时已超过 2 年的法定期限。

《中华人民共和国行政诉讼法》第三十九条规定，行政诉讼的起诉期限应从公民、法人或其他组织知道作出具体行政行为之日起计算。这里的"知道"是指行政机关将具体行政行为告知行政相对人。对行政机关作出具体行政行为时，虽然告知了具体行政行为的内容，但没有告知诉权或者起诉期限的，《中华人民共和国行政诉讼法》司法解释第四十一条规定，起诉期限从公民、法人或者其他组织知道或应当知道诉权或起诉期限之日起计算，但从知道或应当知道具体行政行为内容之日起最长不得超过 2 年。与具体行政行为有法律上利害关系的公民、法人或其他组织，对具体行政行为不服时，也可以依法提起行政诉讼，而其一般情况下不可能及时知道具体行政行为的内容。对此，《中华人民共和国行政诉讼法》司法解释第四十二条规定，公民、法人或者其他组织不知道行政机关作出的具体行政行为内容的，其起诉期限从知道或者应当知道该具体行政行为内容之日起计算。对涉及不动产的具体行政行为从作出之日起超过 20 年、其他具体行政行为从作出之日起超过 5 年提起诉讼的，人民法院不予受理。

本案中，被诉具体行政行为的作出时间是 2010 年 1 月 31 日，被告无证据证明马加前等 36 名原告知道或应当知道该被诉具体行政行为的内容。原告马年山、马夕虎自称代表三马村四组全体村民对该组的土地处置问题信访后，阜宁县国土局作出的信访处理意见书中明确了被告的颁证行为，且于 2011 年 3 月 2 日送达给了马年山、马夕虎，但因被告不能提供马加前等 36 名原告委托马年山、马夕虎的授权委托手续，故只能认定原告马年山、马夕虎知道被诉具体行政行为的内容，而不能推定本案中其余 34 名原告知道被诉具体行政行为的内容。故本案起诉期限的计算应适用《中华人民共和国行政诉讼法》司法解释第四十二条的规定，因本案被诉具体行政行为涉及不动产，故本案中马加前等其余 34 名原告的起诉期限应从被诉具体行政行为作出之日 2010 年 1 月 31 日起计算，最长不得超过 20 年，该 36 名原告的起诉没有超过法定期限。

案例 12-2

一、基本案情

郿都信用社诉某燃料公司借款合同纠纷一案，经法院调解双方于 2012 年 7 月 26 日达成协议：某燃料公司在 2012 年 9 月 30 日前归还郿都信用社本金 30 000 元及利息，在 2012 年 12 月 30 日前归还郿都信用社本金 20 000 元及利息，其余本金 50 000 元及利息在 2013 年 3 月 31 日前还清。因某燃料公司逾期未自觉履行还款义务，2013 年 4 月 3 日，郿都信用社向法院申请执行，要求某燃料公司履行调解书确定的义务。

二、问题思考

本案是否适用两年申请执行时效？

三、案例评析

新民事诉讼法实施之前，即 2013 年 4 月 1 日之前已经发生法律效力的裁判文书，按原民事诉讼法的规定已超过申请执行期限的，不再适用新民事诉讼法规定的两年执行时效；按原民事诉讼法的规定未超过申请执行期限，申请执行期间跨越 2013 年 4 月 1 日的，应适用新民事诉讼法关于两年申请执行时效的规定。2013 年 4 月 1 日后开始计算申请执行期间的案件，当然适用新民事诉讼法规定的两年申请执行时效。本案调解书确定的第一批 30 000 元本息按原民事诉讼法的规定已超过申请执行期限，不能适用新民事诉讼法规定的两年执行时效。第二批、第三批还款能够适用新民事诉讼法规定的两年申请执行时效。

🔍 **案例 12-3**

一、基本案情

申请人作为甲方、被申请人作为乙方于 2020 年 12 月 7 日订立了"独家销售代理合同"，合同主要约定：① 甲方许可乙方作为其河北的某产品独家销售代理商，合同期限为 3 年，至 2023 年 12 月 31 日止；② 乙方在河北区域内有营销、流通和拥有两家直营店后有发展加盟店的权利；③ 本合同的生效条件是乙方于合同订立后的一个月内向甲方支付 50 万元特许经营费；④ 乙方根据与甲方约定的订购程序进行订货，所有订单都根据本合同的条款及合同附件中的条件，甲方收到乙方订单未确认，该订单对甲方不发生效力；⑤ 甲方负责将乙方购买的产品运送到乙方目的地一楼，乙方收到产品后两周内向甲方支付货款并向甲方提供汇款凭证；⑥ 乙方自本合同签订之日起 30 日内向甲方提供对最初商铺的布置、相关计划和店铺开设计划，每 3 个月向甲方提供市场预测报告；⑦ 双方在严重违约收到对方通知后 15 日内未改正的情况下，可向对方发出书面通知终止合同；⑧ 乙方收到货后的 15 日内未付货款，甲方有权停止供货，经双方协商后决定合同是否继续履行；⑨ 就履行本合同发生争议，协商无法解决时，提请北京仲裁委员会仲裁。本案合同有附件 A、B、C 3 个。附件 A 是销售条件，包括订货软件系统、销售价格、商品调换、结账等。附件 B 是乙方的销售区域。附件 C 是要求乙方制订销售计划及促销计划的空白页。此外，代销合同还对合同中涉及的用语作出界定，对保密、知识产权保护、合同终止后的义务等均有约定。

被申请人在签约后如数支付了特许经营费 50 万元，但没有在签约的 30 日内向申请人提供对最初商铺的布置、相关计划和店铺开设计划，也未每 3 个月向申请人提供一次市场预测报告。

二、双方争议

2022 年 12 月，双方商谈本案合同的补充协议，补充协议对被申请人权限作出了缩小变更，申请人支付 30 万元的权益补偿金作为对被申请人缩小权限的补偿，其中一条：权益补偿金可从已购货款中冲抵，被申请人依据此条暂停支付所购货款达 16 万元以备冲抵。2023 年 3 月，补充协议未能达成一致。2023 年 3 月 12 日，申请人向被申请人发出催款通知，通知被申请人尽快支付截至 2023 年 3 月 12 日已拖欠的货款 16 万元，要求被申请人严格遵照合同约定处理有关业务。2023 年 3 月 22 日，申请人又向被申请人发出商谈补充协议的文本，将权益补偿金提高到 50 万元，依然从已购货款中冲抵，双方仍未达成补充协议，同时，申请人向被申请人停止供货。被申请人于 2023 年 4 月 7 日向申请人付清拖欠的货款。2023 年 4 月 8 日，申请人委托律师向被申请人发出律师函，明确指出被申请人自 2023 年 1 月起已拖欠 6 批货款达 16 万元，3 月 12 日发出催款通知后，被申请人 15 日内仍未支付欠款，依据双方合同约定，正式通知终止本案合同，而被申请人不同意解除合同，要求申请人履行发货义务，并要求申请人赔偿因停货造成的损失，双方争执不下，无奈提请仲裁。

三、仲裁裁决

基于案情及其理由，依据《中华人民共和国民法典》第五百零九条的规定，仲裁庭裁决结果如下。

（1）双方签订的"独家销售代理合同"继续履行。

（2）驳回申请人的仲裁请求。

（3）驳回被申请人的其他仲裁反请求。

（4）本案本请求仲裁费由申请人承担；本案反请求仲裁费由被申请人承担。

本裁决为终局裁决，自作出之日起生效。

四、案例评析

首先，本案的被申请人在履行合同的过程中并没有按照合同约定全面履行，如提交销售计划、市场预测等，而申请人在被申请人履行合同的两年间也未以书面形式要求被申请人全面履约，因此，导致申请人解除权的丧失。

其次，对于本案被申请人拖欠货款之事，应客观地看待与分析补充协议草稿对被申请人的影响，以及被申请人对补充协议的认识过程。被申请人主观上不存在恶意拖欠货款的故意，但是不能因此来否定被申请人拖欠货款的事实，被申请人未按合同约定的时间支付货款，申请人依照合同约定可以停止供货。被申请人仍应对自己的拖欠货款行为承担责任，被申请人以补充协议中的权益补偿金冲抵条款作为延期支付货款的理由不能成立，因为该补充协议并未成立，对双方不产生约束力，因此，被申请人主张申请人赔偿因停货所造成的损失未能获得仲裁庭的支持。

☑ 案例实训

一、基本案情

赵甲因做生意向钱某借了5万元，借款期满后，经钱某屡次催要，赵甲均说做生意亏本，要钱没有，要命有一条。一天，钱某又去催要借款，见赵甲正与堂兄商量事情，得知赵甲要将自己的一辆客货两用车卖给赵乙。钱某急忙赶到赵甲所住地的新河市A区人民法院报告了这一情况，申请诉前财产保全。

二、问题思考

（1）人民法院要求钱某提供担保，钱某说手头没钱，所以才急着向赵甲催要借款。现在情况紧急，人民法院要是不接受诉前财产保全申请，赵甲与赵乙的买卖做成后，一切都晚了。对此，人民法院应如何处理？

（2）钱某找到了丁某作担保人，人民法院裁定采取财产保全措施。在执行时，张某闻讯赶到，说赵甲曾向张某借了5万元，已将车作了抵押，作了登记，并出示了抵押合同。人民法院能否继续执行？

（3）赵甲提出并没有将车卖给赵乙的打算，而是赵乙要租用赵甲的车到南方拉货。由于人民法院采取财产保全措施，使其丧失了一次挣钱的好机会。半个月过去了，钱某并没有起诉。赵甲应如何主张自己的权利？

本章小结

本章介绍了我国经济纠纷的解决途径。

本章的重点是仲裁仲裁机构、仲裁协议、仲裁庭组成、举证责任、仲裁裁决的执行；行政复议范围、行政复议的申请、行政复议的管辖、行政复议的决定；民事诉讼法的基本原则和制度、民事诉讼的管辖、审判组织、诉讼参加人、举证责任、一审程序、第二审程序、审判监督程序、执行程序和执行措施。

本章的难点是民事诉讼法。

思考练习题

一、选择题

1. 当事人在签订合同的过程中约定，双方在履行合同过程中发生的争议，提交上海的仲裁委员会仲裁。那么，下列说法中正确的是（　　）。

　　A. 该约定意思表示明确，有效

　　B. 纠纷发生后，当事人可以选择位于上海的任何一家仲裁机构申请仲裁，而不得起诉

　　C. 由于该约定对于仲裁委员会的选择不是唯一的，因而无效

　　D. 合同中可以这样约定：合同争议应提交仲裁委员会仲裁

2. 仲裁机构审理合同纠纷案件，实行（　　）。

　　A. 一裁终局原则　　B. 两裁两审原则　　C. 一裁两审原则　　D. 或裁或审原则

3. 我国民事诉讼法规定的管辖，以法律强制规定和任意规定为标准，可分为（　　）。

　　A. 法定管辖和裁定管辖　　　　　　B. 专属管辖和协议管辖

　　C. 一般地域管辖和特殊地域管辖　　D. 移送管辖和指定管辖

4. 人民法院审理涉外案件公告送达的，公告期为（　　）。

　　A. 3 个月　　　　B. 6 个月　　　　C. 1 年　　　　D. 2 年

5. 诉前保全申请人，在法院采取财产保全措施后 15 日内不起诉的，采取保全措施的法院（　　）。

　　A. 可以解除财产保全措施　　　　B. 应当驳回申请

　　C. 要求申请人提供担保　　　　　D. 应当解除财产保全措施

6. 申请执行费和执行中实际支出的费用，最终由（　　）。

　　A. 申请人负担　　　　　　　　　B. 被执行人负担

　　C. 申请人和被执行人双方分担　　D. 法院负担

二、判断题

1. 仲裁委员会独立于行政机关，与行政机关没有隶属关系。仲裁委员会之间也没有隶属关系。（　　）

2. 我国涉外仲裁机构以不公开审理仲裁案件为原则，依仲裁规则也可以不开庭审理。（　　）

3. 婚姻、收养、监护、抚养、继承和行政争议不能仲裁。（　　）

4. 当事人超过诉讼时效期间起诉的，人民法院不应受理。（　　）

5. 精神病人不能成为民事诉讼当事人。（　　）

三、问答题

1. 简述仲裁员的任职资格。

2. 简述仲裁程序与民事诉讼程序的区别。

3. 简述仲裁法的适用范围。

4. 简述仲裁协议的概念和特征。

5. 简述地域管辖的内容。

6. 简述移送管辖与管辖权移转的区别。

7. 简述法院调解的原则及程序。

8. 简述开庭审理的程序。

9. 简述第二审程序与第一审程序的区别与联系。

10. 简述当事人申请再审的条件及程序。

参考文献

［1］陈安．国际经济法学．北京：北京大学出版社，2004.

［2］王传丽．国际贸易法．北京：法律出版社，2005.

［3］黄东黎．国际经济法．北京：社会科学文献出版社，2006.

［4］张瑜．物流法规．北京：对外经济贸易大学出版社，2004.

［5］刘忠．物流法律法规．北京：化学工业出版社，2009.

［6］沈四宝，王秉乾．中国对外贸易法．北京：法律出版社，2006.

［7］谢凤燕．国际贸易货物的报关与通关．成都：西南财经大学出版社，2009.

［8］傅廷中．海商法论．北京：法律出版社，2007.

［9］江伟．仲裁法．北京：中国人民大学出版社，2009.

［10］吴明童．民事诉讼法．北京：法律出版社，2006.

［11］江伟，肖建国．民事诉讼法．8 版．北京：中国人民大学出版社，2018.

［12］魏振瀛．民法．8 版．北京：北京大学出版社，2021.

［13］谭启平．中国民法学．3 版．北京：法律出版社，2021.

［14］江伟．民事诉讼法．5 版．北京：高等教育出版社，2016.